The Fable of the Bees: or, Private Vices, Publick Benefits

Bernard Mandeville

Suzuki Nobuo

新訳

蜂の寓話

私悪は公益なり

バーナード・マンデヴィル

著

鈴木信雄

訳

日本経済評論社

新訳　蜂の寓話——私悪は公益なり

目次

凡例

一　緒言　1
二　栄茂の蜂の巣——悪人が正直者になった話——　9
三　序文　33
四　美徳の起源についての一考察　35
五　注釈　47

六　慈善および慈善学校に関する試論　211
七　社会の本質についての一考察　267
八　本書の弁明　307
——「ミドルセックス州大陪審の告発」と「C閣下への誹謗の書簡」における中傷に対して——
訳注　329
訳者解説　359
索引　377

凡例

一　本書は、Bernard Mandeville, *The Fable of the Bees: or, Private Vices, Publick Benefits*（1714）の翻訳である。底本として、一七三二年版に基づいてF・B・ケイ教授が編集し、一九二四年にオックスフォード大学出版局から出版された二巻本を用い、第一巻だけを訳出した。

二　原文のイタリック体は、不必要と思われるものを除いて傍点を付した。ただし、「栄茂の蜂の巣」の末尾の「教訓」と、「序文」は全体がイタリック体で書かれているのでローマン体だけに傍点を付けた。

三　編集上の都合で、マンデヴィル自身作成の「索引」を割愛し、訳者による「索引」を本書末尾に付けた。

四　＊†を付して、本文の中に挿入したのは原注である。「訳注」は章別に通し番号で示し、巻末に一括した。なお、「訳注」作成にあたり、ケイ教授の脚注を大いに参考にさせていただいたが、訳注に関する責任は訳者にある。

五　翻訳に際して、泉谷治訳『蜂の寓話』（法政大学出版局）、部分訳ではあるが、上田辰之助著『蜂の寓話――自由主義経済の根底にあるもの』（新紀元社）に所収されている「序文」と「ブンブン不平を鳴らす蜂の巣」、田中敏弘著『マンデヴィルの社会・経済思想』（有斐閣）に所収の「美徳の起源に関する一研究」などといった訳があり、参考にさせていただいたが、訳文に関する責任は訳者にある。記して感謝する。

一　緒言

市民社会という政体にとっての法や統治とは、生命ある生き物の身体にとっての生気や生命と同じようなものである。死体の解剖を研究している者には理解されることと思われるが、我々の身体という組織を動かし続けるために最も直接的に必要とされる主要な器官や最良な原動力は、丈夫な骨、あるいは強い筋肉や神経でもなく、また大変美しく身体を覆っている滑らかな白い皮膚でもなく、素人目には見過ごされたり、無視されたりしてしまう小さな取るに足らない皮膜や細い管状器官なのである。同様に、学問や教育を剥ぎ取った人間の本性というものを考察しようとする者には、人間を社会的動物たらしめているものは、人間の交際への愛好、気立ての良さ、憐憫の情、人付き合いの良さ、あるいは、公正を装う外見上の高潔さなどではなく、人間の最も卑劣で、最も嫌悪すべき性質が人間を偉大な社会に、世間流に言えば、最も幸福で最も繁栄している社会に相応しい存在にするために最も必要な資質であることを理解されるであろう。

こうした主張を詳しく述べた以下に所収されている寓話を、八年以上前に[1]、『栄茂の蜂の巣――悪人が正直者になった話』という書名の六ペンスの小冊子として印刷・刊行した。*だが、すぐに海賊版が現れ、街通りで半ペンスの一

＊　この「緒言」は一七一四年に書かれた[2]。

枚刷りのチラシとして触れ売りされた。寓話の最初の公刊以来、私は、故意に、あるいは無知のために私の意図を曲解し、寓話の標的は美徳や道徳性を茶番に仕立てることであり、全編これ悪徳を奨励するために書かれたものであるとする多くの人たちと出会った。このことが、寓話が再版されるような機会があるならば、何らかの方法で、この小片の詩が書かれるに至った真意を読者に知らせようと私に決意させた。ところで、これらの文章は韻を踏んでいるとはいえ、私はこれらの文章に詩情も感じてくれる読者を得たいがために、これらの雑駁な文章に勿体ぶって詩という名称を付けようとしているわけではない。実際は、どのような名称を付けようか大いに悩んでいるのである。というのは、これらの文章は、英雄詩でも、田園詩でも、諷刺詩でも、滑稽詩でも、英雄喜劇詩でもなく、また、物語にしては蓋然性が欠けているし、寓話にしては全体が少し長すぎるからである。私が言えることは、これらの文章はヘボな詩というスタイルで語られている物語であり、機知を働かせようなどという目論見など露ほどもなく、できうる限り平易かつ親しみやすい文体で語ろうとしたものだということである。読者の皆さんは、これらの文章をお気がすむように何と呼んでいただいても一向に構わない。モンテーニュ(3)は、人類の欠点についてはかなり通じているけれども、人間本性の素晴らしさについてはよくわかっていないと言われた(4)。私もその程度の言われ方ならばよしとしようと思う。

ここで示されている蜂の巣によってこの世の如何なる国を想定するにせよ、その国の憲法や法律について、またその国の住民の栄誉心、富、能力、勤勉さについて語られている内容から推測すれば、その国が幸いにも立憲君主制によって統治されている広大で豊かな好戦的な国家であるに違いないことは明瞭である。それゆえ、さまざまな職業に対する、あるいは、あらゆる階層や身分の人々に対する以下の詩句における諷刺は、特定の個人を貶めたり、傷付けたりするためのものではなく、皆が一緒になってよく統治されている健全な社会を作り上げられうるのは、社会の構成員の持つ邪悪さであることを明らかにするためのものに過ぎない。つまり、こうした諷刺は、社会という大変すばらしい組織を最も見下げ果てた部分から作り上げるという、政治的知恵の驚くべき力を称賛するためになされたものなのである。というのは、この寓話の主たる意図は、（寓話の「教訓」のところで少し触れておいたように）、勤労で豊かで強力な国家において見いだされる、この上もなく優雅で快適な生活を享受しながら、同時に、あの黄金時代[5]においてのみ可能な美徳を身につけ、無垢な状態でいることは不可能であることを示すことにあるからだ。そしてまた、富裕で繁栄している国民であることを望み、またそうした国民であることによって手に入れることができる恩恵を結局は喜んで享受しながらも、この世の始まりから今日まで、常に国力や富や洗練さと不可分であったあらゆる王国や国家における悪徳や不都合についてぶつぶつ言ったり、声高に非難したりする人たちの理不尽さと愚かさを示すことにあるからである。

以上のことを示すために、最初に、私は一般に非難されているいくつかの職業に伴う欠点や腐敗について少し触れようと思う。次いで、各人の悪徳こそが、巧みに統御されることによって、国全体の素晴らしさと世俗的幸福に役立っていることを明らかにし、最後に、世間一般の正直さや美徳、国民的節制、純真さ、自己満足の必然的帰結が何であるかを明らかにすることを通じて、もし人類が知らず識らずに犯してしまっている悪行が矯正されうることがあれば、天地創造以来、繁栄し続けている偉大な共和国や君主国のもとにおけるような、広大で、可能性に溢れ、洗練された社会を、人類が築くには至らないに違いないことを証明しようと思う。

もし、あなたが、なぜ、こんな文章を書くのか、それが何の役に立つのか、あるいは、こうした言い分がどんな良きことを生みだすのかと問うならば、慥かに、読者の気晴らしになるかもしれないことを別にすれば、まったく何の役に立つものでないと思う。しかし、もし、こうした寓話から何が期待されて然るべきかと尋ねられるならば、私は次のように答えようと思う。すなわち、第一に、絶えず他人のあら探しをしようとしている人々は、こうした寓話を読んで自分自身を省みることを教えられるであろうし、自らの良心というものを振り返ってみて、多少自ら自身にも身に覚えのあることを己れが絶えず口汚く罵っていることを恥じるであろう、と。そして第二に、安楽や安逸を貪り、偉大で繁栄している国家がもたらすあらゆる便益を享受している者が、そうした不自由や不都合を共有することなく、繁栄の大きな分け前を享受することができないことに気づいた時、地球上の如何なる政体によっても改善することができない困難を、辛抱強く耐えざるをえないことをきっと学ぶに違いない、と。

人間という者が、かくあるべきと言われることによって、より良い存在になるのであれば、以上述べたことは、私の考えの公表によって当然にも期待されて然るべきものである。しかしながら、多くの教育的で、しかも入念に練り上げられている著作による人間改善への努力が続けられているにもかかわらず、人類は、大変長い間にわたって、同じ状態のままでいることからして、このように取るに足らないつまらない著作からより良い成果を期待するほど私は自惚れ屋ではない。

この取るに足らない酔狂の詩が生みだす利益がほんの僅かばかりしかないことは認めるにやぶさかではないが、この詩が何か害を与えるものではないことを示す義務が私にはあると思う。というのも、公表するものは有益なものでないにしても、少なくとも、害を与えるものであってはならないからである。このために、私は、最も異議申し立てを受けそうな節に関して読者の参照の便に供するために、いくつかの説明的な注釈を付けた。

『栄茂の蜂の巣』をまったく読んだことのない批判的な人は、寓話はこの本の十分の一も占めていないのであるから、私が寓話について注釈しようとするのは、単に「注釈」を付けたいがためであり、また「注釈」は疑わしい箇所や曖昧な箇所を明晰にしようとするためではなく、ただ、自説を大いに吹聴したいと思っている箇所を恣意的に選び出して注釈を付けているに過ぎないと私に言うであろう。さらにまた、彼らは次のように言うかもしれない。私は、寓話で犯した間違いを減らそうと努めるどころか、間違いを一層誤ったものにし、取り留めのない余談によって、寓話よりも恥知らずの悪徳の擁護者になっている、と。

私は、これらの批判に対する対応に時間を費やす心算《つもり》はない。人間が偏見を抱いている場合には、どんな優れた弁明でも効果があるものではない。どのような場合であれ、悪徳の必要性を想定することを怪《け》しからんと考える人たちは、私の作品の如何なる部分にも決して満足しないであろう。とはいえ、この作品が読者に喚起する腹立ちというものは、よくよく考えてみれば、この作品に対する誤解の結果であろうし、私としてはそうした誤解を誰にもしてもらいたくないと思う。私が、悪徳というものは偉大で強力な社会と不可分なものであり、また悪徳なくして社会の豊かさや栄華の存続が不可能であると主張する時、臑《すね》に傷があるような住民であっても非難されるべきではないとか、彼らが罪を犯した時に罰するべきではないとか言っているのではない。常に徒歩で歩かざるをえないようなロンドンの人々の中で、ロンドンの通りが普通見られるよりもずっと清潔であることを望まない人々はほとんどいないと思う。単に、彼らの衣服、彼らの便益のみを考慮している限りそうである。だが、一度、彼らが、通りの清潔さが損なわれているのはロンドンのような大都市の豊かさ、大規模な交通量、豊穣さのためであることがわかるようになると、しかも街の繁栄を考慮に入れれば、もっと汚れの少ない通りを願うようなことはしなくなるであろう。絶えず稼働している無数の商業や手工業のために供給されなければならないさまざまな種類の品物について、またロンドン市街で日々消費されている膨大な量の食料品、飲み物、燃料について、さらにそのことから生じるに違いない廃棄物と不要品について、さらには絶えず通りを汚している多くの馬やその他の家畜について、またひっきりなしに街の舗装道路をすり減らし壊している二輪馬車、四輪馬車、そしてもっと重い大型四輪馬車について、とりわけ、通りのいたる所を破壊し、踏みつぶしている無数の人間の群れについて思いを馳せるならば、我々は、通りにおいて刻々と新たな汚物が生み出され続けねばならないことに気づくであろう。また、大通りが河岸からかなり遠く離れており、汚物をそれが生み出されるとほとんど同じ速さで処理するのに、どれほどの費用と手間暇が掛かるかを考慮にいれるならば、ロンドンを繁栄以前の清潔さに戻すのは不可能であることがわかるであろう。そこで、私は善良な市民に尋ねたい、これまで話してきたことを念頭に置いて、汚れた通りが、すなわち、靴の掃除あるいは通りの清掃をほとんど厭わないことが、つまりは、靴磨きや道路清掃人の利益に適うことが、ロンドンの繁栄と不可分の必要悪であると言えないかどうか、と。

しかしながら、ロンドン市における利益や幸福を無視して、どんな場所が散歩するのに最も相応しいと思っているかと問われるならば、私は悪臭を放っているロンドンの往来よりも、香気を放つ庭園や田舎の木陰のある場所の方を選びたいと言っても不思議に思う人はいないであろう。同様に、とりあえず俗人の尊大さや虚栄心を無視した上で、人間というものが真に幸せを満喫できると思われる場所はどこかと問われたら、海外では軍事力によって絶えず他国を侵略し、国内では外国の奢侈品によって放蕩し尽くす富者や権力者が多数住んでいる社会よりも、そこでは、隣人から妬まれたり尊敬されたりすることなく、彼らが住んでいる場所の天然の産物によって生きることで満足している、小さくて平和な社会を好むと言うであろう。

本書の初版において、読者に対してこういったことを述べ、二版では、緒言に何も付け加えなかった。しかしながら、その後、本書に対する猛烈な抗議がおこった。それは、好意を期待できない者たちによる、正義、学識、慈善、公正などに関するまさに予想通りの反応であった。本書は大陪審によって告訴され[6]、本書の一語も読んだことがない何千という人々によって非難されてきた。本書は我がロンドン市長の面前で糾弾されたし、また、本書に対する徹底的な論駁が、来る日も来る日も、ある身分の高い聖職者から予告された[7]。彼は、公告の中で私の名前を挙げ、二か月したら反論すると五か月以上脅迫し続けている。私が説明すべきことは、巻末の「弁明」に載せておいたし、またそこに、大陪審の告発内容と文脈を無視した修辞が鏤《ちりば》められている「C閣下への書簡」[8]なるものも載せておいた。この書簡の著者は、すばらしい毒舌の才を示すとともに、他の人間では見いだすことができないところに無神論を見いだす大変な見識を示している。彼は、『蜂の寓話』を名指しで、不道徳な本と激しく糾弾し、『寓話』の著者に対し大変怒っている。著者の罪は重罪であるとして、四つのひどい罵詈雑言を浴びせるとともに、この著者を生かしておくのはこの上なく危険であるとか、生かしておけば全国民に天罰が下るなどと、大衆に対して手際よくいくつかの御託宣を述べ、大変慈悲深くも『寓話』の著者を大衆の監視に委ねている。

この書簡が長文であることと、また私だけを攻撃の的としているわけでもないことも考慮して、私自身に関連あるものだけをこの書簡からいくつか抜き出そうと最初は思った。しかしながら、書簡をより詳しく検討してみたところ、私に関するものとそうでないものとが綯《な》い交《ま》ぜになっていることがわかったので、やむをえず、書簡全体を掲げることになり、読者を煩わせることになった。書簡は冗長なものではあるが、そこでの奇妙奇天烈な議論は、『書簡』の著者が嫌悪感をもって非難している本書を精読した人たちを愉しませてくれる可能性がないわけではないと思う。

二　栄茂の蜂の巣——悪人が正直者になった話——

ここに巨大なる蜂の巣ありて
そこに犇《うごめ》く蜂たちは安楽と奢侈の暮らしを享受しつつも
法を重んじ、戦への備えも万端との聞こえも高し。
他に先駆けて大いに巣群を拡げければ
この巣が学術と産業の偉大なる苗床たるは疑うべくもあらず。
この巣には至上の統治体制が布かれてはおれど
柔軟にして変わり身も早く悪戯に現状に甘んずることぞなかりける。
蜂たちは専制に隷従するものでもなければ
「民主政治」なる粗悪な体制に身を任するものでもなし。
歴代の国王が無謬なるは法がその権限を取り締まれるが故なり。

ここの蜂たちの生業は人の世のものと変わることなし。
ただこじんまりとやりこなせるのみなり。

巷で行われることなら何であれ、軍人、聖職者、判事の職に至るまでこなすなり。
ただ微小な手足を敏捷に動かすがゆえ
見事な仕事ぶりは人の目には留まるべくもなし。
人の世に在る機械、労働者、船舶、城郭、武器、職人、手工業、学術、工業所、
あるいは器具に相当するものはすべては蜂の巣に備わるるなり。
ただ我々は蜂の言葉を知らぬゆえ、
人間の言葉でこうした事物を呼ぶほかはなし。
こう申しても蜂の巣に無きものもありて、
その一つがサイコロなれど、
「王」が居り「近衛兵」が護るならば
サイコロ遊びに事欠くことはなしと観るべし。
果たして賭博に縁の無き兵の連隊などこの世にあらんや。

　蜂の大群が多産の巣に殺到し
その大群が巣のさらなる繁栄をもたらせり。
お互いの欲と虚栄を満たさんと
何百万もがしのぎを削る傍ら
何百万もが自ら作り上げたるものを破壊せんがため雇われたり。
蜂たちが供給せねばならぬのは世界の半分ほどなれど
この仕事には労働力が不足なり。

莫大な資本を持ちて何の苦もなく儲けの多き事業に跳び込む者も居れば
食わんがため力の限り手足をすり減らし鍬や鎌を振るう骨折り仕事に
日々汗を流す定めの者も居たり。
(A)また得体の知れぬ商売もあるなり。
かくなる商売に見習い奉公に出す者はあらねども。
こうした商売を始むるには一文の元手も要らず、
要るは鉄面皮のみなり。
自ら働くことをとことん嫌い、
人の良い疑うことを知らぬ隣人の労苦を狡猾に自分の利得にすなる輩なり。
すなわち詐欺師、寄食者、紐、博奕打、すり、贋金造り、藪医者、占い師なり。
(B)かくなる連中が悪党と呼ばるる者なれど
悪党という名称はさておき、まじめな堅気の者と云えども何ら変わることなし。
詐欺行為はあらゆる商売あらゆる場所で行われ
如何なる職業にも欺瞞はつきものなり。

　弁護士の常套手段なるは
不和を醸し出し争訟を拗《こじ》らせ
訴訟を起こさずに所有を決定するは不法なりと言わんばかりに
抵当財産の登記では詐欺を働き儲けを拡大す。
割り増し料金を稼ぎ出さんがため

故意に審理を避くるかと思えば
悪質な訴訟の弁護を引き受けては
法律を隅々まで調べ上げるさまは
泥棒が店舗や家屋を下見して
どこから押し入るのが一番かと思案するに似たり。

医者ともなれば名声と富ばかりが最大の関心事にて
自らの腕前や弱った患者の健康など二の次なり。
医者が心を砕くのは医術などにあらず。
思慮深き面持ちで立ち居振る舞い重々しければ
薬剤師にも評判高し。
出産や葬儀に立ち会う産婆や僧侶からの称賛を受くには
姦しく喋りまくる連中に耐え
奥様の伯母上の指示に耳を傾け
儀礼的な微笑とやさしい挨拶で
ご家族の面々におもねることなり。
中でも最もいまいましきは
小生意気な乳母どもに黙って耐えることなり。

天からの祝福を引き寄せるために雇われたる、
ジュピター(1)神を信仰する多くの僧侶の中には
博学にして雄弁なる者も少数はおれど
あとの何千かは無学な上に怒りやすし。
されど怠惰、色欲、強欲、自負心を上手く隠する者は
すべて僧列に名を連ねてはおれど
悪名の高さは服地をごまかす仕立て屋や
ブランデーを漁る船乗りに匹敵するなり。
中にはやせこけてみすぼらしき身なりにて神妙な面持ちでパンを求める祈りを捧げたれど
たっぷりとした貯えをとの目論見とは裏腹に
文字通りパンのみを手にして終りたるものもあるなり。
これら苦役の聖者が飢える傍らでは
聖者が仕えるなまけ者どもは
健康と豊饒の恩恵を顔にたたえて安楽にふけりたる。

(C)戦を強いられたる兵士は
生き延びれば名誉を獲得せるが
血戦を避け、逃げたる者は手足を射落とされたり。
敵と戦いし勇敢なる将軍もおれど

賄賂を受け取りて敵を見逃せし者もあるなり。
敢えて常に激戦地に赴き、時には脚を失くし、時には腕を失くし
ついには廃兵となりて引っ込み
元の半分の俸給に耐える者も居るなり。
一方、一度も戦いに出ず
倍の給料をもらって国内に留まる者も居たり。

国王はお抱えの大臣たちに仕えられたれども
狡賢い大臣たちの騙しの標的でもあるなり。
主君の福祉のため身を粉にして働きし大臣の多くは
自らが救いし王冠を食いものにしたり。
小額な給料にもかかわらず豪勢な暮らしにふけり
それでもなお自分たちは正直者たりとの自慢を常とす。
権利を濫用する度に
小手先の策略を「役得」と称したが、
「役得」なる通り言葉が民衆に明かされるやいなや
「役得」を「俸給」と言い換えたり。
自分たちの利得に関することは何であれ単純明快な言葉で表すことを嫌えばなり
(D)何故なら自分の取り分以上とは言わぬまでも

相手にあえて払うより多くの額をせしめんとするは蜂の常なればなり。
(E)これは博奕打が正々堂々の勝負に勝てりとも
已れが負かせし相手の前では勝ちとりし金額を言わぬに似たり。

世の中の欺瞞行為を誰が列挙しうるや。
土壌を肥やす肥料なりとて
通りで売られたるものにも
無益な石やモルタルを四分の一ほど巧妙に混ぜたるものに出くわすことしばしばなり。
それゆえバターと称して塩を売りたる者に
苦情を申し立つる理由もあらぬなり。

公正さにて名高き正義の女神(2)といえども
目隠しされてはおれど心の中の感情は健在なり。
女神は左手に持ちたる天秤を
黄金で買収され、しばしば落とせり。
刑罰が体刑なる場合には
女神は公平らしく見えれども
殺人罪や暴力罪ではすべて
まったき正規の法手続きに従うことを主張す。

最初は詐欺罪にてさらし台にかけられ、
次には自ら打ったる麻縄で絞首刑に処せられし者もありき。
しかし世間では女神の持つ剣は絶望的な窮乏者のみを突き刺すものとさる。
ひたすら窮乏ゆえに絞首台につるさるる哀れな者たちは
さほどの処罰に値うる罪を犯せしわけではなく
ただ裕福で偉い人々を護らんがための犠牲者なり。

かように一つひとつの部分を見れば悪徳に満ちたれども
全体を見ればまさに天国なり。
平安時にこびられ、戦時に恐れられ
彼らは外国人の尊敬の的なりて、
惜しみなく富も命も使ったがゆえに
他のすべての蜂の巣の均衡を保てり。
その国家の天恵はあまりに偉大なるがゆえ
罪も偉大なる国民を育成せんがため役立ちぬ。
(F)そして美徳は国家の政策から
数々の巧妙な策略を学び取り、
策略の影響力がうまく働きしゆえ
美徳は悪徳と親身の間柄を築きにけり。

(G)かくして悪人の最たるものでさえ
公益のため何か役立つことをなすに至りぬ。
各部分に不平はあれど
全体として上手く治むるはこの国家の技量なり。
丁度、音楽におけるハーモニーよろしく
さまざまな不協和音を基調に合わせたれば。
(H)正反対の者同士が恨みでも晴らすが如く
互いに助け合いければ
節制と節酒が手を携え、暴飲と暴食に仕うるなり。

(I)悪の根源たる強欲、
かの呪われたる、性悪で有害なる強欲こそ
放蕩に仕うる奴隷なれ。
(K)[3]かの気高き罪なる放蕩。
(L)奢侈は貧しきを百万も雇い、
(M)憎むべきプライドはあと百万を雇いぬ。
(N)羨望や虚栄が人民を勤労に駆り立つ。
羨望や虚栄が好んで示す愚かさや移り気なる、
かの奇妙にして馬鹿げたる悪徳があればこそ

商売の歯車は回れるなれ。
彼らの法律や衣服も同じく変わりやすし。
一時は「正」とされしものも
半年もすれば「罪」と断じられたるなれば。
かくして彼らは如何なる深慮も予見しえなかりし自国の法律の不備を
見つけてはその時の気まぐれにて改むるを常とす。

かくして悪徳は創意工夫を育み
年月をかけたる努力と相俟って
生活の利便をもたらせるなり。
(O)真の快楽、慰安、安楽を高めければ
(P)貧民の生活さえ以前の金持ちよりも向上し
最早足りぬものこそなかりけれ。

いずれは死すべきものの幸福など何と虚しきものか。
至福にも限りがあり、
この世に完全をもたらすなど
神々にもできぬ業と悟るなら
声高に不満を訴える蜂どもも

大臣や政府には満足せるならむ。
されど失策ある度に
救いようもなく路頭に迷う者でもあるかのごとく
政治家や陸軍、海軍を罵るなり。
他方、誰もが「詐欺行為は呪われてあれ」と叫び
己の詐欺行為は棚に上げ
他人の罪は容赦なく糾弾すなり。

自らが仕うる主人や国王や貧民を騙し
王侯のごとき財産を手に入れたる者が
「欺瞞の蓄積で国が滅びるぞ」と
臆面もなく大声で叫びたるなり。
この説教家なる悪党を咎めしは誰あろう
山羊皮と偽り羊皮を売りし手袋屋なり。

些細な不都合が持ち上がり
公務に支障が生じることあれば
「ああ、何たることか。正直になむあらまほし」と
悪党どもは図々しくも叫びたり。

商売の神、メルクリウス[4]は悪党どもの厚かましさに微笑みけれど
己れも好きなことを糾弾するなど無分別なりと断じる者もあり。
しかし、ジュピター神は義憤に駆られ
「喚く蜂の巣から欺瞞を一掃するぞ」と
怒りを込めて宣言するや、これを実行せり。
欺瞞が立ち去るやいなや
全民の心は正直で満たされたり。
知恵の樹の如く、眼前に広がるるは
見るも恥ずかしき犯罪の数々なり。
今や、その醜さに赤面し
無言で彼らは罪を告白す。
これは、子供が過失を隠さんとても
心の中の思いは顔色に表るるに似たり。
他人は己れの顔を見て
その所業を見抜くべしと思いつつ。

　しかし、おお神々よ、何たる驚き、
何たる急激なる変化か！
半時間の内には国中で

肉一ポンドの値が一ペニーも下がれり。
偉大なる政治家の顔から偽善の仮面が脱ぎ捨てられ
道化師に姿を替えぬ。
借り物の顔つきにて世間に馴染まれし者は
素顔にては見知らぬ人と思えたり。
法廷はまさにその日から平穏となりぬ。
今や借り手は貸し手が忘れし分まで進んで支払い
貸し手は支払えない者からの取立てを止めたるがゆえに。
悪事に加わり居りし者は口を閉ざし
こじつけの濫訴を取り下げたり。
訴訟で繁盛しうるは
正直な蜂の巣に住む弁護士のみ。
充分な貯えある者の他は皆
矢立を小脇にそそくさと巣をあとにしぬる。

　正義の女神が絞首刑と釈放を実行し
監獄が空になりぬゆえ
処刑に立ち会うことも最早なしとて
全従者の行列と共に華麗に退きにけり。

行列の先頭は鍛冶屋が数人
錠前、鉄格子、足かせ、鉄板の扉を掲げて進み
次には看守、牢番、助手の順。
女神の前方、やや距離を置きて進むは
女神の主要な忠臣、死刑執行人のキャッチ殿(5)。
殿が手に携えるは正義の象徴たる剣にあらずして
己れが道具なる斧と綱なり。
そして雲に乗りたる目隠しの美人を
つまり女神その人を微風が押せり。
花馬車の後ろと周りを囲みて進むは
あらゆる階級の廷吏、執行吏、警吏、役人たち。
すなわち、日々の糧を涙から絞り取る者ばかり。

　病人がいる限り医業は続きにけれど
腕前のよき蜂のみ薬を処方せり。
技量の優れたる薬剤師は広き巣のどこにでもおり
馬車に乗りて遠方までの往診は不要なり。
無駄な議論など払いのけ
患者の苦痛を取り去ることに力を注ぎ

いんちきな国の薬を避け
国産の薬品を用いたり。
神々が病を国民にもたらす時には
必ずや治療法も共に授けるはずと知ればなり。

　牧師は怠惰から目を覚まし
代理蜂(6)に職務をまかせず
悪徳からも清められ
自ら祈りと犠牲的行為を通して
神々に仕うるなり。
聖職に不適任なりとか
自分の奉公が不要と悟りし者は
残らず身を退きにけり。
それほどの多勢に仕事もなければ
(正直者に仕事が必要な時には)
主教(7)の下に留まれしはほんの少数にして
あとの者は主教に忠順の意を表するのみなり。
主教は聖務に専従し
国政務は他者に任せり。

飢えたる者を門前払いとなすこともせず
貧民の賃金をピンハネすることもなし。
主教の邸宅では飢えたる者には食べ物が
雇われ人には有り余るほどのパンが
貧しき旅人には食事と宿が給さるるなり。

　国王の高位の大臣や役人すべてに
大いなる変化を認むる。
(Q)彼らは今や俸給で慎ましく暮らせればなり。
極小額の報酬をもらうため
貧しき蜂が十度も日参せしあげく
高給で雇われたる書記に
一クラウン(8)つかませやっと話を通すなどは
昔は役得と言われしが
今では詐欺なる立派な犯罪なり。
如何なる地位も最初は三人で司り
お互いに悪事を監視し合いしが
しばしば同輩への思いやりから
お互いに盗みに手を貸すことになりにき。

今はさいわい一人で職を司れば
あと何千人もが立ち去りぬ。

(R)借金で日々を凌ぐなれば
如何なる名誉にも今や満足すべくもなし。
衣服は質屋や古着屋にぶらさがり
馬車は二束三文で手放され
幾組もの立派な馬も田舎の館も
借金返却のため売却されぬ。

　無駄な費用を避け、詐欺行為を退け
外国に軍隊を駐屯させず
戦争で得し虚しき栄誉も
外国人の尊敬もあざ笑い
祖国のために戦うは
正義または自由が危機に曝されたる時のみ。

　さて、名高き巣を眺め渡し
正直と商売の相性をとくとご覧あれ。

展示商品の品数は急速に薄れ
店の様相は一変せり。
毎年巨額の金を落とせし客が姿を消しぬるのみならず
彼らの金を頼りに暮らしける多数の人々も
やむなく商店や市場から遠退きぬ。
ほかの商売に飛びつきにけれどまったくの無駄にて
どこにても人が余れるなり。

　土地や家屋は値下がりし
テーベの宮殿の外壁のごとく壮麗なる造りの建物は
かつては劇場なりしが今は貸家に変わりぬ。
かつて堂々と華やかに鎮座給いし守護神は
玄関の扉に付けられたるみすぼらしき表札が
昔の気高き碑銘をあざ笑うを見るよりは
いっそ炎の中で燃えつきたしと願うならむ。
建築業は崩壊し
職人に仕事はなく
(S)技巧で名を成す絵師もなく
石工や彫刻師の名を聞くことなし。

故郷に残りたる者は節制に励み
金の使い方ならず暮らしの工夫に努め
居酒屋の払いを済ませしのちは
もう二度と店に入るまいと肝に銘じぬ。
今や巣に居る如何なる酒場女も
金糸織の服で着飾るべくもなく
フランスから訪れる美食家の珍客[9]とても
バーガンディー酒やホオジロの肉に大金を叩くことなし。
情婦を連れて馴染みの店に行き
騎兵中隊を一日養いうる金額を
二時間のクリスマス・ディナーに費やせし廷臣は今や無し。

高慢なるクローエは豪勢に暮らさんがため
[T]夫に国のお金を盗ませけれど
今やインド諸国を探し回りて手に入れたる家具調度を売りに出し
高価な食事代をけずり
一年中丈夫な服に身を包みおるなり。
軽薄や気まぐれがまかり通りし時代は去り

服も流行も長持ちす。
絹に金銀を織り込めし織元も
その下で働く商売もみな今は消えぬる。
されど平安と豊かさが国を覆い
すべてのものは質素なれど安価なり。
心優しき自然は庭師の手から離れ
あらゆる果実を伸び伸びと実らす。
けれども何の苦労もなさねば
珍しき品は手に入るべくもなし。

　プライドと奢侈が薄るるにつれ
次第に海からも遠ざかりぬ。
商人一人ひとりならず、業界を挙げて
全製造工場を取り払いぬ。
あらゆる技術、工芸は見捨てられ
(V)勤労を挫く「充足感」が
人々にありふれた品を愛でさせければ
最早より良きものを探し求むる気を起こす者こそなけれ。

巨大なる巣に残れる者はあまりに少なければ
多勢の敵の襲撃に当たりて
巣の百分の一も守ること能わず。
それでもなお彼らは勇敢に敵に刃向かい
終に見つけたる堅固な避難所を砦となし
ここで死すか持ちこたえるか二つに一つ。
彼らの軍隊は傭兵を募らず
国民自ら祖国のために勇敢に戦いにければ
ついにその勇気と高潔は勝利の王冠を勝ち取りぬ。
犠牲なくして勝利なし。
何千という蜂が命を落とせり。
労苦と修練に磨かれたる堅固な魂は
安楽そのものを悪徳とみなす。
かくして節制はますます促進され
無駄遣いを避けんがため
樹木の空洞を見つけてはこれに飛び込み
満足と正直の恩恵に浸されぬ。

教訓

したがって不平不満は捨て去るべし。
(X)骨折りの果て偉大な蜂の巣を正直な蜂の巣にせんと図るは
愚か者の為す業にすぎぬ。
(Y)世の便益を享受し
戦で名を上げ
かつ醜き悪徳のなき世界に安楽に暮らさんなどは
頭の中にのみ居座る絵空事なり。
欺瞞、奢侈、プライドなるものは
我々が恩恵を受くるには必要不可欠。
空腹はまぎれもなき恐怖なれど
如何にして空腹なしに食べ物を消化吸収し健康に暮らせよう。
干からび、みすぼらしく曲がりたる蔓から
ぶどう酒は醸さるるなり。
ぶどうの樹の若芽は手入れもされずに放置さるれば
ほかの植物を枯らしつつ樹に這いたるが
束ねられ、刈り込まれるや
我々に見事な果実を恵むなり。

それゆえ、正義の縄が縛りを効かす時には
悪徳も有益に働くものなり。
いや、ものを食うには空腹が必要なると同じく
国民の偉大になりたしとの思いは
国家にとりて必要不可欠なり。
純粋に美徳のみにて国民は壮大なる暮らしはできぬ。
黄金時代を蘇らせたしと願うならば
国民は、ドングリに拘束されてはおらぬのと同じく
正直にも拘束されぬと決意すべし。

おわり

三　序文

ごく僅かな人間しか己れ自身を理解できない最大の理由の一つは、ほとんどの論者たちが、絶えず人間たちに彼らがどうあるべきかを教えるだけで、人間が実際どうあるのかを語ることによって自省させることをほとんどしないからである。だが、私の場合は、社交辞令的な議論は抜きにして、人間というものは（見て明らかな皮膚、肉、骨以外に）さまざまな情念の混合物であり、それら情念は、刺激され高揚すると、人間の意志とは無関係に、次々と人間を支配するものであると考える。そして、我々すべてが恥ずべきものであるとするこれらの資質こそが、繁栄する社会を支えているということを示す点に、右記の詩の課題があった。しかしながら、この詩のいくつかの節は互いに矛盾しているように見えるかもしれないので、「緒言」において、その点についていくつかの説明的な「注釈」をつけると約束しておいた。そうした「注釈」をより有効なものにするために、あまり良くない資質を持った人間というものが、そうした欠点にもかかわらず、どのようにして美徳と悪徳の区別を教えられるのかについて考察しておくことが妥当であると考えた。だが、ここで、私が人間という場合、ユダヤ人でもキリスト教徒でもなく、まったくの自然状態の人間、まったく真の神を知らない人間を意味していることを、読者にはっきりと注意を喚起しておかなければならない(1)。

四　美徳の起源についての一考察

何も教育を受けていないあらゆる生き物というものは、単に自らを満足させようとしているだけであり、また、自らを満足させようとすることによって生じる他の動物の利害に関して何の考慮もなく、自然に身についている自らの性向に従って生きているだけである。未開状態に生きる、知性もなく満足させるべき欲望もほとんど持たない動物というものが、多数で互いに平和裏に生きていくのに最も適している理由はこの点にある。したがってまた、あらゆる動物の中で、人間だけが、政府の抑制なしでは、大きな群れで、長い間、互いに折り合いをつけることができないのである。とはいえ、良いか悪いかの判断は留保するが、それが、人間以外の動物が身につけていない社会性という人間の性質なのである。しかしながら、人間は異常に利己的で、強欲で、また狡賢い動物であるので、たとえ、非常に強力な力で押さえつけたとしても、力だけで人間を従順にし、人間にとって可能な進歩を受け入れさせることは不可能である。

それゆえ、社会の創立に苦労した立法者やその他の賢人たちが努めた主要な任務は、彼らが支配する人々に自らの欲望を満足させるよりも欲望に打ち克つことの方が、また、自らの私的利益と思われるものよりも公共的利益を配慮した方が、すべての者にとって有益であると信じ込ませることであった。こうしたことは、いつも、大変困難な任務であったため、その努めを果たすためにありとあらゆる知恵と雄弁が用いられた。そして、いつの時代でも、道徳家や哲学者たちは、こうした主張が有益であることの慥《たし》からしさを証明するために最高度の技量を発揮した。しかしながら、人類がこうした主張を信じようとしたかどうかは別として、もしこうした主張に従うことによって必ずや我が身が蒙る損害の代償として享受しうるものを示すことなく、彼らの自然的性向を抑制して、彼ら自身の利益よりも他人の利益を優先するように説得することは、何人にもできそうにない。しかも、人類の教化を担った人たちが、このことを知らなかったわけではない。だが、彼らは、個々それぞれの自己抑制に対して、すべての人々を満足させるに足る実際の代償を与えることができなかったので、自己抑制という忍耐に対する一般的な代償として、あらゆる場合に役に立ち、誰にも何の犠牲も強いることはないが、人々には喜ばれる想像上の代償を捏造せざるをえなかったのである。

彼らは人間本性のあらゆる長所と短所について徹底的に考察した。その結果、称賛されることに心地よさを感じないほど粗野な者もおらず、また、屈辱を与えられることにじっと耐えているような見下げ果てた者もいないことがわかり、追従こそが人間に対して用いうる最も効果的な方法であると正当にも結論を下した。彼らは、こうした追従という魅惑的な手段を用いることによって、他の動物よりも我々人間の本性の方が優越していることを称賛するとともに、目一杯の褒め言葉を以て、我々の洞察力の持つ驚異と我々の知識量の膨大さを明らかにし、最も高貴な偉業を我々が成し遂げることを可能にしている、人間精神における理性的力能に対して限りない賛辞を送っている。こうした追従という巧みな方法でお世辞を使いながら人間の心に取り入り、彼らは、人間たちに誉れと恥という考えを教え始めた。そして、彼らは、後者はあらゆる不善の中で最悪なものであり、前者は人間が渇望することができる最高の善であると説明した。こうした後、あらゆる目に見える生き物を凌ぐ卓越性を人間に与えている高貴な性質に気づくことなく、獣たちと同類の欲求を満足させることに汲々としているのは、かくの如き崇高な被造物の尊厳になんと不相応のことかと訴えた。慥かに、彼らは、自然の衝動というものは執拗なものであり、それを我慢することは困難であり、それを抑え込むことは至難の業であると認めてはいる。だが、それは、単に、彼らが、一方で、衝動の克服が如何に輝かしいかということを、他方で、そうしないことは如何に恥ずべきことであるかということを証明するための論法として用いているにすぎない。

さらに哲学者たちは、人間の間に競争を持ち込むために、人間という種全体を互いにまったく異なる二つの部類に分割した。第一の部類は、目の前の享楽をひたすら追い求めている惨めな心の卑しい人々である。彼らは、まったく自己抑制をすることができず、他人の利益を配慮することなく、私的利益のみを追い求めているような人々であり、官能的なものの虜になってあらゆる粗野な欲望に逆らうことなく屈服し、官能的喜びを高めること以外に自らの理性的能力を使用しないような人々であった。こうした下劣で見下げ果てた卑劣漢は、人間の屑であり、外観を除けば単に人間の姿をした獣と変わるところがないとされた。しかし、もう一つの人間の部類は、高潔で気概に溢れている者たちから構成されており、彼らは、浅ましい利己心から自由であり、彼らは、精神の進歩を最も魅力的な財産であると看做《みな》し、自らを真に価値ある存在と捉え、自らの卓越性が依って立つ基盤である精神だけを飾り立てることに喜びを感じるような人々であった。しかも、彼らは、理性的ではない人間たちと共通しているものは何であれ軽蔑するとともに、理性の力を借りて自らの最も暴力的な性向に抵抗し、また、他人の平穏を維持・促進するために絶えず己れ自身と戦い、公共の福祉と己れの感情的衝動の克服以外に何も目指さないというような人々でもあった。

己れの心を治むる者は
城塞を攻め取る者に愈《まさ》る(1)

哲学者たちは、こうした人々こそ人間という崇高な種を代表しているのであり、こうした人々は、価値という点で、第一の部類の人間が野生の獣より優れているよりも遙かに、第一の部類の人間よりも秀でているとした。

プライドというものを見いだせないほど不完全ではないすべての動物においては、最も優秀で最も美しく価値あるようなものこそが、大抵は最も プライドが高いことを我々は知っている。それゆえ、最も完全な動物である人間(2)においては、プライドというものは人間の本性と不可分であり（如何に巧妙にプライドを隠蔽することを学ぼうとも）、プライドなくしては、人間を人間たらしめている複合体は、その主要な構成要素の一つを欠くことになるであろう。もしこのことを考慮に入れるならば、以下のことはほとんど疑う余地はない。すなわち、既に私が指摘しておいたように、人間の自己称賛の感情に大変巧みに迎合させた教訓とか忠告といったものを群衆の中に拡めてやれば、人間の思索的部分に関してはその大部分の同意を得ることができるに違いないし、さらに加えて、その中の何人か、とりわけ彼らの中で最も自己称賛の感情が激しく最も意志堅固で最も善良な人々を、限りない不自由に耐えさせ多くの困難を忍ぶようにさせるに違いない。というのは、彼らは、自分自身を第二の部類の人間であると看做すことに喜びを感じ、したがってまた、第二の部類の人間に備わっていると聞かされてきた卓越性のすべてを、我が物にする喜びを感じるからである。

以上述べてきたことから、第一に、自らの自然的欲求を抑制するために尋常ではない努力をし、自らの利益よりも他人の利益を優先する英雄的な人たちは、理性的な被造物である人間の品位について彼らが受け容れた立派な考えを一歩も譲らないであろうし、また、こうした人々は、政府当局の庇護の下、第一の部類の人間に対する自らの優越性のみならず、第二の部類の人間に帰せられるべき尊厳を声高に主張するであろう、と我々は思うべきである。そして第二に、彼らにとって最も魅力的なものを禁欲させるに充分なプライドとか決断力に欠け、自然の感覚的な衝動に衝き動かされる人々であっても、彼ら自身が第一の劣った部類の人間に属し、一般に野獣とほとんど変わらぬ見下げ果てた卑劣漢であることを表明することを恥じ入るであろう。それゆえ、こうした部類の人間であっても、自己弁護のために、英雄的な人たちと同じ言い方をするであろうし、できうる限り自らの欠点を隠し、他の誰よりも自己抑制をし、公共的精神を褒めそやすであろう。というのは、第一の部類の人間のある部分は、彼らが見聞してきた第二の部類の人間の不屈の精神と克己心の実際の姿に納得し、彼ら自身に欠如しているものをこの部類の人間の中に見いだし、感嘆するということは充分ありうるからである。また、こうした人々のある部分は、第二の部類の人間たちの決断と勇気に恐れをなすであろうし、支配者の権力を恐れるであろう。それゆえ、誰もが疑いを差し挟むことは罪であると考えていることに対して（自分自身が実際はどう思っているかは別として）、敢えて公然と反対することはないであろう、と考えることも道理に適っている。

未開人が消え去ったのはこのようにしてであった（あるいは、少なくともこのようにしてであったであろう）。というわけで、人間を従順にさせるとともに相互扶助を行うように仕向けるために、老練な政治家たちによって提唱された道徳の最初の基礎は、何よりも野心家たちがより安全で容易に膨大な数の人間を支配し、そこからより多くの利益をむしりとることができるよう考案されたことは明らかである。(3) こうした政治の土台が一度築き上げられれば、人間というものが、永い間、未開のままでいるということは不可能となる。何となれば、己れの欲求だけをひたすら満足させていた人々でさえ、他の同類によって不断に妨害を受け続けることによって、彼らの性向を抑制すれば、あるいは、あからさまに彼らの性向を示さずにおけば、多くの揉め事が避けられ、熱心に快楽を追い求める時に生じる多くの苦難から逃れられることに気づかされるからである。

まず、第一に、彼らは、社会全体にとって利益になる行いをすることに伴う恩恵を、それを行った人々と同様に享受した。その結果、彼らは、社会全体の利益の向上に貢献しようとする優秀な部類の人々の成功を望まざるをえなくなった。第二に、彼らが、他人の利益を考慮することなく、自己利益だけを熱心に追求すればするほど、自分自身に最も似ている者ほど彼ら流のやり方の邪魔になるということを常に痛感せざるをえなかった。

それゆえ、他人の労働と自己抑制の成果を手に入れ、また同時に、邪魔されることなく自分自身の欲望を満たすために、公共心を褒めそやすことこそが、何よりもまして彼らの中の最も悪辣な者たちにとって有益であったのだ。だから、彼らは、第二の部類の人々に同意して、公共的なものに関して何の配慮もなく、自分自身の欲求だけを満たそうという行為を、その行為が社会の誰かに害を与えるとか、他人に対してほとんど役に立ちそうでもないということがほんの少しでも予想される場合には、それが何であれ**悪徳**と呼んだのである。また彼らは、自分自身の自然的衝動に打ち克ち、善人でありたいという理性的な功名心から他人の利益を増進しようとし、また自分自身の情念を克服しようとする行為であれば、それが何であれ**美徳**という名称をそれらに与えた(4)のである。

社会の大部分の人々が、支配的な神力を何らかのかたちで崇拝することに同意する以前には、どのような社会も文明化されることはなかったし、それゆえ、善悪の概念や美徳と悪徳との区別は決して政治家たちの考案ではなく宗教の純粋の結果であった、と反論されるかもしれない。この反論に応える前に、この「美徳の起源についての一考察」においては、ユダヤ人やキリスト教徒について語っているのではなく、自然状態にいる人間、すなわち真の神について無知な人間について語っているという既に述べておいたことを繰り返しておかねばならない。その上で、その他あらゆる国民における偶像崇拝的な迷信や、彼らが至高の存在について抱いている突飛な観念というものは、人間に美徳を意識させることはできず、ただ粗野で無知な大衆を畏怖させたり楽しませたりする以外に何の役にも立たなかった、と私は断言する。だが、あらゆる歴史に名を連ねている国家においては、崇拝されている神についての観念が如何に愚かで滑稽であっても、人間本性はあらゆる方面においてその能力を発揮し続けたし、また、ともあれ国富や国力に恵まれていたあらゆる君主国や共和国においては、人間本性という点で秀でている場合には、必ずそこに知恵とか美徳が存在していたということは歴史的事実なのである。

エジプト人たちは、考えうる限りの醜悪な怪物たちを崇めるだけでは飽き足りず、彼ら自身が栽培した玉葱(5)をも崇拝するほど愚かであった。だが、同時に、彼らの国は、世界中で最も有名な芸術と科学の醸成地であり、彼ら自身、最も奥深い自然の神秘について、これまでの如何なる国民よりも抜きんでて精通していた。

この世における如何なる国家、王国といえども、道徳全般において、ギリシア帝国やローマ帝国以上に、とりわけ後者以上に多様で名高い規範を生み出した所はない。とはいえ、宗教上の事柄に関する両者の考えは、如何にいい加減で愚かで嘲笑に値するものであったことか。というのは、ギリシアやローマにおける途轍もなく大量の神々についてはさておき、もし、我々が、彼らが神々について創作した酷い物語だけを取り上げるならば、ギリシアやローマにおける宗教は、情念に打ち克つことや美徳への途を人間に教えるどころか、むしろ、人間の欲望を正当化し悪徳を鼓舞するために創作されたように見えることも否定できないからである。(6) しかしながら、我々が、ギリシアやローマの人々が、不屈の精神という点で、また勇気や度量の大きさという点で勝っている理由を知ろうとするならば、華麗な凱旋式、壮大なモニュメントやアーチ、戦利品、彫像や碑文、武功者の栄冠、戦死者に定められている栄誉、生還者に与えられる公の賛辞、軍功のある人間に与えられたその他のシンボリックな褒賞などに、我々は目を向けなければならない。そうすれば、我々は、ギリシアやローマの人々の多くを自己抑制の極地まで駆り立てていたものが、最も効果的な手段を用いて人間のプライドを鼓舞させるという、ギリシアやローマにおける政策以外の何ものでもないことを理解することができるであろう。

それゆえ、最初に人間というものに欲望を抑え込ませ、根っから人間に備わっている性向を抑制させたのは、何らかの異端宗教、あるいはその他の偶像崇拝的な迷信ではなく、老獪な政治家たちの巧妙な人間操縦術であったことは明瞭である。また、我々が人間本性というものを探求すればするほど、美徳というものは追従がプライドに生ませた政治的申し子であることをますます確信するようになるであろう。

どんなに能力や才能に恵まれていても、追従が巧みに行われ、しかもそれが自分の能力に相応しいものであれば、その魔力に完全に耐えうるような人間は存在しない。子供たちや愚かな者たちは自分への称賛を鵜呑みにするが、もっと老練な人間は用心深く扱わねばならない。追従が態《わざ》とらしくなければないほど、追従の対象にしている人物から怪しまれることが少なくなるからである。街全体に対する褒め言葉は居住者たちに喜びをもって迎えられるであろうし、学問全般を称賛すればあらゆる学徒によって感謝されるであろう。また、ある人間の職業やその人間が生まれた国について褒めても怪しまれることはないであろう。というのは、こうした褒め言葉は、その人間に、恰《あたか》も自分に対する直接的な高い評価ではないという装いの下で、自分自身が感じている喜びを覆い隠す機会を与えることになるからである。

追従がプライドに対して持つ力を理解している老練な人たちの間では、追従の効果に不安がある時には、内心苦々しく思うけれども、追従の効果が効かないと疑っている相手の家族、国家、あるいは職業などに伴う名誉、公正さ、高潔さなどについて大げさに褒めまくるのが通例である。なぜならば、こうした老練の人たちは、人間というものは、実際にはそうではないと気づいていることを、何か他人の意見のままのものとして思い描きたいものであり、しばしば、自らの判断を変え実際の姿とは違うように振る舞うこともあると知っているからである。かくして、賢明なモラリストたちは、少なくともある種の人々の抱いているプライドというものが、人間の原型とされている美しい天使を模倣するよう、彼らを促すことを願って人間を天使の如く描くのである。

比類なきリチャード・スティール卿(7)が、いつもの優雅で平易な文体で、人間という崇高な種について長々と称賛し、また美辞麗句の限りを尽くしたレトリックでもって、人間本性の優越性を語る時、彼の思考の巧みさとその洗練された表現に魅了されない者はいないであろう。私は、しばしば、彼の雄弁さに心動かされ、喜んで彼の巧妙な詭弁を鵜呑みにしようと思い、また本気で信じようとしたけれども、彼の作為的な称賛というものは、言ってみれば子供に礼儀作法を教えるために、女性たちによって考案された秘訣のようなものであると思わざるをえなかった。話したり歩いたりできる前の、幼くぎこちない少女が、しつこく促されて初めて拙いお辞儀をしようとした時、乳母は有頂天になって褒めそやす、「何とすばらしいお辞儀でしょう！　何といい子でしょう！　立派な淑女ですよ！　ママ！

お嬢さんは、お姉さんのモリーよりも上手にお辞儀ができますよ！」、と。また、女中たちも同じように幼子を褒めそやし、母親は、壊れんばかりに娘を抱きしめる。ただ、ちゃんとしたお辞儀の仕方を知っている四歳になった姉のモリーだけが、乳母たちの言い分のいかがわしさに躊躇《ためら》い、憤りの感情がこみあげ、彼女が理不尽に扱われたことに対して今にも泣き喚きそうになる。とはいえ、彼女も、「赤ちゃんを喜ばすためにしているだけよ、あなたは一人前の女性ですよ」と耳元で囁かれれば、秘密を知らされたと得意になって、彼女の理解力が妹より勝っていることを嬉しがるあまりに、聞かされたことに尾ひれを付けて繰り返し妹の弱点を馬鹿にし続けるが、この間、彼女は、家族の中で妹だけが何もわかっていないお馬鹿さんであると思っている。このような度を過ぎた称賛というものはウンザリするような追従であり言ってみれば許しがたい嘘である、と幼児以上の知能がある人間であれば誰でも思うであろう。しかしながら、こうした大げさな賛辞によって幼女は立派なお辞儀ができるようになり、また、褒められない場合よりも、ずっと早く何の苦労もなく女性らしく振る舞えるようになることを我々は経験上知っている。このことは少年の場合も同じであり、立派な紳士というものは作法通りに振る舞うものであり、物貰いの少年でなければ、行儀が悪かったり服を汚したりするものではないと教え諭すであろう。否、それどころか、手に負えない坊主が、不作法な手つきで帽子を下手くそにいじり回し始めるや否や、母親は帽子を上手に被らせるために、二歳にもならない子供に、あなたは一人前の男ですよと言う。もし、母親が望む度に、その子供が上手に帽子を被ることができたならば、彼は、直ちに、大将とか、市長とか、王様とか、あるいは、母親が思いつくことができるもっと立派な人間になってしまうであろう。称賛の力で煽《おだ》てられると、小さな腕白坊主であってもできうる限り一人前の男を真似るように努め、浅はかな頭で、母親にそうであると信じられていると想うところのものに見えるように、ありったけ力を注いで努力するのである。(8)

最も卑しい人間でも自分自身には計り知れない価値があると思うものであり、野心的人間の最高の願望とは自分の価値を世の中のすべての人間に知らしめることである。だから、かつて英雄たちがそれによって自らを鼓舞した名声への飽くなき渇望というものは、その時代ばかりか、未来においても他人の称賛と感嘆を独占することへの果てしなき願望以外の何ものでもない。そして、(次のような真実は、翻ってアレクサンダーとかシーザーのことを考えてみると、どんなに残念なことであろうとも)、彼らのような高貴な精神の持ち主でさえ、人の囁き、すなわち称賛という実体のない貨幣という偉大な報酬のために、まったく躊躇なく彼らの平穏、健康、肉欲的快楽、そして彼らのすべてを犠牲にしたのである。マケドニアの狂人(9)、彼の懐の深さ、また彼の強大な心臓について(ロンレンソ・グラティアン(10)によれば、その片隅に、世界は小ぢんまりと鎮座しているので、その全体にはあと六つの世界が入る余地があるとされた)、大真面目にあれこれ思いを巡らせてきたあらゆる偉人たちに思いを馳せる時、誰が笑わないでおられようか。アレクサンダーがヒュダスペス川(11)を渡ろうとして、そのあまりの苛酷さに思わず叫んだ時の、「おお、アテネ人よ、お前たちの称賛を得んがために、我が身をどんな危険に晒しているか、信じてもらえるだろうか!(12)」という彼の発言からも知れるように、アレクサンダーについて語られてきたすばらしい評判を、自らの偉業によって彼が手に入れようとした目的を較べてみる時、誰しも笑わないではいられないであろうと思う。それゆえ、栄誉という報酬を最も十全な意味で定義するとすれば、それは、高貴な行為をしていると意識している人間が、同時に、本人が期待する他人からの喝采を思い描くことによって自愛心を満足させるという至福に存するということになるであろう。

だが、次のように反問されるかもしれない。野心家たちの華々しい戦闘や公の場でのこれ見よがしの行いとは別に、沈黙の内に遂行される気高く思いやりのある行いも存在するではないか、と。また、美徳というものはそれ自体で報酬であり、実際に善人である者は自らが善人であると意識することに満足しているのであり、それが、善人たちが最も価値ある行いから期待する褒賞のすべてである、と。さらにまた、異教徒たちの間では、他人に善行を施した時に、感謝や称賛を望むよりは、むしろ、恩恵を施してあげた相手から身を隠すために、考えられるあらゆる手立てを講じる人たちがいたのであり、それゆえ、プライドとは人間を最高度の自己抑制に駆り立てることに何ら関与するものではない、と。

私は、こうした反問に対して、我々はある人間の行為の原理と動機を完璧に知ることなくして、その人間の行いを判断することは不可能であると言いたい。哀れみは、我々のあらゆる情念の内で最も穏やかで、最も害を及ぼさないものであるけれども、怒りやプライドや恐れと同じように、人間本性における短所でもある。最も軟弱な精神が、一般的に言えば、最大の哀れみの情の所有者である。それゆえ、女や子供ほどに情が深い者はいない。慥かに、我々の弱点の中で、哀れみの情は、最も好ましく、最も美徳に似ているものであるということは認めなければならないであろう。否、それどころか、哀れみの情が蔓延していなければ、社会は一瞬たりとも存続できはしないであろう。とはいえ、哀れみの情というものは、そもそも公共の利益や我々の理性的判断を顧みない人間本性における衝動なのであるから、それは、善だけではなく悪も生みだす。それは、処女の貞節を踏みにじる手助けをし、裁判官の高潔さを汚しもする。また、哀れみの情を原理として行動する者は誰しも、たとえその行動が社会に大きな利益をもたらしたとしても、図らずも公共にとって有益であるような情念に耽ったということ以外に誇るものは何もないのである。炉火に今にも落ちこけようとしている幼い赤子を救うことに何の功績もない。こうした行為は善でもなければ悪でもない。その赤ん坊がどんなに利益を得たとしても、我々は単にそうせざるをえなかったからそうしたに過ぎない。というのは、その子が落ちるのを見て、それを防ごうとしなければ苦痛を感じることになるとともに、自己保存本能が我々をしてその子の落ちるのを防ぐよう促したに過ぎないからである。たまたま同情しやすい気質で、そうした情念に耽るのが好きな金持ちの放蕩者が、彼にとっては取るに足らない端金で同情すべき人を救ったからといって、彼に誇るべき美徳があるわけではない。

しかし、自らの弱点を克服し、自らが大切にしているものを手放すことができるような人たち、あるいはただ善を愛するという動機だけで黙って立派な行いをしてしまうような人たち、そうした人たちはこれまで私が述べてきた者よりも洗練された美徳の観念を身につけていることを認めよう。だが、彼らの中にさえ（世の中は、未だこうした人々で満たされたことはないが）、少なからずプライドの徴候を我々は見いだすことができるし、現存する最も謙虚な人間でさえ、有徳な行為の報酬は（この報酬はその行いによってもたらされる満足感である）、自ら自身の価値を自覚することによって得られるある種の喜びに存すると告白するに違いない。何らかの危険が差し迫った時の青ざめた表情や身震いが恐れの徴候であるように、この喜びは美徳の行為の原因であるとともにプライドの明らかな徴候でもあるのだ。

もし、あまりにも実直な読者が、一読しただけで、道徳の起源に関する以上の説明を咎め、これらの説明をキリスト教と敵対するものと考えたとしても、以下の点を考慮していただければその非難を慎んでくれるであろうと思う。それは、神が社会のために設計し創造した人間が、自らの欠点や不完全さのゆえに、単に現世的な幸福の道に導かれるだけではなく、まずは自然的原因の必然性に基づいて、また後には真の宗教によってより完全なものにされる、永遠の幸せに至る救済への知識を、不完全ながら手に入れることほど、計り知れない深遠な神の知恵をより際立たせているものはないということである。[13]

五　注釈

（A）

また得体の知れぬ商売もあるなり。
かくなる商売に見習い奉公に出す者はあらねども。（十一頁、四行目～）

成年に達した時に生計が立つようにするための若者の教育において、大抵の人たちは、若者の職業が生計を保証できる職業であるかどうかに注意を払う。また、大きな人間の社会それぞれに同業団体や同業組合なども存在している。これらのおかげで商業や手工業と同様に学問や芸術も、それらが有用であると看做されているかぎり国家のなかで存続し続けることになる。というのは、これらの職業のために日々育成されている若者たちが、死んでいく老人たちの補充をすべく絶えず供給され続けられているからである。しかしながら、それぞれの職業を始めるにあたり必要とされる費用が大きく異なるため、ある職業が他の職業よりも大きな資金が必要な場合、賢明な親たちは、子供の職業を選択する際、主として彼ら自身の甲斐性と彼らが置かれている境遇を考慮にいれる。三百ポンドから四百ポンドを息子に持たせて紳商(1)のもとに奉公にやった親が、息子の年季が明け独り立ちの時に、二千ポンドから三千ポンドのお金を用立てられないならば、もっと少額のお金しか必要とされない職業に子供を就かせるべきであったと、大いに非難されて然るべきであろう。

ほんの僅かしか収入がないにもかかわらず、彼らの誉れ高い生業のゆえに、己れの二倍の所得を手にしている普通の人々よりも立派に見せるために、費用をかけて体裁を整えざるをえないような上流気取りの教育を受けた多数の人たちもいる。もし、こうした人たちに子供がいれば、次のようなことがしばしば起こる。彼らは、大変貧しいがゆえに、生計を保証できる職業に就かせるような養育を子供たちにしてやれないが、かといって彼らの持つプライドのゆえに、子供たちを苛酷で下卑た商売に就かせることもできない。そこで、運が変わるか、友人もしくは好機が到来することに望みをかけながら、子供たちへの対応を暫し捨て置くことになる。かくして、子供たちは知らぬ間に成年に達するが、彼らは職業に就くための何の養育もなされないままで放置される次第と相成る。こうした放置が、子供たちにとって残忍であるのか、社会にとって損害であるのかの判断を留保しよう。だが、アテネでは、子供たちは、親が困窮した場合は、親の手助けをしなければならなかったが、ソロン(2)は何らかの生業に就けるような養育をしない父親を救済する義務は息子にはないという法律を作った。

親は、息子たちを、その時の自らの資金力に応じて信頼できる商売に就かせるが、息子の年季が明ける前に、あるいは就こうとしている仕事を充分修得する前に、たまたま死んでしまうか落ちぶれてしまう親もいる。他方で、非常に多くの若者たちが充分養育されて独り立ちするにはするが、(ある者は、彼らの勤労さの欠如、あるいは彼らが就いている仕事に関する充分な知識の不足のために、またある者は遊び呆けることによって、さらにごく稀には不運によって)、貧しくなり、自分が身につけた仕事ではまったく食べていけない若者も出てくる。また今、私が指摘した怠慢や不始末や不運などは、人口が多い場所では多発せざるをえない。その結果、国家がどんなに豊かで強力であろうとも、あるいは、どんなに政府がこうした事態を防ごうと尽力しようとも、相当数の人々が、日々、無収入のまま広い世間に放り出されることになる。では、こうした人々をどう処遇したらよいであろうか。周知の如く、この世に海や軍隊は何処にも存在している。それゆえ、仕事に溢れたこうした人たちのある者は、船員や兵隊として採用されることになるであろう。また勤労な精神を持った正直な働き者は、自分と関連がある同業者の下で職人になるか、何かその他の仕事に就くであろう。勉学に励んで大学に進んだような者は、学校の教師か家庭教師になれるかもしれないし、その内のごく少数の者は官職に就けるかもしれない。だが、働く気がない怠け者や、何か特定の仕事に縛られることを嫌う気まぐれ屋はどうしようもないであろう。

演劇や小説に興味を持ち少し良家の出で、しかも舞台に関心があり、そこそこの立ち回りで台詞も上手ならば役者になるであろう。また、何よりもまして食べることが大好きで、こえた舌を持ち、しかも料理の腕前が良い者ならば、大食家や美食家と親しくなるように努め、ペコペコしながら如何なる扱いにも耐え、やがて食客となり主人に媚びながらも家族の間に水を差すことであろう。自分も、また自分の仲間も下劣な人間である場合には、人間というものは好色漢であると看做し、自ずと悪巧みを始め、女性に巧みに言い寄ることもできずその暇もない者たちに女を斡旋することを生業《なりわい》とすることであろう。最も破廉恥で手に負えない輩が狡猾で抜け目がなく腕前も良く工夫もするならば、詐欺師や掏摸《すり》や偽金作りになるであろう。さらに、無知な女や愚かな人物の軽信に気づいた者たちが、厚顔で狡賢くあれば、医者のふりをしたり占い師を装ったりするであろう。こうして、誰しもが、他人の欠陥や弱点を自らの利益に変え、己れの才能と手腕が許す限り、最も容易で、最も手短な方法で、暮らし向きを良くするように努めるのである。

彼らは慥かに市民社会の破壊者である。だが、以上述べてきたことを考慮することなく、こうした連中を野放しにしている法律のいい加減さだけを非難する者は愚か者である。それとは逆に、利口な人間は人間の慎慮によっては防ぎようのないことに文句をつけることなく、こうした連中に出し抜かれないよう考えうる限りの注意を払うことでよしとしているのである。

(B)　かくなる連中が悪党と呼ばるる者なれど

悪党という名称はさておき、まじめな堅気の者と云えども何ら変わることなし。（十一頁、十一行目〜）

これは商売に従事している人たちすべてに対する稚拙な敬意の表現に過ぎないことを私は認める。だが、悪党という言葉が最も広義の意味で解釈され、根っからの正直者ではなく、自分自身にしてもらいたくないことを他人にするようなすべての人間を含意するのであれば、この言い分の正当性を私は信じて疑わない。最も公正な商人たちの間でも、売り手と買い手が互いに相手を出し抜くために用いるありとあらゆる手練手管は日常的に認められ行われているがごとく、値切った相手に絶えず己れの品物の欠陥を知らせる小売商なんぞも存在しない。否それどころか、そうした品物の欠陥を必死に隠したり、買い手に損害を与えたことがない小売商が一体どこにいるであろうか。また、売れ行きをよくするために、良心に反して価値以上に己れの品物を宣伝しない商人が一体どこにいるであろうか。

非常に有名な人物であり、海外のさまざまな地域から大量な砂糖の買い付けを委託されていたデシオという人物は、これまた著名な西インドの商人であるアルカンダーという人物と、かなりの量の砂糖の取引で激しい駆け引きをしていた。両者とも砂糖の市況というものを熟知していたが、なかなか取引価格交渉で決着がつかなかった。デシオは、資産家であり、誰もが彼よりも安く買うはずはないと考えていた。アルカンダーも同様に金持ちであり、お金に困ってはいなかったので彼の値付けを譲らなかった。彼らが、取引所の近くの居酒屋で売買契約を進めていた時に、アルカンダーの部下が、予想していたよりも大量の砂糖がイギリスに届くらしいという情報を知らせる西インドからの手紙を雇い主に届けた。アルカンダーは、この情報が広く知れ渡る前に、できうればデシオが付けた値段で売り捌いてしまおうと思った。だが、狡賢い狐たるアルカンダーは余りにも唐突に思われないように、また、顧客を失わないように交渉を中断し、陽気なふりをしながら気持ちの良い天気だと言いつつ庭園に関心があるということに話題を変え、ロンドンから十二マイルとは離れていない自分の別荘にデシオを招待しようとした。時は五月の偶々《たまたま》土曜日の午後であった。独身者であったデシオは火曜日までロンドンでの仕事がなかったので、相手の鄭重な招待を受け入れアルカンダーの馬車で出かけた。デシオはその夜と翌日は大変な歓待を受け、月曜日の朝、腹ごなしをするためにアルカンダーの馬で散策に出かけた。戻ってきて知り合いの紳士と出会った。その紳士はバルバドス[3]船隊が暴風のため全滅したという情報が昨晩届いたことを彼に伝えるとともに、こちらに出かけてくる前にロイド珈琲店[4]でこのことが確認され、珈琲店では取引の時までに砂糖価格が二十五パーセント高騰するであろうと予想されていると付け加えた。デシオは友人の所に戻り、直ちに、居酒屋で中断した交渉を再開した。アルカンダーは、交渉に負けはしまいという自負があったので、ディナーを終えてから交渉を始めようとしていたのであるが、デシオが先に交渉再開を申し出てくれて大層喜んだ。アルカンダーはどんなことがあっても売ろうと思い、相手のデシオはそれ以上にどんなことがあっても買おうと願った。とはいえ、両者とも互いに相手を恐れていたので、かなりの間、まったくの無関心を装っていたが、とうとうデシオは、先ほど手に入れた情報で居ても立っても居られなくなり、ぐずぐずしていると危険であると思い、一ギニー金貨[5]をテーブルの上に放り投げアルカンダーが提示した価格で契約を結んだ。翌日、デシオはロンドンに向かった。情報は正しかった。デシオは砂糖で五百ポンド儲けることができたのに対して、アルカンダーは相手を出し抜こうとしたにもかかわらずしっぺ返しをくらった。これらすべては正当な取引ではあるとはいえ、両者とも、互いに相手にしたようなことを自分にされることを決して望まなかったであろうと思う。

(C)　戦を強いられたる兵士は
　生き延びれば名誉を獲得せるが（十三頁、十五行～）

他人に良く思われたいという欲望は曰く言いがたいものである。自らの意志に反して、あるいは自らの罪のために戦地に駆り出され、始終、脅かされ殴打され、戦いを強いられた者でさえ、できうるならば避けたかった戦闘行為によって称賛されたいと願っているのである。だが、もし、人間の理性が彼のプライドと同等の重さがあるのならば、人間は受ける資格がないと思っている称賛を喜ぶことは決してできないであろう。

本来の正確な意味での名誉とは、まさに他人からの評判が良いということに他ならない。したがって、それが表明されるにあたっての噂や騒ぎが大きいか少ないかによって名誉の重みの多寡が決まる。君主が名誉の源泉であると言われる場合、その意味は肩書きもしくは儀式によって、あるいはその両方によって、褒賞すべき相手に名誉の標章を刻印する力が君主にあるということであり、またその刻印は硬貨の如く流通し、資格があるかどうか別として、その相手に万人の良い評判をもたらすということである。

名誉の反対は不名誉あるいは不面目であり、その本質は他人からの悪い評判や軽蔑に存する。名誉は良き行いに対する褒賞として看做されるのであるから、不名誉は悪しき行いに対する懲罰として考えられる。他人による侮蔑の表明のされ方がどの程度まで公になるか、あるいは酷いものであるかに応じて、人が不名誉によって貶される苦しみがどの程度であるかが決まってくる。この不面目は、それが引き起こす結果から羞恥心とも呼ばれている。名誉や不名誉による禍福は想像上のものであるが、羞恥心には現実性がある。羞恥心とは、それ固有な徴候を帯び、理性を無効にし、それを抑え込むためには他の如何なる情念よりも相当の手間と自己抑制を必要とする情念を指す。人生における最も重要な行為も、しばしばこの情念が我々に及ぼす影響によって制御されているのであるから、この羞恥心という情念を完全に理解することは、この世における名誉と不名誉の概念を説明する上で大いに助けになるであろうから、この情念について詳しく述べておこうと思う。

まずはじめに、羞恥心という情念を定義するならば、「他人がすべてを知ったとすれば当然軽蔑する、あるいは軽蔑するかもしれないという不安から生じる己れ自身の不徳についての惨めな思い」と呼びうると思う。この定義に対して提起しうる唯一有力な反論は、無垢な処女はしばしば恥じ入り、罪を犯しているわけではないのに顔を赤らめるが、この定義ではこのような無垢な処女の恥じらいについて説明を与えることができないというものであり、また、人間はしばしば赤の他人のために、あるいは友情も親近感も感じない相手のために恥ずかしくなることもあるというものである。要するに、右記の定義で言われていることが当てはまらない羞恥心の事例がごまんとあるというものである。こうした反論に応えるために、まず、最初に、女性たちの慎み深さというものは習慣や教育の結果であり、それによって流行遅れの恰好や下品な表現などが、彼女たちにとって醜悪で不愉快なものになるのだということを指摘したい。さらにまた、こうしたことにもかかわらず、この世の最も貞淑な若き乙女でさえ、ある人たちには決して漏らしたくない事柄を思ったり、さまざまな妄想が彼女の想像の内にどう逆らっても浮かんだりすることがあるということも指摘しておきたい。それゆえ、卑猥な言葉がうぶな生娘の面前で語られた時、彼女は、その言葉が何を意味しているか理解していることを、誰かに気づかれやしないかと不安になるのである。つまり、彼女は、知らないと思われたいと望んでいることのあれこれを、またその他色々のことを知っているのではと、誰かに気づかれやしないかと心配するのである。彼女がこのようにあれこれ考え、これは具合が悪いぞと思い至った時、我々が羞恥心と呼ぶ情念が彼女の心の内に湧き上がるのである。私が推測した思考回路に彼女を放り込むものが何であれ、それが卑猥な事柄からどんなにかけ離れたものであっても、彼女が罪深いと思うことならば、彼女の慎み深さが続く限り、男性の面前であればなおさら、卑猥な事柄と同様な効果を持つのである。

以上述べたことの信憑性を確認するために、その貞淑な若き乙女の隣の、しかも彼女がそこに居ると悟られていないと確信できる部屋で、男たちに好き放題に卑猥な話をさせてみよう。そうすれば、彼女は、耳を傾けるということはないにしても、まったく顔を赤らめることなくその話を聞いているであろう。というのは、その時、彼女は自分のことを無関係であると思っているからである(6)。また、もしある話で彼女が頬を赤く染めたとしても、無垢な乙女が何を想像したかはともかく、頬を赤く染めさせたものが羞恥心よりも恥ずかしさを感じさせない情念であるということは慥かなことである。だが、もし、彼女が、同じ場所で、自分自身について、しかも間違いなく己れにとって恥辱となることが何か話されているのを聞くとか、それが何であれ、自分でも密かに罪深いと感じていることが話されているのを聞いたならば、十中八九、誰も彼女を見ていなくても、恥ずかしくなり赤面するであろう。というのは、彼女には、見下げ果てた者として思われる、あるいは、すべてが知られればそう思われるに違いないという懸念の余地があるからである。

我々は、しばしば、赤の他人のために恥ずかしくなり、赤面するという第二の反論であるが、それは、我々は、時により、他人事を我が事のように思うことがあるということに他ならない。だから、人は、危険な状態にある他人を見て、キャーッと叫ぶのである。もしも他人がしてしまった非難に値する行為を我々がした場合、我々に生じる結果について是が非でも知ろうとしているうちに、生気が、それゆえ、血液がそうした行為を実際に自分がした時と同様に、識らず知らずに身体を巡ってしまうので同様な徴候が表れざるをえないのである。

一見したところ原因がありそうもないのに、育ちの悪い人々が未熟さや無知のために、自分よりも優れた人の前で露わにする羞恥心は、常に己れの愚かさや無能力に対する意識を伴っており、その意識から生じる。また、最も慎み深い人間は、たとえ如何に徳が高く、聡明で、立派であっても、何らかの罪の意識がある場合とか、自信に欠ける場合でなければ、人前で決して恥ずかしがることはない。この羞恥心という情念に過度に支配され、絶えず打ち負かされている粗野で教育のない者たちは照れ屋と呼ばれている。また、他人に敬意を払わず、己れ自身の力量を見誤り、羞恥心というこの情念を感じて然るべき時に感じることを学んでいない者は、厚かまし屋もしくは恥知らずと呼ばれている。何と奇妙な矛盾から人間とは成り立っていることか。羞恥心の反対はプライドである（注釈(M)を参照のこと）が、後者を少しも感じたことがない者は、前者も知ることができない。というのは、他人が我々をどのように思っているかについて抱くこのような我々の異常な関心は、まさに我々が自分自身に抱く限りない自己称賛から生じるからである。

大抵の美徳の種子がその中に含まれているこれら二つの情念[7]は、我々の体内に実在するものであり想像上の性質ではないことは、我々には理性が存在しているにもかかわらず、これら二つのどちらかの情念の影響を受けるや否や、我々の内に生ずる明白かつ多様な結果によって証明しうる。

ある人間が羞恥心によって打ちひしがれる時、彼は生気が萎えていることに気づく。心臓は冷たくなり萎縮していくように感じ、血液は心臓から身体中に拡散していく。顔は紅潮し、首と胸の一部は火照ってくる。彼は鉛のように気が重く、うな垂れ、困惑げに目を地面にじっと注ぐ。如何なる侮蔑も彼には通じない。彼は、生きることに疲れ果て、心底から消え去ることができればと願う。だが逆に、虚栄心を満足させながら、プライドを鼓舞している時は、人間はまったく正反対の様相を呈する。生気に溢れ、血がたぎり、常日頃よりも激しく興奮し、心臓が拡張し、手足は熱っぽくはない。身は軽やかに感じ、空中を歩けるような気がする。尊大に構え、目玉を活発にギョロつかせる。生きていることを喜び、怒りっぽくなり、世の中のすべての人間が自分に注目することを期待するようになる。

我々[8]を社会的存在にするために、羞恥心がどんなに必要な要素であるかは信じがたいほどである。羞恥心は人間本性における弱点であり、この世のあらゆる人間は羞恥心を感じる度に、後悔の念を伴いながらそれに屈し、できることならば羞恥心を払い除けようと願う。しかしながら、社交の妙は羞恥心に存するのであって、人類の大多数が羞恥心の支配下になければ、如何なる社会といえども洗練されたものになることはできないであろう。このように、恥ずかしさの感覚はやっかいなものであり、被造物であるあらゆる人間はずっと羞恥心から身を守ろうと努めてきた。それゆえ、こうした不快感を避けようと努めている人間は、成長するにつれて己れの羞恥心をある程度は克服することができるようになるかもしれない。だが、こうしたことは社会に不利益を与える。だから、我々は、人間が幼少の頃から、教育を通じて恥ずかしさの感覚を麻痺させたり、取り除いたりするのではなく、敏感にさせるように努めているのである。羞恥心を防ぐための唯一の処方箋は、このやっかいな恥ずかしさの感覚を人間にもたらす事柄を避けるための幾つかの準則を厳格に守ることである。だが、政治家たちが、人間から恥ずかしさの感覚を取り除いたり、それを麻痺させたりせよと言うならば、むしろ人間の生命を奪った方がましであろう。

私が指摘する準則の要点は、自分自身を上手に制御し、欲求を押さえ込み、他人の前では本当の気持ちを晒さないということにある。成年に達するずっと以前にこうした準則を教えられていない者は、その後、滅多にこうした準則を身につけることはない。また、私が示唆した術を手に入れ、より完成されたものにする上で、プライドと良識ほど役に立つものはない。他人から称賛を得ることに我々が貪欲であることや、他人から好かれ感嘆されていると我々が思い込み有頂天になることと、最も強い情念を押し殺し、我々に羞恥心をもたらすようなあらゆる言葉や行いから我々を遠くに引き離すこととは同義である。幸福で潤いがある社会にするために主として秘匿しておくべき情念は、色欲とプライドと利己心である。したがって、慎み深さという言葉には、この言葉が秘匿する情念に対応して異なる三重の意味がある。

最初の系列、つまり、貞節なふりをすることにその目的がある慎み深さの系列についてであるが、それは、人類という種を繁殖させるために自然が我々に与えた性向を、人前では全力で抑圧し秘匿するという、誠実かつ困難な努力を本質としている。その教導は、文法の場合と同様に、子供たちがそのことの必要性を理解し、有用性に気づくずっと以前から行われる。この教導のおかげで、私が指摘した自然の衝動が子供たちに何の影響も与えないうちに、彼らは慎み深さのゆえに、しばしば恥ずかしがり赤面するのである。慎み深く育てられた少女は、彼女が二歳になる前に、彼女の周りの女性たちが、男性たちの前では、どんなに己れを取り繕うことに汲々としているかに気づき始めるかもしれない。さらに、教訓によって、また実例によって教え込まれた同様な警告によって、少女が六歳になれば、なぜそうした行為が咎められるべきなのか、また、そうした行為のもつ含意が何であるか知ることなく、自分の腟をむき出しにすることに恥じらいを感じるようになるであろうことは充分考えられる。

慎み深くあるためには、まず、第一に、当世風でないすべての露出は避けるべきである。だが、その国の慣習が許しているのであれば、女性が首筋を露わにして歩いても咎められることはない。胸がはだけるようにカットしたコルセットが流行っているならば、分別を弁えた非難であっても気にすることなく、若々しく美しい乙女は、

　雪のように白く豊かな胸に大きく広がり
　たわわに実った乳房のなんたる張りよ

という具合に、あらゆる所で、胸を露わにしてよい。しかしながら、足までも隠すのが女性の身だしなみであるような場所では、足首を晒すのは慎み深さを欠いている。また、顔をベールで覆うことが礼儀であるような国で、顔をなかば晒すのは恥知らずである。慎み深くあるための第二の要件は、言葉が上品であらねばならず、卑猥でないばかりか、それからほど遠いものでなければならない。つまり、生殖行為に関係する事柄は何であっても、決して話されてはならず、また、たとえどんなにかけ離れているように見えようとも、生殖行為と何らかの関係のある言葉とか表現は、我々の口から発せられてはならないのである。さらに第三の要件は、何らかの仕方でいかがわしい想像を駆り立てうる、すなわち、私が猥褻と呼んできたものを心の中に喚起するようなあらゆる態度や動きは最大限注意をして慎むべきである。

さらに、育ちが良いと思われている若い女性は、男性の前では、立ち居振る舞いを慎重にすべきであり、その男が血縁関係にある高齢者であったり、どちらかが大変高い身分であるなどして言い訳が立つ場合を除けば、彼らから好

意を持たれていると思われたり、ましてや彼らに好意を持っていると思われたりしてはならない。洗練された教育を受けた若き淑女は、立ち居振る舞いのみならず、容貌にも大変気をつかっている。我々は、彼女の目の中に、自分には美しさという財宝がある、失う危険がないわけではないがどんなことがあってもそれを手放さないぞという、強い意志を読み取ることができる。淑女気取りの女性に対して数多くの諷刺詩が書かれるとともに、貞淑な美人の無防備な優美さや飾らない雰囲気を賛美する多くの詩も書かれた。だが、人類の賢明な部類の人々は、にこやかな美人の天真爛漫な顔つきは、敵意を持つ目をした用心深い顔つきよりも魅惑的で、好き者に大きな期待を与えるものだということをよく承知している。

こうした厳格な慎み深さは、あらゆる若い女性が、とりわけ処女たちが、上流の教養ある人たちの称賛を得たいのであれば遵守されるべきものである。だが、男はもっと自由であってよい。というのは、男の性欲は抑えがたいからである。もし、同じような厳しい躾を男女両方に課していたならば、男女とも互いに言い寄ることもできず、あらゆる上流社会の人々の間で繁殖が立ちゆかなくなったに違いない。こうしたことは政治家の課題と遠く乖離している。だから、そうしたことの厳格さに最も耐えがたい男たちに対して楽しみと満足を与えるとともに、また性欲が極めて強く抑制することに耐えがたかったに違いない男たちに対して政治家たちが厳しい規則を求めなかったのは、賢明なことであった。

こうした理由から、男性は女性に対して尊敬と大いなる称賛の念をあからさまに表明し、女性がいない場合よりも一緒の時に大いに満足し、ずっと陽気に浮かれることが許されるのである。男性は、あらゆる場合に、女性に対して愛想が良く親切であってよいばかりか、彼女たちを庇護することが男性の義務であると看做されている。男性は、良識に抵触しない限り、女性たちが備えている美質を褒め、考えうる限りの誇張でもって女性たちの長所を褒めそやしてよいのである。また、男性は愛を語ってもよいし、愛する女性の身持ちの固さを嘆き文句を言ってもよいし、礼儀に適ったやり方で、ほんの一瞥であれば、言葉に出してはいけないことを目で語り、目配せで何でも好きなことを言う栄誉を与えられている。ただし、余りにも執拗に女性を追い回したり、じっと女性を見つめたりするのは、大変不作法であるとされている。その理由は簡単で、そうした行為が女性を落ち着かせなくさせるからである。もしその女性がうわべを繕って隠す術に充分長けていなかったならば、こうしたことによって、しばしば、目に見える形で取り乱すことになるであろう。目というものは心の窓であるから、このように不作法に凝視されると、未熟で経験不足の女性は見透かされてしまっているのではなかろうかと、また、自分の心の中で起こっていることをその男は見透かしているのではなかろうかと、あるいは、既にそのことを誰かに漏らしてしまったのではなかろうかと、途方もない恐怖に陥ってしまうのである。男性からの凝視というものは、彼女に絶え間ない責め苦を与え、彼女に密やかな願望を白状するように強いるとともに、慎み深さが彼女をして全力で否定するような重大な真実を、彼女に白状させるように目論んでいるように思えるのである。

　大多数の人は、教育の持つ途轍もない効果をほとんど信じないで、幼少の頃の躾に帰せられるべき男女間にある慎み深さの違いを生来のものとしている。幼女は三歳になるかならないうちに脛を隠しなさいと日々言われ、もし脛などを見せようものならば激しく叱られる。他方、坊やの場合は、同じ年頃になれば、上着を持ち上げ大人のように小便をするよう諭される。あらゆる礼儀正しさの種子を含んでいるのは羞恥心と教育であって、それらのどちらも欠き、本音や心の中で感じたままを言う者は、たとえ他の過ちを犯していないとしても、この世で最も見下げ果てた人間なのである。もし、ある男が女性に向かって、君ほど自分の子孫を残す相手として相応しい女性はいない、すぐにどうしてもこうしたいのだと言って女性に襲いかかったとしよう。その結果は、その男は畜生呼ばわりされ、女性は逃げ去り、彼自身二度と上品な人々の集まりに加えてもらえないであろう。そして、いやしくも羞恥心のある者ならば、そんな扱いを受けるよりは強い情欲に打ち克つように努めるであろう。だが実際には、その男は情欲に打ち克つ必要はないのであって、それをただ隠すだけで充分なのである。美徳という観点からすれば、我々は性欲を抑制しなければならないが、立派な礼儀作法という観点からすれば、我々は単にそれを隠しさえすればよいのである。上流社会の紳士も、畜生のような奴と同じように、女性に対して激しい情欲を感じているかもしれない。だが、彼はまったく別様な振る舞いをする。まず、彼は淑女の父親を訪ねて行き、娘さんを養うのに充分な経済力があることをはっきりと示す。このことにより、彼女と交際することが認められ、ついで、へつらいや従順や贈り物や誠意によって、彼は自らの人柄に対する彼女の好意を手に入れようと努力する。こうして彼の目論見が成就することになれば、その婦人は、まもなく最も厳粛な仕方で、立会人の前で彼に身を委ねる。その夜、二人はベッドを共にするが、そこでは最も慎み深い乙女も、実に従順に、彼が望むままに身を任すのであろう。つまるところ、彼は何も請うことなく欲することを手に入れられるのである。

翌日、訪問客があったとしても、誰もが彼らをあざ笑わないし、彼らがしたことについて一言も話さないだろう。また、若いカップル自身の方と言えば、育ちの良い人たちであるから、お互い前日と同様に振る舞う。彼らは、いつものように食べ、飲み、楽しみ、その上、恥ずべきことを何もしなかったので、この世で最も慎み深い人たち——実際そうであるかもしれないが——であると看做される。以上述べたことで私が意図したのは、育ちが良いからといって、我々は、肉体的快楽を抑制することなく、相互の幸福のために骨を折り、あらゆるこの世の慰安を贅沢に享受するために、互いに協力し合うということを明確に示す点にあった。いま述べた立派な紳士は未開人よりも自己抑制をする必要はなかったのであり、後者は前者よりも自然の法則や本音に従って行為しただけのことである。つまり、その国の慣習が認める方法で性欲を満たす男は非難される恐れはないのである。もし、その男が山羊や雄牛より性欲が強かったならば、結婚式が終わるや否や、肉体的快楽に伴う歓喜と恍惚感を堪能させ疲労させればよく、彼の体力と精力が尽きるまで途轍もない性欲をかきたたせ、それを満足させることを繰りかえさせればよいし、彼を咎める賢人たちを笑い飛ばしても構わないであろう。すべての女性たちと九割以上の男性たちは彼の味方である。それどころか、彼は自分の情欲の激しさを自慢しても構わない。彼は肉欲に溺れ、力のかぎり奔放な官能的生活に耽れば耽るほど、たやすく女性たちの好意と愛情を手に入れることができるであろう。しかも、無分別で好色な若い女性だけではなく、思慮分別があり冷静沈着な既婚の婦人たちにとってもそうなのである。

破廉恥は悪徳であるが、そのことは慎み深さが美徳であることを意味するものではない。慎み深さは人間本性における情念である羞恥心の上に築かれ、そうした動機から生じる行為によって悪にもなり善にもなる。売春婦といえども羞恥心によって公衆の面前で男に身を任せることをしないであろうし、不貞をしている内気な善良な女性は同じ羞恥心によって自分の子供を追い払うかもしれない。羞恥心という情念は時おり善をなすかもしれないが、じつはそれを払拭させることにこそ価値がある。

慎み深さ自体に美徳があるとすれば、明るみの中と同じように暗闇の中でも同様な力を持つはずであるが、実際はそうではない。女性の慎み深さを払拭させることができれば、女性の美徳など気にかけない道楽者の男は、このことをよく知っている。だから、女たらしは、昼間に攻撃を仕掛けないで、夜中に塹壕を掘るのである。

乙女心の恥じらいを包み隠すほどの
陽の光を慎み深いうら若き淑女たちに[9]

財産のある人々は禁断の快楽を暴かれることなく罪を犯すであろうが、召し使いや貧しい階層の女性たちは、大きな腹を、あるいは少なくともその結果を滅多に隠し通すことはできない。良い家柄の不運な少女が貧困に陥り、子守り女や女中になる以外に生計を立てる道はないということは充分ありうることである。この不運な少女は勤勉かつ誠実で親切であるかもしれないし、大変慎み深いかもしれないし、ひょっとしたら信仰心に厚いかもしれない。また、この少女は誘惑をはねつけ、暫くの間は貞節を守り通すかもしれないが、ついには、後に彼女を見捨てることになる名うてのプレイボーイに純潔を奪われるという不幸な瞬間に遭遇するかもしれない。もし妊娠していることがわかったならば、彼女の悲しみは筆舌に尽くしがたく、こうした悲惨な状況を受け入れがたいであろう。恥辱を受けることへの恐れが激しく彼女を襲い、あらゆる思いが彼女の心を掻き乱す。この少女と一緒に住む家庭の人たちは全員、彼女の徳を高く評価しており、女主人にいたっては彼女を聖女のように看做していた。彼女の評判を妬んでいた者どもはどんなに喜ぶことか。親戚縁者の者はどんなに忌まわしく思うことか。彼女が現に慎み深くあればあるほど、また、辱められることへの恐怖が彼女を激しく襲えば襲うほど、彼女自身と彼女のお腹に宿る子供へのより邪悪で残酷な決断が彼女の心に過《よ》ぎることになる。

自らの血肉を分けた我が子を殺すことができる女性は、大変野蛮な資質の持ち主で、他の女性とは異なる残忍な魔物であると普通は思われがちである。だがしかし、こうした判断もまた、人間本性や情念の力についての理解不足のために犯す誤りである。実に忌まわしい方法で私生児である我が子を殺害する同じ女性が、もしその後、結婚したならば、最も情愛深い母親などにも真似できないくらいに、自分の子供の面倒を見て、可愛がり、優しく扱うかもしれない。あらゆる母親という者は、自ずと我が子を愛おしく思うものなのである。だが、そうさせるのは情念であり、しかも、あらゆる情念は自己愛の中心を占めている。だから、もし何も邪魔するものがなかったとしたら、我が子を可愛がるように命じたであろう自己愛を消し去るような、何らかの強烈な情念が生じた場合には、こうしたことは抑制されるかもしれない。世の人すべてにその素性が知られている卑しい売春婦が、我が子を殺すことなどほとんどない。否それどころか、強盗や殺人の手助けをする者でさえこうした罪を犯すことは滅多にない。それは、彼女たちが残酷さに欠けるとか、徳が高いからではなく、慎み深さがほとんどなく、恥辱を受けることへの恐怖がほとんど彼女たちに影響を与えないからである。

感覚で捉えられないものに対する我々の愛は、弱くて高《たか》が知れたものに過ぎない。だから、女性はお腹の我が子に対して自ずと愛を感じるのではなく、子供が生まれてから愛情が芽生えるのである。子供が生まれる以前から子供に愛を感じたとすれば、それは理性や教育や義務感の結果なのである。子供が生まれた後でさえ、最初は、母親の愛は弱く、子供の母親に対する感情的反応とともに強くなるのである。子供が身振りで悲しみや喜びを表現し始め、自分の欲求を知らせるようになり、子供の玩具への好みや子供が欲しがる色々なものがわかってくると、母親の愛は最高潮に達する。自分の子供たちを養い守るために女性たちが強いられることほどに、手間暇がかかり危険なものはない。また、子供のために彼女たちが見せる、女性という存在を遙かに凌ぐ力強さや不屈の精神といったらない。だが、この点に関しては、最も下劣な女性たちであっても、最も素晴らしい女性たちと同様に精一杯努力しているのである。あらゆる女性は、こうすることによって社会で生じる利害に関する何の配慮もなく、ただ生来の衝動もしくは性向によってそうさせられるのである。子育てにおいて我々自身が喜びを感じることに何の価値もないし、両親の過度の溺愛によって、しばしば、子供そのものが取り返しのつかないほどの破滅へと追いやられることもある。というのは、二、三歳の内は、母親のこうした甘やかし行為は、子供たちにとって良いことかもしれないが、その後は、節度をもって甘やかさないと、子供たちは増長してしまい、そのために多くの者が絞首台に送られることになるからである。

我々が貞節であると見せようと努めるための助けとなる慎み深さのあれこれについて、余りにも長々と述べていると読者が感じているとしたら、これから述べようとしている残りの部分については簡潔に述べるように改めよう。残りの部分で述べたいことは次のことである。すなわち、我々が他人に対して抱く尊敬の念の方が自分自身に対して持つ評価よりも勝っていることを、そしてまた、我々は自分自身の利益を最も軽視するものであることを、我々は他人に信じ込ませたいということである。こうした称賛に値する資質は、普通、礼儀作法あるいは行儀作法という名で知られている。そしてこうした作法は、他人のプライドや利己心を満足させ、己れのプライドや利己心を思慮分別と抜け目のなさで覆い隠すという、教訓や実例によって得られた上流階級の慣習にその本質がある。だが、こうした作法は我々と同等もしくは目上の者との交際において、しかも互いの関係が良好の間だけに成り立つものであると理解されなければならない。というのは、こうした我々の丁寧な振る舞いは、名誉の準則にも、また召し使いやその他我々の世話になっている者から受けて然るべき忠誠心にも抵触してはならないからである。

このことに注意すれば、以上の定義は行儀作法もしくは不作法の例として看做しうるあらゆる事柄に合致すると思われる。あらゆる国とあらゆる時代において、人間生活や社会生活におけるさまざまな出来事にわたって、以上の定義の中に含まれることなく、またそれによって例証されることもない、慎み深さや厚かましさの事例を見いだすことは大変難しいであろう。何の配慮もなく、見知らぬ人物にさまざまな頼み事をする者は厚かましい奴だと言われる。というのは、彼は相手の利己心に対して何の配慮もなく、自分の利己心を公然とさらけ出しているからである。またこのことに、我々は、なぜ、自分の妻子や自分にとって大切なものに関してはできうる限り控えめに述べるべきなのか、またなぜ、自分自身についてはほとんど語るべきではないのか、とりわけ自分自身を賞揚すべきではないのかの理由を見いだすであろう。行儀の良い人も他人からの称賛や尊敬を望み、それらに貪欲でさえあるかもしれないが、面と向かって褒められるのは己れの慎み深さに障る。その理由は、あらゆる人間というものは、人格が洗練される以前は、自分自身が褒められるのを耳にすることに異常な喜びを感じるものであり、我々は皆このことを自覚しているので、ある人物が我々のあやかることができない喜びをあからさまに満足し楽しんでいるのを見る時、我々の利己心が目覚めさせられ、即座にその人物を妬み、憎むようになるからである。こうした理由のため、品性宜しきを得た人間は、己れのこうした喜びを隠し、喜びを感じていることをまったく否定し、己れの利己心を沈静化させ、さもなければ正に恐れざるをえない嫉妬と憎悪をこのようにして避けるのである。幼年時代から、己れ自身に対する称賛を黙って聞いていられる人物が、どんなに冷笑されているかを見てきているため、我々はこうした喜びを抑えようと必死に努めるので、そのうちに、こうした喜びが湧いてくると不安に感じるようになることもありうる。だがこうした行為は、人間本性の命令に従うものではなく、教育や慣習によってそれに蓋をしているのである。というのは、もし人類の大多数が褒められることに喜びを感じないとしたならば、それを聞くこと拒むことに慎み深さがあるはずがないからである。

礼儀を弁えた人ならば、料理をつまむ際に、上等の品に箸をつけないで粗末な品を取り分け、無理に勧められることがないのであれば、いつも、すべて料理の中で最も粗末な分け前をいただく。こうした礼儀正しさによって、上等な料理は他人のために残されることになる。こうした行為は出席しているすべての人に対して敬意を表することになるので、誰もがこうした行為に満足する。彼らが利己的であればあるほど、こうした礼儀正しい人間の行為を承認せざるをえないし、感謝の気持ちも加わって、意志の如何にかかわらず、彼に好意を抱かざるをえなくなる。このようにして、育ちのよい人間は一緒にいるあらゆる仲間の称賛を巧みに取りつけるのである。またもし、こうした行為によって何も得るものがなかったとしても、暗々裡に与えられているとわかっている称賛を自ら思い描くことによって得られる喜びは、プライドの高い人間にとっては、こうした行為に伴う自己抑制を補って余りあるものであり、この喜びによって、他人に対して親切にすることによって被った損失を自愛心に対して埋め合わせてもおつりがくるのである。

式典に出席したほぼ対等な六人に対して、七、八個の林檎や桃が用意されてあったとして、最初に手に取らざるをえなかった人物は、それらの林檎や桃の間に明らかに品質の違いがある場合には、最も品質が悪そうであると子供でもわかるようなものを手にするであろう。彼がこうしたことをするのは、自分より一緒にいる人たちを優れた価値の持ち主であると看做していること、また、何よりもまして一緒にいる人たちが満足することを望んでいると仄めかすためである。こうした流行りのペテンを我々に受け容れさせ、その馬鹿馬鹿しさに呆れないですむようにしているのは習慣と慣行である。というのは、もし人々が、二十三、四歳になるまで、心の思うままに正直に話し、彼らが感じるままの自然の感情に従って行動してきたとすれば、大笑いするか憤慨することなしに、こうした風俗喜劇に同調するのは不可能であるに違いないからである。とはいえ、こうした振る舞いは、それをしない場合よりも、我々を互いに許しあえる間柄にしてくれることは慥かなことである。

美質と美徳との間の区別をよく知ることは、我々自身を知る上で大変都合のよいことである。社会の約束事はあらゆる住民に他人に対する一定の配慮を強要する。そしてこのことは、帝国においてさえ、最も高貴な者が最も卑賤な者を面前にした時においても免れるものではない。だが、我々が一人でいる時、あるいは仲間の五感が働かないくらい距離のある所にいる時は、慎み深さや厚かましさという言葉はその意味を失う。人間は邪悪であるかもしれないが、一人の時であれば、慎みがないということはありえず、どのような考えであっても他人に語られることがなければ厚かましいということもない。プライドが高い人間が、自分がプライドの高い人間であると他人に知られないように隠したとしても、世間の人前で自分がプライド高き人間であることを公言して悦に入っている者よりも、彼はプライドという情念から遙かに大きな満足を得ているであろう。良き礼儀作法というものは、美徳とか宗教心とまったく関係なく、情念を抑えるどころか、むしろそれを焚きつける。良識と教養のある人間は、大変巧妙に自らのプライドを隠しえた時ほど以上に、それに満足することはない。こうした人物は、立派な審判者たちすべてが、自分の行為に与えるであろうと自ら確信している称賛を楽しく思い浮かべながら、高慢さをこれ見よがしに表情に浮かべ、誰の前でも脱帽することなく、身分の低い者に対してはほとんど口をきくこともしない、短慮で無愛想な参事会員には決してわからない喜びを満喫するのである。

人間は、苦行することなく、あるいは自らの情念を少しも克服することなく、世間の目からすればプライドの産物であると看做されるようなあらゆる行為を慎重に避けることができるであろう。我々すべてが心の内に感じるプライドのために、あるいは高貴な精神を持つ人たちや最も非凡な才能を持つ人たちが、無言の内に大変な恍惚感に浸るプライドのために、短慮で愚かな人でなければ喜びを感じることのない、プライドのつまらない外面を犠牲にするということはありうることである。高貴で洗練されている人たちのプライドは、式典や席次について話し合っている時ほどあからさまなことはない。こうした話し合いの場では、悪徳を美徳の如く見せかける機会を得るとともに、彼ら自身の個人的なプライドや虚栄心の結果に過ぎないものを、己れの職務の尊厳や己れの主人の名誉に対する配慮あるいは気遣いであると世の人々に信じ込ませることができる。このことは大使や全権使節のあらゆる折衝の中で最も顕著なものであり、国際条約の締結の場において行われていることを注視している人には知られていることである。それゆえ、高慢であると誰かに見破られる恐れがある限り、最も上品な人たちでさえ自らのプライドを味わっていられない、ということは常に真実であろう。

(D)　何故なら自分の取り分以上とは言わぬまでも相手にあえて払うより多くの額をせしめんとするは蜂の常なればなり。（十四頁、十八行〜）

自分自身について過大評価し、他人に対してはほとんど価値を認めないということが、自分自身の問題に関して我々を非常に不公平な審判者にさせる。己れの利益が如何に破格のものであったとしても、自分が販売する相手から儲けすぎていると認めることができる者はほとんどいないし、また同時に、如何に僅かの利益に過ぎないとしても、購入する相手に儲けさせてあげようとする者もいない。こうした理由から、売り手の利益が少ないということが買い手にとって最も大きな魅力となるので、小売商たちは、一般に、自分たちの売る商品によって実際にどれだけ利益が出るのかを明らかにするよりも、自分たちの利益を守るために嘘をついたり、たくさんのありそうにない話をでっち上げたりせざるをえないのである。事実、彼らの隣人の誰よりも正直であると嘘をついている（より適切にはプライドが高い）老練な商人たちは、顧客とほとんど言葉を交わさず、彼らが最初に請求した代金より安い値段で売ることを拒む。通例、こうした人たちは、この世の抜きんでた狡猾な狐たちであり、お金を持っている者が無愛想に振る舞うことにより、愛想良く振る舞う者よりもしばしば遙かに儲けることができるのを知っているのである。一般大衆という者は、若き初心者の従順な態度や人を惹きつける親切心のうちよりも、謹厳な年寄りの気難しい風貌のうちに正直さを認めることができると想像する。だが、これは大きな間違いである。もし、こうした二人がさまざまな種類の同じ商品を扱う呉服屋、服地屋、あるいはその他の商売をしている者であるとすれば、このことをすぐに納得するであろう。彼らが互いの商品を見れば、それらに秘密の印が付けられていることにすぐに気づくであろうが、それは、両者とも彼らの売り物の仕入れ原価を隠すことに注意を払っているという慥かな証なのである。

(E)

これは博奕打が正々堂々の勝負に勝てりとも
己れが負かせし相手の前では勝ちとりし金額を言わぬに似たり。（十五頁　二行～）

こうしたことは一般的に行われていることであり、博奕というものを見たことがある者ならば誰しも知っており、人間の気質の中にその原因となる何かがあるに違いない。しかし、こうしたことを考えるというのは、多くの人たちにとって大変くだらないことに思われるかもしれないので、大変機嫌がよろしく、しかも何もやることがない方以外の読者の皆さんは、この「注釈」を読み飛ばしていただきたいと思う。

一般に、賭博師というものが負けた相手の前で彼らの儲けを隠したがるのは、感謝と哀れみと自己保存の本能が綯い交ぜになったものに由来しているように私には思える。儲けている間は、どんな人間であっても自然に嬉しくなるものであり、彼らの言動は、そうした嬉しい気分が続く限り、真実であり心の底から発せられたものである。しかし、そうした気分が消え失せると、我々の言動は、一般に、美徳とか礼儀作法とか理性とか、あるいは義務の意識から生じるようになり、先の性向の動機となった感謝からではなくなる。自分自身に抱く節度のない愛の激しさに鑑みれば、それが意図された行為であるか否かを別として、我々を喜ばせてくれる相手に対しては感謝をせざるをえないし、我々の現在の利益に貢献していると思われるものは無生物であっても、しばしば愛情を注いでしまわざるをえないのである。このことを勘案すれば、我々がお金を儲けさせてもらう人たちを好ましく思うのは、偏《ひとえ》に感謝の原理に依っていると理解するのは難しいことではないであろう、と私は言いたい。次の動機は哀れみである。これは賭博に負けた相手のイライラに対する我々の意識から生じる。我々はあらゆる人たちからの称賛を望んでいるので、相手の損失が原因となって相手からの称賛を失うのを恐れるのである。最後に、我々は、負けた相手の妬みを心配するがゆえに、自己保存本能によって、相手の反感や妬みの感情を和らげようと願い、まず、相手の債務を軽く見せるように努め、次いで相手を哀れまなければならない理由がないように見せるよう努めるのである。情念というものはそれが顕著に示されると誰にも知られてしまう。また、権力のある人が己れの若い時に一寸した親切をしてくれた人物に高い地位を与えることを感謝と呼ぶ。女性が子供を亡くして泣きわめきながら苦痛に耐えている時、彼女の心を支配している情念は悲嘆である。人が足を折ったり脳天を砕かれたりするような大変な災難を見て感じる心配は、常に哀れみと呼ばれている。しかし、これらの情念が穏やかに襲ったり、僅かに作用したりする時は、一般に見過ごされたり見誤られたりする。

このような私の主張を証明するためには、単に博奕に勝った者と負けた者との間で一般に何が起こるのかを観察しさえすればよい。前者は、絶えず慇懃であり、後者が平静を保っている限り、いつもよりも親切である。彼は負けた者の機嫌をさかんに取ろうとし、用心深く最良の礼儀作法をもって、自らの誤りを喜んで正す。負けた者は不安で、口うるさく、不機嫌であり、また恐らく悪態をつきながら大暴れする。だが、彼がわざと無礼なことを言ったり、やったりしない限り、勝った者は、彼を怒らせたり、彼の気持ちを掻き乱したり、反駁することなく、すべてを善意に解釈する。「敗者は毒づくことを許されなければならない[10]」と諺にある。これらすべては、負けた者は不平を言う権利を持っていると看做され、またそれゆえに哀れまれていることを示している。我々が負けた者の反感を恐れているということは、我々は打ち負かされた相手に対して腹を立て、他人よりも自分自身の方が幸せであると思える時には羨望を恐れるという事実を意識しているということから明らかである。また、こうしたことから次のように言うこともできる。すなわち、勝った者が彼の儲けを隠そうとする時、その意図は彼が懸念している災いを回避することにあるのであり、それが自己保存本能である、と。また、自己保存への顧慮は、それを喚起することになった動機が残っている限り我々に影響を与え続ける、と。

しかし、一か月たち、一週間たち、あるいは恐らくもっと短い時間がたって、勝った者の恩義の気持ちが、したがって感謝の気持ちが消え失せた時、また、負けた者が気持ちを取り戻し、己れの損失を笑い飛ばすようになり、勝った者が哀れむ理由がなくなった時、さらに負けた者の反感や羨望を招くかもしれないという勝った者の懸念がなくなった時、すなわち、これらの情念すべてが消え失せ、自己保存への顧慮が勝った者の頭から消え失せるや否や、彼がどれほど儲けたか認めることに躊躇することがないばかりか、もし、虚栄心が介在することになれば、その儲けを誇張することはないにしても、喜びのあまり、自慢するようになるであろう。

敵意を抱き、ひょっとしたら喧嘩をしたいと互いに思っている者たちが博奕をした場合や、僅かな金額をかけて腕前の優劣を競い、相手を打ち負かすという栄誉が博奕の主たる目的の場合は、私が以上述べてきたようなことは起こらないかもしれない。さまざまな情念はそれに相応しい行動を我々に強いる。これまで述べてきたことは、一儲けしようとして、身代を失う危険を冒す金儲けのための普通の博奕の場合であると理解していただきたい。こうした場合においても、多くの人たちによって、次のように反論されるであろう。すなわち、彼らは儲けを隠したいという意識を持っていたとしても、そうせざるをえない原因として私が指摘したこれらの情念を彼らは自覚することはない、と。こうした指摘は別段不思議なことではない。というのは、時間をかけて自らを省みようとする者はほとんどいないし、またその場合、正しい方法で自らを省みようとする者はさらに少ないからである。人間にとって情念というものは、織物にとっての色彩のようなものである。個々別々の場所で、赤色、緑色、青色、黄色、黒色等々を見分けることは容易いことである。だが、上手に織り込まれている布地を構成しているさまざまな色彩とその割合をすべて解明できるのは、その道の名匠だけである。同様に、はっきりした一つの情念が人間をそっくり支配している場合には、誰にもその情念を見いだすことができるであろうが、さまざまに綯い交ぜになっている情念の結果として生じる行為のすべての動機を描き出すのは大変困難なことである。

(F)　そして美徳は国家の政策から
　数々の巧妙な策略を学び取り、
　策略の影響力がうまく働きしゆえ
　美徳は悪徳と親身の間柄を築きにけり。（十六頁、十五行〜）

家族を養い子供たちを立派に育て上げるとともに、税金を払うなどしていくつかの点で社会に貢献している勤労で善良な人たちが、毒殺に対する薬種屋とか、殺害に対する刀鍛冶などがそうであろうように、商売上の取引はともかくとして、自ら犯罪に手を染めることも犯罪者を幇助することもなく、他人の悪徳に主として依存する、あるいは非常に強く影響を受けているもので生計をたてているとすれば、美徳は悪徳と親しい関係にあると言うことができるかもしれない。

かくして、穀物や織物を外国の各地に送り、ワインやブランデーを買い付けている商人は、自国の成長に寄与し、製造業に貢献するとともに、海運業の恩人であり、関税を増収させ多くの点で公共の役に立っているが、その商人が最も依存しているのが浪費と暴飲であることは否定できない。というのも、もしワインを愛飲者以外の誰もが飲もうとしなかったり、健康を害するほどにはワインを誰もが飲まなかったりしたならば、この繁栄しているロンドンという都市でかなりの羽振りを示しているワイン販売者、ワイン卸業者、ワイン樽の製造業者の多くは恐らく悲惨な状態になるからである。同様なことが、多くの悪徳に直接的に役立っているトランプ製造業者や賽子《さいころ》製造業者だけではなく、もし、プライドが人間から消え失せ、奢侈が一斉に国内において禁止されることになろうものならば、半年で餓死するであろう絹物商人や家具職人、洋服屋などに対しても言えるであろう。

(G)
かくして悪人の最たるものでさえ
公益のため何か役立つことをなすに至りぬ。(十七頁、一行〜)

こうした言い分が多くの人々に奇妙な逆説のように聞こえることを私も理解できる。そして、泥棒たちや強盗たちから、公衆が一体どんな利益を得ているのかと問われるかもしれない。無論、こういった連中は、人間社会にとって非常に有害であり、あらゆる政府というものは、こうした連中が蔓延《はびこ》ることに対して考えられる限りの注意を払い、彼らを根絶やしにしなければならないことを私も認める。だが、もしあらゆる人々がまったく正直で、彼自身のもの以外の如何なるものにも手を出さず、覗き見もしないとすれば、この国の鍛冶屋の半数は職を失うであろう。田舎や都会のいたる所で見いだされる鍛冶屋職人の多くの作品（それらは、現在、防備のためのみならず装飾品としても役に立っているが）は、コソ泥や強盗からの襲撃に対して我々の身を守るということがなかったならば、決して考案されることはなかったであろう(11)。

もし、いま私が述べたことが余りにもこじつけに過ぎるとされ、私の主張が依然として逆説と思われているとしたら、私は、読者の皆さんにモノの消費ということに目を向けてもらいたいと願う。そうすれば、皆さんは、最も怠惰で何もしないでブラブラしている者や、放蕩で最も乱暴者でさえ、皆、何らかの意味で公共の用に立たざるをえないことをわかっていただけると思う。そしてまた、こうした連中も、生きている限り、勤勉な人々が作ったり運搬したり入手したりするために日々苦労しているものを、彼らが身に着けたり使い古したりすることを通じて、貧しい人々や公共的費用を支えるのに役立たざるをえないことをわかっていただけると思う。『寓話』で述べておいたように、何百万という者が、

……作り上げたるものを破壊せんがため雇われたり(12)

することがなかったならば、他の何百万の労働者はすぐに職を失うことになるであろう。

しかしながら、人間というものは、自らの行為が導き出す結果によってではなく、事実そのもの、そしてその行為を引き起こすに至った動機そのものによって判断されるべきであるとされている。大金持ちで、しかもその富を相続する親族もいないのに、年に五十ポンドも使わない意地汚い守銭奴の金が、五百ギニーあるいは千ギニー盗まれたとすれば、この盗まれた金が流通することによって、忽ちこの国は盗人のおかげで豊かになり、大司教が公衆のために

同額のお金を残した場合と同様な実際上の利益を享受することは慥かなことである。しかしながら、正義と社会の安寧のために、守銭奴から金を盗んだ者、あるいはその一味の者は、共犯者が六人いたとしても絞首刑を求刑されるのである。

生活のために盗みをする泥棒や掏摸は、正直に働くだけでは生活を維持するのに充分でない者か、あるいは地道に働くのがいやな者かどちらかである。こうした連中は暴飲暴食をしたり、やたらに女遊びをしたりして官能を満たすとともに好き勝手に怠けたがる。どのようにして金を手に入れたかを知りながら、こうした連中をもてなし、金を儲けている飲み屋の主人はお客とほぼ同様な大悪党である。この主人が、自分の仕事を自覚し、抜け目なく、こうした連中から上手に金を巻き上げようとするならば、彼はそうした客といつもの通りに丁寧に対応し、お金を手に入れるであろう。飲み屋の店主の利益こそがすべてであるとする実直な店の使用人たちは、客の望むどのようなビールも食卓に出し、そうした客のご機嫌を損なわないように気をつける。飲み屋の店主は、客の貨幣が本物である限り、彼がどのようにしてそれを手に入れたかを詮索することには関心がない。他方、業務を使用人にすべて任せた裕福なビール製造業者は、事の次第を何も知らずに、大型馬車を手に入れ、友人をもてなし、ゆったりとした気持ちで楽しみを享受し、土地を買い、家を建て、贅沢に子供たちを教育する。また、彼は、不運で哀れな人たちが行う労働についても、馬鹿者たちがするやりくり算段についても、悪党たちが巨万の富を蓄えるために大量に売りさばく商品を手に入れるために弄する策略についても、まったく考えない。

結構な獲物を手にした追い剥ぎは、貧しく名もない売春婦と思われる女に、つま先から頭のてっぺんまで新調できるように十ポンドを施してやる。その女が何者であるかを知ったために、繻子織《しゅすお》りの衣服をその女に売らないほど良心的で真っ当な絹物商人など存在するはずもない。その女は、きっと靴に靴下、手袋にコルセットも手に入れるに違いないし、また、女性用のガウンの裁縫師やお針子や亜麻布商人たちも、その女から何らかの儲けがあるであろう。

またさらに、この女が金を使う人たちをあてに商売している多くのさまざまな小売商たちも、一か月もたたないうちに、この女の金の一部に触れることになるかもしれない。他方、例の気前の良い紳士は、追いはぎで手に入れた金をほとんど使い果たしてしまい、また危険を冒して街道に乗りだしたのであるが、二日目にロンドンのハイゲート(13)の近くで追いはぎをやり仲間の一人と一緒に捕らえられ、近くの法廷で二人とも有罪の宣告を受け法によって罰せられた。有罪判決の結果、彼らのお金は、三人の田舎者の手に渡ったが、それは大変見事な処置であった。一人目は正直な農夫であり、実直で勤勉な男であったが、不運のため暮らし向きは良くなかった。前の年の夏、家畜の大量死によって十頭の牛の内六頭を失い、三十ポンド借りている地主によって、いまや彼の家畜すべてが差し押さえられている始末であった。二人目は日雇い労働者であり、この男は、家に病気の妻を抱え、何人かの幼子を養わなくてはならず、大変厳しい生活を強いられていた。三人目はある紳士宅の庭師であり、監獄に収監されている父親を養っていた。そして、父親の隣人からの十二ポンドの借金のために一年半くらい紳士宅で働かされていた。この男のこうした親孝行はとても称賛に値するものであった。というのは、この男は、暫く前に、親が裕福な若い女性と婚約したのであるが、五十ギニーを持っていることを見せるまで、その女性の親は婚約を承諾しようとしなかったからである。これら三人の男はそれぞれ八〇ポンド以上のお金を受け取り、彼らが被っている悲惨な境遇から抜けだし、彼らの言によれば、この世で最も幸せな人間になったのである。

貧民の健康にとっても、また彼らの元気や勤労にとっても、あの忌まわしい酒よりも有害なものはない。その酒の名前はオランダ語の杜松《としょう》（ジュニパー）という語に由来し、現在は、頻繁に使用されることと、言葉を簡略化して表現する国民の嗜好のため、中くらいの長さの単語から短縮され、人々を夢中にさせているジン(14)という単音節の単語になった。ジンは怠け者で自暴自棄な狂った男女を魅惑し、餓死しかけている飲んだくれに己れのぼろ服や裸を虚ろに眺めさせたり、あるいは、惚けた笑いや気の抜けた駄洒落で己れを嘲るように仕向けたりする。さらにジンという酒は、燃えたぎる炎の湖であって、頭脳を炎で燃やし、はらわたを焼き尽くし、体内のあらゆる部分を焦がす。また同時に、それは、哀れな者が最も哀しい思いを、すなわち、食べ物を求めて泣き叫ぶ我が子や、厳しい冬の霜や、忌まわしく寒々とした我が家などへのあらゆる切ない思いを、理性とともに押し流すための忘却の川(15)でもある。

ジンは癇癪持ちや憂鬱症(16)の人間を喧嘩っ早くさせ、彼らを粗暴で野蛮にさせ、無意味に争うように唆し、しばしば人殺しの原因となってきた。また、ジンは最も健全な身体を破壊し尽くし、結核を罹患させ、さらには、脳卒中や精神錯乱や突然死の致命的で直接的な原因となった。しかしながら、いま挙げたような悪影響は滅多に起きないので、見過ごされたり黙認されたりするかもしれないが、この酒に馴染み深く、この酒によってひっきりなしに引き起こされている食欲の減退、発熱、黒くなったり黄色くなったりする黄疸、痙攣、結石症や尿砂症、浮腫症、そして粘液性浮腫などの多くの病気については看過することはできない。

この毒液に対する盲目的な賛美者の中で、最も身分の低い人たちの多くは、ジンというこの商品が根っから大好きなためにジンの売人になってしまい、自分自身が大好きなジンを他人に飲ませる手助けをすることに喜びを感じる始末である。それは恰も売春婦が女衒になって、後者から得られる利益を前者のための喜びに役立てようとしているようなものである。しかしながら、これらジンに飢えた人たちは、大抵、稼いだ金額以上にジンの購入に注ぎ込んでしまうので、単にジンの買い手に過ぎなかった頃に喘いでいた悲惨な生活状態を、この商品の販売によって改善することは滅多になかった。ロンドンの外れや場末では、またあらゆる汚らしい盛り場では、ほとんどすべての店屋のどこかで、しばしば地下室で、またある場合は屋根裏部屋でジンは売られている。こうした地獄の慰安を商う卑しい売人たちは、いくぶん社会的地位の上のブランデー・ショップを営んでいる商人からジンを仕入れるのであるが、彼らも卑しいジンの売人と同様に羨むに値しない。中産階層の人々の間で、こうした連中の商売よりも暮らし向きに難渋している例を私は知らない。こうした商売で成功したい者は誰でも、まず、第一に、大胆で毅然とした性質であると同時に、用心深く疑い深い性質でなければならない。というのは、詐欺師やいかさま師に騙されないようにするためや、貸馬車の御者や歩兵の罵りの言葉や呪いの言葉によって脅されないようにするためである。そして第二に、彼は、猥褻な冗談や馬鹿笑いに長けていなければならず、また、顧客を魅了し彼らにお金を使わせることに大いに秀でていなければならない。さらにまた彼は、大衆が思慮分別や質素倹約をからかうために使う低級な洒落や冷やかしによく通じていなければならないし、最も下劣な人間にも愛想良くへつらわなければならない。つまり彼は、いつも、荷役人が荷を降ろすのを手助けするのを厭わず、物売り女と握手をし、牡蠣売り女に帽子を取って挨拶をし、乞食と親しくしなければならないのである。さらに彼は、汚らしい売春婦や猥褻な放蕩者の淫らな行為や下品な言葉にじっと機嫌良く耐えねばならないし、また、最も恥知らずで自暴自棄な大衆が、窮乏したりぐうたらになったり泥酔した時、最も引き起こしがちな悪臭や汚れ、さらには騒々しさや無礼さなどすべてに顔をしかめることも嫌悪感を示すこともなく耐えねばならないのである。

　私が指摘したロンドン市街や郊外のいたる所に存在する夥しい数の問題となる店は、如何に誘惑が多いかの何よりの証拠であり、それらの店は合法的な職業でありながら、アルコール度の強い酒の乱用が直接的な原因となっている怠惰、酩酊、困窮、悲惨などすべてをもたらし増加させる手助けをしている。その結果、卸売りでジンを商っている人間の十人ほどが中流並みに引き上げられることになるが、一方、小売りの売人たちは、私が要求した資質を備えている者であっても、その大部分の者は、他人に提供している魔女キルケー[17]のような酒を断つことができないがために零落し破産している。今少し運が良い者でも一生涯例えようのないほどの苦労をし、困難に耐え、私が示したようなあらゆる不快でおぞましい事柄を耐え忍ばざるをえず、やっと日々のパンを手に入れることができるような耐乏生活を抜け出すことはほとんどできない状態である。

　短慮な大衆は、さまざまな原因の連鎖における一つの連なり以上のものを滅多に見つけることができない。だが、視野をより拡げることができ、手間暇かけて出来事を繋いでいる連鎖の全貌を見渡そうとする者は、ありとあらゆるところで、卵から鳥が生まれ繁殖するように、ごく自然に悪から善が生じ増殖していることがわかるであろう。モルトに対する課税から生じるお金は、国庫収入のかなりの部分を占めているので、もし、モルトからアルコール度の強い酒が蒸留されることがなかったならば、公共的な財産は国庫収入という点で甚大な被害を被ることになるであろう。さらに、もし我々がいま指摘しているような悪から生じ、悪に基づいている多くの利益や幅広い実質的な恩恵に真実の光を当てようとするならば、我々は、獲得される地代、耕作される土地、製作される道具、飼育されている家畜、とりわけ以下のような多様な仕事によって雇用される多くの貧民に思いを馳せることができるであろう。そして、その仕事とは、ローワイン[18]と呼ばれ後にさまざまな高アルコール度の酒を作るための元になる麦芽酒を醸造する前の、耕作やモルト作りや運搬や蒸留に必要とされる仕事のことである。

このほかにも、慧眼で世事に通じた人間であったならば、私がすべて悪として取り除いたガラクタの中から、多くの善を拾い上げるかもしれない。そして、その男は私にこう言うに違いない。モルトから蒸留した強い酒の飲み過ぎによってどれほど怠け者や飲んだくれが生まれようとも、こうした酒を適度に嗜むことは高価なコーディアル[19]を購入できない貧民にとっては計り知れない恩恵であり、こうした酒は、寒さや疲れだけではなく、困窮者について回る苦難にとっても遍《あまね》く慰安になってきたし、最下層の貧窮者にとっては、しばしば、肉や飲み物や衣服や住居の代わりを提供してきたのだ、と。また、私が非難した強い酒の飲み過ぎによって最悪の状態にある飲んだくれの怠惰も、苦痛が最小である者は最高の幸せの状態にいるに違いないのであるから、こうした強い酒にすがる多くの連中にとってそれは天恵なのだ、と。さらにその男はこうも言うに違いない。病気に関して言えば、蒸留した強い酒が原因で病気になる場合もあれば、それによって病気が治る場合もある、また、こうした酒の飲み過ぎで急死した者が少数いたとしても、日々の飲酒の習慣は、いったん身体に合っていたならば、多くの者の命の源となるのだ、と。さらに我々は、国内では、強い酒が原因となるつまらない喧嘩によって損害を被っているが、国外においては、強い酒が、兵隊たちの士気を高め、水兵たちを勇猛果敢に戦わせるのに役立っているのだから、国内での損害を補って余りある利益を国外で強い酒から得ているのであり、先の二つの戦争[20]では、こうした酒なくしては勝利は覚束なかったであろう、と。

また、ジンの売人たちについて私が述べた陰鬱な説明や、彼ら売人たちが甘受せざるをえない事態について、彼はこう答えるに違いない。如何なる商売においてもまずまずの稼ぎよりも多く稼ぐ者はほとんどいない、と。また、そうした職業において非常に侮辱的で耐えられないことと私が数え上げたことは、そうしたことに慣れている者たちにとってみればどうってことないことだ、と。そして、人間というものは境遇や教育が違うのであるから、ある人間にとって退屈であったり、痛ましくあったりすることが、他の人間にとっては愉快であったり、しばしば魅惑的であったりするものだ、と。さらにまた、仕事によって得られる稼ぎというものは、それに伴う労苦に見合うものであることを私に想い起させるに違いないし、「如何なるものからであっても儲けの香りは魅力的だ[21]」という格言を忘れるな、と、あるいは、稼ぎの匂いは夜勤者にとって芳しいものでさえあると私に言うに違いない。

もし、私が、蒸留酒製造業者の一人を成功させるために必要とされた何千という人たちの苛酷な生活状態、疑う余地のない欠乏状態、終わりのない悲惨な状態は、こうした人たちのおかげであちこちで成功した僅かな蒸留酒製造業者の存在という事実に照らして、釣り合いが取れていないなどと主張しようものならば、あなたは後に蒸留酒製造業者たちが国家に対してどれほど莫大な利益を与えることになるかを知らないのだから、この件について審判者たりえないであろうと彼は反論するに違いない。そして恐らく、彼は次のようにも言うであろう。このように蒸留酒製造業者として成功した人間は、治安判事か何かの職業に就き、放蕩者や不満分子を熱心に警戒するであろうし、また、かつては強い酒で心を満たそうとしていたのと同じくらい精力的に、広大で人口の多いロンドンの街中で、誠実さを鼓舞させ、行儀作法を矯正させることに精を出すであろう、と。そして、ついには、この男は売春婦や放浪者や乞食に対する鞭となり、暴徒や不満分子たちの恐怖の種となり、安息日を守らない肉屋にとって厄介者となる、と。ここで、我らの愛すべき反対者は狂喜し勝ち誇るであろう。というのは、際立って鮮明な実例を提示できたからである。そしてこう叫ぶであろう。こうした蒸留酒製造業者は、国にとって何と稀な天恵であることか、この男の美徳は何と光り輝いていることか、と。

また、己れのこうした男に対する感嘆を正当化するために、彼は次のようにも言うであろう。怠惰に対する嫌悪や、宗教や公共的福祉に対する深い関心というだけの動機から、自らの平穏を犠牲にし、生命と身体を危険に晒してまでも、彼に幸運を与えてくれたまさにその階級の人たちを間断なく苦悩させ、些細なことに対してさえ苦言を呈し続けているこういう男を見ることほど、感謝の気持ちに満ちた克己心の完全な証拠を挙げることは不可能である、と。

(H) 正反対の者同士が恨みでも晴らすが如く互いに助け合いければ（十七頁、七行目〜）

宗教改革を推し進める上で、ローマ・カトリックの聖職者たちの怠惰と愚行ほど助けになったものはない。だが、同じ宗教改革がカトリックの聖職者たちを習い性になっていた怠惰と無知から目覚めさせた。その意味で、ルター(22)やカルヴァン(23)などの後継者たちは、彼らの考えに共鳴した人たちだけではなく、最大の敵対者として存在し続けた人たちをも改心させたのである。イングランドの聖職者たちは教会分離論者に対して容赦なくあたり、彼らを教養のない人間であると罵ることによって、彼らに対して容易に対応できない手強い敵対者として立ち現れた。逆に、非国教徒たちは、彼らの強力な敵対者たちの生活と彼らのあらゆる行為を監視し続けることによって、恐れるべき悪意のある監視人がいない場合に注意を払うであろうよりもずっとイギリス国教会の人々に、他人の感情を刺激しないように留意させた。フランス王国が、他の如何なるカトリックの国よりも放埒な聖職者が少なく、また教養ある聖職者たちが多いことを誇っているのは、かつて徹底的に根絶《ねだ》やしにされた以降も[24]フランスには絶えず多くのユグノーたちが存在し続けていたという事実に多くを負っている。ローマ・カトリックの聖職者たちはイタリアにおいて最も権力を握っているので、したがってそこにおいて彼らは最も堕落している。また、スペインにおけるほどカトリックの教義に対する敵対者が少ないところはないので、スペインほどカトリックの聖職者が無知な国はない。

　貞淑な女性たちが、知らぬ間に、売春婦たちにとって好都合な状況を促進する手助けになっているなどということを一体誰が想像するであろうか。あるいは（より逆説的に思われるであろうが）、買春が純潔を守ることに役立っているなんてことを誰が想像するであろうか。だが、これほどの真実はないのである。不道徳な若者は、大勢の美しい女性たちが最も際立つように着飾っている教会や舞踏会で、またその他の何らかの集まりで一、二時間過ごした後の方が、同じ時間、ロンドンの市会議事堂で投票をしたり、あるいは、田舎で羊の間を散歩したりしている時よりも、彼の空想は掻きたてられるであろうし、その結果、その若者は身体の内に高まってきた欲求を満足させるように努めるであろう。そして、その若者が、貞淑な女性たちは強情で近づきがたいことがわかれば、もっと簡単に応じてくれそうな別の女性たちの所に急いで馳せ参じようと考えるのは極めて自然なことである。こうした行為が貞淑な女性の責任であるなどと一体誰が推測するであろうか。可哀想に、彼女たちは、ドレスを纏っている時は、男のことは何も考えず、誰もが社会的地位に応じて清潔さや礼儀正しさを見せつけようと努めているだけなのである。

　私は悪徳を鼓舞する気など更々なく、国家から邪悪な罪が一掃されうるならば、それは国家にとって言いようのないほどの慶事であると考えている。しかしながら、それは不可能ではないかと私は思う。というのは、人々の情念というものは大変激しく、如何なる法や教訓によっても制御できるものではないからである。だから、大きな不都合を防止するために小さな不都合を我慢するということは、あらゆる政治体制における知恵というものなのである。もし、売春婦や淫売婦たちが、愚かな人々が主張しているようにもっと厳しく告発されるべきであるとするならば、我々の妻や娘たちの貞節を守るために、どのような錠前や門があれば充分だというのであろうか。というのは、そのような状況になれば、女性全体がより誘惑に晒されることになるであろうし、また、無垢な乙女を誘惑しようとすることが、人類の真っ当な人たちに今よりももっと許容されることになるであろう。さらにそればかりか、ある者たちは非道な人間になり果てるであろうし、強姦がありふれた犯罪になるに違いないからである。アムステルダム[25]でしばしばこうしたことが起こるように、何か月もの間、男しか見てこなかった水夫たちが六、七千人どっと押し寄せてくるような所では、もし、手頃な値段で売春婦が手に入れられないならば、貞淑な女性が淫らな嫌がらせを受けずに街中を歩くことなど想像できるだろうか。こうした理由から、秩序が行き渡っているこの種の街の賢明な統治者たちは、常に、その種の女性が貸し馬車屋の馬たちのように、公然と雇われている何軒かの店を目こぼししているのである。こうした黙認には、大いなる慎慮と経済合理性が見いだされるので、この点について多少説明をすることはうんざりされるほどの脱線にはならないであろう。

まず、第一に、私が指摘しているこのような店は、評判の悪い水夫たちやよそ者たちが主に宿泊したり出入りしたりしている、市街の最も汚らしく下品な場所でしか黙認されていない。また、このような店が立地している通りは、恥ずべき場所として看做されており、その店を取り巻く近隣の人たちまでその汚名を被っている。第二には、そうした店は、より内密な打ち合わせを進めるために会って取引し、約束を取りつけるための単なる場所に過ぎず、そうした場所では如何なる猥褻な行為も許されない。こうした命令は極めて厳格に遵守されているので、こうした場所によく集まる客たちの不作法や騒々しさを除けば、そこは、しばしば芝居小屋で我々が目にする以上に下品な感じはなく、また猥褻さもほとんど感じない。第三に、これらの夜の取引にやってくる女の商売人たちはいつも人間の屑であり、一般に、昼間は果物や食料品などを手押し車で運んでいるような者たちである。なるほど、こうした女たちの夜の服装は常着とはまったく違っているとはいえ滑稽なほどに派手なものであるので、淑女の衣服というよりはどさ回り女役者が身につけるローマ風の衣装によく似ている。こうしたことに、そうした衣装を纏っている売春婦たちの野暮ったさ、荒れた手、躾の悪さなどを付け加えれば、真っ当な人たちの多くがこうした連中に唆されるという心配はあまりない。

こうしたヴィーナスの殿堂ではオルガンで音楽が奏でられているが、それはその殿堂で崇められている女神への畏敬の念からではなく、できうる限りお金をかけないで大きな音を奏でさせることを本務としている店主の倹約のためであり、また、笛吹きや下手なヴァイオリン弾きをできうる限り増やさないとする行政の方針のためである。あらゆる船乗りの男たち、とりわけオランダの船乗りたちは、彼らが生業としている船員としての特性の通り怒鳴ったり吠えたりしがちであり、興に乗っている時の彼ら六人の騒々しさといったら、二倍の数のフルートやヴァイオリンの音を打ち消すのに充分なほどである。それに対して、オルガンは一台で店内全体に鳴り響かすことができ、しかも一人の下手くそな音楽家を雇うのと同じ費用しかかからず、それもほんの僅かで済むのである。だが、このように愛の取引所は立派な規則と厳格な規律で運営されているにもかかわらず、執政官や役人たちは、絶えず恥知らずの店主たちを苦しませ罰金をかけ、少しでも不平を言おうものならば廃業させている。こうした遣り口は執政官にとって二つの点で大いに意味を持つものであった。すなわち、第一に、執政官は、多くの場合、かなりの数の役人を使っているのであり、またそうすることなくしては何もできないのであるが、こうした手口は、このような役人たちのかなりの部分に、最悪な仕事から生じる法外な儲けを搾り取り生計の足しにする機会を与えるのと同時に、大嫌いな相手ではあるがまったく完全に叩きつぶしたくはない売春宿の主人や女衒といった、世の中になくてはならない放蕩者を懲らしめる機会を与えてくれたからである。そして第二に、幾つかの理由で、これらの店やそこで行われている商売が黙認されていることを大衆に秘密にするのは危険であるかもしれないからである。それゆえ、こうした手口で、慎重な執政官は、非難されるべきことがないように見せかけ、愚かな人々に良く思われるように努めているのである。こうした愚かな人々は、行政というものは実際には黙認しているにもかかわらず、困難を顧みず絶えず取り締まるよう努めていると思い込んでいるのである。行政がこれらの店を追い出そうと実際に思うならば、彼らの正義の執行力は卓抜であるとともに広範囲にわたり、正義の執行をどのように行えばよいかを実によく心得ているので、一週間、いや一晩で、一纏めにして彼らを追い出すことであろう。

イタリアでは、公認の売春宿の存在から知られるが如く、売春婦の黙認はもっとあからさまである。ヴェネチアやナポリにおいては、猥褻な行為は一種の商品であり商行為である。ローマの高級売春婦やスペインの街娼は国家の一団体を構成しており、法定の税金と賦課金が課せられている。多くの優秀な政治家たちが、何故に売春宿を黙認しているかと言えば、それは彼らの無宗教のゆえではなく、もっとひどい悪徳やより忌まわしい猥褻な行為を防ぐためであり、さらには貞節な女性の安全に配慮したためであることがよく知られている。「二百五十年ほど前には、ヴェネチアでは売春婦が不足していたので、共和国は外国の各地から数多くの売春婦たちを調達しなければならなかった」と、ド・サン＝ディディエ氏[26]は述べている。また、ヴェネチアの重大事件について書き記したドリオーニ氏[27]は、教会や神聖な場所が貞淑な女性たちを保護するに充分でなかったので、日々、公然と暴力に晒されている彼女たちの貞節を守ったという点において、ヴェネチア共和国のこうした知恵を大いに称賛している。[28]

いくつかの学寮において、腰下の排出のための月一回の外出許可がなかったと言うのであれば、それは我がイングランドの大学の実情とは異なる。[29]ドイツの修道士や聖職者たちが、高位聖職者に毎年一定の上納金を納めることにより内縁の妻を囲うことが許されていた時代について、ベール氏（前の段落の内容はこの人物に負っている）は、「強欲がこうした恥ずべき放縦の原因であると一般に信じられているが、その意図するところは、修道士や聖職者たちが慎み深い女性たちを誘惑するのを防ぎ、聖職者としてはその怒りを避けて然るべきである夫たちの不安を鎮めるためであったとする方がより真実に近い」と述べている。以上縷々述べたことから、女性たちのある部分を守り、より質の悪い穢らわしい行為を防ぐために、女性たちの他の部分を犠牲にすることには必然性があることは明白である。かくして（私が立証しようと努めた一見すれば逆説と思われることであるが）、貞節は不貞によって支えられ、最良の美徳は最悪な悪徳の手助けが必要であると結論して構わないと思う。

(I)　悪の根源たる強欲、
かの呪われたる、性悪で有害なる強欲こそ
放蕩に仕うる奴隷なれ。（十七頁、十行目～）

人類の慣行にしたがって、私は強欲という言葉に右記の如く、かくも多くのいやらしい形容辞をつけた。また、人類は、一般に、他の如何なる悪徳よりも強欲を汚い言葉で罵り続けているが、実際それは不当なことではない。というのも、ほとんどの災いというものは強欲によって生み出されているからである。しかしながら、あらゆる人々がこのように激しく強欲を非難する真の理由は、彼らのほとんどが強欲の被害を被っているということにある。たとえば、ある人間にお金が貯まれば貯まるほど、残りの者の間ではお金がますます欠乏するようにである。だから、人間たちが守銭奴を激しく罵る時、その心底には一般に利己心が宿っていると言ってよい。

人はお金なくしては生きていけないのであるから、蓄えもなく誰も恵んでくれないならば、お金を手に入れるために何らかの仕事に就かざるをえない。ところが、あらゆる人間は、自らの労働をその価値以上に評価しがちであるので、その日暮らしのためにお金を必要としている人たちもその大半は、手にした賃金以上に自分は働いていると考えている。また、人間というものは、彼らが働いていようといまいとにかかわらず、生活必需品だけを己れの取り分のすべてであると納得することはできない。というのは、食料があるかないかを考慮することなく、自然は空腹の時はいつでも食べるよう命じることを人間はわかっているからである。こうした理由のために、あらゆる人間は、できうる限り容易く自らの欲するところのものを手に入れようと努めるのである。それゆえ、お金を手に入れるための苦労の多寡は、お金を手に入れようとしている相手が強腰であるか否かによるということがわかるようになれば、人間が欲張り一般に対して腹を立てるのは至極自然である。というのは、相手の貪欲のおかげで、彼らは必要なものをなしで済ますか、あるいは、それを手に入れるために自分の思っている以上の苦労を強いられるからである。

強欲は、非常に多くの悪弊を引き起こすにもかかわらず、正反対の悪徳である浪費によって垂れ流され撒き散らされてきたものをかき集め拾い集めるために、社会にとって是非とも必要なものである。もし、金銭を貯め込もうとする強欲というものがなければ、浪費家はすぐになす術がなくなるであろう。また、消費する以上に稼ぎ蓄えようとする者がいなければ、稼ぐ以上に費消できる者はほとんどいなくなるであろう。これまで私が指摘してきたように、強欲は放蕩の奴隷であることは、我々が日々見聞しているように、非常に多くの守銭奴たちが浪費家の相続人たちを金持ちにすべくあくせく努力し、けちけちひもじい思いをしていることから明らかである。これら二つの悪徳は非常に対立しているように見えるけれども、しばしば互いに助け合っているのである。フロリオは贅沢な若き伊達男であり、大変気前のよい気質をしている。彼は大金持ちの父親の一人息子であり、彼の仲間のするのを見て、馬や犬を飼い、お金を湯水のように使い、贅沢に暮らすことを望んでいる。だが、吝嗇《りんしょく》の父親はお金を手放そうとはせず、必要なお金さえ息子にほとんど与えない。フロリオはかなり以前から、信用でお金を借りようとしていたのであるが、彼が父親よりも早く亡くなればすべてを失ってしまう恐れがあったので、思慮深い人間は誰も彼にお金を貸そうとはしなかった。とうとう彼は強欲なコルナロと出会い、三十パーセントの利息でお金を貸してもらうことになる。かくして、フロリオは自分を幸せ者であると思い、一年に千ポンドを使うことになる。もし、乱費するお金のために大層な代価を払おうとするフロリオのような愚か者がいなかったらば、コルナロがかくも莫大な利益を一体どこで手に入れることができたであろうか。そしてまた、途轍もない貪欲のゆえに、とんでもない放蕩者の生活にかくも多額のお金を敢えて貸し付けるという、大変なリスクを物ともしないコルナロなどの高利貸しに出くわすことがなかったならば、フロリオはどのようにして浪費すべきお金を手に入れることができたであろうか。

強欲が浪費の反意語となるのは、それが浅ましいほどの金銭愛を意味し、守銭奴に己れの所有しているお金を手放すことを妨げさせ、ただ蓄えるためにのみお金を執拗に手に入れようとさせるような心の狭さを意味する限りにおいてである。だが、浪費するために富を貪欲に求めようとするような種類の強欲も存在しており、文官、武官を問わずほとんどの廷臣や高官たちにおいて明らかのごとく、こうした種類の強欲はしばしば同一人物の中で放蕩と結びついている。建物や家具、身の回りの品や宴会などにおいて、彼らの伊達男ぶりが最も贅沢に誇示されており、他方、金儲けのために強いられるさもしい行為や、彼らが犯す欺瞞や不正行為はまさに強欲を表している。こうした正反対の悪徳の混合物は、「他人のものを渇望し、自分のものを浪費した」(30)と言われるカティリーナの性格にまさに匹敵するものである。

(K)　かの気高き罪なる放蕩。（十七頁、十三行）

私が気高き罪と呼ぶ放蕩は、強欲を友にしているものでも、また、人間をして他人から不当に強奪したお金を無分別に浪費させるようなものでもなく、それは煙突から煙を出させ、あらゆる小売商を微笑ませるような好ましく温和な悪徳である。つまり、裕福に育てられ、金儲けに関する下卑た考えを極度に嫌い、他の人間ならば大変な苦労してやっとかき集めることができるようなお金を気前よく消尽してしまうような、無分別で快楽的な人間の純粋の放蕩のことを私は言っているのである。つまり、自前のお金で己れの性癖に耽り、持っている金貨を新たな快楽と交換することに常に満足を感じ、余りにも散財に関して無頓着であるので、ほとんどの人々が大切にしているお金を余りにも蔑ろにし過ぎるという罪を着せされるような放蕩なことである。

私が、放蕩という悪徳をこのように称え、大層親切に礼儀正しく扱うのは、それとは対極をなす悪徳に対して私にさんざん悪態をつかせたものと同様なもの、すなわち、公共への利益を配慮してのことである。というのは、強欲な者は自分自身にも利益を与えず、相続者を除くこの世のすべての人に損害を与えるのに対して、放蕩な者は社会全体に恩恵を与え、自分自身以外の誰にも損害を与えないからである。強欲な者のほとんどは悪党であり、放蕩な者はすべて愚か者であるということは真実である。だが、放蕩者は公衆がとても喜ぶ美味しいご馳走である。ちょうどフランス人が修道士を女性のヤマウズラと呼ぶのと同じように、放蕩者は社会のヤマシギと称せられるのが至当であろう。放蕩というものがなかったとすれば、権力者の強欲で強奪されゆすり取られたものを、我々に恢復させることを可能にする手立ては何もない。政治家としての役得で我が身を太らせることに生涯を費やし、また略奪や強奪によって途轍もない財宝を貯め込んだ貪欲な政治家が亡くなった後で、この政治家の息子が尋常でないほどの乱費をしているのを見れば、当然にもあらゆる社会の善良な人々は喜びで満たされるはずである。この息子の行為は、父が公衆から盗んだものを公衆に返済していることを意味する。父親から譲渡された財産を公衆が奪い取るのは野蛮な行いであり、かくも真剣に破滅しようとしている男を、自分自身で破滅するよりも早く破滅させようとするのは下品な行いである。この男は狩猟をしないのにもかかわらず、あらゆる種類の、そしてあらゆる大きさの夥しい数の犬たちを飼っているであろう。また、この男は乗馬を決してしないにもかかわらず、王国内の如何なる貴族よりも多くの馬を所有しているであろう。さらにまた、この男は決して閨を共にする心算もないにもかかわらず、一人の公爵夫人を養うに足るくらいの巨額の手当を不器量な売春婦に与えているであろう。その上、この男は調度品には一層贅を凝らしているであろう。それゆえ、彼を好きなようにやらせておき、褒めあげ、高貴で気前がよく、堂々として高潔であり、公共心の満ち溢れた閣下だと呼んでさえおけば、数年の内に、この男は自らで身包みを剥がしてしまうことになるであろう。こうして国民は自分のものを再び取り返すことになるのであるから、略奪されたものの返還の仕方について文句をつけるべきではない。

強欲と放蕩という両極端を嫌う多くの穏健な人たちは、私に対して次のように多分言うであろう。倹約というものが、私が指摘した強欲と放蕩という二つの悪徳の代わりを上手に果たすかもしれない、と。また、もし人間というものが富を消尽する方法をそんなに多くは知らなかったならば、富を掻き集めるという悪巧みにそんなに取り憑かれることもないであろう、と。したがってまた、こうした両極端の悪徳を同様に避けることによって、それを避けただけ人間はより幸せになるかもしれないし、それを避けない場合よりも不道徳ではなくなるかもしれない、と。このように論じる者は誰もが、自らが政治家であるよりも善人であることを示している。倹約は正直に似ており、さもしくひもじい美徳であり、安楽であるためには貧乏であることに甘んじるという、善良で温和な人間によって構成されている小さな社会にこそ相応しいものである。だが、大規模で活動的な国家においては、すぐにそれは耐えられなくなるであろう。倹約は雇用に繋がらない無益で夢想的な美徳であり、それゆえにまた、多数の者がいずれにせよ皆働き始めなければならない通商国家においてはまったく役に立たないものである。放蕩は、倹約によっては思いもつかないような人々を懶惰《らんだ》にさせない無数の仕組みを備えている。また、放蕩は莫大な富を消尽するのに対し、強欲は、再度、その富を掻き集める多くの手立てを知っているが、倹約にとってはそうした手立てを行使することは軽蔑に値するであろう。

物書きはいつも小さい事柄を大きな事柄に擬《なぞら》えることが許される。「もし例を挙げるのを許されるならば」云々のように、物書きが許しを請う場合にはとりわけそうである。だが、戯作本でない限り、大きい事柄を些細な事柄に擬えることは許されないことである。さもなければ、私は政治体を（喩えが非常に幼稚であることを認めるが）一杯のポンチ酒(31)に擬えたい。そうすれば、強欲がポンチ酒を酸っぱくするものであり、放蕩はそれを甘くするものということになるであろうし、水は、あてもなく浮遊し平凡な大衆の無知、愚かさ、軽信に喩えられよう。他方、知恵、名誉、不屈の精神、その他の人間の崇高な資質などは、人間本性に存在する屑芥から人為的に分離され、栄誉の炎によって鋳直され、精神の本質へと純化されたものであるが、それはブランデーと同等なものであると言うべきであろう。ヴエストファーレン人(32)、ラップランド人(33)、あるいはポンチ酒という健康に良い合成飲料を知らないその他の愚かな異邦人が、もし、ポンチ酒のそれぞれの成分を別々に賞味したとすれば、これらの成分でかなり美味しいお酒を作るのは難しいと考えても不思議ではない。レモンは余りにも酸っぱく、砂糖は甘ったるすぎる。ブランデーは強すぎて、僅かな量でも飲めないと言うであろうし、水は牛や馬だけに相応しい味のない液体と呼ぶであろう。だが、私が示した成分をほどよく混ぜれば、優れた味覚をもつ人間にも好まれ、称賛されるとても素晴らしい飲み物になることを、我々は経験的に学んでいる。

そこで強欲と放蕩という件《くだん》の二つの悪徳であるが、実に多くの損害を引き起こし、守銭奴ではないすべての人間から忌み嫌われている強欲は、我々の歯を浮かせ、酒色に耽っていない味覚に不快である刺激的な酸に喩えることができるであろう。また、裕福な伊達男のケバケバしい装飾や華麗な馬車は、最高級の棒砂糖のキラキラする輝きに喩えることができるであろう。というのは、後者は酸の刺激を和らげ、刺激の強い酸が内臓に与える害を防ぐのに対して、前者は強欲な者の圧迫に絶えず悩んでいる大衆の痛みを癒やし、償ってくれる心地よい香膏《こうこう》であるからだ。また、酸と棒砂糖は溶け合い、両者が溶け込んでいる幾つかの合成飲料に恩恵を与えることによって消滅する。私は成分の割合について、しかも守られるべき正確で微妙な割合について喩えを続けることもできた。そうすれば、合成飲料においては、成分の何れの部分もなしで済ませることが如何に困難であるかが明らかになったであろう。しかしながら、私は、より重要な問題を読者にお話しするという他の事情を抱えているので、余りにも滑稽な喩え話を続けることによって、読者を飽き飽きさせたくはない。それゆえ、ここの「注釈」と、その前の「注釈」で述べたことを要約し、次のようにつけ加えるだけにしよう。私は、社会における強欲と放蕩を、これまでのように医薬における二つの異なった毒薬と看做す、と。そして、これら二つの毒薬は、両者の有毒な性質が相殺され、中和され、互いに助け合うことによって、しばしばより良い薬を作り出すということは慥かなことである、と。(34)

(L)　奢侈は貧しきを百万も雇い　（十七頁、十四行）

人間を生き物として生存させるのに直接必要でないものは、すべて奢侈品であるとすれば（厳密な意味ではそうあるべきであるが）、この世においては、裸の未開人においてさえ、奢侈品以外に何も見いだすことができない。未開人においても、従前からの生活の仕方に今日まで何らかの改良を加えられたものは存在せず、また、食べ物の調理にせよ、陋屋の改善やその他にせよ、一度、それで生活するに充分であるとされたものは何も手を加えられずに存在しているなどということはありえないことである。この定義は余りにも厳密すぎると誰もが言うであろう。私も同感であるが、もし、我々がこの定義の厳格さを少しでも和らげようとするならば、とめどもなくなってしまうではないかと思う。人々がただ自らの生活を心地よく清潔にしたいだけであると言う時、自らが何を言おうとしているのかをわかっていないようにも思える。もし、彼らが文字通りの意味でこれらの言葉を使用したのであれば、水さえあればたいした費用も苦労もいらず、すぐに自らの生活を心地よくし清潔にすることができるかもしれない。とはいえ、心地よく清潔にというこれら二つのちょっとした形容詞は、とりわけある種の貴婦人たちの言葉遣いにおいては大変広義であるため、どこまで拡大解釈されるか誰も予想することができないほどである。同様に、快適な生活という言葉も非常に多様で広範囲に及んでいるので、人々が実際にどのような生活をしているのかを知ることなくして、人々がこの言葉で何を意味させようとしているのかを誰も知ることができない。私は、品位とか便利さという言葉にも同様な曖昧さを感じるし、それらの言葉を使っている人たちの社会的地位を知ることなく、それらの言葉の意味を理解することはできない。人々は一緒に教会に行くであろうし、皆が望めば気持ちは一つになれるかもしれないが、各々が日々のパンのために祈る時、司教は祈りの中にパン以外に会堂管理人には思いつきもしない食べ物を幾つか含めているであろうと私はつい思ってしまう。

ここまで述べてきたことによって私が明らかにしようと思ったことは、人間を生存させるのに絶対的に必要でないものをすべて奢侈品と呼ぶのを止めるとすれば、奢侈品はまったく存在しなくなるということに過ぎない。というのは、それぞれの人間によって欲求が多様であるとすれば、人間に供給しなければならないものも際限がなくなるからである。あるレベルの人々には不必要と呼ばれているものが、高い身分の人々にとってはなくてはならないものであるかもしれない。なぜならば、人間が、あるいは人間の技が、どんなに興味深く贅沢で突飛なものを作り出そうとも、大変慈悲深い君主などが、もしその作り出されたものが彼らの愛玩物であったり、慰みものであったりすれば、生活の必需品と看做してくれるからである。無論、皆さんの生活という意味ではなく、陛下の生活という意味ではあるが。

奢侈は、奢侈に耽るすべての人々にとってと同様に、国全体の富にとっても破壊的であり、また人々の倹約がそれぞれの家庭の財産を殖やすのと同様に、国民全体の倹約が国を豊かにするというのが、広く世に受け容れられてきた見解である[35]。私よりも遙かに事情に精通している人たちがこうした見解に立っていることを承知しているが、私はこの点に関して彼らに異議を挟まざるをえないことを正直に告白する。彼らは次のような議論をする。すなわち、我々は、たとえばトルコに対して、毎年、百万ポンドの毛織物製品やその他の国内で生産されている産物を輸出しているのに対し、百二十万ポンド相当の絹、モヘア[36]、薬品などを持ち帰り、我が国内ですべて消費している。そして、このことによって我々は何の利益も得ていない。だが、もし我々の大部分が自国の産品だけで満足しうるとすれば、そして、外国産の商品の消費を半分に減らすならば、しかも、トルコ人たちが、我が国の製品を同量購入し続けてくれるのであれば、彼らはその残りに対して貨幣を支払わねばならず、その結果、新たに我が国は、貿易差額の分だけでも、毎年、六十万ポンド手に入れることができるであろう、と。

こうした議論(37)の持つ説得力を吟味するために（彼らが想定しているように）、イングランドにおける絹などの消費量を現在の半分であると仮定しよう。また、同様に、我々はトルコ人の商品を以前の半分しか購入しないけれども、トルコ人は我々の商品を以前と同じ量を買わずにいることができないか、買わずにいようとはしないと仮定しよう。さらにまた、彼らトルコ人は、貨幣でその差額を支払う、すなわち、彼らは、我々が彼らから購入した総額に対して彼らが我々から購入した総額の超過分を金貨や銀貨で我々に支払うと仮定しよう。しかしながら、我々が仮定したことは一年ほどは可能かもしれないが、それがずっと続くことは不可能である。というのは、物を購入するということは、物々交換するということに他ならないからである。だから、如何なる国といえども、他国の財を購入するために必要な自国の財がなければ、他国の財を購入し続けることはできない。鉱山から毎年新たに金や銀が供給されているスペインやポルトガルならば、年々金や銀が増加し続けている限り、正金で他国の財を購入し続けることができるかもしれないが、その場合、貨幣はこれらの国の産物であり商品なのである。周知のように、もし我々が購入した他国の財の代価として他国が我が国の製品を購入してくれなければ、他国の財を継続して購入することはできない。それなら、どうして他国はそうではないと言えるのか。そこで、もし、我々と同様にトルコ人たちにとっても天から貨幣が降ってこないとすれば、我々が想定していることの結果がどうなるか考えてみよう。最初の年には、トルコ人たちの手元にある六十万ポンド分の絹やモヘアなどが、それらの商品の価格を著しく低下させるに違いない。このことによって、オランダ人やフランス人が我々の利益と同様な利益を手に入れるであろう。そして、もし、製品の支払代金としてトルコ人の商品を受け取るのを我々が拒否し続けたならば、彼らは、最早、我々と交易をすることはできず、我々が受け取りを拒否した彼らの商品を喜んで購入してくれる国の商品で彼らが欲しているものを、たとえそれらの国の商品が我々の国の商品よりも劣悪であったとしても、購入することで甘んじるに違いない。こうして、トルコと我々との交易は数年の内に必ずや消滅するに違いない。

しかしながら、恐らく通説に立脚している人たちは次のように反論するであろう。私が示したような不幸なケースを避けるために、我々は以前のようにトルコの製品を買うが、倹約してそれらの製品の半分しか消費せず、残りの半分を他国に売りつけるために輸出するのだ、と。それゆえ、ここで、こうした行為が何をもたらすのか、また六十万ポンドの貿易差額によって国を富ますことができるかどうか検討してみよう。第一に、我が国の人たちは自国の製品をより多く使用することになるので、絹やモヘアの商売に従事していた人たちは、毛織物商品に関わるさまざまな仕事によって生計を立てることになるであろうことは慥かである。しかしながら、第二に、絹やモヘアという商品が以前通りの価格で売れるとは言いがたい。というのは、慥かに国内で着られることになる絹やモヘアの半分は以前と同じ価格で売れるであろうが、輸出に回された後の半分の絹やモヘアは大幅に価格が下落するであろうことは確実だからだ。なぜといって、我々は既にこれらの商品が供給済みの市場に新たに同じ商品を送り出さねばならないからである。さらに、運賃、保険料、食費やその他すべての費用を売り上げから差し引かねばならず、結局、大方の商人は、再輸出したこれら半分の商品のおかげで、国内の消費に回した残りの半分の商品によって儲けたものよりも多くを失わねばならないのであろう。毛織物製品は我が国の産物であるが、これらの製品の売買は、国内で商っている小売店主と同じく、諸外国に輸出する貿易商にも依存している。それゆえ、貿易商人たちが海外に輸出したものの利益によって、国内でこの商品に要した費用を、その他の全経費とともに回収でき、またその代金と相応の儲けを現金化できなければ、貿易商人たちは無一文になるに違いない。結局のところ、商人たちは外国に再輸出したトルコの商品によって損失を被ったことがわかれば、国内で消費されるであろう絹やモヘアなどの支払いに充てるもの以上に、我が国の製品を輸出することもなくなるであろう。他の諸国民は、我々が輸出を削減した部分を自国に供給するための方策をまもなく見いだし、我々が輸入を拒む商品を何処に売り込むかの手立てもすぐに見いだすであろう。それゆえ、このような倹約によって我々が手にいれるすべてといえば、我々はトルコ人の製品――これがなければトルコ人は我が国の製品を購入することはできないのであるが――を奨励し着用しているのにもかかわらず、トルコ人は我が国の製品を現在の半分しか購入しないということである。

私は、多くの賢明な人たちがこうした見解に反対し、私のこうした考えは間違いであると思っているのに遭遇し、数年間悔しい思いをしてきたが、一七二一年に成立した法令(38)によっても明らかなように、とうとう国家の英知が私の考えと同じものになったことを知るという光栄に浴することになった。その法令の中で、立法府はある有力で有用な会社の要望に反して、また、国内における非常に重大な不都合を無視して、トルコ貿易の利益を増やすために、臣民に絹とモヘアの消費を奨励するだけではなく、ペナルティーを課すことによって意志の如何にかかわらず、トルコのこうした商品を使用するよう臣民に強要している(39)。

この他に、奢侈の結果として生じたとされていることに強欲と強奪の増加が挙げられる。奢侈という悪徳が支配的なところでは、最も信頼されている公職でさえ売り買いされており、公共の任に当たらねばならない大臣たちも、貴賤を問わず腐敗し、国は絶えず最大の金持ちに売り渡される危機に瀕しており、最終的には奢侈は人々を女々しくし彼らの気概をなくすことを通じて、国家は易々と最初の侵略者の餌食となると言われているのである。慥かにこうしたことは恐ろしいことである。だが、奢侈のせいであるとされているこれらの事態は、悪政によるものであり悪政の結果なのである。あらゆる政府というものは、当然にも国の利害に精通しており、また、それを断固として追求すべきである。良い政治家は、巧妙な政治手腕を用いて、ある商品には重税を課したり、あるいはそれらの商品を全面的に禁制品にしたり、さらには、他の商品の税を軽くしたり、また彼らが望む方向に貿易航路も変えるであろう。もし、貿易上の重要度に変わりがないならば、彼らは自国の産物や製品でしか購入したものに対する支払いができない国々よりも、商品と同様に貨幣でも支払いができるような国々との貿易を選ぶのと同様に、自国の商品に対する支払いに他国の商品の受け取りを拒否し、貨幣以外のものを受け取らない国々との交易を絶えず慎重に防止するであろう。とりわけ、彼らは、貿易差額全般に絶えず監視の目を向け、一年間を通じて輸入される外国商品の総額が、同じ年に他国に輸出される自国の産物や製品の総額を超えるのを放置することは決してしないであろう。だが、今ここで、私は自国産の金とか銀をもたない国の利害について論じていることに注意をしていただきたい。そうでなければ、こうした原則をかくも強調する必要はないからである。

もし、私が最後に力説したことにひたすら気をつけ、決して輸入額が輸出額を上回らないようにすれば、如何なる国といえども輸入品による奢侈によって困窮することはないであろう。また、外国産奢侈品の購入に充てるべき自国の資金を適切に増やすことができれば、お望みのまま外国産奢侈品を増加させることができるであろう。

貿易というものは、国家を強化する上で主要な条件であるが、唯一の必要条件ではない。この他にも留意しなければならない条件がある。まず、自他の所有権が保証されねばならず、また、犯罪は罰せられ、正義の執行に関するその他のあらゆる法律は、賢明に立案され厳格に履行されねばならない。同様に、外交問題は慎重に対処されなければならないし、各国の大臣は外国に関する正確な情報を手に入れ、地政学的問題とか国力とか利害関係などによって、自国に損害や利益を与えそうなあらゆる国の外交手法に精通し、国策や力の均衡が命ずるままに、ある国に対しては圧力をかけ、別の国に対しては援助するといったように、適宜、必要な方策が採られるようにすべきである。大衆には良心を鼓舞させることなく、畏怖の念を持たせねばならず、また聖職者には救世主キリストが聖書の中で彼らに託したこと以上に、国事に関わらないようにさせねばならない。こうしたことは、国家を世俗的に偉大なものに導く秘訣である。君主国であれ、共和国であれ、さらにまたそれらの混合政体であれ、有力な国家を統治しなければならない主権者は、これらの条件を上手に利用すれば、この世のあらゆる強国をものともせずに、国家を繁栄させることに失敗することは決してないであろうし、また、奢侈やその他の悪徳が彼らの政体を揺るがすことは決してないであろう。――だが、ここで私は、「何、神が未だかってその罪ゆえに偉大な国家を罰し、滅ぼしたことが一度もなかったというのか」、と大声で怒鳴られそうな気がする。慥かにその通りである。だが、それは、一寸とした手立てを用いて統治者たちを誑《たぶら》かし、私が指摘した統治者にとって必要な処世訓のいくつかまたはすべてから、彼らを逸脱させることによってである。これまで世界が誇ってきたあらゆる有名な国家や帝国において、その原因が主として支配者の悪政や怠慢や失態によらないで破滅に陥ったものはほとんどなかった。

　民衆やその子孫の間では、暴飲・暴食をするよりも節制・節酒をしたほうが、健康や活力にとってよいと思われていることは慥かなことである。だが、実を言うと、奢侈が国民を女々しく腑抜けにするということに関して、私は、今では、その悪影響は以前思っていたほどではないのではと思っている。まったく知らない事柄を聞いたり読んだりした時、我々は、普通、既に見たことがあるものの中で、(我々の理解力に応じて)それらに最も類似したものを連想する。だから、奢侈が支配的な悪徳であり、それによって女々しく腑抜けになったとされるペルシアやエジプトなどといった国々の奢侈について読んだ時、街中での祝日における普通の小売商たちの暴飲暴食や、それに伴う飽食などを時々連想したことを覚えている。またある時には、船乗りたちが半ダースほどの淫売婦と一緒になってヴァイオリンを伴奏にがなり声を上げているのを見た時、放蕩な船員たちの憂さ晴らしについて色々と思いを廻らせたこともあった。私がこうした大都市のどこかに連れてこられたとすれば、人々の三分の一は暴飲暴食によって病床に伏し、他の三分の一は痛風で働けなくなるか、もっと不名誉な病気で身体不自由になってしまい、手を引かれずとも歩ける残りの三分の一が、ペチコートを纏って通りを歩くのを見ることになるときっと思ったことであろう。

我々の理性が欲望を制御できるほど強靭でない場合には、監視者を恐れるということは我々にとって幸せなことである。とりわけ「腑抜けにする」という言葉に対して抱いていた大きな恐れや、その結果生じるその語の語源[40]に関するさまざまな思いは、私が学生の頃には大いに役立ったと思う。しかしながら、世の中がそれなりにわかってくると、国民に与える奢侈の影響は以前思っていたほど恐ろしいものではなくなった。人間というものが欲望を抱く限り、それ相当な悪徳も存在するであろう。どのような社会であれ、女好きの者もいれば、酒好きの者もいる。清楚で魅力的な女性を手に入れることができない好色漢は、汚らしい売春婦で満足するであろう。また、本物のエルミタージュ・ワインやポンタック・ワインを買えない人たちは、もっとありふれたボルドー産の赤ワインで喜ぶであろう。ワインに手が届かない人たちはもっと安い酒でよしとするし、歩兵や乞食はちょうど貴族たちがブルゴーニュ・ワインやシャンパンやトカイの貴腐ワインを飲んで酔うように、気の抜けたビールや高アルコールの安酒で酔っ払うであろう。情欲を満足させる最も安価でだらしない方法も、最も高価で高貴な方法と同じように、人間の身体に悪影響を与えるのである。

最も行き過ぎた奢侈は建物や家具や馬車や衣服などに示されるが、清潔なリンネルはフランネルと同様に人間を軟弱にしないし、タペストリーや素晴らしい絵画や良質な羽目板などが精神に不健全でないのは飾りのない壁がそうであるのと同じである。さらにまた、高価なカウチや金ピカに装飾を施した馬車は、冷たい床や田舎の荷馬車と同様に人間から気力を奪うことはない。美的センスに優れた人たちの洗練された愉しみは、彼らの身体に害を与えることは滅多にないし、多くの大美食家は頭痛になったり腹を壊したりするほど飲み過ぎたり、食べ過ぎたりはしないものである。また、好色な人たちは人一倍己れ自身を労るものである。最も不道徳な放埒者の過ちは、日頃繰り返される淫らな行為や暴飲暴食（こうした行為は最も彼らを腑抜けにするものではあるが）にあるというよりもむしろ、彼らが享受している途轍もない趣向や贅沢や優雅さにあるのであり、また食事や情事に費やしている莫大な金額にあるのである。

しかし、ここで、あらゆる大国に住む高貴な御方やお金持ちたちが享受している安楽や快楽が、彼らをして困難に耐えがたくさせ、戦争という労苦を遂行しがたくさせていると仮定してみよう。私は、ロンドン市会議員のほとんどの皆さんはしがない歩兵にしかなれないであろうということは認める。また、もし、騎兵隊が市参事会員やその大半と似たような者によって編成されているとするならば、かんしゃく玉のような小砲で彼らを敗走させるに充分であろうことも確信する。だが、市参事会員や市会議員、あるいはその他のありとあらゆる資産家たちが、税金を払う以外に戦争にどんな関わりを持っているというのか。戦争において個人的に被る苦難や労苦は、すべての矢面に立つ人たち、つまりは、国民の最も卑しく貧乏な人たち、すなわち奴隷のような労働者たちに降りかかるのである。というのは、ある国の豊かさや贅沢がどんなに途轍もないものであったとしても、その国のある者は働かねばならず、家や船も建造されねばならないし、また品物は運搬されねばならず、土地は耕作されねばならないからであり、しかも、あらゆる偉大な国家におけるこのようなさまざまな労働には多大な数の働き手が必要であり、そうした働き手の中には軍隊にまわすのに充分な数のだらしなく怠惰で金遣いが荒い連中もいるからである。生け垣を作ったり溝を掘ったり、畑を耕したり、脱穀したりできるほどに頑強な者たち、あるいは鍛冶屋とか、大工とか、木挽き職人とか、織物職人とか、荷役人とか、荷馬車の御者などになるのに充分に強靱なこうした者たちは、一度や二度の戦いの経験だけで充分立派な兵士に常になれるほどに強力で度胸があるであろうし、また彼らは、規律がよく遵守されているところでは、自らにとって害になるほどのさまざまな多くのものを手に入れることも滅多にないであろう。

その上、軍人たちの奢侈によって心配される悪影響は将校以上に及ぶはずはない。というのも、軍人たちの中で最高位の者は、非常に生まれが良く王侯貴族のような教育を受けた人たちか、さもなければ非凡な才能やそれに劣らぬ経験の持ち主であるからである。またさらに、賢明な政府によって軍隊の指揮官として選ばれた者は誰でも、完璧な軍事知識や、危険のただ中においても冷静さを保つための剛毅さを兼ね備えていなければならないし、素早い洞察力や際立った才能や名誉を伴った人間が時間をかけて精励した賜物であるに違いない、その他多くの能力も備えていなければならないからである。強い筋肉やしなやかな関節などといったものは、寝ながらにして都市を破壊でき、食事中に国全土を全滅させることができる能力を備えた人間にとっては取るに足らない長所に過ぎない。軍隊の指揮官のような人物はほとんど高齢であるので、彼らに矍鑠《かくしゃく》とした身体や機敏な手足を期待するのは馬鹿げたことである。彼ら軍隊の指揮官にとっては、頭脳明晰で判断に狂いがなければ、身体の他の部分がどうあるかは大して重要な問題ではない。もし、彼らが馬の背に乗るという労苦に耐えがたいならば、馬車に乗るとか駕籠に乗ればよいのである。人間の指揮能力とか判断力というものは、身体に障害があれば劣るというものでは決してないし、現在フランス王お抱えの最も優れた将軍[41]は腹ばいで動くこともほとんどできないほどなのである。最高指揮官のすぐ下の者も同様な能力を持たねばならないであろうし、こうした人たちは一般に自らの勲功によってその地位に上り詰めた人たちである。それ以外の将校たちも皆それぞれの地位に応じて、給料のかなりの部分を立派な服装や装身具や、あるいはその他の、その時代において彼らにとって必需品と看做されている奢侈品の購入に割り当てねばならず、放蕩のためにほとんどお金を使う余地はない。というのは、彼らが出世して給料が増えたとしても、それに応じて出費や馬車を増やさざるをえないからである。こうした出費は、その他のものと同様に、社会的地位と釣り合っていなければならないのである。このようにして、軍人のほとんどの者たちは健康を害するような不摂生から、ある意味で免れることができているのである。他方で、このように別の方向に向けられた奢侈は、彼らのプライドと虚栄心——これらは、他人からそうであると思われたいものの如く自らを振る舞わせる最大の動機であるが——をより一層満たすのに大いに役立っているのである（「注釈」(R)を参照のこと）。

愛と名誉ほどに人類を洗練させるものはない。これら二つの情念は多くの美徳と同等の価値を持っている。それゆえ、宮廷と軍隊は人々を躾や行儀作法を身につけさせる上で偉大な学校となるのである。宮廷は女性たちを優雅に育て上げ、軍隊は男たちを洗練させる。文明化された国家における将校の大多数が好んで手に入れようとしているのは、世の中に関する正確な知識と良い評判を手に入れるための手立てであり、また経験を積んだ軍人に相応しい豪放磊落で情に厚い態度であり、さらにまた鄭重さと勇敢さとを表現する慎み深さと剛胆さが綯い交ぜになったような態度である。良識が幅を利かし、上品な態度が称賛されているこのようなところでは、暴飲暴食が支配的な悪徳になりえない。名誉ある将校たちが目指すものは、粗野な暮らしではなく上品で華麗な暮らしであり、またこうした良質なほとんどの将校たちの最良な贅沢願望は、威風堂々としていることであり、馬車の豪華さ、立ち居振る舞いの華麗さ、さらには軍務に関わるあらゆる事柄について思慮深い想像力を働かせるという評判において他人に勝ることである。

　しかし、こうしたことは事実ではないが、仮に将校たちの中に他の職業の人間たちよりも多くの放埒な無頼漢がいたとしても、名誉に浴するということさえ多ければ、たとえその中の最も堕落した人間でさえ、大いに役に立つ将校になるであろう。彼らの多くの欠陥を埋め合わせてくれるのもまさしくこうした名誉であり、このことこそは（どんなに彼らが快楽に溺れていようとも）、誰もが敢えて否定できないものである。とはいえ、如何なる議論よりも事実を示すことほど説得力があるものはないので、ここで過去二回にわたるフランスとの戦争において極く最近に起こったことを振り返ってみよう。そうすれば、我が軍隊の中に、懇切丁寧な教育を受け、衣服の好みにうるさく、日頃の食事に気を配りながらも、あらゆる種類の義務に勇敢かつ快活に耐えた、如何に多くの未熟な若者たちがいたかがわかるであろう。

　奢侈が人々を腑抜けで女々しい存在にするという深刻な不安を抱いている人たちも、フランダース[42]やスペインで、まるで悪臭放つ不精者が一か月も梳かしていない髪を振りかざしてなしえたように、きっと素敵なレースのシャツや整髪剤を降りかけたかつらで飾り立てたしゃれ男が、すさまじい砲火の前に踏みとどまり、ほとんど臆することなく大砲口まで突き進んでいくのを見るに違いないし、また、実際は酒や女が過ぎて健康を害しているのであるが、敵に対しては指揮官として勇敢に振る舞った多くの手に負えない放蕩者に出遭うに違いないであろう。頑強であるということは、将校にとっては最も無用な事柄であり、たとえある場合に強健さが要求されるようなことが生じたとしても、出世願望や競争心や名声欲などが彼らに呼び起こさせる不屈の精神こそが、いざという時には体力の代わりを務めるであろう。

自らの任務を弁え充分な道義心を兼ね備えた者は、危険に晒されることになれば常に有能な将校として任務を遂行するであろう。また彼らの奢侈は、自分自身のお金しか使わない限り、国家に害を与えることはないであろう。

以上で、奢侈についての「注釈」で私が意図したことは論証し終えたと思う。第一に、ある意味であらゆるものが奢侈であり、またある意味では奢侈と言えるものは存在しない。第二に、賢明な行政下においては、あらゆる人々は窮乏することなく自国の生産物で購入できる範囲内で外来の奢侈品に浸ることができる。そして最後に、軍事に然るべき注意が払われ、兵士たちが良い給料を貰い、規律をよく守っているような所では、富裕な国家はこの上もない安楽と豊かさの下に存続するであろう。またそうした国家のいたる所において、人間の知恵が考えることができる限りの華やかさと優美さが見られ、また同時に、隣国にとっては恐るべき存在となり、そうした国民は寓話における蜂のような評判を手に入れるであろう。寓話において蜂について次のように述べておいた。

平安時にこびられ、戦時に恐れられ
彼らは外国人の尊敬の的なりて、
惜しみなく富も命も使ったがゆえに
他のすべての蜂の巣の均衡を保てり。(43)

（「注釈」の(M)と(Q)において奢侈に関してこれ以外に指摘していることについても参照願いたい）。

(M) 憎むべきプライドはあと百万を雇いぬ。（十七頁、十五行）

プライドとは、ともあれ知性を備えているあらゆる人間が、それによって自らを過大評価し、自らのあらゆる資質や境遇を知り尽くしている公平な判断者が容認できる以上に己れの優越性をそれによって空想する、あの生まれながらに身についている精神作用である。これほど社会にとって有益であり、これほど社会を富裕化させ繁栄させるのに必要な資質は他に存在しないのであるが、如何なる理由かプライドは最も忌み嫌われている。我々のこうした資質に特徴的なところは、プライドの塊のような人物がとりわけ他人のプライドに不寛容なことである。その他の悪行は身に覚えのある者によって酌量されるのが普通である。例えば、貞節な人間は姦淫を嫌い、酔っ払いは節酒家に最も嫌悪されるが、隣人のプライドというものは、どういうわけかとりわけプライドの高い人間によって忌み嫌われるのである。そしてもし、プライドというものが容認されるようなことがあるとすれば、それは最も謙虚な人間によってである。このことから、プライドが世の中のあらゆる人間に嫌悪されているという事実は、世の中のあらゆる人々はプライドに悩まされているということの何よりの証拠であると推論してよいように思う。このことは論理的な人間であれば誰でも進んで認めるであろうし、また一般論としては自分がプライドを持っていることを誰しも否定することはないであろう。だが、個別的な話になると、たとえそれがどのような行為であったとしても、それがプライドという原理から発したものであることを認めるような人物と出会うことは滅多にない。同様に、当代の罪深い国々の間では、プライドと奢侈が商業活動の大いなる促進力となっていることを進んで認める人は多く存在するが、彼らは、徳に溢れた時代（例えば、プライドから人々が無縁な時代）における商業活動は顕著に衰退することの必然性を認めないのである。

彼らは次のように言う。全能の神は我々人間に大地と海が産出し保有しているあらゆるものに対する支配権を授けた、その意味で、大地と海のどちらもまさに人間の便益に供するためのもの以外の何ものでもないのである、と。また、他の動物たちを凌ぐ技術と勤勉さが人間に与えられたのは、他の動物や人間の五感が及ぶあらゆるものを人間の用役に供するためである、と。それゆえ、最も邪悪な国家においてさえ許容されている生活の慰安を人々が享受することを、謙虚さや節制やその他の美徳が妨げているなどと思うことは不敬なことである、と。かくして、プライドや奢侈がなくとも、同じものが食べられ、着られ、消費され、同じ数の手工業者や職人が雇用され、国家は、あらゆる点において、そのような悪徳が大いに蔓延っている所と同じように繁栄できるであろうと結論される。

またとりわけ、衣服を身につけるということについて、彼らは次のように言う。衣類よりも密接に身体に張りついているプライドは心の中に巣くっているために、気取った衣装よりもボロ着の方がプライドを隠しやすい、と。さらにまた、謙虚な心で見事な冠をいだき、野心など露ほどもなくひたすら他人の幸福のために、羨望の的である王権を振るう徳高き君主も絶えず存在していることも否定しがたい、と。それゆえ、金襴や銀襴やもっと高価な刺繍品が、身分や財産という点でそうしたものを身につけるに相応しい多くの人たちに、プライドを誇るなどという思いはまるでなくとも纏われるということも充分ありうる、と。また彼らは次のように言うであろう。途轍もない収入がある善人が、毎年、着尽くすことができないほどの多くの衣服を作るのは、貧民を仕事に就かせ、商業を盛んにし、多数の者を雇用することを通じて、自国の福利を増進させるというただその目的のためである、と。また、食料や衣服が必需品であり、これら二つの主要な品物に我々の世俗的関心のほとんどが注がれているのであれば、まったくプライドなどが関与することなどなくとも、人類のほとんどの部分がこれら二つの品物に所得のほとんどを割り当てて何の不思議があろうか、と。否それどころか、社会のほとんどの構成員は、ある意味で、自らの能力にしたがって、社会全体が大いに依存しているこれらの商売の一端を支えるために貢献せざるをえないのではないか、と。このことに加えて、身だしなみを良くするということは、礼儀であり、しばしば、何の衒いもなく行う我々が交際相手に負っている義務ではないか、と。

以上のようなことが、人類の尊厳が非難されることを許すことができない高邁な道徳家たちによって一般になされる異論であるが、それらを仔細に検討してみれば何れも容易に反論できるものである。

もし、悪徳というのが我々に備わっていなかったとすれば、よしんば人間という者が国のために尽くそうと如何に願っているにしても、何故に、彼らが必要以上に衣服を作ろうとするのかを理解することはかなり困難である。というのも、人々が、粗悪な毛織物よりも丹念に仕上げられた絹織物を纏い、きめの粗い布よりもきめの細かい布を好む時、より多くの人々を職に就かせようと、したがってまた、公共的福祉を増進させようとしているだけならば、そのような人間たちは、まさに愛国者たちが税金について抱く思いのようなものを衣服について抱いているに過ぎないからである。愛国者たちは税金をきちんと支払うであろうが、課税額以上に支払う者はいないであろう。とりわけ、負担能力に応じてすべての人間の税率が決められているような所では（徳が満ち溢れているような時代においてはこれ以外に考えられないのであるが）そうである。そのような黄金時代には誰もが彼の境遇に相応しくない衣服は着ないであろうし、誰もが家族を苦しめたり、隣人たちを裏切ったり出し抜いたりまでして、華美な服を買うことはないであろうから、消費量は現在の水準の半分になり、また雇用量も現在の三分の一以下になるであろう。こうしたことをより明瞭にし、商業活動を支えるのにプライドに匹敵するものは存在しないということを証明するために、身に纏う衣服に関して人間が抱いているいくつかの見解を考察するとともに、衣服についての日々の経験というものが多くの人々に何を教えているのかを明らかにしてみよう。

衣服というものは、元来、裸を隠し暑さ寒さを凌いだり、あるいは外傷から身を守ったりするという二つの目的のために作られた。だが、これらに加えて、我々人間の際限のないプライドは、装うという第三の目的を衣服につけ加えた。というのは、生まれながらにして衣を着させられている他のあらゆる動物とは異なって、満たされない気持ちや惨めな気持ちを人間に絶えず喚起する可能性が大である、装うという行為に対する愛好を理性に容認させるなど、度し難く馬鹿げたものであるプライド以外にできるものはないからである。多くの美質を誇っている人間という思慮深い存在が、羊のような無垢で無防備な動物から奪い取ったものや、この世で最も価値のない死にかけの蚕からの授かりものを敢えて誇りとするのは、実際、驚きに値することである。だが、一方で、人間は取るに足らないこのような略奪行為を誇りにしているにもかかわらず、他方で、死んだ敵の内臓で自らを飾り立てているアフリカの最果て岬に住むホッテントット(44)を愚かにも嘲笑っている。しかも、それらの未開人にとって、そうすることが武勇に優れていることの証であり内臓は真の戦利品であること、さらにまた、よしんば彼ら未開人のプライド表出が我々の場合よりも野蛮であるにしても、彼らは遙かに崇高な動物からの戦利品を身につけているのであるから、それは間違いなく我々の場合よりも馬鹿げたものではない、ということに思いを馳せることなく彼らを嘲笑っているのである。

しかしながら、この衣服を装うという点に関してどのような考察がなされようとも、人類はずっと以前にこの問題に決着をつけている。この問題に関して言えば、美しく装えるか否かが要点であり、羽毛が見事であれば素晴らしい鳥であると看做されるように、人間も、知り合いが誰もいないところでは、一般に着ている衣服やその他の身につけている装飾品によって尊ばれたり、尊ばれなかったりする。つまり、衣服や装身具が高価なものであるか否かによって、我々は相手の豊かさの程度を判断し、またどのような衣服や装身具を注文するかによって、相手の知性を推測するのである。多少とも己れの価値を意識している者であれば誰しも、あれこれやりくりして自らの身分以上の衣服を着ようとするのはまさにこうした理由からである。名もない人間が、知り合いが一人に対して見知らぬ他人が五十名の割合で出会うような、それゆえ、真実の自分ではなく見かけ上の自分によって、大方の人間たちに称賛されるという光栄に浴することができるような人口の多い大都市ではとりわけそうである。そして、自らの身分以上に自分が見られることは、大抵の人たちにとって虚栄を張ろうとすることよりも大きなときめきを与えてくれるのである。

下層階級の人々のさまざまな有り様に関心のある人は誰しも、復活祭や聖霊降臨祭やその他の祝祭日に、流行の晴れ着を着た最下層に属すると言ってよい大勢の人々に、とりわけ女性たちに出会うであろう。もし、こうした人たちと話す機会を得て、大いに尊敬の念をもって、しかもそうした人たちが自らに相応しいと思っている以上の礼儀正しさで、そうした人たちに接したならば、彼（女）らは、恐らく、自分が何者であるかを告白することを恥じ入るであろう。また、もしあなたが何者か尋ねようとしたならば、彼（女）らは就いている仕事や住んでいる場所を必死に隠そうとしていることがよくわかるであろう。理由は簡単である。通常はそのように扱われたこともなく、身分の高い人たちだけに相応しいと思っていた鄭重な物腰で接せられているうちに、自らがこうありたいと望んでいるような存在として思われているのだと想像することに満足するからである。こうしたことは、愚かな人たちにとっては、まさに彼らの願望の成就から得られるのとほとんど同じくらいの実質的な喜びなのである。彼らは、こうした良い夢から覚まされたくないのであり、もし、彼（女）らの卑しい境遇が知られれば、見下げた奴であると思われるに違いないと固く信じて、自らの偽りの姿にしがみつき、下手に何者であるかを明らかにされることによって、晴れ着のお陰で手に入れることができた、この上もなく喜ばしい他人からの称賛を失わないようあらゆる用心をするのである。

衣服や生活様式に関しては、それらを我々の境遇に相応しいようにしなければならないし、また、身分と財産という点で同等な人間たちの中で、最も賢明で慎慮がある者を手本にして我々は振る舞わなければならないことを、あらゆる人が認めている。とはいえ、こうした誇るべき思慮分別を備えている者は、酷く強欲でもなく目立ちたがり屋でもないごく僅かの人間に限られる。我々はみな少々思い上がっており、何らかの意味で我々より勝っている者をできるだけ速やかに真似ようとするのである。丈夫で衛生的なフライズ(45)を着ることを恥とする教区に住む最も貧しい労働者の妻は、上品すぎて彼らにはほとんど似合わない古着のガウンとペチコートを買うことによって、自分と夫を半ば飢え死にさせることになる。織屋、靴屋、仕立屋、床屋、あるいはその他すべてのしがない職人たちは、僅かなお金しか稼げないのに、稼いだなけなしのお金で職人だてらに資産ある貿易商のような衣服を纏う。また、妻に洋服を仕立てようとしている小売商は、自分と同じ商品を扱っている隣人の卸売商を手本にするのであるが、そのようにするのは、その卸売商が一寸前までは自分よりも大きな店を持っていなかったという理由からである。薬種屋、呉服屋、服地屋、およびその他の信用ある店屋の店主たちは、自分たちと貿易商との間の違いを認めることができず、貿易商のような衣服を纏い、彼らと同じような暮らしをする。そのような卑しい連中の厚かましさに耐えきれない貿易商の婦人たちは、厚かましい連中から避難するために街の反対側に逃げていき、そこでの流行以外を追うことをしない。このような傲慢な態度は宮廷を驚かすとともに、上流階級の女性たちも貿易商の妻や娘が自分たちと同じような衣裳で装っているのを見てびっくり仰天し、庶民のこうした厚かましさに我慢できないと叫ぶ。こうして婦人服裁縫師が呼びにやられることになり、厚かましい庶民が流行を模倣し始めるとすぐに、いつでも新しい流行を創始できるようにいろいろ考案することが彼女たちの最も大切な仕事となる。同じような競争が上流社会のさまざまな階層まで浸透し、それに伴う出費が信じがたい水準まで達したため、ついには君主の側近や最も身分の高い人たちが、身分の低い者たちとの競争に勝つための手段が他になくなり、豪華な馬車や、素晴らしい家具や、贅沢な庭園や、豪壮の邸宅に莫大の財産を注ぎ込まざるをえないまでになる。

新しい流行を作ったり、古いものを作り直したりしながら、流行が実にさまざまに移ろい変化した後でも、独創的なさらなるもの（プルス・ウルトラ）が存在し続けるのは、こうした競争を続け互いに負けまいと努力していることのおかげなのである。また、貧民に仕事を与え勤労を奨励し、一層技量に磨きをかけるよう腕の良い職人をその気にさせるのもこうした競争なのであり、もしくは少なくともこうした競争の結果なのである。[46] 着飾ることに慣れているファッション・センスがよい人たちは皆、まったく無頓着に身についた習慣によって華美な衣服を着るのであって、そのことから生じる商業上の利益は競争とかプライドに起因するのではないという異論があるかもしれない。こうした異論に対して私は次のように答えよう。自らの服装に関して頭を煩わせることがない人たちであっても、もし、美しい衣服によって大きな喜びを感じるその他の人たちの虚栄心を満足させるために、原料である絹糸や羊毛さらには流行が前もって考え出されていなかったらば、そのような華美の服を着ることなど不可能である、と。その上、無頓着に服を着ているように見える人たちもプライドを持っていないわけではない。プライドという悪徳の兆候は、いずれも簡単にわかるものではない。こうした悪徳の兆候は多様であり、人々の年齢、機嫌、境遇、さらにはしばしば気質によって変わるのである。

戦闘を起こしたくて仕方がない癇癪持ちのロンドン市隊長は、力強い足踏みで戦の才を誇示しつつ、敵がいないため槍を振り上げ武勇の才を鼓舞する。彼は、行進中に、華美な戦闘服のせいで異様な精神の高揚を覚え、そうした精神の高揚のゆえに、己れの職務も己れが誰であるかも忘れ、サラセン人の征服者の如く凶暴な形相でバルコニーを見上げる。他方、年齢と権威のために尊敬されるようになった粘液質の市参事会員は、一廉《ひとかど》の人物であると看做されることに満足する。しかも、彼は己れの虚栄心を表現する術を心得ていないので、馬車の中でふんぞり返っているのであるが、ケチな制服のためにそれとわかってしまい、気難しげに下世話の大衆の歓呼に応える。

若僧である少尉は年齢よりも重々しく装い、向こう見ずな態度によって己れの武勇を推し量ってもらえることを願って、愚かしくも連隊長の厳めしい顔つきを真似ようとする。若い美人は、気づかれないのではという激しい不安のあまり、絶えずポーズを変えることによって観察され、謂わば、衆目を集めたいという激しい欲望を顕し、愛嬌を振りまきながら衆人から感嘆されたいと願う。それに反して、自惚れが強い洒落者は、誇らしげな態度をとりながら、完璧な好男子ぶりに自らうっとりし、街のただ中で自己陶酔しているのを見れば、事情を知らない者はこの人は周りに誰もいないと思っていると思うに違いない。

こうした事例もしくは類似した事例は、すべて紛う方なくプライドの表出であり、世間の誰にも明らかである。しかしながら、人間の虚栄心というものは、いつも容易く見破られるとは限らない。思いやりがあるように思われ、また自惚れているようには見えず、しかも他人に対してまったく無関心であるとも思われない相手に対して、彼らは単に虚栄心を満足させるのに疲れ、遊ぶのにも飽きて虚ろにしているに過ぎないかもしれないのに、我々はそうした人間に対してプライドが高くないと言いがちである。外見からは心穏やかのように見え、何の衒いもなく眠っているが如く風体で、偉い人物が簡素な四輪軽馬車の中でのんびり寛いでいるのをしばしば見うけるが、そのことから連想されるほどこうした行為に作為がないわけではない。プライドが高い人間にとって幸福であると思われることほど魅惑的なことはないのである。

育ちの良い紳士は、巧妙にプライドを押し隠す術を心得ていることを最大の誇りとし、その中のある者はこの弱点を隠すことに大変秀でているので、実際は最も罪深き男であるにもかかわらず、世間の人たちはプライドという罪から最も縁遠い人間であると思っている。かくして、偽善の徒である廷臣が威儀を正して表れる時、彼は慎ましく機嫌良くあろうとする。彼は、虚栄心ではち切れんばかりであるにもかかわらず、己れの偉さを鼻にかけるようなことはまったくしない。というのは、こうした美質は他人の評価を高めるに違いないことや、彼の馬車や馬具についている宝冠やその他の装備だけによって、何もしなくとも自らの威厳を示すことができることを彼はよく弁えているからである。

以上の例では、プライドが懸命に隠されているために見過ごされているのに対し、別の例では、公然とプライドを誇示しているのに（あるいは少なくともそのように思えるのに）、プライドが高くないとされるのである。例えば、裕福な牧師であっても、その他の牧師と同様に世俗の人たちがするような華美な服装を禁じられているので、お金に物を言わせて見事な黒衣や上質な僧服を買い求め、黒衣や僧服という高貴で汚れのない装いによって己れを際立たせる。彼のカツラはどうしても従わなければならない形が許す範囲で流行に沿ったものであるが、カツラの外形だけが決められているので、髪の品質や色合いにかけては、貴族たちも匹敵することができないほど素晴らしいものにするよう心掛けている。彼の衣服は勿論のこととして、身体も絶えず清潔であり、小綺麗な顔は常に剃られており、美しい爪は丹念に切り揃えられている。似合いの滑らかで白い手と最高品質のブリリアントカットのダイヤモンドは、互いに優雅さを引き立て合っている。彼が見せつけるリンネル製の下着は透き通った精巧なものであり、また金持ちの銀行家が結婚式の日に自慢するであろうものよりも、品質の悪いビーバー帽を被っているところを家の外で見られるのを恥としている。服装におけるこれらすべての優雅さに加えて、威風堂々たる門を持ち、四輪馬車の威厳のある優雅さを誇示している。だが、このように多くの符合する兆候が明らかであるにもかかわらず、一般的な礼儀からして、彼の行為をプライドの結果として疑うのは許されないに違いない。その職務の尊厳を考慮すれば、他の人間にとっては虚栄であることが、彼の場合は社会的な嗜みに過ぎないのである。牧師という天職に対する礼儀として、我々は、この尊敬に値する紳士は、聖職者としての風采への拘りからではなく、彼が所属している神の秩序に対する当然の敬意から、また、嘲弄屋の侮辱から聖職を守ろうとする宗教的熱意から、すべてのこうした骨折りと出費をしていると信じるべきであるとされる。よし、心から喜んで、こうした振る舞いの何れもプライドと呼ばないことにしよう。ただ、我々普通の人間の理解からすれば、こうした振る舞いはかなりプライドに似ているとだけ言わせていただきたい。

　そこで、衣服だけではなく馬車や家具や、その他あらゆる種類の華美な装飾品によって悦に入っているにもかかわらず、そのことにプライドを感じていない人間が存在していると百歩譲って私が認めたとしよう。だが、すべての人たちが、もしそのようなプライドを感じない人間であったならば、先にお話しした競争は必ずや消滅し、その結果、競争に多くを依存している商売はあらゆる分野で損害を受けることになるのは必定であろう。というのは、もしあらゆる人間が真に有徳であるならば、己れの利益への配慮からではなく、隣人に奉仕し公共の利益を増進したいという熱意から、自愛心や競争心からそうしているのと同じくらいの量の消費をするであろうと主張することなど、稚拙な物言いであり、不合理な想定であるからだ。あらゆる時代に善良な人間たちが存在したように、現代においてもそうした人間に事欠くことがないことは疑う余地はない。とはいえ、莫大な富と高貴な身分を兼ね備えている紳士の中に、そのような公共的な精神に満ち溢れた人物を見いだすことができるかどうか、カツラ屋や仕立屋に尋ねてみよう。また、大金持ちで、言うならばその中で最も貞淑なご婦人でも、現金で買い物をする時、もしくは、何れ適当な時期に支払いをしようとする場合、馬車で店から店へと渡り歩き、値段を確かめ、街で最も貧しい浮気女の如くあれこれまくし立て、また一ヤードにつき一グロート[47]とか六ペンスとか値切るために、商人に対して横柄な態度をとっていないかどうか、レース商人や呉服屋やリンネル商人に尋ねてみてください。そして、プライドなどなくとも、プライドがある人たちの如く、振る舞うことが可能であると主張するのであれば、私は次のように答えよう。そうすると、猫が、鼠や二十日鼠を殺すことなく飼い続け、子鼠たちに乳を飲ませ面倒を見るために部屋の中を右往左往することとか、鳶が、雄鶏がするように雌鳥を食事に招き、ひな鳥を食べることなく座って抱きかかえていることも、それと同様に可能である、と。だが、皆がそのようにするのであれば、それらは猫や鳶でなくなってしまうであろう。こうした行為は猫や鳶の本性に反しているのであり、もしそのようなことが起こるようなことがあれば、我々が猫や鳶と呼ぶ時、その言葉で我々が意味している生き物の種はたちまち消失してしまうであろう、と。

(N) 羨望や虚栄が人民を勤労に駆り立つ。(十七頁、十六行[48])

羨望は、他人が幸福であると感じられる時、我々を悔しさで嘆き悲しませる人間本性における卑劣な属性である。

かつて一度たりとも、この羨望という感情で心底から我を忘れたことがなく成人に達した、分別のある人間が存在するなどということを私は信じない。だが、冗談ならともかく、敢えて羨望という罪を犯したことを認めるような人物にも、私は決して出会ったことはない。我々が一般にこの羨望という悪徳を大いに恥じているのは、あの偽善という根強い習性に依っているのであり、この偽善の助けによって、幼い頃から己れの心を幅広く支配している自愛心やそのさまざまな派生物を自分自身から隠すことを学んできたのである。人間というものが自分自身よりも他人のためにより良くあれと願うなどということはありえないことである。無論、その人間がそういった願望を実現するといった、実行困難なことを願っている場合は別ではあるが。このことから、羨望という情念がどのような仕方で我々の心の中に生じるのかを容易に知ることができる。それを知るためには、我々は次の点を考慮しなければならない。第一に、我々は自分のことを良く思うが、隣人のことを不当に悪く思うものであり、また、他人が受けるに値しないと思われることを享受しているとか、あるいは享受するであろうと思われる時、そのことは我々をイライラさせ、我々はそういったイライラの原因となっているものに立腹するということである。そして第二に、我々は皆、自己評価の高さと生来の性向のゆえに、いつでも自らが上首尾であることをひたすら願っているのであり、また欲しいけれども未だ手に入れていないものを他人が所持しているのを見る時、哀しみの感情が我々の心の中に生じるということである。我々が欲しているものを素晴らしいと思っている限り、この哀しみは如何ともしがたい。とはいえ、自衛本能は止むこともなく、またできうる限り完璧に、我々からこの災いを除去するためのあらゆる手段を講じさせずにはおかない。そして、己れが欲し、素晴らしいと思っているものを所持している人たちへの怒りほど、この哀しみを和らげてくれるものはないことを我々は経験から学ぶ。それゆえに、幾分でも、哀しみの感情から生じる辛さを和らげそれから身を守るために、我々は怒りの感情を慈しみ育むのである。

だから、羨望とは嘆きと怒りの混合物であると言ってよい。また、羨望という情念の激しさは、主として羨望の対象の人物の置かれている境遇が己れと似通っているか否かによって決まる。もし、徒歩で移動せざるをえないような人間が、六頭立ての馬車を所持しているという理由で名家の人間を妬むような場合では、羨望という情念はそれほど激しいものになることはなく、馬車は持っているが四頭立てに乗るのが精一杯の者の場合ほどの動揺を与えることはないであろう。羨望の症状は疫病の場合と同様にさまざまであり、言葉で説明するのは困難である。その症状は、ある場合はある姿で現れ、別の場合はまったく異なった姿で現れる。美人の間ではこの病弊が一般的であり、その兆候は互いの間の評価や非難において極めて顕著となる。美しく若い女性には、しばしば高度のこうした才が見いだされるであろう。彼女たちは、ただ羨望という要因からのみ、一見してすぐに互いに恐ろしく憎しみ合うことさえしばしばであろう。彼女たちが繕う術も知らない正直者であった場合には、まさに彼女たちの表情の中に蔑みと理屈に合わない憎悪の感情が読み取れるであろう。

粗野で下品な大衆の場合は、この感情は実にあからさまである。とりわけ彼らが他人の財産を妬むような場合はそうである。彼らは自分たちよりも境遇の良い人たちを罵り、その欠点を暴き立て、最も褒められるべき行為に対してさえ曲解しようとする。神に対してさえ小言を言い、この世における良きことがそれに相応しくない者たちによって主に享受されていると大声でまくし立てる。これら大衆の中で最も下卑た輩は、しばしば羨望という感情に最も激しく影響を受け、法への恐怖という自己抑制が効かなかったならば、まさにこの羨望という情念が彼らを唆す挑発によって、その情念の対象になっている者たちに直接会いに行き打ちのめすこともあるだろう。

だが、こうした羨望という病弊に苦しんでいる学識ある者たちの場合はまったく異なった症状を呈する。彼らが他人の才能や学識を妬む場合、主たる関心は己れの弱点をひたすら隠蔽することにあり、そのことは、通常、彼らが妬んでいる他人の素晴らしい才能や学識を拒み軽んずることによって達成される。彼らは相手の著作をひたすら丁寧に精読し、素晴らしい記述に出くわすと不愉快になり、相手の誤りを漁ること以外に関心はなく、しかも大間違いを見つけることを最上の喜びとして欲している。彼らが他人を非難する時、痛烈であると同時に意地悪く、些細な間違いを大げさにあげつらい、ほんの僅かの誤りも決して許さず、取るに足らない手抜かりさえ大失策であると誇張する。

羨望の感情は畜生にも見られる。馬の場合は互いに相手を追い越そうとする時にそれを見せる。最も血気盛んな馬は、他の馬の後塵を拝することを潔しとはしないで死ぬまで走り続けるであろう。犬の場合も、この情念は馬と同様にはっきりと看て取れる。絶えず優しく撫でられている犬は、他の犬が幸せそうに撫でられているのをおとなしく傍観することなど決してしない。愛玩用の子犬が、同種の競争相手の犬に餌を残しておくよりも、むしろそれで喉を詰まらせてしまっているのを私は見たことがある。我々は日々出会っている、幼い時に躾を受けておらず過剰に可愛がられ過ぎたために、我が儘になった動物たちの中にも、同様な行動をしばしば見いだすことができる。こうした犬・猫たちが、むら気から自ら欲した餌を食べようとしない時はいつも、他の動物に、否、それどころか犬や猫に餌を取られてしまうぞと信じ込ませることができれば、喜んで食べ残しを片付けてしまうであろうし、よしんば食欲がなくとも食べるであろう。

もし、羨望というものが人間本性に根ざしていないとするならば、子供たちの間で羨望というものがこれほど頻繁に見うけられることもないであろうし、また、若者たちもこれほどまで競争心に駆り立てられることもないであろう。社会にとって有益な事柄はすべて良き道義に由来すると言いたい人たちは、男子生徒たちの間での競争の現れを美徳のせいにする。とはいえ、社会に有益なことを実行するのには労苦が伴うのであるから、美徳によってそうした行動が生じたとしても、彼らが自己犠牲を強いられていることに変わりはない。また、その行動を仔細に検討してみれば、安楽や快楽の犠牲は羨望と名誉欲だけのためになされるということが直ちに判然とするであろう。表向きの原因とされている美徳に何かこうした情念によく似たものが混濁していなければ、羨望によって生み出されるのと同様な自己抑制が生じることはない。その行為が素晴らしいという理由で褒賞された少年は、もしそこまで頑張れきれなかったとしたら、どんなに悔しい思いをしたかを知っているのである。こうした思いが、自分より劣っていると看做している者に負けないように彼を努力させるのである。プライドが高ければ高いほど、ますます自己抑制して勝利するために努力するであろう。労苦を惜しまず褒賞されようと頑張ったにもかかわらず、賞を逸した別の少年は悔しがり、その結果、己れの悲嘆の原因となったと看做さざるをえない少年相手に腹を立てることになる。しかしながら、このような怒りを露《あらわ》にすることは愚かなことであり、何の役にも立たないのであるから、相手の少年よりも称賛されないことに甘んじるか、さもなければ相手に勝る熟達者になるよう努力を続けなければならないのである。十中八九、無欲で人が良く大人しい少年は前者を選ぶので怠け者になり、他方、強欲で気難しく喧嘩っ早い悪童は信じがたいほど苦労を重ね、今度は自分が勝利者になるであろう。

羨望という感情は画家たちの間ではごく有り触れたものであり、それは彼らの技量の進歩にとって大変有益なものである。無論、私が言いたいのは、下手くそな絵描きが大家を妬むということではなく、技量が少し上の者に対してこうした悪徳を抱くようになるということである。ある高名な画家の弟子が、輝かしい才能を持ち並外れた努力を積んだ場合、最初は彼の師匠を崇拝するが、技量が上がってくると、知らず識らずに以前は心酔していた師匠を妬み始めるのである。この情念の本質を知り、それが既に述べた原因に依って生じることを確認するためには、ある画家が精進を重ねることによって、妬んでいた人物に単に匹敵するようになっただけではなく、凌駕するようになった場合、彼の悲しみは消え失せ怒りも和らぐということを観察さえすればよい。以前はその人物を憎んでいたとしても、いまや喜んで仲良くするであろう。無論、相手に敢えてそうしてくれる気があればの話ではあるが。

羨望という悪徳を犯している既婚女性は——ほとんどの既婚女性はそうなのであるが——、自分の夫の心の中に同じような情念を掻きたてさせるように絶えず努める。それが上手く成就した場合には、使徒の時代より伝導されてきたあらゆる説教よりも、羨望と競争の方が男たちを飛躍させ、だらしない夫たちの怠け癖や飲酒癖やその他の悪行を矯正するのである。

あらゆる人間は、できることならば、幸せになり快楽を享受し苦痛を避けたいと願っているので、自愛心は幸せそうに見えるあらゆる人間を幸福への競争相手と看做すよう命じる。相手の幸福の状態が危殆に瀕していることを見ることの満足感は、それを見ることによる喜びから引き出されるもの以外に我々自身に何の利益をもたらさず、純粋に相手の不幸への愛好と呼ばれている。また他人の不幸を喜ぶという誘惑を引き起こす動機は悪意であり、同じ羨望という起源から生じるもう一つの所産である。というのは、羨望がなければ悪意もありえないからだ。羨望という情念が眠っている時は、我々は悪意に気づかないし、また、羨望という情念の影響を受けていない時には、己れの本性の中にそうした他人の不幸を喜ぶという誘惑が存在しないとしばしば人々は考えている。

立派な服装をした紳士が偶々《たまたま》四輪大型馬車や荷馬車によって全身泥だらけにされた時に笑われる場合、彼と対等の身分の者よりも身分の低い者が余計にその紳士を笑いものにする。というのは、身分の低い者の方が立派な紳士を一層妬んでいるからである。自分たちよりも幸せそうに見えるこの紳士が泥だらけにされて腹を立てているのを見て、この立派な紳士がひどい目に遭っているのを喜ぶのである。だが、若い女性は、冷静であれば、この紳士を笑うどころか気の毒に思う。というのは、身だしなみの良い男性というものは、彼女たちにとって好ましい対象であり、妬みの余地がないからである。災難が起きた時に、その災難に遭った人物をどの程度笑うか哀れむかは、恨みと同情が如何ほどかによって決まる。ある男が同情を掻きたてるほどではない程度の転倒や怪我をした時に、我々は笑うのであるが、こうした場合には哀れみの感情と悪意の感情が交互に我々を襲う。「まったく、本当にお気の毒です、笑ってしまって御免なさい、私はこの世で最も愚か者です」、と言ったと思ったら、また笑い、そしてまた、「まったく、本当にお気の毒です」、と繰り返すのである。悪意に満ちた者たちは、ある人が足を折ったというのに、それを笑うであろうし、また同情心が厚い者たちは、衣服に僅かな染みがついているだけでも心から気の毒に思うことができるのである。だが、同情を感じることができないほどに残酷な人間もいないし、悪意のある喜びを決して覚えないほどに善良な人間もいない。何と奇妙な形で情念は我々を支配していることか。我々はある人間を金持ちだからといって妬み心の底から嫌悪する。だが、我々は彼と金銭的に対等になれば、穏やかな気持ちになり一寸《ちょっと》でも相手がへりくだってくれれば友達にさえなれる。また、明らかに相手を凌ぐようになると、こんどは相手の不幸を哀れむことができるようになる。真に良識がある人物が、そうでない人間より妬むということが少ない理由は、愚か者や馬鹿者よりも躊躇《ためら》うことなく自分自身を称賛しうるからである。というのは、こうした人物は他人にそのような態度を見せはしないが、賢明さによって自らの真価――それは、知性の乏しい人間では、自覚している振りをすることがあっても、決して自覚できないものであるが――を確信しているからである。

ギリシアのオストラシズム(49)は、人々の間に蔓延していた妬みの感情を抑え込むために有能な人間を犠牲にしたものであり、民衆の苛立ちや怨恨による災いを未然に防ぎ取り除くための絶対確実な方策としてしばしば用いられたものである。国家が要人を犠牲にするのは、しばしば、民衆全体の不平をなだめるためであり、後の時代の人たちは、しばしばこの種の蛮行について訝っているが、同種の状況下におれば彼ら自身も必ずやそれを行ったことであろう。そして、こうした野蛮な行為は、要人が卑しめられるのを見るのを至上の満足とする、怨恨に凝り固まった民衆への迎合なのである。我々は正義を愛し、功績が褒賞されるのを見るのが好きだと信じている。だが、長い間、ある人たちが最高の名誉ある地位に就き続けていると、我々の半数は彼らにうんざりしてくるようになり、彼らの欠点を捜し始め、もし見つからなければ、彼らがそれを隠しているのだと思うようになる。そうなれば、我々の大半が彼らの罷免を望まないなどということは、ありえないことである。最良な人間といえども、ごく親しい友人や知人を除くあらゆる人たちから、こうした卑怯な仕打ちを受けるであろうことを常日頃から覚悟しておかねばならない。というのは、人間にとって、自分に少しも関わりがない称賛が繰り返されることほど、うんざりさせられることはないからである。

ある情念に多くのその他の情念が混合すればするほど、その情念が如何なるものかを明瞭に示すことは困難となる。そしてまた、その情念がそれによって悩まされている人たちを苦しめれば苦しめるほど、その情念は人間を他人に対してより残酷な行為を行うように導く。それゆえ、愛と、希望と、恐れと、多くの妬みの感情から構成されている嫉妬ほど恣意的で有害なものはない。妬み・羨望については既に充分論じておいたし、恐れについて述べようとしていることは読者は注釈(R)で見いだすであろう。したがって、嫉妬という奇妙な情念の混合体についてより良く説明し例証するために、ここでさらに述べるべき構成要素は希望と愛である。

希望とは望んでいることが起こるであろうというある程度の確信を伴った願望である。我々の希望が慥かなものであるか、根拠がないものであるかは、まったく我々の確信の程度が大であるか小であるかによって決まり、あらゆる希望には不確かさがつきまとう。[50] というのは、我々の確信があらゆる不確かさを払拭するほどに深まる時、希望は確実性に変わり、単なる希望に過ぎなかったものが自明のこととして考えられるようになるからである。銀製のインク入れという言葉は、誰しもがその言葉が意味するものを知っているから言葉として通用するが、慥かな希望という言葉はそうはいかない。というのは、ある人間がそれに結びつく名詞の本質を壊すような仕方で形容詞を用いたならば、彼はその言葉でまったく何も意味させることはできないからである。形容詞の効力と名詞の本質についての我々の理解が明晰なものになればなるほど、異質の言葉の結合の無意味さがより鮮明となる。それゆえ、ある人間が恰も熱い氷や液状のオークの木について語るが如く、慥かな希望について語っているのを聞いてそんなには驚かされないのは、前者の例よりも後者の例の方がナンセンスではないからではなく、希望という言葉が――その言葉の本質について――、氷とかオークの木という言葉やその本質ほどに、多くの人々に明確に理解されていないからである。[51]

愛というものは、まず、第一に、両親や乳母が子供たちに抱き、友達が互い同士に抱いているような愛着を意味し、愛おしい人物を好み好意を寄せることにその本質がある。我々はこうした人物の言動には寛大な解釈を与え、たとえ誤りがあるとわかっていても許してしまう傾向がある。また、我々は、たとえ不利益を被ることになったとしても、こうした人物の利益のためにあらゆる配慮をし、喜びと悲しみを分かち合うことに心よりの満足を覚える。この点については、どのように思われるかわからないがありえないことではない。というのは、我々が友人の不運に心から共感する時、我々が感じる苦しみは友人の苦しみを軽減するに違いないと我々は信じ込み、この盲信的な思いが我々の苦痛を和らげているうちに、愛する人のために深く心を痛めることから密やかな喜びが生まれてくるからである。

第二に、我々は、愛とは、異性同士が好意を持った後、互いに抱く強い惹きつけ合う気持ちであると理解しており、それは、友情、感謝、血縁などに基づくその他のあらゆる愛着とは本質的に区別されるものである。愛が嫉妬という複合感情の一部を構成するとともに、種の自己保存のために精を出すように人間に強いる自然の衝動のもっともらしい粉飾であるとともにその結果でもあるのは、こうした意味においてである。こうした後者の欲望は、飢えや乾きと同様に、身体に欠陥のない男性や女性双方にとって生来のものである。とはいえ、思春期より以前においては、滅多にこの情念の影響を受けることはないと言ってよい。もし、人間本性を裸にしてその最深部を覗くことができたならば、ちょうど歯茎が形成される前に萌芽の状態の歯を見いだすように、我々は活性化する以前のこうした情念の種子をきっと見いだすことができるであろう。二十才以前に、この情念の影響を受けたことがない健康な男女などほとんど存在しない。だが、市民社会の平和と幸福のためにこのことは秘密にされ、公然と話されないことが要求される。それゆえ、育ちの良い人たちの間では、こうした種の存続の神秘に関することを人前で公然と語ることは大きな罪であると看做されている。こうした事情のため、人類の存続のために最も必要であるにもかかわらず、まさに性欲という呼称はいやらしいものとされるようになり、通常、性欲を形容する固有な言葉は汚らしいとか忌まわしいという語である。

モラルに厳しく過度に慎み深い人々にとって、こうした自然的衝動は、それが何であるか理解することができるようになるまで、かなり長い間しばしば肉体を掻き乱す。また、最も上品で教養の深い人たちが、こうした事柄について一般に最も無知であるということも注目に値する。私は、ここで、未開状態にいる人間と文明社会にいる人間との違いについて一寸触れておこうと思う。まず、第一に、男性も女性も、もし、未開のまま放置され、生活の仕方や礼儀作法に関する知識について教えられることがなかったならば、肉体を掻き乱す原因をすぐさま見つけ出し、他の動物と同様にその対処に困ることはなかったであろう。その上、ずっと経験を積んだ者から教訓が伝授されるとか、手本を示されるとかいったことにも事欠くこともなかったであろう。しかし、第二に、如何なる本能的命令よりも宗教、法律、礼儀作法の準則に則り従わなければならない場合は、若き男女にこうした衝動に対して身構え防禦するようにさせ、幼い頃から巧妙に脅かしてそうした衝動に身を任せぬようさせなければならない。性欲そのものやあらゆるその兆候は当事者に簡単にそれとわかるのであるが、注意深くかつ厳しく抑え込み、とりわけ女性の場合はきっぱりと根絶させられなければならないし、あからさまに性衝動の影響を彼女たちが被っている時でさえ、必要ならば頑強に自制させねばならない。たとえこうした対応によって、彼女たちが病気になったとしても、医薬で治すか、あるいは黙ってじっと耐えさせるしか術はない。品位と礼儀正しさを保ち、女性が不道徳な方法で自己を解放するよりも、ぐずぐず生き、衰弱し、死んでいくということの方が社会にとって有益なのである。上流社会の人々、あるいは生まれながらにして財産がある人々の間では、婚姻話は、家柄、財産、名声などについてよくよく注意をするとともに、配偶者を決める時には相手の性欲についてはまったく考慮しないことが期待されている。

さらに、愛と性欲を同意語と看做そうとする人たちは、原因と結果を混同していると言ってよい。だが、教育の力やそれによって我々が教え込まれる思考習慣は並大抵なものではないので、時々、男女が肉体的欲求を感じることなく恋に落ちることが、あるいは、自然が与えた衝動の意図――すなわち、そうした衝動なくしては、男女が恋という情念に揺り動かされることが決してないような自然によって企図された目的――を見抜けないことがある。こうした者たちが存在することは慥かなことである。だが、こうした上品な者たちのように装ってはいるけれども、ただ猫かぶりの体の者がそれ以上に多く存在している。本当のプラトニックな恋人たちというものは、通常は、男女ともに冷たく粘液質の青白い弱々しい人たちから構成されている。胆汁質で多血質の元気で強健な者は、あらゆる性欲に関する思いや望みを許容しない精神的な愛などを決して受け容れることはない。もし、最も清純な恋人たちが互いに強く惹きつけ合う気持ちの原因が何であるか知ろうと思うならば、他の人物がその愛しい恋人を肉体的に慰めものにしようとしていることを想像させるだけでよい。恋人たちはそう考えることから生じる苦痛によって、彼らの情念の拠って立つものが何であるかをすぐにわかるであろう。他方、それに反して、両親や友人たちは、幸あれと願う者たちが幸せな結婚によって味わう喜びと慰安に思いを馳せることによって満足するのである。

人間の見えない部分についての詳細な分析に秀でている人たちは、こうした愛があらゆる好色な想念によって汚されず崇高であればあるほど、その愛はますます紛い物となり偽りのない元々存在した原初の愛の質朴さから、それだけ遠ざかっていくことに気づくことであろう。社会を文明化する上で、政治家たちの労苦や配慮は、彼らの力量や見識と同様に、我々の情念を互いに対抗させるための策を弄する時ほどに異彩を放つことはなかった。一方で、我々のプライドを煽り、常に自惚れを増長させ、他方で、恥辱に対して最高度の恐怖と激しい嫌悪を吹き込むことを通じて、老獪な道徳家たちは、進んで己れ自身と葛藤し、たとえ性欲という愛おしい情念を抑え込むことはできなくとも、少なくともその情念が胸中に生じた時には、ほとんど他人にはわからないくらいに隠し誤魔化すよう我々を教え諭したのである。ああ、我々は、最大の自己否定によって、何とも素晴らしい褒美を期待しうることか。他人に対してと同様に自分自身にも、大変な欺瞞と不誠実を働いた代償として手にすることができるのが、単に人類を実際よりも遙かに他の動物からかけ離れた高貴な存在であると見せかけるという空しい満足でしかなく、しかも、我々は本心では事の真相を知っていることを考えれば、笑わずにおられるほど廉直な人間が果たしているであろうか。だが、これは事実であって、このことの中に、人類の存続のために我々が感じる生まれつきの欲望を気づかせるような言葉や行為を、なぜ、忌み嫌うようにさせる必要があったのかについての理由をはっきりと看て取ることができるし、また、他の動物の如く、すさまじい欲望の猛威に従順に屈服し（それに逆らうのは大変困難であるが）、最も執拗な本性の要求に偽善者ぶることもなく簡単に従うことが、なぜ、野蛮という不名誉な汚名を着せられなければならなかったかの理由もはっきりと看て取ることができる。

それゆえ、我々が愛と呼んでいるものは、純粋ではなく混じり気のある欲望、否むしろ、沢山の矛盾する情念が一つに綯い交ぜにされた情念の混合物である。また愛という欲望は慣習と教育によって歪められた人間本性の産物であるため、既に暗示しておいたように、その真の起源と初めの動機は育ちの良い人々の間では抑圧されており、ほとんど彼ら自身から隠されている。愛を覚える人たちが、年齢や体力、決断力や気質、さらには境遇や行儀作法などの点において異なるため、愛という欲望の現れ方が実にさまざまで、気まぐれで、意外で、説明不能であることの理由はすべて以上の点に原因がある。

嫉妬を非常にやっかいなものにし、それから生じる羨望をしばしばとても破滅的なものにしているものも、この愛という情念である。愛のない嫉妬が存在すると想っている人たちは、愛という情念をよく理解していない。男たちが彼らの女房たちにほとんど愛情を感じていなくとも、彼女たちの行状に腹を立て、根拠あるなしにかかわらず彼女たちを疑うこともあるかもしれない。だが、こうした場合に男たちを衝き動かしているものは、彼らのプライドであり、自らの名誉に対する顧慮なのである。男たちは容赦なく女房たちに憎しみを感じるであろうし、酷い場合は、女房たちを殴り満足して床に就くこともできる。また、こうした亭主たちは、自分で女房たちを見張るだけではなく、他人に見張らせることもあるかもしれない。とはいえ、亭主たちの女房たちに対する猜疑心は、それほどのものではなく、そんなにはしつこく問いただすこともないし、愛とさまざまな情念が綯い交ぜになっている時のように事の真相が知られることを恐れて不安になることもない。

男とその愛人との間には、亭主と女房との間に存在するような振る舞いを決して認めることがないという事実が、以上のような私の見解を確固たるものにしてくれる。というのは、男の愛が消え失せた時には、たとえ愛人が怪しいと不審に思ったとしても、ただ彼女のもとを去るだけであり、彼女のことでそれ以上頭を悩ますことはないからである。他方で、愛人がどのような誤りを犯そうとも、彼が彼女を愛し続けている限り、彼女と別れることは、思慮分別のある男にとってさえ、とても困難なことである。この場合、怒りの余り彼女を殴ったとしても、その後オロオロしてしまう。彼は彼女への愛ゆえに暴力を振るったのであり、再び彼女と和解したいのである。彼は彼女を憎んでいると言い、何度となく縛り首にしてやると心底より望むこともあるかもしれないが、彼女への思いを断ち切ることができなければ、彼女と決して別れることはできない。たとえ彼女がまったく許せない罪を犯していると想像でき、二度と彼女の側に近づかないと何千回となく誓ったとしても信用できるものではない。彼女の浮気を充分に確信した時でさえ、彼の愛が続いているのであれば、彼の落胆はそんなに長く続くこともなく、最悪の激情に駆られているうちに気分も和らぎ、希望の光がさしこむ平静期を見いだすのである。彼は彼女のために言い訳を考え許してやろうと思う。そして許してやるために、彼女の罪がもっと軽微なものだという可能性を見つけようとあれこれ詮索するのである。

(O)　真の快楽、慰安、安楽を高めければ（十八頁、十行）

最高善は快楽に存するとはエピクロスの教義であった。だが彼は、禁欲や節酒やその他の徳という点で模範的な生活を送ったので、後の世の人々の間でエピクロスの快楽の意味について論争を引き起こすことになった(52)。エピクロスの節制の教養を踏まえて論じた者は、エピクロスが意図した歓喜というものは、有徳の性格を持つ存在であったと主張した。だから、エラスムスは[53]、彼の『対話集』の中で、信心深いキリスト教徒ほどのエピクロス主義者はいないと述べたのである。エピクロスの信奉者の大半に放蕩の態度が見られることを踏まえた論者は、エピクロスは快楽を感覚的な快楽や情念の満足としか理解することはできなかったであろうと考えた。私は彼らの論争に決着をつける気はないが、人間が善人であるか悪人であるかに関わりなく、それ自体喜びを感じるものが快楽であるという見解に立っている。古典語に遡って語源を求めることをしなければ、イギリス人は自分を喜ばせてくれるものすべてを正当にも快楽と呼んでいると思う。この定義に従えば、人間の嗜好について論じるべきではないと同様に快楽についても論じるべきではないことになる。「各人の快楽は各人を導く」[54]のである。

名利を求め享楽的で野心的な人間は、自らに称賛に値する価値が備わっていないにもかかわらず、いたる所でむやみに高い地位を求め、自分よりも高位の人たち以上に威厳を保つことを望む。彼は広大な邸宅や美しい庭園を手に入れようとする。また彼の楽しみは、堂々とした馬、壮麗な馬車、大勢の付き人、そして高価な調度品などという点で他人に勝ることにある。こうした男は、情欲を満たすために、進んで彼の偉大さを崇拝し、彼の人となりを真に愛してくれるさまざまな容貌をしている、上品で若くて美しい女性を欲する。またワインセラーには、極上ワインを産出しているあらゆる国の厳選ものを蓄えようとする。テーブルは数多くの料理で満たされ、容易に購入することができない選りすぐったさまざまなご馳走や、熟練の手際のよさがよくわかる料理が山のように盛りつけられるとともに、心地よい音楽と耳あたりのよい追従とが交互に彼の耳を楽しませてくれることを望んでいる。まったくどうということがない些事においてさえ、彼は最も有能で熟達した働き手しか雇わない。それは、すごく価値があるものに彼の富と優秀さが示される如く、取るに足らない事柄にも彼の思慮深さと嗜好が明瞭に表れるようにするためである。機知に富み冗談がわかる教養のある何組かの人たちと懇談したいと願い、また、そうした人たちの中には、学問や知識において有名な人物が何人か含まれていることを望んでいる。また彼は、いざという時のために、多才で経験豊かな勤勉で忠実な人間を見つけ出したいと願っている。彼に仕える者たちは、手際がよく、礼儀正しく、思慮深く、顔立ちがよく、優雅な物腰の人間であって欲しく思う。さらに彼らに求めることは、彼のものに対しては何であれ敬意を表すること、急ぐことはないが敏速であること、騒がずてきぱきすること、彼の命令には飽くまでも従順であることである。彼は召使いに話しかけることほど煩わしいことはないと考えている。それゆえ、彼の顔つきを見たり、彼の最も些細な所作から彼の意志を読み取ってくれるような者だけに世話をしてもらいたいと思う。さらに彼に近寄ってくる者すべてに優雅な上品さを望み、彼が身につけることになるものにはこの上もない清潔さが不遜なほどに守られていることを願う。家政の主たる管理者たちは、秩序を重んじ、創意に富み、倹約的な人間であるだけではなく、生まれがよく、名誉があり、卓越した人間であって欲しく思う。というのも、彼はあらゆる人間に尊敬されたく願い、民衆の敬意も喜んで受け容れるが、上流階級の人たちが払う敬意ほど彼にとって魅惑的なものはないからである。

このように途轍もない情欲と虚栄に耽り、己れの欲求をひたすら刺激し満足させている一方で、彼自身は世の中の人たちが彼をプライドと好色に無縁な人物であると看做し、彼の最も唾棄すべき悪徳についても好意的に解釈してくれるよう願っている。それどころか、彼の威信で手に入れることができるならば、賢明で、勇敢で、寛容で、気立てがよく、所持すべき価値があると彼が考えるあらゆる美徳を身につけている、と自分自身が看做されることを切望している。彼は我々に次のように信じてもらいたいのである。すなわち、彼が享受している虚飾と華美は実はやっかいな悩みの種であり、彼が纏っている威厳は残念ながら彼が属することになった上流階級から切り離すことができない重い負担である、と。また、彼の高貴な精神は大衆の才覚を遙かに凌駕しており、高邁な目的を目指しており、つまらぬ楽しみで現《うつつ》を抜かす暇はないのである、と。さらにまた、彼の大望は公共の福祉を高めることであり、最大の快楽は国が繁栄し、すべての国民が幸福になることを見ることである、と。そして、こうしたことが、悪辣で名利を求める者たちによって真の快楽であると呼ばれているものである。しかも、才覚もしくは運によって、かくも優雅に浮き世を楽しむとともに、名声をほしいままにすることができる者は誰でも、最上流階級の人たちによってさえ、極めて幸せな存在であると看做されているのである。

しかし他方で、古代の哲学者や謹厳なモラリストたち、とりわけストア学派の人たちは[55]、ともすれば他人によって奪われがちな如何なるものも真の善として認めようとはしなかった。彼らは賢明にも、運や君主の寵愛の不安定さ、名誉や一般の称賛の虚しさ、浮き世の財産や富の不確かさに鑑み、真の幸福を罪や野心と関わりを持たない満ち足りた精神の平静さに求めた。すなわち、それは、あらゆる感覚的欲求を抑制しつつ、運・不運も問題とせず、ひたすら静観だけに喜びを感じ、人間が自分自身に与えることができるもの以外は望まないという精神である。また、不屈の精神と決断力を備え、どんなに甚大な損失にも平気で耐え、苦痛を苦しむことなくやり過ごし、侮辱を怒ることなく我慢することを知った精神である。そして、彼らの多くはこうした自己否定の高みに達していると自認している。それゆえ、彼らを信じるに足るとすれば、彼らはありふれた人間よりも遙かに高みに立っているのであり、彼らの精神力は生まれながらの本性の限界を遙かに超えていたのである。彼らは威嚇的な暴君の怒りや、最も切迫した危険に対しても、恐れることなく注視することができたし、拷問の直中《ただなか》においても平静さを保つことができた。そして、死そのものに対してもたじろぐことなく受け容れることができ、慈しみを受けてこの世に生まれ落ちた時と同じように、淡々としてこの世を去ることができた。

古代人の間ではこうした人たちがいつも最大勢力を占めてきた。だが、愚か者ではない他の人たちは、こうした教えを実行不可能であると看做し、彼らの意見を空想的であると呼び、ストア学派たちが自ら主張した事柄は人間の能力と実現可能性を上回っており、したがってまた彼らが誇る美徳は傲慢と偽善に満ちた不遜の衒い以外の何ものでもないことを立証しようと努めた。しかしながら、こうした論難にもかかわらず、この世の真面目な人たちや古くから今日までの賢人たちの大部分は、最も重要な論点においてはストア学派と同じ見解に立っている。例えば、こうした人たちは、ストア学派同様、滅びやすいものに依存していたのでは真の至福はありえないし、心の平安が最大の天恵であり、情念の克服に勝る克服はないと考え、また知識や節制や堅忍や謙譲やその他の精神の飾り物は最も貴重な取得物であり、善人でなければ幸せになれず、有徳の者のみが真の快楽を享受できるという見解に立っている。

『寓話』の中で、なぜ私が、あらゆる時代の賢人たちが最も価値があると称えてきた快楽に対し、それと正反対のものを真の快楽であると呼んだのかと尋ねられるかもしれないと思う。人々が最善と呼んでいるものではなく、彼らが最も楽しんでいるように思われるものを私は快楽と呼んでいるというのが、それに対する答えである。精神の装飾品の対極をなす快楽に人間がいつも耽り、日々それを追い求めているのを見ていながら、人間の主要な喜びが精神の装飾品に存するなどということを信じることができるであろうか。ジョンがプディングを切り分ける時は、決まって彼が切り取る分量は、まったく彼は食べなかったとは誰もが言えない程のものである。このプディングの小片を、むしゃむしゃ音を立てて嚼んだ後で、切り刻んだ干し草の如く飲み込む。その後で、彼は貪欲な食欲で牛肉に取りかかり、牛肉を喉に押し込む。このジョンがプディングだけが唯一の楽しみで、牛肉など付け合わせだなどと大声で毎日叫ぶのを聞いて腹が立たないであろうか。

私にセネカ[56]の財産の十分の一もあれば、彼と同じくらい不屈の精神や富への軽蔑について大いに吹聴するであろうし、彼に代わって彼が書いたよりも倍も多くのことを貧乏を賞揚するために書くことを約束しよう。また、家に帰る道を私が知っているという確実さで最高善への途を教えることができるであろうし、人間は部屋をすっかり綺麗にしようとする時には家具を部屋の外に出すように、あらゆる雑事から解放され精神を浄化するためには、さまざまな情念を己れから剥ぎ取らなければならないと人々に教え諭すことであろう。運命の苛酷ささえ、このように恐れや願望や性癖がすべて剥ぎ取れた精神に対しては、がらんどうの納屋にいる盲目の馬と同様に、何も打撃を与えることはできないというのが私の見解である。だが、以上の点について理論上は完璧であるが、実行に移すとなるとなかなか難しい[57]。人が私の懐からものを盗もうとしたり、私が空腹の時に目の前の食べ物を掠め取ろうとしたり、あるいは私の顔に唾を吐きかけようという動作を少しでもしようものならば、どこまで冷静に振る舞えるかは約束しかねる。しかし、私が己れの制御できない本性のあらゆる気まぐれに屈服せざるをえないという事実が、他人もその気まぐれを制御できないことの論拠にはならないと人は言うかもしれない。それゆえ、自己抑制が認められない場合には、如何なるものも美徳と認めるわけにいかないし、人々の生活を眼前にしている場合には、その人の考えをその言葉から判断するわけにはいかないという条件付きで、どのような場で美徳に出くわすことができようとも私は進んでそれを崇めよう。

私はあらゆる身分や地位の人々について調べてみたが、ただひたすら自らの欲望に打ち克つことに専念している修道院におけるほど、俗世から自ら進んで退き己れ自身と闘っているような人々が、礼儀作法に厳格で世俗的な快楽を軽蔑している所はなかったことを認める。情欲が最も激しく最も盛んな時期に、男女が互いに会わないように遠ざかり、汚れた行為だけではなく、正当と認められている抱擁すら自制し、生涯禁欲的に生きるということほど、男女の完全な貞節と清浄無垢への無比の愛を証拠立ててくれるものはない。肉食を断ち、時には絶食をしている者は、あらゆる肉体的欲求を克服するための正しい方向に進んでいると考えてよいであろう。そして、ほとんど断言できることであるが、裸の背中や肩を日々苛烈なむち打ちで傷つけ、真夜中にいつも目覚めてお祈りのためにベッドを離れる者は、自らの安楽を度外視していると言ってよい。また、足によってさえ金貨や銀貨に触れようとしない人間ほどに、富を蔑み、強欲ではないことを示しうる者がいようはずもない[58]。あるいはまた、貧困であることを自ら選び、ほんの僅かな残り物で満足し、慈善によって与えられるもの以外の糧を食べない人間ほどに、質素で慎ましい存在であることを自ら示しうる存在はいない。

もし、高貴で学問に秀でた沢山の人たちから思い止まるよう忠告されることがなかったならば、このような自己否定の真っ当な事例を目の当たりにして、私は美徳に対して頭《こうべ》を垂れたことであろう。だが、そうした人たちは、異口同音に次のように言うのである。すなわち、私は間違っているのであり、私が見たものはすべて茶番と偽善に過ぎない、と。また、修道女や修道士がどんなに清らかな愛だと言い張ったとしても、彼らの間には不和しか存在していなく、また、彼らがそれぞれの修道院で難行苦行を行っているように見えようとも、彼らの誰一人として大好きな色欲を犠牲にしている者はおらず、修道女の中には処女として通用しているけれども処女ではない者が存在しており、彼女たちの秘密に関する情報をもとに、彼女たちの隠された私生活を幾つかを調べてみれば、彼女たちの恐怖の表情からその何人かは母親であったことをすぐに確信するであろう、と。さらにまた、修道士の間では中傷や羨望や悪意がまかり通っていることを容易に看て取ることができるであろうし、暴飲暴食や不貞よりも忌まわしい類いの猥褻行為も存在するであろう、と。しかも、托鉢修道士にいたっては、托鉢衣を除けば、その他の頑強の物貰いたち――彼らは哀れな調子で、あるいは見窄らしい風体で人々を騙し、姿が見えなくなると忽ち哀れっぽい口調を止め、欲望に耽り、互いに大いに楽しむ――と変わるところがない、と。

修道会における厳格な戒律やそこにおいて見いだされる実に多くの信仰の姿が、このような厳しい非難を受けるに値するならば、それ以外の場所で美徳と出会うことに絶望しても当然であろう。というのも、こうした信者たちに対する敵対者や最大の告発者たちの行動を調べてみても、彼らの間に自己抑制のふりすら見いだしえないからである。あらゆる国の最も改革派的な教会も含む全宗派の高僧たちは、「キュクロプスあるいは福音書運び屋」の如く、まず「満腹であるように」、次いで「腰下の器官に不服がないように」に気を配っている。(59) こうしたことに加えて、彼らは、快適な家、立派な家具、冬場の心地よい暖炉、夏場の快適な庭園、小綺麗な衣服、子供たちを育て上げるに充分なお金、さらには、どんな集団であれ高位の序列とあらゆる者からの敬意や、願わくは有り余る宗教心をも手に入れたいのである。今、指摘したものは、生活を快適にするための必需品であり、最も控えめな人間であっても恥じ入ることなく求めるものであり、それなくしては生活が不安になるものである。彼ら高僧たちも、実際は、他の人間と同様の鋳型から作られており、他の人間と同様に邪悪であり、同じ欠点を持って生まれ、同じ情念に支配され、同じ誘惑に負ける。それゆえ、彼ら高僧たちは職務に励み、殺人、不貞、罵詈、暴飲、その他の悪徳を慎むだけで、生活は汚れていない、あるいは名声に汚点がないと言われているのである。つまり、高僧という職務のお陰で、彼らは聖者に祭り上げられ、またその職務のお陰でさまざまな肉体的欲求を満たしている上に、たっぷりの贅沢を堪能しているにもかかわらず、彼らのプライドが駆り立て、才能が許す限りの価値を己れに与えることができるのである。

このことに私はまったく異議はないけれども、彼らの振る舞いの中にまったく自己抑制を見ることができない。また、自己抑制の存在しない所に美徳は存在しえない。道理を弁えた人間が良しとしなければならない程度以上に、高僧たちが世俗的な恩恵を望まないことが果たして禁欲と言えるのであろうか。あるいは、礼儀作法に反しているがゆえに、たとえ宗教心がまったくなくとも、慎みがある人間ならば犯すことがない猥褻な行為を、彼らが慎み、不埒な行為をしないことに、何か素晴らしい価値があるであろうか。

聖職者たちが、ほんのちょっと侮辱されただけでもいつも怒りまくり、また彼らの権利が侵害された時にまったく堪え性のない理由は、自分のためにではなく、世のため人のために、彼らの天職である聖職という職業を侮蔑から守ることを大いに気遣っているからだと言われていることをよく承知している。また、彼らが生活の安楽さや快適さを求めるのも同じ理由によると言われる。というのは、もし彼ら聖職者たちが、侮辱されるのにまかせ、粗食に甘んじ、世の人々よりも質素な衣服を纏っていたならば、外見から物事を判断する大衆は、聖職者たちも民衆と同じように直に神の庇護を受けていないと思ってしまい、聖職者個人を軽視するだけではなく、彼らが説くところの教えや戒めをすべて蔑むようになるからだとされる。こうした言い分は見事な言い訳であり、よく用いられるものであるから、その信憑性を確かめてみよう。

貧乏というものは聖職者たちが自らの弱点を見いだすきっかけになることはあるにしても、博学のイーチャード博士[60]のような、貧乏であることは聖職者たちを侮辱することであるという意見には私は賛成しかねる。というのは、人間というものは、絶えず自らの貧しい境遇と格闘し、喜んでその重荷に耐えることができなくなった時に初めて、自らにのしかかる貧困という現実が如何に理不尽なものであるか、自らの生活状態が改善されることが如何に喜ばしいことであるか、また自らがこの世の贅沢品に対してどんなに価値を置いているかを顕わにするからである。着るものがないので、着古した見窄らしい僧衣を纏い、富への蔑視と世俗的な享楽の虚しさを声高に叫びながらも、よりましな帽子を恵んでくれる人が現れれば、すぐに油染みた古びた帽子を脱ぎ捨てる人間、あるいは、家では暗い表情でスモール・ビールを飲みながらも、一度外で一杯のワインにありつけるとなるや否やそれに飛びつく人間、彼自身の見窄らしい食事には食欲が湧かないにもかかわらず、彼の味覚を満足させてくれるような場所ではガツガツと貪り食い、素晴らしい正餐に招待されるや否や全身で喜びを表す人間、軽蔑されるのはこうした人間たちである。だが、その理由は彼らが貧乏であるからではない。むしろその理由は彼らが他人に対して説いた満足と忍従についての自説に従って貧乏に耐えることをせずに、自分の教えと正反対の本性を顕わにするからである。だが、精神の高貴さから（あるいは、同じことであるが、依怙地な虚栄心から）、ある人間が真剣に自らの欲望を抑え込もうと決意し、彼に供されうる安楽や贅沢をすべて拒み、明るく貧乏に甘んじ、感覚を満足させてくれるものは何であれ拒絶し、そして彼にこうした行動を取らせるプライドのために、あらゆる情念を実際に犠牲にする時、大衆は、彼を咎めるどころか、彼を崇め、敬慕することさえ厭わないであろう。キュニコス派[61]の哲学者たちは、単に贅沢品を包み隠し、享受することをしないだけで大変に有名になった。この世に生まれた最も野心的な王でさえ、わざわざ樽の中に住んでいるディオゲネス[62]を訪ね、故意になされた無礼な行為に対して、彼のようなプライド高き人間にできる最高の敬意をもって遇したのではないか[63]。

人間というものは、語っていることを裏付ける事実を確認した時には、互いに進んで相手の言葉を文字通り信じようとする。だが、言行不一致の時、言っていることを相手に信じてもらおうと願うのは不遜というものであろう。何か激しい運動とか冷水浴から戻ったばかりの、頬を赤くし手の温かい陽気でかくしゃくとした男が、凍てつくような寒さの日に焚き火などいらないと言う時、我々は容易に彼の言い分を信じる。その男が焚き火から遠ざかり、こうした振る舞いから、その男が薪や衣服を欲していないことが理解できる場合は尚更そうである。しかし、薄くぼろぼろの服を着て、腫れ上がった手をし、土色をした顔つきをした貧しく飢えた哀れな者の口から同じ言葉を聞いたならば、我々は彼の一言も信じることはないであろう。寒さで震えながら日当たりの良い土手の方によろよろ歩いて行く彼の姿を見た場合は尚更そうである。そして、我々は、彼が何と言おうとも、暖かい衣服と赤々と燃えた焚き火が彼にとって何よりのものであると結論づけるであろう。こうした事例は簡単に他の事例に適用することができる。例えば、この世に、仮初めにも、世俗的な事柄に関心を持たず、肉体よりも精神を重んじていると思われたいような聖職者がいるとするならば、精神的な快楽に見せているよりも大きな関心を肉体的快楽に示すことだけは、彼らに慎むようにさせよう。そうすれば、毅然として彼らが貧乏に耐えている限り、たとえその境遇が惨めなものであったとしても、彼らは貧乏のゆえに侮蔑されることはないと安心していられるであろう。

僅かばかりの信者たちを託され、そうした信者たちを大切にしている牧師がいると仮定しよう。また、彼は、熱心かつ思慮深く信者たちを説教し、訪問し、訓戒し、叱責して、信者たちを幸福にするために力の限り尽くしているとしよう。このような場合、世話になっている人間は、大いに彼に感謝するに違いない。さらに加えて、この善良な牧師は、少々我慢して質素な生活をし、所得の半分での暮らしに満足し、年間四十ポンド請求できるのに二十ポンドしか受け取らないだけではなく、教区民をこよなく愛し、たとえ昇進のためにも、否それどころか主教の職が与えられるようなことがあっても、彼らのもとを決して去らないと仮定しよう。禁欲を公言し、世俗的な快楽に何の価値も見いだしていない人間にとって、こうしたことはすべて容易なことであろうとごく自然に私は思う。そして、敢えて請け合うが、こうした公平無私の聖職者は、人類が途轍もなく堕落したとしても、愛され、尊敬され、誰からも称賛されるに違いない。否、誓ってもよいが、彼がさらに倹約に努めて、僅かの収入の半分以上を貧しい人たちに分け与え、からす麦と水だけで生活し、麦わらの上で寝てこの上もなく粗末な衣服を纏ったとしても、彼の見窄らしい生活ぶりが問題とされることは決してないであろうし、彼自身もしくは彼が属している修道会の汚名となることも決してないであろう。それどころか逆に、牧師への追慕の念が続く限り、彼の貧乏は栄誉を称えるものとしてしか語られることはないであろう。

しかし（と慈悲深い若き貴婦人は言う）、あなたは教区牧師を飢え死にさせるほど無情であっても、彼の妻や子供たちに同情しないほど無慈悲ではないですよね。ああ、年間四十ポンドの所得がかくも情け容赦なく二度も分割された後で、一体どれだけの金額が残るというのですか。それとも、とんでもない卑劣漢であるあなたは、仮定やら自己抑制やらを持ち出して、可哀想な彼の妻や幼気《いたいけ》な赤ん坊たちも同じようにからす麦と水で暮らし、麦わらの上で寝てもらいたいのですか。いやそれどころか、牧師家族があなたの言う苛酷な暮らしぶりをするにしても、一年間十ポンド以下で一家族が生活することができるというのですか。――感情的にならないでください、アビゲール夫人(64)、私は、既婚の男性にはこのような貧弱な食べ物をあてがっても、女性の皆さんには気を遣っているのです。慥かに、妻子については忘れていたことは認めます。その主たる理由は、貧しい聖職者たちは妻子を持つ機会などないであろうと考えたからです。理屈は勿論のこととして実例によっても、他人に対して教え諭さねばならない教区牧師が、邪悪なこの世では筋が通らないと言われている結婚願望に耐えることができないなどと誰が想像できますか。また、ある徒弟が年季を明ける前に結婚する時、幸運に恵まれることがない限り、身内の者が彼に腹を立て誰もが彼を非難する理由は何ですか。それは、年季奉公中には、彼には自由にできるお金がなく、親方に奉公する義務があるために暇がなく、家族を養うための力がほとんど残されていないためですよ。では、年間二十ポンド、あるいはお望みでしたら四十ポンドの所得があり、教区の信者や彼の職務が求めるあらゆるお勤めを真面目に果たさなければならないための時間的余裕などほとんどなく、しかも普通は生活力に大いに欠けている教区牧師に関してはどのように解すべきですか。こうした教区牧師が結婚することなどまったく筋が通らないことではないですか。とはいえ、悪徳を何ら犯してはいない真面目なこうした若者が、なぜ正当な楽しみを禁じられなければならないのか。まさにその通りです。結婚は正当であり、また馬車を持つこともそうです。とはいえ、馬車を手に入れるだけのお金がない者にそのことが一体何になりますか。どうしても妻帯したいと言うならば、お金持ちの女性を捜させるか、妻を立派に養い突然の出費に耐えられるもっと多額な聖職禄か何かが手に入るのを待たせるしかありません。しかし、財産を多少でも持っている女性は誰も彼とは結婚しないであろうし、彼の方もじっと結婚を待ってはいられないでしょう。彼は食欲が大いにあり健康そのものです。そして誰もが女性なしで生きられるわけではありません。「燃えさかるよりは、結婚する方がましだからである」[65]。ここには何と自己抑制の世界があることでしょうか。真面目な若者は執拗に有徳であろうとしていますが、彼の性向を妨げてはなりません。鹿肉をもらえるという条件があれば、彼は鹿泥棒には決してならないと約束するのです。そして、爪のひっかき傷でさえじっと耐えられないような軟弱な人間であると彼が告白したとしても、いざとなれば、彼は殉教に充分耐えうる人間であることを誰も疑ってはなりません。

実に多くの牧師が煩悩に身を任せて、つまりは獣的な欲望に耽り、その結果、不可避的に貧乏に陥った場合には、彼らが他の如何なる行為において見せているよりも不屈の精神で貧乏に耐えることができない限り、世のあらゆる人たちに軽蔑に値する者として看做されるのを我々は目の当たりにしている。そのような時、牧師たちが、世の中の習わしに従っているだけだと主張し、しかもそうするのは、自らの体面を保ち快適な生活や富貴《ふうき》さを楽しむためではなく、他人にもっと役立つことができるように、ただ単に自らの職務を軽蔑されることから守るためにそうしているのだと嘯《うそぶ》いたとしたならば、我々は彼らの言い分をどう考えればよいのであろうか。私は次のようにしか考えられないだろうと思う。すなわち、彼ら牧師たちが言っていることはすべて偽善と虚偽に満ちており、しかも色欲だけが彼らが満たそうとしている唯一の欲望ではなく、横柄な態度、名誉毀損に対する鋭い感覚、衣服の優雅さに対する執拗な拘り、味覚の敏感さなどは牧師のほとんどに見いだしうるものであるが、それらはその他の人々におけると同様に彼らにおいてもプライドと奢侈の結果であり、牧師たちが他のどのような職業の人たちよりも真性の美徳を備えているなどと言うことはできない、と。

私が大部にわたって快楽の実相についてくどくどと論じたため、もういい加減に読者の多くを不快にさせているのではと案じている。だが、自分でもどうしようもなく、私が既に主張してきたことを確証する一言が頭に浮かんできて、それを言わずにはいられなくなっている。それはこういうことである。すなわち、全世界の人々を支配している者は、一般的に言って、少なくとも彼らに支配されている人々よりも賢いということである。こうした理由から、我々は目上の者から行動様式を学びがちであるとすれば、世界のあらゆる宮廷や統治者を注目していれば、偉い人たちがどちらの意見に賛成なのか、あるいは最も身分の高い人たちがどのような快楽を最も好むように思われるかがすぐに彼らの行動からわかるであろう。というのは、もしも人々の生活様式から彼らの性向を判断することが少しでも許されるならば、最もお好みのまま自由に行動できる者ほど、それによって彼らの性向が害されることが少ない人間はいないからである。

どのような国であれ信者や牧師の中の偉い人たちが世俗的な快楽に少しも関心を示さず、また自らの欲望を一向に満たそうとしないとするならば、なぜ、羨望や仕返しが彼らの間でかくも猛威を振るい、またなぜ、他の何処よりもまして君主の住む宮廷においてさまざまな情念がより良く洗練されたものになるのであろうか。そしてまた、彼らの食事や、娯楽や、生活様式全体が、絶えず、同じ国の最も感覚的な快楽を求める人たちによって評価され、願望され、模倣されるのはなぜなのか。もし、こうした偉い人たちが、あらゆる外面的な虚飾を蔑み、精神的な装飾だけを好むだけであるとすれば、なぜ、贅沢な品々をかくも多く手に入れ、またなぜ贅沢で素敵な玩具を使っているのであろうか。また、大蔵大臣とか、主教とかが、あるいはトルコ皇帝やローマ法王が、善良で有徳であろうとしているはずなのに、あるいは情念を自己規制しようとしているはずなのに、なぜ公職に就いていない人間よりも大きな収入や、高価な家具や、多くの付添人を個人用として必要としているのであろうか。権力を持っているすべての人間に見られがちな、虚飾や贅沢によって実現される美徳とは一体如何なるものなのだろうか。食事の折に一品の料理しか食べられない人間も、食事の毎に三つのコースで十数種類の料理がいつも供されている人間も同じように節制をする。覆う天蓋もカーテンもない毛屑入りのベッドでも、十六フィートの高さもあるビロードで覆われた寝台でも、同じように忍耐し、同じように自己抑制することができるであろう。精神を有徳に保つことは負担でも重荷でもない。たとえシャツを着ることができない人間でも、屋根裏部屋で、毅然として不幸や侮辱に耐え、高潔に生きることは可能であろう。それゆえ、ごくありふれた小舟の漕ぎ手であっても、委託されたならば、六本オールの艀船[66]と同様に、一人の人間が修得できるかぎりの学問と宗教心をすべて運ぶことができるであろう。とりわけランベスからウェストミンスター[67]に渡る時にはそうであろう。あるいは、謙遜は大変重々しい美徳であるから、それを引くには六頭立ての馬車が必要であるなどと決して私は思わない[68]。

人間が対等な者よりも身分の上の者に支配されやすいという理由で、大衆に畏敬の念を抱かせておくために、統治者は外見において他人に勝っておらねばならず、したがって、一般大衆と見分けがつくために、高い身分の者は名誉の記章や権力の標章を遍く身につけなければならないなどということは詰まらぬ与太話に過ぎない。そもそも、こうしたことは、無能な君主か、弱体で不安定な政府だけに必要なものであって、しかもそうするのは、公共の安寧を実際には維持することができずにいる実力不足という真の姿を、見せかけのパフォーマンスで糊塗せざるをえないためである。だから、東インドのバタヴィア[69]の統治者は、ジャワの原住民に恐怖を与えるために、尊大に構え自らの身分よりも派手で豪華な生活をせざるをえないのである。というのも、もしも原住民たちがよく訓練され、統率されておれば、現在の統治者たちの十倍の人数を打ち殺すくらい強力であるからだ。ところが、偉大な君主が存在し、海上には大艦隊が展開し、陸上には大軍が控えているような強大の国家には、そのような策略を弄する必要はない。なぜならば、国外で侮りがたい存在となっているものは、国内でもその安全を必ず確保できるからである。またさらに、社会において邪悪な人間の攻撃から、人々の生命や財産は何によって護られるべきかと言えば、それは法の厳格さと絶えざる正義の公正な執行である。窃盗や強盗や殺人は、市参事会員の緋のガウンとか、州長官の金の鎖とか、彼らの所有する馬の見事な飾り物とか、あるいはさまざまな矯飾によっては防ぐことはできない。とはいえ、このような虚仮威しの矯飾にも別に有益な使い道があり、それらは初心者に有効な訓戒となるのである。だから、こうした虚仮威しの矯飾も止《や》めることなく大いに励めばよい。だが、無節操で放埒な人間には、厳しい警官や、堅固な牢獄や、用心深い看守や、絞首刑執行人や、絞首刑台などの存在によって畏怖の念が与えられなければならない。もし、夜間に家屋を護る巡査や夜警を一週間もロンドン市が事欠くようなことがあれば、その間に銀行業者の半分は破滅するであろうし、また、我がロンドン市長は、大きな両手用の剣と大きな式帽と金箔の職杖以外に護衛手段がなかったならば、すぐさま、ロンドン市街の大通りの威風堂々とした馬車の中で身ぐるみすべてを剥がれることになることは必定である。

だがここでは、大衆というものは権力者の矯飾の外見に眼が眩む存在であるとしよう。そして、仮に、美徳を備えるということが偉い人たちのこの上もない喜びであるとすれば、なぜ、彼らの浪費が下層民には何であるか理解できないものや公衆の目が届かないものにまで及ぶのであろうか。私が、ここで指摘しているのは、彼らの私的な慰安や、食堂や寝室における華美で贅沢な品々や、戸棚に置かれた珍しい品々のことである。ほとんどの大衆は、ボトル一本あたり一ギニーするワインがあることや、雲雀より小さな鳥が一羽半ギニーでしばしば取引されていることや、さらには一枚の絵が数千ポンドの価値がありうることもまったく知らないでいる。しかもその上、自分の欲望を満足させるのであればまだしも、顕示的な矯飾のために莫大な出費をしたり、またあらゆる点において軽蔑の対象であったりするような人たちの尊敬を熱心に勝ちえたいと思うことなど実に愚かしいことではなかろうか。そこでよしんば、宮廷の豪華さや優雅さは愚かしいもので、君主自身にとっても退屈なものに過ぎず、単に王の権威を侮辱から護るために利用しているに過ぎないという言い分を認めたとしても、その大半が同じ陛下の不義の子供であり国家の支出によって教育を受け王子になった六人の庶子の場合には、矯飾を同じように王の権威を侮辱から護るために利用しているなどと言えはしないであろう。だから、生活様式を差別化させることによって大衆を畏怖させているというのは、偉い人たちが自らの虚栄心を隠匿し、非難を受けずに自らの欲望に耽るための単なる隠れ蓑であり、口実に過ぎないことは明らかである。

着飾らないで黒い背広を着て、ひとりの従僕を従えているだけと言われているアムステルダムの市長は、壮麗な馬車に乗り、大勢の供回りを率いたロンドン市長とまったく同じように尊敬され、それ以上に従順に慕われているという。つまり、皇帝から教区吏員にいたるまで、実際に力があるのであれば、節制とか禁欲がその人間の職務を汚らわしいものにするなどと考えるのは馬鹿げたことである。カトー(70)は、彼が大変な栄誉を手にすることになったスペイン統治時代に、身の回りに僅か三人の従者しか置いていなかったそうである。だが、慥かに彼は酒好きであったけれども、三人の従者しか置かなかったことゆえに、彼の命令が軽んじられたなどというような話を聞いたことはない。また、この偉大な人物がリビアの灼熱の砂漠を徒歩で進軍し、喉の渇きで干上がりながらも、兵士たちが飲み終えるまで、決して運ばれてきた水に口をつけることはなかった時、この英雄的な寛恕が彼の権威を弱めたとか、彼に対する軍隊の評価を下げたなどというような話を未だかつて聞いたことはない。否、そんなに時代を遡る必要はない。ここずっと長い年月にわたって、現在†のスウェーデンの王ほどに虚飾と贅沢に関心を示さない君主はいなかった。彼は英、雄という呼称に憧れ、また容赦ない報復心のゆえに、臣下の生命や領土の繁栄のみならず、（君主としてはもっと稀なことであるが）己れの安楽や快適な生活をも犠牲にし、スウェーデン王国をほとんど壊滅的状態にいたらせたこの戦争を執拗に続け、民衆と共に滅んだ[71]。

かくして、人間の実際の行動から判断すれば、自然のままのあらゆる人間にとっての真実の快楽は、世俗的で感覚的なものであることを証明した。私は自然のままのあらゆる人間と言ったが、その理由は、ここで唯一例外であると看做されねばならない存在である敬虔なキリスト教徒は、改心し、神の恩寵によって超自然的な助けを与えられているため、彼らは自然のままとは言えないからである。だが、こうした事実をほとんどの人間が否定するのは何と奇妙なことか。例えば、あらゆる国の聖職者やモラリストたちだけではなく、金持ちや権力者たちに悉く真実の快楽とは何かについて尋ねてみたまえ、そうすれば、彼らは、ストア学派の人たちと共に、現世の退廃的な事物の中に真実の至福はありえないと答えるであろう。しかしながら、彼らの実際の生活を覗いてみれば、彼らがまさにそうした現世の退廃的な事物の中にしか喜びを感じていないことがわかるであろう。

こうしたジレンマの中で、我々はどうすべきか。人間の行動から判断して、情け容赦なく、世の中の人々は皆嘘をついているのであり、彼らがどんなことを言ったとしても、それは彼らの真実の姿ではないと言うべきであろうか。それとも、愚かにも彼らの言い分を信じて、彼らの心情に嘘偽りがないと考え、我々自身の目を疑うべきであろうか。あるいは、我々自身と彼らの両者をともに信じるように努め、モンテーニュとともに、彼らは信じてもいないことを信じていると想像し確信しているのであると言うべきであろうか。モンテーニュは次のように言う、「ある者は世の中を欺き、実際には信じていないことを信じているように思われたいと願っている。だが、それよりもずっと多くの人間は、信じるとは如何なることか考えることも、深く理解することもなく、自分を欺いている」[72]と。だが、こう主張することは全人類を馬鹿者かペテン師にすることである。そうしたことを避けるためには、ベール氏が彗星に関する考察において詳しく立証しようと努めたように、人間は己れの主義・主張にごく普通に反して行動するという奇妙な生き物であるという以外に途は残されていない。これは人間本性を貶すことになるどころか、それへの賛辞なのである。というのは、もっと悪く言わないためにはこう言う他ないからである。

人間の存在の仕方におけるこうした矛盾が、徳性論がよく理解されているにもかかわらず、それに裏付けられた行為に滅多に出くわすことがない理由なのである。もしあなたが、献呈の辞や、演説や、墓碑銘や、弔いの説教や、碑文などにしばしば美しく表現されている、首相のあの輝くばかりの素晴らしい資質や君主の偉大な敬愛すべき気品は何処に求めればよいかと尋ねたとすれば、他の何処でもなくそこにであると答える。彫像の卓越性を目に見える部分に求めないで他の何処に求めるというのだろうか。自慢に値する彫刻家の技量と努力が現れているのは磨かれた外面だけである。目に見えないところは触れることができない。脳髄とか心臓を探そうとして、頭を割ったり胸を切り裂いたりしたならば、それは己れの無知を晒し作品を壊すだけであろう。こうしたことのため、私は偉い人の美徳をあの大きな陶磁器製の壺に擬えた。それらは見事な外観をしており暖炉の飾りにもなる。またそれらは見た目の大きさや付けられている値段からして大いに役に立つように思われるかもしれないが、どんなに多くの壺を覗き込んでみてもそこには塵と蜘蛛の巣しか見当たらないであろう。

（P）　貧民の生活さえ以前の金持ちよりも向上し（十八頁、十一行）

我々が最も繁栄している国々をその起源まで辿ってみれば、どの社会でも始まりにおいては、その社会における最

---

†　これは一七一四年に書かれた。[73]

も裕福で重要な人物であっても、現在では最も卑しく見窄らしい者でも享受している非常に多くの生活便益品を、長い間、事欠いていたことがわかるであろう。だから、かつては奢侈によって考案されたものと看做されていた多くの品物が、現在では公共的な慈善活動の対象品目となり、最貧層の貧民にさえ手にすることができるのである。それどころか、人間ならば誰にとってもなくてはならない品物になっている。

初期未開の時代には、疑いもなく、人間は前もって何の手立てを講じることなく大地に実っている果実を食べて生き、他の動物と同様に彼らの親の膝で裸のまま休んだに違いない。そして、それ以降、人間生活を快適にするのに役だった品物は何であれ、思考と経験と何らかの努力の結果に違いないのであるから、それらに要した労苦の程度や、それらの品物がどれだけ原始的な単純さからかけ離れているかによって、奢侈という名称に値する程度が決まる。我々が感嘆するのは目新しい物だけであり、既に慣れ親しんでいる物は、それがどんなに好奇心を引く物であっても、我々はその卓越性を見落としてしまう。教区民の厚いガウンや、その下に粗製のシャツを着て歩いている貧乏な人間の質素な衣服を奢侈品と呼ぶような者は笑われるに違いない。とはいえ、最もありふれたヨークシャー産の織物を手に入れるのでさえ、何と多くの人々やどれほどさまざまな商売やどんなに多様な技術や道具が必要であったことか。人間がリンネルのような有用な生産物を種子から成長させ製品にすることを知りうるまでに、どんなに深い思索や創意が、如何ほどの労苦が、またどれほどの年月が必要であったことか。

リンネルという魅力的な商品が開発された後でも、それが未だ純白（純白にするには、無数の勤労や忍耐と結びついた、あらゆる集団の助力が必要であるが）にされないうちは、最も貧しい人たちにとってさえ、使用するのに相応しいものではないと看做されているような社会においては、有用な研究心が横溢しているに違いない。さらにまた、リンネルという贅沢な発明品に投ぜられた費用がどれほどのものであるか、またその発明品の純白さがどの程度持つものかについても思いを馳せるべきである。リンネルという商品の美しさの一部は純白さにあるのだから、少なくとも六日あるいは七日おきに洗濯をする必要があり、リンネルを着用し続けている限り、洗濯代は着用者の負担となる。そして、以上のことすべてを考慮すれば、教区から施しを受けている者たちの衣服さえ、こうした手間暇がかかるリンネル製であるだけではなく、衣服が汚れるや否や、元の純白にするために化学が誇るものの中で最も学識と技術に長けたものである化学合成物を使おうとするのはとても素晴らしいことではなかろうか。火の助けを借りてその化学合成物を水に溶かせば、今までの人間の営みによっては生みだすことができなかったほどの洗浄力があり、しかも無害であるアルカリ液というものを手に入れることができるのである。

今、私が述べた化学合成物が素晴らしいものとして喧伝され、誰もが私と同じように称賛した時代が慥かにあった。しかし、我々が住んでいる時代では、貧民の女が素晴らしい布地の上っ張りを一週間ほど着た後で、一グロート一ポンドの嫌な臭いがする石鹸でそれを洗うのを見た時、それを浪費だの無節制であるなどと言うような人間は馬鹿だと呼ばれるであろう。

ビール醸造やパン製造の技術は徐々に現在のような完成された姿に達していったのであるが、これらの技術を一切の経験なしで瞬時に生みだすには、発酵という現象の性質について、最も偉大な哲学者がこれまで手に入れてきたものよりも、深い洞察力と多くの知識を必要としたであろう。だが、これらの技術の成果は今では人類の最も卑しい者によってさえ享受されており、飢え死にしかけの哀れな者でさえ、一片のパンやスモール・ビール一杯をねだる以上に慎ましく控えめな懇願の術を知らないのである。

人間は鳥の小羽枝や綿毛ほどに柔らかいものは他にないことを経験から学び、両者を重ね合わせればその弾力によってどんな重さがのしかかっても穏やかに押し返し、その圧力がなくなるや否や自然にふくらむという事実を発見した。これら羽毛を下に敷いて寝るために用いることは、疑いもなく最初は裕福で勢力のある者たちの虚栄心や快楽を満たすために考案されたのに違いない。だが、こうしたことは、ずっと以前からごく普通のこととなり、ほとんど誰でも羽毛の寝台で寝ているので、その代わりに綿屑入りのマットレスを使うのは、最も困窮している者たちの哀れな已むをえない代用であると看做されている。柔らかな動物の綿毛の寝台で寝るのが苦痛であると看做されるような状況というのは、奢侈の極みであると言うべきであろう。

人類が最初に居を構えた洞窟、小屋、あばら屋、天幕、仮小屋といったものから、今や暖かく立派な家屋に我々は住むようになり、都市で見いだされる最も見窄らしい住宅でさえ、建築術やバランス感覚に長けた人々によって考案された整然とした建物である。また、古代ブリトン人(74)やゴール人(75)が墓から蘇ったならば、貧民のためにいたる所に作られた素敵な建物をどんな驚きを持って眺めることか。もしも彼らが、チェルシー廃兵院(76)とか、グリニッジ・ホスピタル(77)とか、またこれら両者に勝るパリのデ・ザンヴァリッド(78)の荘厳さを眺め、堂々としたこうした宮殿のような建物の中で、まったく無一文の者たちが手厚い庇護の下で世話を受けているのを見るならば、彼らの時代における国中で最も裕福で重要な人物でさえ、現在において最も虐げられている人々に妬みを感じるのも故無しとしない。

貧しい人間が享受している他の贅沢の一種に、贅沢と看做されておらず、かの黄金時代に行われていたならば間違いなく一番の金持ちでも慎んだに違いない、動物の肉を食用にするということがある。自分が生きている時代の流行や風習に関して、人間というものはそうした営みの真の価値なり有益性を決して吟味しないし、普通は理性ではなく慣習に従って物事を判断する。死者を弔う葬礼が火葬によって行われ、最も偉大な皇帝の死体が焼けて灰になる時代があった。当時は、死体を土中に埋葬するのは奴隷の葬式か、あるいは極悪人を処罰する場合に限られていた。だが、現在では、土中に埋葬することほど礼節に適う名誉なものはなく、火葬は最も凶悪な犯罪者のためにあるとされている。我々は、ある時は些細な行為であっても憎悪をもって注視し、また別の時は非道な行為を気楽に眺めるのである。もし我々が、たとえ礼拝式の時でなくても、帽子を被ったまま教会に入ろうとしている男を見れば、その行為に呆れ果てるが、日曜日の夜に通りで酒を飲んでいる六人ほどの酔っ払いに出会っても、その光景はほとんど、あるいは、まったく気にならない。ある女が、お祭り騒ぎの最中に、男物の服を着たとしても、そのことは友達の間での座興であると看做され、そのことをあまりにもとやかく言う者は口喧しい奴だとされる。また、舞台の上での行為であれば、それはとやかく言われる筋合いはないし、また最も貞淑な婦人であっても、彼女が女優であれば、皆から脛とか太ももがすっかり見えるような恰好をしても許されるであろう。だが、同じ女性がペチコートを穿いてすぐに、ある男に膝のところまで脛を見せようとしたならば、それは大変淫らな行為であると看做され、誰もから恥知らずな女であると言われるであろう。

慣習が我々に強いる残虐さがなかったならば、恵み深い大地がさまざまな美味しい野菜をたっぷりと与えてくれる限り、それなりに善良な人間ならば、日々の食料としてこれほどまで多くの動物たちを殺戮することなど決してできなかったであろう、と私は常々思っている。周知のように、理性というものは我々の同情をほとんど掻きたてることがないのだから、海老や牡蠣やトリ貝、また魚類全般などの不完全な被造物に対して、どうして同情を感じないのかと訝ることもない。こうした被造物は口がきけず、外部の形と同様に内部の組成もまったく我々とは異なり、彼らが表現していることも我々には理解することができない。したがって、こうした被造物の悲しみや嘆きは、我々に伝わらないのだから、我々の判断に影響を与えることがないのは不思議なことではない。他方、苦しみの兆候が直接に我々の感覚に訴える時ほど、我々の憐憫の情を掻きたてるものはない。喜んで六羽ほどの家禽なら殺すことができる人たちが、生きているロブスターが焼き串に刺されようとしてあげる悲鳴に動揺しているのを私は見たことがある。心臓や脳髄や神経などが我々のものとほとんど変わりがなく、血液からの精気[79]の分離、感覚器官、したがって感情そのものも人間におけるのと同じである羊や牛のような完全な動物に関して、流血や虐殺に無感覚ではない人間がむごたらしい死や苦しみを平気で見ていることがどうしてできるのか、私は想像することができない。

こうした問いに対する答えとして、あらゆるものは人間に役立つために造られているとされているのだから、これらの被造物を意図された通りに利用したとしても残酷であることなんてありえないと答えるだけで充分である、と大方の人々は考えるだろう。だが、人々は、内心では嘘をついているなと感じながら、このように答えているのだということを私は耳にしたことがある。（もし、食肉処理場で育てられていなかったならば）、あらゆる職業の中で食肉処理者を選ぶようなことはありえなかったであろうと認めない者は十人の内で一人もいないであろう。また、私は、どのような人間であったとしても、最初から喜んでひな鳥を殺すようなことまで果たしてするものであろうかと疑わしく思う。ある人々は、生きている間、日々身近で接し、親しみを感じるようになった如何なる動物も決して食しようとはしないであろうし、また他のある人々は、自らが飼っている家禽だけには良心の呵責を感じ、餌を与え世話をした家禽を決して食べることをしないであろう。ところが、市場で購入した場合には、牛肉でも羊肉でも鶏肉でも、そのような人間のすべてが、良心の呵責もなく、喜んで食するであろう。こうした振る舞いの中に、罪の意識に似たようなものが現れているように思われる。また、罪の意識の原因となるものをできうる限り自分自身から遠ざけることによって、恰も（紛れもなく本人は自覚している）罪が己れに降りかかってこないように努めているようにも思われるのである。そして、私は、こうした行為の中に、習慣の強いる恣意的な力や、奢侈の猛威によっても未だ征服できなかった、原始における哀れみの情と無垢の気持ちの強い残滓を見いだすことができるのである。

私が議論の拠り所にしているものは、賢明な人間ならば身に覚えのない愚かさであると言われるかもしれない。それは認めよう。だが、こうした愚かさは人間本性に生まれながらに備わっている生来の情念によって生じているにもかかわらず、他方で動物たちを殺したり食べたりすることに対して我々は生まれながらにして嫌悪感を持っている、という事実を証明するだけで充分である。というのは、生来の欲望は、たとえそれがどんなに愚かであろうとも、我々が嫌悪していることを行うように我々を唆したり、他人にそうするよう望んだりすることはありえないことであるからだ。

負傷や骨折のための危険な治療、手足の切除、あるいはその他の危険な手術を担当する外科医は、しばしば患者たちに尋常ではない苦痛を強いらざるをえないこと、絶望的で痛ましい症例に出会えば出会うほど、それだけ他人の呻き声や肉体的な苦痛に彼らは慣れっこになってくるに違いないことは誰でも知っている。こうした理由のために、我がイギリスの法律では、国民の生命に対するとても優しい配慮から、外科医は生死に関する陪審員になることを禁じている。それは、彼ら外科医の業務それ自体が、誰もが同胞の命を真に尊重するに不可欠であるあの思いやりに対して彼らを無感覚にするとともに、彼らからそうした思いやりを奪い去るに充分なものであると考えられているからである。そこで、もし、我々が畜生たちにしていることなど気にかけるべきではなく、また、そうした畜生たちを殺すことが残酷であるなどと考えられないと言うのであれば、何故、あらゆる職業の中で肉屋だけが、外科医とともに、同じ法律によって陪審員から除外されているのであろうか[80]。

私は、ピタゴラス[81]やその他の数多くの賢人たちが肉を食べるという、こうした野蛮性について述べてきたことに関して、これ以上あれこれと言及する心算はない。既に、私はあまりにも脇道に逸れすぎた。それゆえ、もし読者がこの点に関してもっと知りたいのであれば、次に続く寓話にもざっと目を通していただきたいと思うし、あるいは、もううんざりであると言うのであれば、無視していただいて結構である。何れであっても読者がそうせざるをえないことは理解できる。

あるローマの商人が、カルタゴとの戦い[82]の折に、アフリカの沿岸で難破した。彼と奴隷は、やっとの思いをして、無事に陸に辿り着くことができたが、救助を求めて彷徨っている内に途轍もなく大きなライオンと遭遇した。それはイソップの時代に闊歩していた類いのライオンで、幾つかの言語を話せるだけではなく、人間社会の事柄にも大変よく通じていた。奴隷はすぐさま木によじ登ったが、主人は木の上は安全ではないと考え、しかもライオンの寛大さについてはよく聞かされていたので、恐れと恭順の意を示しながらライオンの前にひれ伏した。お腹が一杯になったばかりのライオンは、彼に立ち上がるように命じると同時に、なぜ、お前が貪り食われるべきではないのかについて、それなりの理由を説明することができたならば、手にかけないでいると約束することによって、暫くの間、商人の恐怖を鎮めた。商人は言われた通りにした。今や、助かるかもしれないというかすかな望みに託し、彼が被った船の難破の惨状について説明することによってライオンの哀れみの情を喚起するよう努めながら、レトリックを駆使して人間がライオンに食べられるべきではない理由を申し立てた。だが、追従とか美辞麗句などほとんど効果のないことを、この獣の表情から察して、もっと確かで堅固な論法でもって、人間本性や人間の能力の卓越性から論を起こしながら、神が彼を野獣に食べられるよりも役立つ存在として意図していなかったことなど考えられないと主張した。こうした主張にライオンは少し関心を示し、時折、応答していたが、とうとう以下のような論争が二人の間で始まった。

「おお、何と自惚れが強く、強欲な動物よ」とライオンは言った、「プライドと貪欲のために、自然的欲求を充分に満たしてくれている故郷に別れを告げ、必要でもないものを求めて荒れた海や危険な山を目指すお前よ、どうしてライオンという種より人間という種の方を讃えるのか。またもし、神があらゆる被造物の中でお前たち人間を最も優れたものとしていたのであれば、なぜ、お前は劣った被造物であるライオンなどに許しを請うのか」。「我々人間の優越性は」と商人は答えた、「腕力に存しているのではなく、知性に存しているのです。また、神は我々人間に理性的な魂を授けてくれましたが、それは目には視えないけれども、我々人間の重要な部分を占めているのです」。「儂は食べられるところだけしか手にかける心算はないが、なぜ、お前は目に視えない魂などをそんなに重要視するのか」(ライオン)。「それは不滅であり、死後に、この世の行いによって報いを受け、行いのよい者は、天上の世界において、英雄や半神たちと永遠の至福と平安を楽しむことになるからです」(商人)。「では、お前はどんな生活を送ってきたのか」(ライオン)。「私は神を崇め、人間に尽くすよう心掛けてきました」(商人)。「今まで通り神が正しいと思うのであれば、なぜ、死を恐れるのか」(ライオン)。「私には、妻と五人の幼子がおり、もし私がいなくなれば、彼らは困窮するに違いありません」（商人）。「儂にも、まだ自活するには充分ではない二匹の子供がいるが、いま子供たちは食べるものに困っており、もし、儂が食べ物を何も与えなければ飢え死にするに違いない。お前の子供たちは、何れにしてもどうにかなるであろう。また、お前は溺死しようが儂に食べられようがどのみち同じであろう」（ライオン）。

「二つの種のどちらが優秀であるかについて言えば、お前たち人間の間でのモノの価値はそれらが稀少になるにつれて増加していくというが、人間百万人に対してライオンは一匹もいないほどである。さらに、人間は同胞を非常に尊敬していると言い張っているが、それに誠実さが感じられるのは、各自のプライドが、他者を尊敬することにおいて、自分を満足させていることに関連している場合だけである。お前たちの幼い者たちに対してなされた思いやりや世話、あるいは彼らの教育において強いられた大変な苦労などを自慢するのは愚かなことである。人間はもともと他人から援助が必要な貧しく無力な存在として生まれるのであるから、幼い者に対する思いやりや世話などは自然の本能に過ぎないのであり、あらゆる動物においても、この本能に促されて、親たちは子供たちの欲求や能力に応じて面倒をみてきたのである。しかし、もし、人間が彼らの同胞を真に重んじているならば、しばしば一万人の人間が、時には、その十倍の人間が、数時間のうちに二人の気まぐれのために殺されてしまうなどというようなことが、どうして起こるのか。あらゆる階層の人間は自らよりも下位の階層の人間を蔑んでいる。だから、国王や君主の心の中に立ち入ることができるならば、彼らは、自らが支配している大衆の大部分を、自らが飼っている家畜を重んじるほどにも重んじてはいないということ以外に何も見いだすことはできないであろう。なぜ、かくも多くの者たちが、もっともらしくはあるが、自らの種は永遠の神に由来するなどと主張するのか。なぜ、彼らのすべてが他者を自らの前に跪かせ、多かれ少なかれ、恭しく彼らに敬意を表させることを喜ぶのか。それは、彼ら自身こそがより秀でた本性の持ち主で、臣下よりも優れた人種であると仄めかすためだけではないか。

儂は野獣である。だが、悪意や冷淡のゆえに生まれつき持っている哀れみの情を失っている動物以外は、如何なる動物も残酷であるとは言えない。ライオンは同情という能力を持つことなく生まれた。儂らは生まれながらの本能に従って生きている。神は儂らに他の動物たちの死骸を食べて生きるよう定めた。だから、動物たちの死骸を見つけだすことができる限り、儂らは生きている動物を追い回すことは決してしない。死を弄ぶことができるのは人間だけ、悪辣な人間だけである。自然はお前たちの胃袋に野菜以外を欲しがるなと教えた。だが、お前たちの変化への激しい渇望と、新奇なるものへの飽くなき熱望が、正当性も必要性もなく動物たちを殺すようにお前たちを唆し、プライドとか奢侈が命ずるままに、お前たちの本性を歪め欲望をへし曲げた。[83] ライオンは、あらゆる動物の肉だけではなく、最もかみ切れないほど固い獣皮や骨を消化してしまう酵素を例外なく体内に持っている。消化力も弱くろくでもないお前たちのお上品な胃は、前もって火に炙り半分以上調理がなされたものでなければ、動物の最も柔らかい部位でさえ受けつけないであろう。だが、お前たちは、か細い食欲の気まぐれを満足させるために、どんな動物に対して危害を加えないでおいたと言うのか。か細いと儂は言った。というのは、ライオンの空腹に較べてみれば、人間の空腹なんぞ取るに足らないからだ。お前たち人間の空腹は、最悪の場合でさえ気絶で済むが、儂の場合は気が狂ってしまうのだ。しばしば、儂は根菜類や野菜で激しい空腹を和らげようと努めたが無駄なことであった。肉を大量に食べるしか、それを鎮める術はないのだ。

だが、儂らライオンは、空腹の猛烈さにもかかわらず、享受した恩恵には度々報いてきた。ところが、恩知らずで不誠実な人間は、自分たちに衣服を与えてくれる羊たちを食べ、世話と保護を引き受けた幼気《いたいけ》な子羊たちにも容赦ない。もし、神が人間を他のすべての動物たちの支配者にしたのだとお前が言うのであれば、単に気まぐれからそれらの動物を殺戮するのは何という悪辣な行為であろうか。いや、気まぐれで臆病な動物よ、神はお前たちを社会的な存在として創造し、何百万というお前たちが上手に互いに結びついた時は、巨大なリヴァイアサン[84]を形成するよう企図したのだ。ライオンは一匹でも創造物としてある程度の力を持っているが、人間は一人ではどうなのか。小さな取るに足らない一部、リヴァイアサンという強大な獣の取るに足らない微少部分に過ぎないのだ。自然が企図したことは実行されるとはいえ、自然が意図したことは示される結果から判断するのでなければ危険だ。万物の霊長として、人間があらゆる他の動物の上に君臨するよう自然が意図していたとしても、せいぜい虎、いや、クジラや鷲ぐらいしか人間の命令に従わないであろう。

　だが、お前たち人間の知恵や知性が儂らのものよりも優れているならば、その優越性に敬意を表して、ライオンは、最強の者の理屈が常に最も有力であるとする最も神聖な人間たちの格言に従うべきであろう。あらゆる人間の大衆というものは、神がある人間を彼らの支配者にしたと認めた上で、その人間を殺すことを謀り実行した。また支配者であるその人間は、同じ神に、すべての大衆を護り支えると誓ったにもかかわらず、しばしば彼らを滅ぼし抹殺した。人間は力なき者の優越性を決して認めなかったが、儂もそうしてどこが悪い。儂が誇る優越性は明らかであり、あらゆる動物はライオンの姿を見て恐怖のあまり恐れおののくのだ。神は、この儂に、近づいてくるあらゆる動物に追いつく迅速さと捕らえる強力さを与えた。儂のような牙と爪がある動物が何処にいるだろうか。がっしりした分厚い顎骨に注意しながら、またその大きさを注視し、固く引き締まり筋肉隆々たるこの首に触ってみろ。最も敏捷な鹿も、最も荒々しい猪も、最も頑強な馬も、さらには最も強い雄牛さえも、何処で出遭っても儂の餌食になるのだ」。このようにライオンが話すと、商人は気絶した。

　私の見解では、ライオンはあまりにも論点を拡げすぎたと思う。だが、雄の動物の肉を軟らかにするために、放っておけば腱や筋が固くなるのを去勢によって我々は防いできたし、また、それらの動物を畜殺のために太らせるという、我々の残酷な仕打ちを考える時、正直、人間は動揺して然るべきであると考える。大きく大人しい雄牛が、食肉処理者を殺すよりも十倍も強力であろうと思われる殴打に耐えた後、ついに気を失って倒れ、角の生えた頭が綱で地面に括りつけられ、広く身体が切り開かれ、頸静脈が切り裂かれた瞬間、血によって遮られる苦しげなうなり声、痛みの激しさを示す苦しげな泣き声、心の底から引き出されている酷く不安げな心揺さぶる呻き声を、一体誰が同情することなしに聞くことができるであろうか。激しく震える手足の麻痺を見て、また、血潮が吹き出てくるにつれて、目が次第にかすんで生気をなくしていくのを眺め、さらには身もだえ、喘ぎ、生への最後のあがき、つまり、迫り来る運命への確かな現れを見て誰が平気でいられようか。動物が自らの恐怖や自分が感じる苦痛や苦悶についてこのように説得力があり否定しがたい証拠を示した時、同情のゆえにあの空虚な理論家デカルトの哲学を論駁しないほどに、血に慣れっこになっているデカルト学徒がいるであろうか[85]。

（Q）　彼らは今や俸給で慎ましく暮らせればなり。（二十四頁、八行）

人々の多くが倹約をし始めるのは、まさに彼らの収入が少なく、しかも彼らが実直である時である。倫理学においては倹約は美徳であると言われている。というのは、倹約という原則に則って、人間は、贅沢を慎み、安楽や快楽を手に入れるためのあくせくした方策を蔑み、自然のままの素朴な物事で満足し、それらを少しも欲張りもせずに節度を弁えて享受するからである。こうした厳密な意味での倹約は、恐らく、多くの人が想像するよりも稀なものであろう。しかしながら、倹約という言葉で一般に理解されているものは、もっと頻繁に出くわす属性であって、浪費と吝嗇との中間に位置し、どちらかと言えば後者に傾いている属性である。ある種の人たちによって節約とも呼ばれているこうした思慮深い家計の遣り繰りが、個々の家庭においては財産を殖やすための最も確実な方法であるように、同じ倹約という方法が、国レベルで採用されたならば（実行できると考えているわけであるが）、その国が不毛であるか多産であるかは別にして、国全体でも同じような効果をもたらし、例えば、イギリス人が彼らのある隣国人たちのようにこよなく倹約を励んだならば、現在よりも遥かに富むことができるであろう、とある種の人たちは考えている。だが、こうした主張は誤りであると私は思う[86]。このことを立証するために、まずは、注釈(L)において、この論点について私が述べておいたことを、読者に参照していただき、その上で、議論を続けようと思う。

経験が我々に教えるところによれば、第一に、人々の物事に対する見方や受け取り方がさまざまであるように、その性向もさまざまである。ある人間はひたすら貪欲であるのに対して、他の人間は酒や女に現《うつつ》を抜かし、また別の人間はもっぱら貯蓄に励む。第二に、人間は、決して、あるいは少なくとも滅多に、理性や教訓のどちらによっても己れを虜にしている情念から解放されることはない。もし、何かが生まれながらに身についている性癖を人間から剝ぎ取るということがあるとすれば、それは境遇の変化か運命の変化に違いない。こうした人間観察の結果に留意すれば、次のことが言えるであろう。すなわち、国民の大半を贅沢にするためには、国の産出量を居住者に較べてかなり多くし、それら産出物の価格を大いに安価にしなければならないということである。それに反して、国民を全般的に倹約に向かわせるには、生活必需品を不足させ、したがってそれを高価にさせなければならないということである。それゆえ、最良の政治家が、できうる限り可能な手立てを採ったとしても、一般に人々の乱費と倹約は、常に、その国の豊かさと生産高、さらには居住者の多寡や、彼らに課せられる税金などに依存せざるをえず、彼がどう抗ったとしてもそうであろう。以上の私の主張を論駁しようとする者がいるならば、窮乏することなく倹約に励むような国民がかつて存在したことを歴史的事実に照らして立証していただきたい。

そこで、国家を強力で富裕にするために、どのようなものが必要であるか考えてみよう。如何なる人間社会にとっても最も願わしい天恵は、肥沃な土地、温暖な天候、寛大な政治、さらには国民の数に比して国土が広いことである。こうした条件が人々を安楽で、愛情に満ち、正直で誠実な存在にしてくれるであろう。また、こうした条件の下で、人々は他の多くの人々にほとんど害を与えることもなく、可能な限り徳を備えた存在となり、彼らが望むままに幸せになれるであろう。だが、こうした社会では、人々は何の学問も芸術も身につけていないであろう。あるいはまた、彼らの隣国人たちがそっとしておいてくれない限り、平穏ではいられないであろう。また、このような社会は、貧しく、無知で、快適な生活と言われているものをまったく欠かざるをえず、基本的な徳は揃っているにしても、丈夫な外套や粥鍋にさえ事欠くことになるであろう。というのも、こうした怠惰な安楽の状態や、愚かな無垢な状態においては、途轍もない悪徳を恐れる必要がないために、立派な美徳もまったく期待できないからである。人間というものは、欲望によって衝き動かされないかぎり決して努力することをしない。欲望が眠ったままで、それを目覚めさせるものがないかぎり、人間の卓越性や能力はいつまでも見いだされないままであり、鈍重な機械のような人間は、情念に刺激されない限り、そよ風がない時の大きな風車に喩えてよいであろう。

人間社会を強大なものにしたいのであれば、人々の情念を刺激しなければならない。土地を持つ余裕のない人間に、土地を分け与えれば、所有によって人々は強欲になるであろう。また、例え冗談であっても、称賛することによって怠惰から人々を目覚めさせれば、プライドのために人々は熱心に働くことになるであろう。人々に商売や技能を教えたならば、彼らの間に妬みや競争を持ち込むことになるであろう。そうした人々を増やしたいと思うのであれば、さまざまな製造業を興し、あらゆる土地を耕作させることである。所有権は神聖なものとして保証し、基本的人権はすべての人間に平等に与えなさい。そして、誰であれ合法的なこと以外はさせず、誰もが己れが好むままに考えるようにさせなさい。というのは、誰もが雇用されている状態にあり、その他の私が指摘した条件が守られている国では、この世に人間というものが存在する限り、人々が押し寄せ人手不足になることは決してないからである。また、人々を大胆で好戦的にしたければ、軍事訓練をするようにさせ、彼らの恐怖心を上手く利用したり、虚栄心を巧みに刺激したりしなさい。だが、人々を豊かで、博識で、洗練された国民にしたいのであれば、彼らに外国との交易を教え、もし可能ならば海に漕ぎ出すようにさせ、それを達成するために労苦を惜しまず、如何なる困難があったとしても決して諦めないようにしなさい。さらに、海運を奨励し、商人を大事にし、あらゆる航路の交易を促進しなさい。そうすれば、富がもたらされ、富のある所では学問や芸術がすぐに発展するであろう。私が指摘したことの助けと上手な管理によってはじめて、政治家たちは人々を強大で名高く繁栄した状態にすることができるのである。

だが、質素で正直な社会にしたいのであれば、人々を生まれたままの無知の状態にしておき、人口を増加させないことが最善の方法である。また、彼らを異邦人や贅沢品には近づけさせず、彼らの欲望を掻きたてるようなものや、彼らの知識を高めるようなものから、彼らを遠ざけることである。

膨大な富と外国の財宝は、それと不可分である強欲と奢侈が許容されない限り、人々の間に好ましいものとして行き渡ることはないであろう。貿易が非常に盛んな所では詐欺・ペテンが付きものである。行儀が良いと同時に誠実であるというのは矛盾以外の何ものでもない。だから、人間の知識が進歩し、礼儀作法が洗練されてくる一方で、同時に人間の欲望が肥大化し欲求が洗練されるとともに、悪徳も増大していることも認めざるをえないのである。

オランダ人は現在の威光の原因を彼らの祖先たちの美徳と倹約に恣意的に帰属させるかもしれない。だが、この取るに足らない場所をヨーロッパの列強の中でかくも重要な国としたのは、交易と海運をすべてに優先させた政治的な知恵と、オランダ人が享受している無制限の良心の自由、さらには貿易全般を促進させ増大させるのに最も効果的な手段を絶えず採用するという飽くなき執念であった。

スペインのフェリペ二世(87)が、オランダ人に対して前代未聞の暴虐を振るい始める以前には、彼らが倹約で名高いなどということは決してなかった。オランダ人の法律は踏みにじられ、権利や免除は剝奪され、政体はズタズタに引き裂かれていた。主だった貴族の何人かは、正式な法的手続きを経ることなく有罪にされ処刑された。苦情や抗議は抵抗運動と同様に厳しく罰せられ、皆殺しを逃れた者たちは飢えたスペインの兵士たちによって身ぐるみ剝がされた。この上もなく寛容な政治に慣れ親しみ、隣国の如何なる国民よりも大きな特権を享受していた人々にとって、こうしたことは耐えがたいことであったので、残酷な死刑執行人の手にかかるよりも武器を取って死ぬことを彼らは選んだ。当時、スペインが保持していた軍事力と、困難に直面していたオランダが陥っていた劣悪な状況を考えれば、この戦争がどれだけ一方的なものであったかがわかるであろう。だが、オランダ人の不屈の精神と決断力は大変なものであり、たった七州だけが団結したに過ぎないのに、ヨーロッパにおける最も強大で最も統制された国家に対して、古今の歴史において見いだしうる内で最も長期にわたる血みどろの戦争を遂行したのである。(88)

スペインの略奪(89)の犠牲になるよりもむしろ、彼らは収入の三分の一で生活することを選び、所得の大部分を無慈悲な敵から自らを守るために割り当てた。戦争によって被った臓腑が煮えくりかえる艱難辛苦は、まず、オランダ人をあの異常なほどの倹約へ駆り立て、さらには八十年以上にわたる耐乏生活は彼らに倹約を習慣的なものとせずにはおかなかった。とはいえ、漁業や航海全般を促進させたオランダ人の勤勉さが、自らを苦しめている困窮や損失を補う助けにならなかったならば、彼らのあらゆる節約の技や耐乏生活をもってしても、あのような強力な敵に立ち向かわせることは決してできなかったであろう。

オランダはとても国土が狭くしかも人口が多いので、住民の十分の一に食料を与えるのにも土地が充分ではない(耕作されていないところはごく僅かしか存在しないのであるが)。ホーランド州(90)は大きな川が編み目のように流れ、しかも海面よりも低いところに立地しており、巨大な堤防や障壁によって守られていなければ、満潮の度に浸水し一冬で流失してしまうであろう。こうした堤防や障壁の修繕のためにも、また溺死から身を守るための放水路、水門、水車やその他必要なもののために、地主の収入の純額から控除される一ポンドにつき四シリングの地租による歳入よりも毎年毎年、歳出の方が大きいのである。

こうした状況に置かれ、しかも他の如何なる国民よりも多額の税金を課せられていた人々が、節約をせざるをえなかったというのは不思議なことではない。だが、彼らよりずっと恵まれている状況にいるだけではなく、自ら自身もずっと裕福で、同じ人口に対して十倍も広い土地を持っているような人々の手本に何故に彼らがなれるのか。オランダ人と我々イギリス人は、しばしば、同じ市場で売り買いをしているという意味で、オランダ人とイギリス人は考え方も同じであると看做されている。ところが、それぞれの経済の在り方に関する両国民の利益や政略はまったく異なっている。倹約をしてあまり消費をしないのがオランダ人の利益である。というのは、オランダ人はバター、チーズ、魚以外は何でも外国から輸入せざるをえず、そのため、これら三つ、とりわけ魚をオランダ人は同数のイギリス人よりも三倍の量を消費している。農民を支えるために牛肉や羊肉を食べ、我々自身を養うには充分ではあるけれども、上手に耕作されればさらに多くの人々を養うことができる土地の開墾を進めることが、我々イギリス人の利益である。オランダ人は、恐らく、我々よりも船舶や現金を多く持っているであろうが、それらは単に仕事のための道具に過ぎないと看做されるべきである。それはまさに、運搬人が彼の十倍も財産を持っている人間よりも多くの馬を所有し、またこの世に千五百、千六百ポンドを超える財産がない銀行家が、年収二千ポンドの財産がある紳士よりも多くの現金を一般に持っていると思われるのと同じことである。我々イギリス人と比較した場合のオランダ人は、ちょうど自分の愉しみのために馬車を所有している紳士と、生計を立てるために三、四台の乗合馬車を持っている者との関係みたいなものである。魚以外に何も持たないオランダ人は世界の他の国への運搬人であるのに対して、我が国の貿易は主として自国の産物に拠っている。

人々の大半が貯蓄に励むのは、重税や土地の不足のゆえであり、さらにまた食料の欠乏を引き起こすような事態のゆえであることを示すもう一つの事例を、オランダ人自身の間で観察される事実から挙げることができる。ホーランド州では広範な交易が行われており、想像もできないほど大量な貨幣が流通している。土地はそれ自身肥料であると言ってよいほど肥沃であり、（既に指摘したように）耕作されていない場所はほとんどない。ゲルダーランド州とオーバーアイセル州(91)では、ほとんど貿易はなされておらず、流通している貨幣も僅かだ。土壌は大変痩せており、多くの土地が荒れたままで放置されている。では、後者の二州に住むオランダ人の方が、前者の州に住むオランダ人よりも貧しいにもかかわらず、吝嗇ではなく気前の良い理由は何であろうか。それはあらゆる物にかかる税金が法外なものではなく、また人々の数に比して多くの土地があるからに他ならない。ホーランド州における節約は、彼らの胃袋に入れるものを減らすことによって行われている。というのは、そこで最も重い税が課せられているのは食べ物、飲み物、燃料であるからだ。しかし、ホーランド州に住む人々は、その他の州では見られないほど立派な衣服を纏い高価な家具を揃えている。

主義として倹約をしている者は何処でもそうであるが、ホーランド州の人々も日々必要とされるものやすぐに消費されてしまうものを倹約するだけであり、耐久性のあるものに対してはまったく別なのである。彼らは絵画や大理石の彫刻などには気前よく支出するし、建物や庭園などに対して愚かなほどに贅沢をする。オランダ以外の国々においては、君主の所有物である実に広大で堂々とした宮廷や宮殿を見かけるかもしれないが、ここの場合のように平等が守られている共和国においては、誰もそうしたことを期待することはできない。しかし、ヨーロッパ中のどこへ行っても、アムステルダムやその小さな州に属するいくつかのそれ以外の大都市に見られる、商人や紳士たちの夥しい数の館ほどに壮大で豪華な私邸は存在しないであろう。また、そこに館を構えているほとんどの人たちは、この世の如何なる人々よりも大きな割合の財産を自分たちの住む館に投じているのである。

私がいま述べている国民は、一六七一年から一六七二年初頭にかけての頃(92)よりも困窮することもなかったし、また共和政になって以降、その時よりも国事が悲惨な状態になったこともない。我々が知っているオランダ人の経済状態や国政について確かな情報はサー・ウィリアム・テンプル(93)に負っている。オランダ人の風習や政治体制に関するテンプルの『観察』がこの頃書かれたものであることは、彼の『回顧録』の幾つかの章句によって明らかである。その当時、実際、オランダ人はとても倹約をしていた。だが、その時以来、彼らの惨禍はそんなに酷いものではなくなってきたので、（物品税やその他の課税の重荷を主として背負っていた大衆は、恐らく以前と変わりはなかったであろうが）、上層の人々の間では、彼らの馬車や娯楽や生活様式全般にわたって大きな変化が起こった。

国民の倹約は必要からというよりも、悪徳や奢侈に対する嫌悪から生じているということのような主張に接すると、思わずその国の行政の現状や国民の給与水準の低さ、食料品やその他の必需品を値切って購入する際の国民の狡賢さ、売り手に付け込まれないための彼らの細心の注意、約束を反故にする者への厳しい対応などを想起してしまう。だが、こうした主張をなす人々が、大臣たちの美徳や正直さに帰属させようとしているものは、公共財産の管理に関する国民の厳しい監視にまったく依存しているのであり、そうした監視に基づく彼らの素晴らしい統治形態が、大臣たちを美徳や正直さから逸脱させないでおいているのである。なるほど、もし大層仲の良い者同士であれば、ある善人が他人の言葉を信じてよいかもしれない。だが、国全体となれば、必要に基づくものでなければどんな正直も信じてはならない。というのは、自分たちの福祉が大臣や政治家たちの美徳や良心に依存している国民は、不幸であり、その政治体制は常に不安定であるからだ。

一般的に言って、オランダという国はできうる限り国民に倹約させるように努めているが、先に指摘しておいたように、その理由は倹約が美徳であるからではなく、謂わば、倹約が利益であるからだ。というのは、次の事例からも明らかになるように、利益に変化があれば彼らは原則も変えるからである。

東インド航路の船が帰港すればすぐに、船会社は船乗りの給料を払い彼らを解雇する。その時、船乗りの多くは七～八年の間に、時には十五～十六年の間に稼いだ給料の大半を受け取る。そして哀れなこうした船乗りたちは、途轍もなく多額のお金を乱費するよう唆される。船乗りの大半が、最初の出港の時は、無頼漢であり、厳しい規律による管理と惨めな食べ物の下で、賃金も貰えずに危険な長時間労働を強いられてきたことを考えれば、大金を手にするや否や彼らを浪費に駆り立てさせるのは容易いことであろう。

船乗りたちの品性と教養と同程度の人々が陥りがちのように、彼らは酒と女と音楽にお金を使い果たす。また、彼らはその他の人たちが通常許容されているよりも好き勝手に飲んだくれ、大騒ぎをすることが黙認されている（ただし、他人に危害を与えない限りではあるが）。色々な街角で、酔っ払った三、四人の淫売婦を連れだって、ヴァイオリン弾きを先頭に、昼日中に通りを喚きながら走り回るこうした酔漢たちと遭遇するかもしれない。こうした方法だけではお金を使い切れないと思ったならば、彼らは、別の方法を見つけ出し、時には、お金を鷲づかみにして貧しい人間たちに投げ与えることもあるであろう。船乗りの大半に見いだされるこうした狂気じみた行為が、彼らのお金が残っている間は続くとはいえ、それはそんなに長続きするものではない。そのため、彼らは「六週間の王様」というニックネームで呼ばれたりする。六週間というのは、船会社が別の船を出港させる準備の期間である。酒や女に現を抜かしていた哀れな連中は（お金が消え失せてしまったので）、再び船に乗り込まざるをえず、自分の愚かさを後悔するに充分な時間を手に入れることになる。

船乗りたちを浪費に駆り立てるには二つの意図がある。一つは、暑い気候、不衛生な空気や食べ物に慣れっこになっているこれらの船乗りたちが、もしも倹約を励行し自国に止まるようなことになれば、船会社は絶えず新しい人間を雇わねばならず、また雇われた人間といえば、（船乗りという仕事に不向きであるだけではなく）、彼らの二人に一人は東インドの何処であっても暮らしていくことができず、こうしたことは船会社にとって思惑違いになるとともに大変な負担になるということである。二つには、そうした船乗りたちに、度々分配される多額なお金は、先に示した方法で即座に国中を流通させられ、その結果、重い物品税やその他の課税によってその大部分はまもなく国庫の中に引き戻されることになるということである。

国民による倹約を推奨する人たちに、彼らの主張していることは実現不可能であることを別の論法で納得させるために、まず「注釈」(L)で、私が奢侈を擁護し、経済活動を維持するためには奢侈が必要であると説いたことは、すべて誤りであったと仮定した上で、必要であるか否かにかかわらず人為的に全般的倹約を人々に強制した時、それが我々のような国に何をもたらすのかを考えてみよう。さらに、大英帝国に住む全住民が現在消費している金額の五分の四しか消費せず、それゆえ、彼らの所得の五分の一を貯蓄すると仮定しよう。また、全般的倹約が、農夫や牧畜業者や地主だけではなく、ほとんどすべての商売に対してどのような影響を与えるかについては何も考慮しないで、（これは不可能なことであるけれども）現在と同じ仕事が行われ、それゆえ、現在と同じように職人たちが雇用されているという都合のよい仮定をしよう。その結果は、貨幣の価値が桁外れに下落することもなく、あらゆる物資が、理屈とは異なって、法外に高騰することもなければ、あらゆる勤労者、さらには労働者階級における最も貧しい者も（その他の者には言及する心算はない）、倹約の五年後には、現在、彼らが丸一年間で使い果たしているのと同額の現金を手にすることになるであろう。ちなみに、その金額は、かつてこうした国民が一度に手にしたものよりも多いであろう。

そこで、こうした富の増加を大いに喜んで勤労者がどのような状態になったのかを観察するとともに、我々が日々彼らについて観察していることから推測して、そのような場合における彼らの行動が如何なるものになるか考えてみよう。そこで、多くの渡り職人である織工たちや、仕立屋、布の漂白職人、その他多数の職人たちがいるとしよう。こうした人たちが一週間のうち四日の労働で暮らしが立つとわかった場合、週五日働くよう彼らを説得することは難しいことは誰にも了解できるところである。また、その他の種類の仕事に従事している数多くの労働者たちも、生活が大変苦しいにもかかわらず、仕事を怠け大いに雇い主に迷惑をかけ、お腹を空かし借金をするであろう。人間というものが、怠惰と快楽のために、このような異常な性癖を示すことを踏まえれば、直接の必要性に迫られる場合を除き、彼らが仕事をしようとすると想定することはとてもできない。月曜日の朝に先週の稼ぎが二シリング残っているために、火曜日以前に仕事をするように仕向けることができない職人を目の当たりにして、ポケットに十五ポンドから二十ポンドものお金が入っている職人が仕事に出かけるなんて想像することなんてとてもできるものではない。

職人たちがこんな状態であるとすれば、我が国の製造業ではどんな状況になるであろうか。まず、商人が織物を海外に輸出しようとしても、彼は自分自身でそれを織らざるをえなくなるであろう。というのは、毛織物業者がかつて雇用していた十二人のうち一人の職人しか雇えないからである。今述べたようなことが、渡り職人の靴屋で起きたような場合には、一年もたたないうちに我々の半分は裸足で歩く羽目になるであろう。国家における最も重要で切迫した貨幣の用途は貧しい人間の労働に対する支払いである。国家において貨幣が実際に不足している場合には、多くの労働者に貨幣を支払わなければならない者たちが、常に、最初にそのことに気づくであろう。だがこうした貨幣の絶対的必要性にもかかわらず、財産の保全が確保されている所では、貧民がいないよりもお金がない方が生活しやすいであろう。というのは、お金があれば誰もが仕事をしないからだ。こうした理由から、国内で流通する貨幣量は、雇用されている労働者の数に、また労働者の賃金は食料品の価格に釣り合うようにすべきである。このことから以下のことが立証可能である。(94) すなわち、労働者を潤沢に確保できる場合は、常に、労働者の賃金は安価に抑えられ、そこでは貧民は上手に管理されている。貧民は、飢えから守られるべきではあるが、貯蓄できるほどの賃金を手に入れるべきではない。もし、あちこちで、最下層の人間が、お腹を空かしながらも尋常ではない勤勉の結果、自らが育った境遇よりも良い地位を手に入れたとしても誰も彼を妨げてはならない。否、社会におけるあらゆる人々にとって、またあらゆる家庭にとって、倹約するということは紛れもなく最も賢明な策である。だが、あらゆる富裕な国家にとっての利益は、貧民の大多数が怠け者というほどではなく、しかも、手に入れたお金は絶えず使ってしまうということである。

サー・ウィリアム・テンプルが大変見事に洞察しているように、(95) あらゆる人間というものは、プライドや貪欲の影響を受けない限り労働よりも安楽や快楽に走りがちであり、また、日々の労働によって生計を立てている者たちは、プライドや強欲のどちらからも強い影響を滅多に受けることはない。だから、困窮以外に彼らを役立つ存在になるよう奮起させるものはなく、困窮を和らげるということは道理に叶っているが、それを取り除くのは愚かなことである。それゆえ、労働者を勤労にさせることができる唯一のものは適度なお金だけである。というのは、お金があまりにも少なすぎれば、彼の気質からして意気消沈させるか自暴自棄にさせてしまうし、逆に、お金があまりにも多すぎれば、横柄で怠け者にさせてしまうからである。

あまりにも沢山のお金がありすぎると国家を破滅させることもありうるとある人間が言ったとすれば、大抵の者に笑われるであろう。だが、これがスペインの運命であった。該博なドン・ディエゴ・サベドラ(96)は母国の破滅をこのことに帰している。その昔、大地の実りがスペインを大変豊かにしたので、フランスの国王ルイ十一世がトレードの宮廷にやってきた時に、その壮麗さに驚き、ヨーロッパにおいても、またアジアにおいても、これに匹敵するものを見たことがないと言った。(97)しかも、ルイ十一世は、聖地巡礼の旅において、ヨーロッパやアジアのあらゆる地域を駆け抜けた人なのである。スペインを構成しているカスティーリャ王国だけで、(ある著者たちの言を信じれば)、聖戦のために世界のあらゆる地域から十万の歩兵、一万の騎兵、そして六万の荷馬車を集め、それをアロンソ三世(98)が自費で賄い、それぞれの地位と位階に応じて、将校や君主だけではなく兵士などすべてに日々手当を支払ったとされる。いやそれどころか、(コロンブスを援助した)フェルナンドとイサベルの治世に至るまで、(99)またさらにその後、暫くの間、スペインは豊穣な国であり、交易と製造業が栄え、聡明で勤労な人々を誇っていた。だが、未だかつて誰もが知ることがないほどの危険を犯し、また残虐な行為によって手にしたあの途轍もない財宝を、スペイン人自身の告白によれば、(100)二千万人のインディオの生命を犠牲にして手に入れるや否や、つまり、巨万の財宝が転がり込んでくるや否や、スペイン人の思慮分別は奪われ勤労精神は失われた。農夫は鋤を捨て、商人は帳場を放棄し、民衆は仕事を蔑み、快楽に浸り紳士となった。彼らスペイン人は、あらゆる隣国の人々よりも自らを有能な存在であると看做す理由があると思い込み、今や世界の征服しか眼中になかった。(101)

この結果、スペイン人が怠惰とプライドのゆえに拒否したことを他の国民が埋め合わせることになった。金輸出に対して政府があらゆる禁止令を出したにもかかわらず、スペイン人は金を手放そうとし、危険を顧みず自ら船に乗って金を持ち出そうとしていることを誰もが知った時、全世界の人々はスペイン人のために手助けをした。かくして、こうした方法で、あらゆる交易国の間に毎年分割され分配された金銀は、物価を高騰させるとともに、金銀所有者であるスペイン人を除いて、ほとんどのヨーロッパの国民を勤勉にすることになった。だが、当の金銀所有者であるスペイン人と言えば、莫大の金銀を手に入れて以来、ふんぞり返って座りながら、彼らが既に浪費したものに対する支払いのために、海外から収入が入ってくるのをイライラしながら待ち焦がれていたのである。このように、あまりにも多くのお金や植民地建設のために、さらにはお金が原因となったその他の失政のために、スペインは、元々さまざまな権利や資産を持った豊かで人口の多い国であったにもかかわらず、アメリカから世界のその他の国々へと金銀が流失するための不毛でうら寂れた単なる通路に成り果ててしまったのである。また、国民は、富裕で才覚があり、まめに働く勤勉な存在であったにもかかわらず、鈍感で怠惰で高慢ちきの卑劣な人々と成り果ててしまったのである。スペインについてはこれくらいでいいであろう。お金が産物であると呼ばれていた次の国はポルトガルであるが、あれだけの金を所有しながらも、ヨーロッパにおいて示した姿はさほど羨むようなものではないと私は思う。

それゆえ、国民を幸福にし、所謂、繁栄した状態にするための重要な手立ては、すべての人間に雇用される機会を与えることである。また、そのことを達成するために政府が第一に行わなければならないことは、人間の知恵によって生み出せる限りのさまざまな製造業、技芸、手工業を奨励することであり、第二に、人間だけではなく大地全体にも大いに稼働してもらうためにも、あらゆる種類の農業や漁業を振興することである。というのは、前者は多くの人々を国内に引き込むための絶対確実な原則であるように、後者はそうした人々を養うための唯一の方法であるからだ。

国民を偉大で幸福な状態にするのはこうした政策であって、浪費や倹約に関する規制によってではない（そのようなものは人々が置かれている境遇によって自ずから定まってくるものである）。というのは、たとえ金や銀の価値が上下しようが、あらゆる社会の快楽は、大地の恵みと人々の労働に依存しているからである。[102] この両者が結びつくとブラジルの金やポトシの銀よりも遙かに確かで尽きることがない真実の財宝となるのである。

(R)　……如何なる名誉にも今や……（二十五頁、四行）

比喩的な意味での名誉は真実ではなく実在しないキメラ[103]であり、道徳家や政治家たちが捏造したものであり、宗教とは関係はないが、それが何であれ義務や約束を守らせるための、ある人々に見いだされるある美徳の原理を意味している。例えば、それは、名誉ある人間が仲間と国王を暗殺するという陰謀を謀り、それをやり遂げなければならない場合に、もし良心の呵責や温厚さのゆえに、その目的の非道さに愕然とし、その陰謀に耐えかねて共犯者に対する証人になった時、少なくとも彼が属していた仲間内では失うような類の名誉である。この名誉という原理の素晴らしさは、大衆にはそれが欠けており、上流階級の人々にのみ見うけられるということにあるのであって、喩えて言えば、外見は同じであってもあるオレンジには種があり別のオレンジには種がないのと同じようなものである。名門の家柄においては、一般に遺伝的なものと看做されている痛風のようなもので、そうした家柄の子息は生まれつきこうした名誉感を備えている。まったく名誉感を感じたことのない者の場合には、会話や読書（とりわけ小説）によって、またある者の場合は昇進によってそれは手に入れられる。だが、剣ほどに名誉感を助長するものはなく、剣を最初に身につけた時、ある人々は二十四時間もたたないうちに顕著な形で名誉感が芽生えてくるのを感じるであろう。

名誉ある人間が払わなければならない最も重要な配慮はこの名誉という原理を保持し続けることであって、それを失うくらいならば、むしろ職や財産を、否、命そのものを投げ出さなければならない。こうした理由から、礼儀作法に則って彼がどんなに謙《へりくだ》った態度を示そうが、名誉という目に見えない装飾品の所有者として計り知れないほどの価値を己れに見いだすことを許されるのである。この原理を保持するための唯一の方法は、遵守すべき約束事である名誉の規則に則って生活することである。つまり、彼自身、常に責任に忠実であらねばならないし、絶えず私的利益よりも公共的利益を優先せねばならない。また、嘘をつかず、誰をも欺くことも中傷することもなく、他人から侮辱を受けることもあってはならない。ここで、侮辱という言葉は、彼を貶めるために意図的になされたあらゆる行為を指すために用いられる用語である。

古くから存在する名誉を重んじる人間たちは——その中でドン・キホーテは記録に残る最後の人物であると思うが——、これらすべての約束事や私が指摘したことよりも実に多くの約束事をきちんと遵守した。だが、現代人はもっとだらしないように思われる。彼らは、これらの約束事のうち最後のものには大いに気遣っているが、その他の約束事には同様な気遣いを払ってはいない。私が仄めかしたことにひたすら厳格に従う者たちでさえ、私が見逃したその他すべての約束事に関しては色々と違反を犯すことであろう。

名誉ある人間は公平で分別ある人間であると常に看做されている。というのは、愚か者でありながら名誉ある人間であるということなど、誰も聞いたことがないからである。こうした理由から、彼は、法に従うことなく、彼自身が関わる事柄において審判者になることを常に許されている。もし、彼自身、もしくは彼の友人、身内、召使い、飼い犬、あるいは彼が進んで名誉ある庇護を行っているものであれば如何なるものであっても、ほんの少しでも傷つけられたならば、謝罪が直ちに求められなければならない。そして、それが侮辱であることがわかり、それを与えている人物が名誉ある人間であった場合には決闘が避けられない。こうしたことから、名誉ある人間は勇気を持っていなければならず、それを欠くようなことがあれば、彼のその他の名誉の原理は切っ先のない剣でしかないであろうということは明らかである。そこで、次に勇気とは何に存するのか、また、ほとんどの人々が指摘しているが如く、勇気とは勇敢な人間たちが生まれながらにして持っている、その他のすべての資質と区別されるものであるのかどうか検討してみようと思う。

どんなことでもできるすべての生き物が自分自身に抱いている愛ほどに、遍《あまね》く偽りのないものはこの世に存在しない。愛とは最愛のものを護ろうとする思いに他ならないのであるから、あらゆる生き物において自分自身を護ろうとする意志、願望、努力ほどに偽りのないものはない。これは自然の法則であって、この法則によって、あらゆる生き物は、自己保存や種の保存にとって直接あるいは間接に役立つもの以外の欲求や情念を与えられていない。

自己保存という点に関して、自然があらゆる生き物に絶えず強いているこうした手段は、生き物の中に植えつけられており、人間の場合は欲望と呼ばれている。そしてこれは、自分を支え喜ばせると思われるものを欲するように促し、自分を不快にさせ、傷つけ破滅させると想像されるようなものを避けるように強制する。これらの欲望や情念はすべて、それぞれに異なった現れ方があり、それによって己れの心を乱している者たちに対して自己を表出するのである。我々の内に引き起こされるさまざまな心の乱れに応じて、既に見たプライドや羞恥心の如く、それらの情念や欲望の現れにはさまざまな名称が与えられた。

災いが我々に降りかかってきそうであると感じた時に沸き起こる情念は恐れと呼ばれている。恐れの情念が喚起する心の乱れは、常に、実際上のものであれ、想像上のものであれ、それらの危険の程度ではなく、心配される災いに対する我々の不安の程度に応じて、激しかったりそうでなかったりする。それゆえ、我々の恐れの感情は、我々が抱く危険に対する不安感に常に比例するのであるから、その不安感が続く限りは、人間は、脚や腕を振り落とせないと同様に、恐れの感情も払拭できないということである。危険への不安が、（時には理性的判断や分別を失わせる程に）、突然しかも激しく我々を襲うことによって、精神が恐慌状態に陥った場合、事が終わった後に我々はどんな不安を抱いていたのかを覚えていないこともしばしばである。だが、その結果から判断して、我々が不安を抱いていたのは愷かなことである。というのは、何らかの悪しきことが我々を襲おうとしていると不安を抱くことなく、我々は恐慌状態に陥ることなどありえないからである。

大抵の人は、こうした不安は理性によって払拭できると考えているが、実を言うと私はそのようには考えていない。精神が恐慌状態に陥った人たちは、冷静になることができた瞬間、つまりは、理性を行使することができるようになった瞬間、不安は解消されたと言うであろう。だが、これはまったく不安の解消になっていないのである。恐慌状態に陥っている時に感ずる危険はまったく想像上のものであるか、それとも理性を行使することができることになるまでに消失しているか、どちらかであるからだ。それゆえ、彼らが危険は存在しないとわかった時、彼らが何も不安を感じなくなっても不思議なことではない。だが、危険が持続している時、彼らに理性を行使させるならば、理性が危険の大きさとその実態について理解する上で大いに役に立つこと、また、その危険が想像していたよりも小さいことがわかれば、それに応じて不安感も減少することを彼らは理解するであろう。だが、もし危険が現実的なものであり、あらゆる状況を勘案しても危険が現実的であることに変わりがないとすれば、理性は彼らの不安を解消するどころかむしろ増大させるであろう。(104) この恐れが続く限り、如何なる生き物も攻撃的に闘うことはできない。だが、我々は、日々、獣たちが執拗に争い、死に至るまでに互いに攻撃し合っているのを見ている。それゆえ、何らかの他の情念がこの恐れの情念を克服させているに違いない。恐れの情念の対極をなしているのが怒りである。この怒りの感情を根源まで辿るために、再度、私は脱線することの許しを請わねばならない。

如何なる生き物も食べ物なしでは生存できないし、またその中のどのような種であれ（私は最も完全な動物について述べているのであるが）、老いたものが亡くなるのと同じスピードで、幼いものが生まれてこなければ存続することはできない。それゆえ、自然が生き物たちに与えた第一の、そして最強な欲求は空腹であり、第二は性欲なのである。

前者は食べるように命じ、後者は子孫を増やすように促す。そこで、怒りは我々の欲求が妨害されたり、侵害されたりした時に心中に生じる情念であること、またそれは生き物の渾身の力を引き出すものであるとともに、自己保存を追求するにあたって邪魔になるものをそれが何であれ取り除き打ち負かし、あるいは破壊することをより一層促すために与えられたものであることを認めうるとしよう。そうすれば、自分自身や自分が愛するもの、あるいはその両者の自由が危険に晒されたり攻撃されたりしない限り、獣たちを怒りに駆り立てる主たるものは空腹と性欲以外に何もないことに気づくであろう。また、獣たちを一段と凶暴に駆り立てるものもこの空腹と性欲なのである。というのも、生き物たちが欲しているにもかかわらず、欲しているものを手に入れられない場合にも（その激しさは遙かに弱いであろうが）、生き物たちの欲望は、目に見えるものを手に入れることができない場合と同様に、妨害されているということを認めなければならないからである。誰もが知っている次のような事実に留意さえすれば、私がこれまで述べてきたことが一層はっきりとするであろう。その事実とは、地球上のあらゆる生き物は、大地の恵みや産物、あるいは彼らと同じ生き物である他の動物の肉に依存して生きているということである。我々が猛禽と呼んでいる後者には、自然は彼らに相応しい武装をさせた。すなわち、自然は猛禽たちに彼らの食べ物として予定しておいた動物たちを打ち負かし、切り刻むための凶器と腕力を与えるとともに、植物を食べて生きている他の動物たちよりも強烈な食欲を授けておいた。第一の凶器や腕力であるが、仮に雌牛が草を好んで食べると同様に羊を好んで食べるとした場合、雌牛の生まれながらの形状からして、雌牛には猛禽類のような鉤爪もなく、しかもすべて同じ長さの前歯が一列しかないので、羊の群れの中にいても餓死してしまうであろう。第二に、猛禽類の強烈な食欲については、経験によって知ることはできないが推測することはできる。まず、僅かな食べ物を手に入れる度に猛禽たちを疲れさせ、悩ませ己れを危険に晒させる空腹の方が、目の前に置かれてあり、しゃがみさえすれば得られるものを食べるように命じる空腹よりも、一層激しいものであるということは充分ありうることである。次に、好物である動物たちをしきりに求め、追跡し、発見するための方法を学ぶ本能が猛禽たちにあると同様に、追われる動物たちにも同じように、自分たちの後を追いかける猛禽たちを避け、身を隠し、逃げ去るための方法を教える本能があるということも充分に考えられることである。したがって、猛禽たちはいつまでも食べていられるけれども、食べ物が逃げも逆らいもしないその他の動物よりも、腹を空かしている時の方が多いということにならざるをえない。こうして猛禽たちの空腹はどんどん増していくだけではなく永続せざるをえず、かくして、空腹は猛禽たちの怒りへの絶えざる燃料となるのである。

もし、猛禽でもなく強烈な食欲もない雄牛や雄鶏たちに、死に至るまで闘わせる怒りを掻きたてるものは何かと尋ねられれば、それは性欲であると私は答える。激しい怒りが空腹によって生じる動物たちは、雄であれ、雌であれ、捕らえることができるものは何でも襲いあらゆるものと執拗に闘う。しかしながら、激しい怒りが性的な興奮によって引き起こされる動物は、普通は雄であるが、主として同じ種の他の雄に対して戦いを挑む。こうした動物はたまたま別の種の動物に危害を加えることがあるかもしれないが、彼らの憎しみの主な対象は同じ種の競争相手であって、彼らの勇気と不屈の精神が示されるのは、彼らの競争相手に対してだけである。同様に、雄が非常に多くの雌を満足させることができる動物の雄の場合、雄が一匹や二匹の雌で満足している他の動物の雄に見いだされるよりも、獰猛さばかりではなく体格や顔立ちに自然に現れる顕著な優越性が見いだされる。犬は飼いならされているものの貪欲であることは誰もが知るところであり、格闘する犬は肉食であるから、もし人間によって飼われなくなれば、すぐに猛禽になるであろう。犬において観察されることは、私がこれまで述べてきたことを充分立証している。実際に闘う種類である闘犬は強烈な食欲を持つ動物であるから、雄も雌も、如何なるものにも食らいつき、それを止めるぐらいならば甘んじて殺されることを選ぶであろう。闘犬の雌は雄よりも好色であると同時に、性を特徴づけているものを除けば、体格において雄とまったく変わりがなく雌の方がどちらかと言えば凶暴である。雄牛は閉じ込められている場合は恐ろしい動物であるが、放牧地で二十頭あるいはそれ以上の雌牛の周りを歩き回れるようになれば、すぐに雌牛に劣らず温和しくなるであろう。十二羽ほどの雌鶏がいれば、イギリスで最良の闘鶏も形無しになることであろう。牡鹿などは貞節で小心な動物であると看做されており、また事実、ほとんど一年中そうなのであるが、発情期においては、突然驚くほど好戦的になり、しばしば、飼い主にさえ襲いかかることもある。

食欲や性欲という二大欲求が動物の気分に影響を与えるというのは、ある人たちが想像するほど根拠薄弱なものではないことは、我々自身において見いだされることによって部分的に証明できるであろう。というのは、我々の空腹感は、狼やその他の貪欲な動物たちに較べれば遙かに凶暴さに欠けるが、健康で強靭な胃を持っている人々は、通常よりも長時間食事を待たされると、他のどんな時よりも怒りっぽくなり、詰まらないことですぐに不機嫌になることは周知のことであるからである。また、人間の性欲は雄牛やその他の好色な動物に較べてそんなに激しいものではないけれども、男女が心より愛しあっている時、その情事を妨げることほど彼らをすぐさま激しく怒りへと駆り立てるものはないからである。彼らがどんなに厳しく情愛に満ちた教育を受けた者であっても、競争相手を打ち負かすために、彼らは何の躊躇もすることなく、またどんなに大きな危険をも顧みないのである。

これまで私が立証しようと努めてきたことは、如何なる動物も不安が解消されない限り、攻撃的に争うことはできないということ、不安は他の情念によってしか克服されえないこと、不安の最も対極をなし、また不安を最も効果的に解消する情念は怒りの感情であること、この怒りの感情を掻きたてる二大欲望は空腹と性欲であること、あらゆる獣たちにおける怒りっぽさや争いにおける執拗さは、一般にこの二大欲望のいずれか一方、あるいはその両方の激しさによるということである。このことより、動物の生来の勇気とか剛毅と呼んでいるものは、怒りの結果でしかなく、(105)獰猛な動物はみな飢えていると同時に好色であるとは言わないが、そのいずれかであるに違いないということにならざるをえない。

そこで、以上の基準に照らして人類という種をどのように判断すべきか考えてみよう。人間の皮膚の柔らかさや人間を育てるために長年にわたって必要とされる大変な手間暇から判断して、さらに顎の構造や、犬歯のない平らな歯、爪の大きさ、また歯と爪が取るに足らないものであることから判断して、自然は人間を強奪に向くように造ったなどいうことはありそうにない。そのため、人間の空腹は猛禽類ほどには強烈ではなく、好色であると呼ばれているその他の動物ほどに好色ではない。その上、自分の欲求を満たすのに大変熱心であるので、怒りを永続させるほどの強力な欲求を持つことができず、したがって小心な動物にならざるをえないのである。

ただし、私が今述べたことは未開状態にいる人間についてのみ当て嵌まると理解してもらわねばならない。というのも、もし社会の成員として、また教育を受けた動物として人間を考察したならば、まったく別の生き物であることがわかるからである。人間のプライドが蠢く余地ができ、したがって羨望や強欲や野心が心を捉えはじめるや否や、人間は生来の無垢や愚鈍さから目覚める。人間の知識が増大するにつれて彼の欲望も肥大化し、したがって、彼の欲求は多様化する。その結果、人間は彼らのさまざまな欲求の追求においてしばしば妨げられることになるであろうし、以前の未開の状態にいるよりも今の状態にいる方が、彼の怒りを掻きたてるような失望により多く遭遇することにならざるをえない。人間は、自分を怒らせた以外の人物からは危害を恐れる必要がなく、自分の敵を打ち負かすことができる時はいつでも、放っておけばすぐにこの世で最も有害な動物になるであろう。

それゆえ、あらゆる政府の第一の任務は、人間の怒りが災いを及ぼす可能性がある時は、厳しい処罰によってそれを抑え込むとともに、彼の恐れの感情を増幅させることによって、彼の怒りから生じるかもしれない災いを未然に防ぐことにある。暴力を行使することを人間に抑制させるためのさまざまな法律が厳格に執行されさえすれば、人間に温和《おとな》しくしているべきであることを自己保存本能が教えるに違いない。また、あらゆる人間にとってできうる限り平穏に生きることが大切なことであるから、経験や理解力や洞察力が深まるにつれて彼の恐れの感情は絶えず強いものになっていくであろう。このことの結果、文明化された状態では、人間の怒りを引き起こす原因が無限に存在するように、彼の怒りを鎮める恐れも強力なものになっていくであろう。かくして、まもなく人間は恐れによって怒りを抑え込むことを教えられ、自己保存本能――この本能のために、自然は他の感情とともに怒りの感情を人間に与えたのであるが――という対極的な方法に助言を求めざるをえなくなるのである。

それゆえ、社会の平和と安寧の為に役立つ唯一の人間の情念は恐れであり、恐れの感情に働きかければかけるほど人間は従順で支配しやすい存在になるであろう。というのも、人間が自分一人だけの単独の動物の場合には、怒りの感情がどんなに有用なものであったとしても、社会にとっては怒りの感情は少しも必要ではないからである。だが、自然は動物を形づくる際には常に同様であって、動物たちを造り上げる場所や外部からのさまざまな影響が許す限り、子を孕み産むものとしてあらゆる動物を創造した。その結果、あらゆる人間たちは、彼らが宮廷で生まれようが、森で生まれようが、怒りの感情の影響を受けることになった。この怒りの感情によって（あらゆる階層の人々の間で時またそうであるように）人間が持つ恐れの感情を悉く克服できる時は、人間は真に勇気ある存在となり(106)、ライオンやトラの如く雄々しく闘うようになるのであるが、怒りの感情によって恐れの感情を克服できない時はそのようにはいかない。そこで、以下、人間において勇気と呼ばれているものは何れも、彼が怒りを感じていない時には見せかけで紛い物であることを立証しようと思う。

良い治世によって社会を絶えず安寧に保つことはできるが、外側からの圧力に対して社会の平和を常に保つことは誰にもできない。社会には境界を拡大し、自らの領域を拡げようとする実現要求があるのかもしれない。また、他の社会がその社会を侵略するかもしれないし、あるいは社会の構成員が闘わざるをえない何らかの事態が出来《しゅったい》するかもしれない。というのも、人間というものは如何に文明化されようが、力が理性に勝るということを忘れてはいないからである。そこで、政治家たちは自らの手法を変更し、人間の恐れをいくらか取り除かなければならないことになる。人間を殺すことは野蛮なことであると以前から聞かされてきたことは、こうした人間が公衆の敵になるや否や無効になること、またこうした敵はあなたがた公衆よりも善良でも強力でもないことを、政治家は説得するように努めなければならない。こうした説得が首尾よくいけば、最も頑強で、最も喧嘩っ早く、最も乱暴な人間を戦闘に引きずり込むことに失敗することはまずないであろう。とはいえ、そうした者たちもより良く訓練されない限り、戦地における活躍を保証しかねるが、もし一度、敵を見下すように彼らを仕向けることができたならば、直ちに、彼らの怒りを駆り立てることもできるであろう。こうした怒りが続く限り、彼らは如何なる訓練された軍隊よりも執拗に戦い続けるであろう。だが、突然の大音響とか、暴風雨とか、あるいは彼らを脅かす何か奇妙で異常な出来事などといった、何か予期せぬ事態が起きれば、恐れの感情が彼らを捉え、怒りは消え失せ、彼らは一人残らず逃亡することであろう。

それゆえ、こうした生まれつき持っている人間の勇気というものは、人々がさまざまな知恵を持ち始めるや否や忽ち雨散霧消してしまうものである。第一に、敵の攻撃で痛手を受けた人たちは敵を見下すために教え込まれた言葉をいつまでも信じるはずもなく、また簡単に怒りに駆り立てられることも普通はなくなるであろう。そして第二に、気持ちの逆りによって生じる怒りは長続きしない情念であり（怒りは束の間の狂気である）[107]、もしも敵がこの怒っている人々の最初の攻撃に耐えられたならば、通常は、相手を抑え込むこともできるようになる。さらに第三に、人々が怒っている限り、どのような助言も訓練も役に立たず、彼らは戦闘において戦術を立てたり指揮を執ったりすることも決してできない。だから、怒りがなければ如何なる動物といえども生まれつき持っている勇気を発揮することはないが、戦争において、戦略として活用したり通常の戦術として用いたりするためには、怒りの感情はまったく役に立たないのである。それゆえ、政府は人間を戦いに駆り立てるために勇気に代わるものを見つけ出さなければならない。

人間を教化し、国家の構成員として定着させようとしている者は誰しも、あらゆる情念や欲求、さらには彼らの身体の強さと弱さについて詳しく知り尽くし、如何にして彼らの最大の弱点を公共の利益に変えるかを考えなければならない。「美徳の起源に関する考察」において、人間は、自分自身を称賛するために語られた言葉に対して、それがどんな内容であれ如何に容易く信じさせられるものであるかを私は示しておいた。そこで、人々に大いに尊敬されている立法者や政治家が、人々に向かって、彼らの大部分には怒りの感情とは区別される、あるいはその他の如何なる感情とも区別される尚武の精神が自らの内に存在し、それによって危険をものともせず、死そのものに立ち向かうのだと述べたり、また、最も尚武の精神に長けた者が人類の内で最も優れた存在であるなどと言ったりしたとしよう。これまでに指摘しておいたことを前提にすれば、彼らの大部分が尚武の精神など自覚することなく、立法者や政治家たちの言い分を鵜呑みにし、またこの上なくプライドの高い者たちは追従に思わず心を揺さぶられ、情念の違いについてよく理解していないために、プライドを勇気と取り違えて勇気が胸の中に湧き上がってくる感じがするなどと思うことが充分ありうる。もし、人々の中の十人に一人だけでも説得され、あからさまに勇気があると宣言し、あらゆる反駁者に対してそのように言い張ったとしたら、たちまち同じ主張をする者たちが六人ほど現れるであろう。しかも、一度それを認めた者は誰しも自らの主張に自縛されてしまうために、政治家は、あらゆる手立てを講じて、勇気のあることを自慢し、自ら進んでそのような者であろうとしている人たちのプライドをくすぐると思われる色々な計らいをしてやれば、それ以外には何もする必要はなくなる。最初に勇気があると言わしめたプライドが、その後ずっとその主張を守ることを強いるであろうし、ついには心の真の姿がばれる恐れが大きくなってくれば、プライドは死そのものに対する恐れさえも打ち消そうとするであろう。また、人間のプライドを増長させてやりさえすれば、恥辱への恐れもそれにつれて増大するであろう。というのは、人間というものは誇り高くあればあるほど、恥辱を避けるためにますます苦労し、それだけ大きな困難に耐えるからである。

それゆえ、人間に勇気を奮い起こさせる最も効果的な方法は、第一に、尚武の精神が心の中にあることを気づかせ、しかる後に、生まれながらにして吹き込まれている死に対するものと同様な恐怖を、恥辱に対しても起こさせることである。人間が死に対してよりも強い忌避感を抱いている、あるいは抱いているかもしれないものが存在するということは自殺という行為から明らかである。[108]自ら死を選択する者は、死によって避けられるものよりも死の方が恐ろしくないと看做しているに違いない。というのは、恐れている害悪を現に被っていようが、これから被ることになろうが、またそれが現実的なものであろうが想像上のものであろうが、何かを避けるためでなければ敢えて自殺などすることはありえないからである。ルクリーシア[109]は、強姦者が彼女の命を奪おうと脅した時でさえ、その男のあらゆる攻撃に勇敢にも抵抗をし続けた。このことは彼女が命よりも貞節を重んじていたことを示している。だが、強姦者が彼女の評判に永遠の汚名を着せてやると脅したら、思い通りに彼女は抵抗を諦めそれから自殺をした。このことは彼女が貞操よりも栄誉を、また命よりもその両方を重んじていたという慥かな証拠である。死への恐怖は彼女を怯ませない。彼女は屈服するくらいなら死のうと思っていたからである。彼女の屈服はタルクィンによって己れの評判を汚されないための餌であると看做さなければならない。それゆえ、ルクリーシアの判断においては、命は一番に大事なものでも二番に大事なものでもなかったのである。だから、唯一、政治体にとって有益なものである勇気は、また一般に真の尚武の精神と呼ばれているものは、人為的なものであり、**追従**によって**プライド**が高い人間に吹き込まれた、恥辱に対するこの上もない恐れにその本質が存しているのである。[110]

名誉心と羞恥心への思いが社会に行き渡るや否や、人々を闘わせるのは困難なことではなくなる。だからまず、名誉心や羞恥心を持つべきであるという主張は正当なものであることを、人々に信じ込ませるよう心掛けるべきである。というのは、自分が間違っていると思っている者は誰も熱心に戦わないからである。次いで、彼らの祭壇や、財産や、妻子や、さらには彼が大事にしている身近のすべてのものが今起こっている争いに関係しているか、あるいは少なくとも今後その争いによって影響を受けるであろうことを彼らに示すべきである。そして彼の帽子に羽根飾りを付け、他の者と区別し、公共精神とか、祖国愛とか、敵と大胆に戦えとか、死を恐れるなとか、戦没勇士の墓とか、何かそうした大げさな言葉を語りかけるべきである。そうすれば、すべてのプライド高き人間は皆武器を取り、早々に逃げ帰るところを死ぬまで戦うであろう。軍隊においては、ある人間は別の人間の監視人となり、単独で監視人がいなければ皆臆病者であるような者も百人ほどもいれば、互いに軽蔑を招くことへの恐れから皆勇ましくなるであろう。また人為的な勇気を維持させ、奮い立たせるためには、逃亡者すべてを恥ずべき行為の廉で罰せる必要がある。よく戦った者は、勝ち負けの別なく褒めそやし麗々しく称賛してやらねばならない。また手足を失った者たちは褒賞され、命を失った者たちはとりわけ厚遇され、言葉巧みに哀悼され特別な賛辞が捧げられるべきである。というのは、死者に名誉を捧げることは、生者を愚か者にする最も確実な方法であるからだ。

戦争において発揮される勇気は人為的なものであると私が述べる時、同じ仕方をすればすべての人間を等しく勇ましくさせることができるなどと想っている訳ではない。人間という存在は、皆が同じようにプライドを持っている訳ではなく、姿・形や身体内部の構造が互いに異なっているように、同じ用途に等しく皆が適しているなどということはありえないことである。ある人たちは音楽をまったく身につけることができないが優れた数学者になるかもしれないし、また別の人たちはヴァイオリンを非常に上手に演奏するが死ぬまで愚かな洒落者であるかもしれない。このことが的外れの言い分でないことを示すために、人為的な勇気に関して既に述べておいたことは脇に置いて、最も偉大な英雄とまったくの腰抜けとの大きな違いはまったく肉体的なものであり、人間の肉体内部の構造に依存しているという事実を証明しよう。私が今指摘しているのは気質と呼ばれているものであり、それは我々の体内にある流動体の整然とした、あるいは乱雑とした混合体であると理解されている。勇気を好む気質は非常に優れた生気の本来的な強さや弾力性さらには相応の構成体からなっている。そして、我々が不動心とか決断力とか頑固さなどと呼んでいるものはすべてこれらに依存している。この気質は、自然的なものであれ、人為的なものであれ、勇気というものに共通する構成要素であり、白壁が剝げるのを防ぎそれを長持ちさせてくれる礬水《どうさ》のようなものであろう。突如、現れた奇妙なものに、ある人たちは大変驚き、別の人たちはほとんど驚かないことも、同様に、まったく生気の状態が健全であるか障害を起こしているかに拠っている。心が恐怖で慄いている場合には、プライドは何の役にも立たない。というのは、恐怖が続く限り、我々は何も考えることができないからである。こうしたことは不名誉であるから、人々は、驚きが鎮まったらすぐに、彼らをぎょっとさせたものに対して立腹するのである。また征服者が攻勢に転ずる時、情け容赦なく大変残酷であるのは、彼らの敵がよく戦い、初めは彼らを恐怖に陥れていた証拠なのである。

決断力がこうした生気の状態に依存していることは、その燃えるような分子が頭脳の中に蝟集し生気を強める火酒の効果から明らかである。火酒の作用は、既に述べておいたように、生気の爆発である怒りの場合と似ている。ほとんどの人々が、お酒を飲んでいる時の方がそうでない時よりもすぐに感動させられずっと怒りやすくなり、またまったく挑発されていないにもかかわらず乱心するのも、こうした理由による。また同様に、同じ程度の酩酊ならば、ブランデーの方がワインよりも人間を喧嘩っ早くすることも認められる。というのは、蒸留酒には燃えるような分子がたくさん混じっているが、ワインの場合はそうではないからである。ある者の場合は生気の組成がとても弱く、プライドは充分であるにもかかわらず、どのような手立てを講じても、彼らを戦わせたり恐怖心を克服させたりすることはできない。だが、これは流動体の原理に欠陥があるためであり、その他の欠陥が固形体に不具合があるのと同様である。[111] こうした臆病な人々は、何か危険がある所では心の底から怒りを爆発させることは決してなく、飲酒で大胆になったとしても、相手が女性か子供、あるいは敢えて逆らわないとわかっている者でなければ、攻撃をするほど大胆になることは滅多にない。こうした気質は、健康や病気によってしばしば影響を受け、多量の出血によって悪化し、時には食事療法によって改善される。ド・ラ・ロシュフコー侯爵が、「虚栄心、羞恥心、とりわけ気質は、実にしばしば男性の勇気と女性の貞節をつくり上げている[112]」と述べる時、その指摘が意味しているのはまさにこのことなのである。

私が論じ、同時にそれが人為的なものであることを明らかにした有益な軍人の勇気を、実戦ほどに高めてくれるものはない。というのは、人々が訓練を受け、あらゆる人殺しの道具や破壊のための手段を熟知してくると、また負傷した者たちの呻き声や、叫び声や、罵り声、そして死にかけている者の幽霊のような形相が、切り苛まれた死体やもぎ取られた血だらけの手足などといった、さまざまな光景とともに人々にとってありふれたものになってくると、彼らの恐れの感情は弱まるからである。彼らは以前ほど死ぬのが怖くなくなっているのではなく、同じような危険を見慣れてきたので、以前ほどにはその現実が気にならなくなっただけなのである。また、彼らはあらゆる包囲戦やあらゆる戦闘に加わる度に、それ相応の評価を与えられるので、彼らが参戦するそれぞれの戦闘が彼らのプライドを増長させるための確実な階段にならざるをえない。だから、既に指摘しておいたように、プライドに絶えず比例している恥辱への恐れが、危険への懸念が減少するにつれて増大するので、彼らの多くが恐れを、ほとんど、もしくはまったく感じていない振りをする術を身につけたとしても不思議ではない。それゆえ、偉大な将軍たちは、戦闘に伴うあらゆる騒音、恐怖、混乱の直中で、落ち着き払って平静を装うことができるのである。

人間というものは、虚栄心の毒気に酔い、これまでに手に入れた栄誉をさらに高めるであろうと想像できさえすれば、今ある命を蔑ろにするくらい、否、死を切望するくらいに有頂天になって、後の世において自分の追憶に捧げられるであろう称賛を想い、悦に入ることができるほどの愚かな動物なのである。プライドと立派な気質を持った人間にとって、耐えることができない自己抑制など存在しないし、どんな激しい情念であってもより優れた情念のために犠牲にされるのである。ここで、私は、迫害を受けた聖人たちが信仰のために喜んで殉教したことを聞いて、天からの奇跡的な助けに支えられなければ、このような志操堅固さは、あらゆる人間の力によっても及びもつかなかったであろうと想像する、善良な人間たちの単純さに感嘆せざるをえない。ほとんどの人たちが、あらゆる自らの種の短所を認めたがらないように、人間本性の長所についてもあまり通じておらず、しっかりとした気質の人間の中には、情念の激しさ以外の助けがなくとも熱狂するようになる者もいるであろうことを知らない。しかしながら、敬虔な信仰と帰依によって生きる意味を手にした善良な人間が、真の宗教心に支えられて受苦した時と同じくらい平然と、冒瀆的な発言を主張し続けるために、プライドと気質だけの助けを借りて、死と苦痛を受け容れたということも慥かなことである。

このことを証明するために、私は多くの事例を挙げることができるけれども、一つや二つの事例で充分であろう。『傲れる野獣の追放』という愚かな冒瀆書を書いたヨルダーヌス・ブルーノ[113]と、悪名高きヴァニーニ[114]とは、公然と無神論を唱え教えた廉で処刑された。後者のヴァニーニの場合は、もし、その主張を撤回していたならば、処刑される少し前に許されていたかもしれない。だが、彼は、撤回する代わりに、焼かれて灰になることを選んだ。火刑柱のところに歩み寄る時に不安そうな素振りをするどころか、偶々、見知っていた医者に手を差しのべ、心拍の様子から心の平静さを見てくれと願い、それから不敬の程度を検証する機会を捉えて語るもおぞましい言葉を発した。これら二人の人物にマホメット・エッフェンディーという人物を付け加えられようが、サー・ポール・リコー[115]が述べているように、彼は、神は存在しないという見解を唱えた廉でコンスタンチノープルで処刑された。彼もまた、誤りを懺悔し誤りを繰り返さないと誓えば命は助かったであろうが、神への冒瀆を続けることを選び、「自分は報われることはないであろうが、真理への愛ゆえに真理を守るために殉ぜざるをえない」と述べたのである。

私がこうした脱線をしたのは、人間本性の強靭さを示し、人間というものはプライドと気質だけでどれほどのことをやってのけられるかを明らかにするためであった。慥かに人間というものは、虚栄心に駆られて、ライオンが怒りに駆られた時のように、暴力的になるかもしれない。また虚栄心だけではなく、強欲さや報復心、さらには野心や哀れみの感情も含むその他のさまざまな情念であっても常軌を逸した時には、恐れを克服し勇気の代わりを務め、人間自身によっても勇気と間違えられるかもしれない。このことは、人々の行動が引き起こされる動機を調べ吟味する者は誰でも、日々の経験から知っていることである。だが、この原理と称せられているものは、本当は何に基づいているのかをもっと明確に知るために、軍隊における統率について考えてみたい。そうすれば、軍隊ほどにプライドが公然と鼓舞されている所はないということがわかるであろう。制服について言えば、士官の内で最も地位の低い者でさえ、彼らより四、五倍も所得がある人たちによって、普通、着られているものよりずっと高価か、少なくとも華美で素晴らしいものを身につけている。彼らの大部分、とりわけ家族持ちで生活が苦しい者たちは、ヨーロッパ中どこにおいても、こんなに費用をかけなくて済むのであれば大いに喜ぶに違いない。とはいえ、自分では望んでいなくても、プライドを維持することを彼らは強いられているのである。

一兵卒たち（大勢いるに違いない）が受ける扱いにおけるほどに、考えられないほど安価で彼らの虚栄心に働きかけ、しかも彼らのプライドを鼓舞させ、それの虜にさせることができる方法や手段があからさまに使われている所はどこにもない。我々は、慣れ親しんでいる事柄についてはあまり気にかけないが、兵士を一度も見たことがない者が、実にケバケバしく気取った格好をしている人間を果たして失笑することなく見ることができるであろうか。羊毛から作られる最も粗末な製品で、レンガ色に染められたものがそういう人間に供せられる。というのは、こうした製品は緋とか深紅色の織物に似ているからである。ほとんど、もしくはまったく費用をかけないで、できうる限り士官と似ていると兵士自身に思い込ませるために、彼の帽子は銀モールとか金モールの代わりに、白とか黄色の毛糸で飾られるが、こんな所業は兵士でなければ気違い扱いされることであろう。だが、こうしたとても魅惑的な行為や高級仔牛皮をめぐる騒動の方が、女性たちの悩殺的な目つきや戯れに発せられる魅惑的な声よりも、実際に男たちを虜にし破滅させたのである。今日《きょう》、豚飼いは赤い上衣を着て、皆が本気で彼を紳士と呼んでいると信じ込んでいるが、二日後に、カイト軍曹[116]はこの男が一インチ高くマスケット銃を構えたため鞭でしたたか叩いた。そこで、兵士という職業の真の地位はどのようなものかと考えてみれば、先の二つの戦争において新兵が不足している時、士官は強盗やその他の重罪に問われている人間を兵籍に加えることを許されていたが、このことは、兵士にされるのは絞殺に次ぐ罰則として看做されていたことを意味している。騎兵は歩兵よりもさらに悪い扱いを受けた。というのは、平時でも、彼は、自分自身よりも高い費用を投じている馬の世話をする馬丁としての屈辱を味わうからである。これらのことや、一般に士官から受ける酷い仕打ちや、給金や、お払い箱になった時の扱いなどについてよくよく考えると、なぜこうした哀れな連中が、紳士の兵士と呼ばれることに誇りを感じるほど愚かなのかと訝しく思わざるをえない。だが、もし兵士たちがそのように愚かではないとすれば、如何なる手練手管や訓練もお金も何千人という仲間同様に彼らを勇敢にさせることはできないであろう。

人の気持ちを和ませてくれる以外の力を持ち合わせていない人間の勇敢さが、軍隊以外のところでどんな効果をもたらすのかと考えてみれば、それは市民社会にとって非常に有害であることがわかるであろう。というのは、もし人間というものが恐れを完全に克服できたならば、強姦や殺人やあらゆる種類の暴力のことしか我々の耳に入らなくなり、勇猛な人間たちは中世騎士物語(117)における巨人みたいになるであろうからだ。それゆえ、政治上の理由から、正義や正直やその他の勇気と結びついたあらゆる道徳的徳性と綯い交ぜにされた原理が、人間の中に見いだされ、そうした原理を備えている者は皆遍歴の騎士と看做された。彼らは、怪物を手懐け、困窮者を救済し、迫害者を退治することによって、この世のいたる所で良き行いをした。だが、あらゆるドラゴンの翼が切り落とされ、巨人は滅ぼされ、怪物に魅惑されたままのスペインやイタリアなどのごく僅かな人々を除けば、乙女がいたる所で自由奔放の身となると、古き良き時代における名誉の象徴であった騎士団は、時には、蔑ろの憂き目に遭った。こうした名誉の象徴は彼らの鎧と同様にとても重苦しいものになった。それにつきまとう多くの美徳のために、それ自体が実に煩わしいものとなり、ますます開明的な時代になってくると、前世紀の初めにおける名誉の原理は消え失せ、新たな名誉の基準がもたらされた。新たな基準は、今までと同じ程度の勇気と、半分だけの正直と、ほんの僅かの正義から成り立っており、その他の美徳は少しも存在せず、このために以前の基準と較べて気楽で軽便なものとなった。とはいえ、名誉とはご承知のように、大きな国家においては、それなくして、生活が成り立たないものである。名誉は社会の紐帯であり、名誉の主要な構成要素がこうしたものであるのは、我々人間の弱点にその責があるのであるが、少なくとも私が知っている限り、人類の教化にその半分も役だった美徳なんていうものは存在しない。それゆえ、もし人類の間から名誉が取り除かれたとすれば、大社会の中で彼らは残酷な悪党か不実な奴隷になりさがることであろう。

名誉に関わる決闘という点について言えば、そのような運命に陥った不幸な者を哀れに思う。とはいえ、決闘をした者が、誤った慣例によってそれを行ったとか、名誉の概念を取り違えてそれを行ったなどと言うのであれば、それはお笑い種である。というのは、決闘という行為は、まったく名誉に関わりがない場合か、あるいは侮辱に対しては憤慨し決闘を受けるべきであるという教えがある場合かの、いずれかであるからだ。決闘を要求したり、それに応じたりすることが、真の名誉の原則に反すると言うのであれば、見慣れた誰もが身につけているものが流行であることを否定すべきであろう。決闘を罵る者は、社会がそうした流行から得ている利益を考えていない。育ちの悪い者たちが、好き勝手な言葉を使っても非難されることがなければ、あらゆる会話は台無しになってしまうであろう。ある権威ある人たちが言うのには、ギリシア人やローマ人は勇敢な人間であったが、国の争いによるもの以外の決闘を、まるで知らなかったそうである。この指摘はまったく正しいのであって、ホメロスの描く国王や君主が、我が荷役人や貸馬車屋でさえ我慢することができず腹を立てるほどの酷い言葉を浴びせ合ったのはこうした理由による。

決闘を防ごうとするならば、それを犯す者は誰も容赦せず、それを防ぐためのできうる限り厳しい法律を制定しなければならないが、決闘そのものを、あるいは決闘という習慣そのものをなくしてはならない。これによって決闘の頻発が防げるだけではなく、最も決断力があり、力がある者の行動をも慎重で用心深くすることによって、社会全体は洗練され輝いたものになるからである。また、恐れほどに人間を教化するものはなく、（我がロチェスター卿(118)が言っているように)、全員ではないにしても、少なくともほとんどの人間は勇気があるようで臆病者であるように思う。自分の責任が問われるのではないかという恐れが多くの者に畏怖の念を抱かせる。ヨーロッパには、とても多くの礼儀正しく洗練された紳士たちが存在しているが、もし、そうした恐れを彼らが感じないならば、彼らは傲慢で我慢ならない愚かな洒落者になっていたことであろう。さらにその上、法律で扱うことができない侮辱を決闘によって名誉回復するということが慣例でなくなれば、現在よりも二十倍の悪影響が生じるであろうし、治安を維持するために、そうではない場合の二十倍の警官やその他の役人を雇わなければならないであろう。決闘は滅多に起こるものではなく、またその当事者たちや、その家族には災難であることは認めるが、この世には完全な幸福などありえないし、どのような幸福も儚いものである。一国で三十人以上の者が一年に自殺しているにもかかわらず、行為それ自体は残酷非道なものであったとしても、その半数も他人によって殺されていない時、そういう人々が他人よりも自分を愛していると言えるとは思わない。そのことが何らかの善をなしているかどうかもわからずに、六千人にも及ぶ人間をしばしば危険に晒し、時には数時間で殺してしまう国家が、礼儀作法や、会話の喜びや、交際一般に伴う幸福などといった価値ある幸運を人々に手に入れさせるために、十二か月で恐らく六人ほどの人間の犠牲が出るのを惜しむのは奇妙なことである。

名誉というもののさもしい起源について承知している者が、狡猾な政治家に騙されて道具にさせられたなどと不平を言ってもらいたくない。私としては、社会の支配者たちや上流階級の者こそが、他の誰よりもプライドの虜になっているのだということで、皆さんに満足してもらいたいのである。もし、偉大な人間が途轍もないプライドを持つこともなく、誰もが人生の楽しみ方を身につけているとすれば、イギリスの大法官とか、フランスの宰相とか、あるいは、もっと大変な仕事でありながら両者の収益の六分の一にもならないオランダのホーランド州の行政長官(119)に、誰が一体なるであろうか。あらゆる人間が互いに与え合う相互扶助こそが社会の基礎である。偉い人たちが高貴の生まれであることに対して理由もなくお世辞を言われているのではない。それが称賛に値しようがしまいが、我々がこうした人種を賞揚するのは、彼らのプライドを掻きたて栄誉ある行為を行うよう唆すためである。その家系の全世代にわたって、女房に甘い馬鹿者でも、愚かな偏屈者でも、名だたる臆病者でも、あるいは放蕩な好色漢でもない者を二人と見いだすことができないのに、家柄の偉大さや、先祖の功績のゆえに尊敬されている人々もいる。既に肩書きを持っている者たちにとって不可分のものであるプライドは、肩書きに相応しくないと思われないように彼らをよく務めさせる。それはちょうど肩書きのない人間が、野心の働きで肩書きを手に入れるために勤勉になり、根気よく働くようになるのと同じである。ある紳士が男爵とか伯爵になった時、さまざまな点に関して彼へ厳しい審査が入るのであるが、それは新しく聖職に就いた若い学生の僧服や法衣に対する審査の場合と同じ役割を果たしているのである。

当世風の名誉に関して述べうる唯一重要な論点は、それが宗教と正反対のものであるということである。後者は侮辱にじっと耐えるように命じ、前者は侮辱に憤慨しないようでは生きる資格がないと諭す。宗教はあらゆる復讐を神に委ねよと命じ、名誉は法律が代わって罰してくれる場合でさえ、復讐を自分以外の誰かに任せてはいけないと促す。宗教は明確に殺人を禁じるが、名誉は公然とそれを正当化する。宗教は如何なる場合でも血を流してはいけないと諭し、名誉は最も些細なことでも闘うように命ずる。両者をどのように和解させるかは、私よりも明晰な頭脳をお持ちの方にまかせるべきであろう[120]。

真の美徳を備えている人が大変少ないにもかかわらず、名誉を重んじる人が非常に多い理由は、美徳な行為によって手にする報酬がそうした行為をすることの喜びだけであり、多くの人々はそれでは割に合わないと思っているからである。名誉ある人間がある欲求を自己抑制することを強いられたとしても、すぐに他の欲求によって得られる満足によって報われ、彼が強欲とかその他の情念を弱めたとしても、二倍になってプライドに返ってくるからである。その上に、名誉は大いに寛容であるが美徳はそうではない。名誉ある人間は騙したり、嘘をついたりしてはいけない。

たとえ貸し手がそんな素振りを見せなくとも、彼は博打での借金はきちんと返済しなければならない。だが、彼は酒を飲み、悪態をつき、取り立てを気にすることなく街のあらゆる商人から借金をしてよい。名誉ある人間は、奉公している間は、君主や国に忠実であらねばならないが、自分が良い待遇を受けていないと思ったら職を辞してよいし、できる限りの損害を彼らに与えてやっても構わない。名誉ある人間は、損得のために宗派を決して変えてはならないが、お好みのままに放蕩を続けてもよいし、何もしなくても構わない。名誉ある人間は、友人の妻や娘や妹、あるいは世話を頼まれている者に手を出してはならないが、それ以外ならば誰と寝ても構わない。

（S）　技巧で名を成す絵師もなく
　　　石工や彫刻師の名を聞くことなし。（二十六頁、十七行〜）

国民の正直と倹約がもたらすものの中で、古いものが充分に使いものになっているうちは、新しい家を建てないとか、新しい家庭用品を使わないというのが、こうしたことの一つであることは間違いないであろう。そして、こうしたことで石工や大工やレンガ職人の三分の一は職を失うであろう。建築業が、一度、破綻すれば、社会を偉大で豊かな国にするよりも善良で正直な社会にすることを好み、臣民を金持ちよりも有徳の士にしようとしている立法者によって注意深く禁じられるとともに奢侈に貢献している、絵描き業とか、彫刻業とか、その他の技芸などはどうなることか。リュクルゴス[121]の法律によって、スパルタの家屋の天井は斧だけを使って作り上げ、その門やドアは鋸だけで滑らかにするよう定められた。このことには、プルタルコスの言によれば、隠された意味がなかったわけではない。というのは、エパミノンダス[122]が食卓に何人かの友人を招き、機嫌良く、「諸君、安心してください、このような質素な正餐には、反逆者たちは決して襲ってくることはないだろう」と言ったそうであるから、この偉大な立法者は、たぶん、そのような見窄らしい家であるならば、奢侈や贅沢を決して手にすることはできないと考えたに違いない。また、同じプルタルコスが語るところによれば、国王のレオテュキダス一世(123)は彫刻の作品をほとんど見たことがなかったので、コリント(124)の堂々とした部屋で歓待を受けた時、天井や柱が実に見事な彫刻が施されているのを見て大変驚き、この国の木はこんな風に育つのかと、そこの主人に尋ねたとされている(125)。

同じような仕事の不足は、数え切れないほどの職業に及ぶであろう。なかでも、(『寓話』におけるが如く)、

絹に金銀を織り込めし織元も
その下で働く商売もみんな……

真っ先に仕事がないと愚痴をこぼさざるをえない職業の一つになるであろう。というのも、一方では、蜂の巣から立ち去った多くの者が住まなくなるので土地や家屋の価格が暴落し、他方で、誰もがまったく正直な方法での利得以外のものをすべて忌み嫌うので、プライドもなく浪費もしない多くの者たちが、金襴織や銀襴織や高価な錦織などを身につけられるなんてことはとてもありそうもないからである。その結果、織り屋だけではなく、銀糸紡ぎ人、鍛金屋、針金職人、金属棒商、精錬業者などがすぐにこうした倹約の影響を受けることになるであろう。

（T）
……豪勢に暮らさんがため
夫に国のお金を盗ませけれど(126)（二十七頁、十三行〜）

粗野のごろつきが絞首刑にされようとしている時に、自分が思いもよらない最後を迎えることとなった原因として

嘆くのは、安息日を蔑ろにしたことと、売春婦という悪い女たちと付き合ったことのようである。また、小悪党の中には、色事に耽り満足を得るために己れの首をかける者が大勢いることも慥かであろう。だが、この注釈の切っ掛けとなった右記の一文は、高貴な男性の中には、この上もなく狡猾な情婦によってさえ説き伏せることができなかったであろう実に危険な計画を彼らの妻によって唆され、実に悪質な手段を押しつけられた者もしばしば存在するということを、我々に暗示するのに役立つであろう。最悪な女でも、またどんなに放蕩な女でも、生活必需品だけではなく、贅沢品の消費においても貢献していること、またその結果、こうした女たちは、家族を養うために一所懸命働き正直な生活以上のものを望んでいない多くの温和な働き手に、恩恵を施していることは既に見ておいた。――にもかかわらず、こうした女たちを追い出せと善良な人たちは言う。売春婦たちがいなくなり、国内から猥褻なことがまったく消え失せると、現在、売春婦たちから得ている利益を遙かに上回る天恵をきっと全能の神は施してくれるであろう――。恐らくこれは事実であろう。だが、売春婦がいるいないにかかわらず、もしも、幸福な結婚生活をしているほとんどの女性が真面目な賢人が望むように行動したとすれば、商売が被る損失を償うことは誰にもできないということを私は明らかにできる。

女性の気まぐれと贅沢を満足させるために供されている仕事の種類や、そのために雇用されている人手の数は膨大なものであり、もし既婚女性がひたすら道理や真っ当な忠告に耳を傾け、最初に駄目だと言われたら仕方ないと思い、一度そう言われたことを二度と要求しないと仮定してみよう。言い換えれば、既婚の女性たちが、このように夫が了解し自由に使ってよいと認められているお金以外は使わないとすれば、現在、彼女たちが使用している数多くの商品の消費は少なくとも四分の一は減少するであろう。家々を巡って、一年間に二百から三百ポンドを使っている中間層の人々や、一廉の小売り商人だけを対象に世の有り様を観察してみよう。そうすれば、婦人が十着の服を持っており、そのうちの二～三着は充分着られるものであったとしても、とりわけ教会においてしばしば着ているのを、他人に見られて皆に知られてしまったコートやスカートしか持っていないと抗弁できれば、新しい服を買うための充分な口実になると考えているということがわかるであろう。私は、今、浪費家で途轍もなく贅沢な女性について述べているのではなく、欲望という点で思慮深く控えめであると看做されるような女性について述べているのである。

右記のような中間層の行動パターンを踏まえて、最も高価な服でさえその他への出費に較べれば取るに足らないものに過ぎない、最も高貴な階級の人々を中間層の人々との対比で判断するとともに、そうした高貴の地位にある人々が所有する各種の家具や、馬車や、宝石や、建物をも含めて考えれば、私が指摘した消費が四分の一に減少するというのは商売にとって大問題であり、イギリスのような国にとってのその損失は、不慮の疫病を含むその他の場合において考えうるものよりも大惨事であることがわかるであろう。というのは、五十万人の貧しい失業者が、どのみち社会のお荷物になっている者たちの中に加えられれば、そうした者たちが必ず引き起こす国内の混乱の十分の一すら、疫病による五十万人の人々の死によっても引き起こされることはないであろうからだ。

慥かにごく僅かの男たちは心の底から妻に惚れ込み、嘘偽りなく愛している。また女性に関心がなく必要性を感じていない男たちも、表面的には女房孝行であり、虚栄心のために妻を愛している。だが、こうした男たちは美しい妻を嬉しく思っているが、それはちょうど見栄っ張りの男が、それを使おうとする思いからではなく、自分の所有物であるという理由で、素晴らしい馬に喜びを感じるのと同じようなものである。こうした喜びは、如何ともしがたい所有意識と、そこから派生する他人が彼の幸せを素晴らしいものであると思ってくれるであろうという想いに存しているのである。これら二種類の男たちは何れも妻には大変気前がよく、自分の欲しいものを我慢して、妻たちが欲しいとねだる前に、新しい服であるとか華美な装飾品をしばしば購入してやるかもしれないが、彼らの大部分は、妻たちが勝手放題に欲しがるものを直ちにすべて買い与えるほど、彼女たちの浪費を甘やかすような愚か者ではない。

どれほどの膨大の量の衣服や装身具が、女性たちによって購入され纏われているかは信じられないほどである。家族を苦しめたり、物を売ったり、さらには夫を騙し金をくすねる以外の方法によって、それらのものを手に入れることはできなかったであろう。またある女性たちは、夫にしつこくねだり続けて夫をうんざりさせて承諾させたり、粘り強くせっせと頼み続けたりすることによって筋金入りのけちん坊を征服したのである。さらに別の女性たちは、買ってくれなければ乱暴になり、徹底的に騒ぎ立て喚き立てることによって、温和な馬鹿者をいじめ、欲しいものを何でもせしめた。しかも、多くの女性たちは、夫に対して甘言を弄することが、重々しい理屈や何度もはっきりと繰り返される拒絶に打ち勝つ方法であることを知っている。とりわけ、若くて美しい女性は、どんな忠告も拒絶もあざ笑い、結婚生活における最も愛の溢れる瞬間でさえ、浅ましい目的を達成するために、そうした方法を用いることを躊躇《ため》らう者は誰もいない。ここで時間があれば、我々男性の強さと慎慮に対して、平然とさまざまな手立てと偽りで幻惑的な魔法を仕掛け、また夫には娼婦のように振る舞うあの卑しくて邪悪な存在を痛烈に非難することもできる。否、こうした女性は売春婦よりもいかがわしい。というのは、こうした女性は、不敬にも神聖な愛の儀式を汚し、下劣で卑しい目的に利用するからだ。一方で、情熱的なふりをして男性の情念を刺激し歓喜に引き込み、贈り物をせしめるために男性の嗜好を虜にし、他方で、恍惚感に浸るふりをしてまったく以て狡猾に男性が最も拒否することができない瞬間を狙っているからである。

ここで脇道に逸れて書き始めることを許していただきたい。そして経験豊かな人たちにはこれまで述べてきた本書の意図を正当に評価していただき、ついでこの世における神の祝福について想起していただきたい。神の祝福については、教会やその他の宗教上の集会において、あらゆる種類の、またあらゆる身分の聖職者たちが厳粛に祈っているのを日々見聞きしているだけではなく、人々が、愉快に愉しんでいたり取るに足らないことをしている時にも、乾杯して祈ったりするのも見聞きしている。そして、読者がこれらの事柄を重ね合わせ、また日常茶飯の有り様に照らして、何の偏見もなく、首尾一貫した論理で推論してみれば次のように認めざるをえないであろうと、私は敢えて強弁したい。ロンドンと商業全般の繁栄、したがって国家の名誉、国力、国家の安全や、あらゆる国家の世俗的な利益が依拠しているかなりの部分が、女性の欺瞞と汚らしい計略に依存している、と。そして、謙譲や、満足や、柔和や、道理を弁えた夫への従順や、倹約や、その他すべての女性たちの美徳を以てしても、富裕で強力な、所謂、繁栄する王国を作り上げるのに、女性たちの最も忌まわしい性質に較べれば千分の一も役に立たないであろう、と。

読者の多くが、そこから引き出されてくるさまざまな結果を考慮すれば、こうした主張に吃驚されるであろうことを、私は疑わない。そして、人口が多く豊かで広大な王国においても、小さくて貧しく居住者が少ない国や公国においても、人々は同じように有徳な存在ではあることはできるのではなかろうか、さらに、もしそれができないとすれば、できうる限り臣下の富と数を減らすことがあらゆる君主の責務というものになるのではなかろうか、と問われるであろう。私がそうかもしれないと言えば、自分の間違いを認めたことになる。またそうでないと言えば、私の主義・信条が不敬であるとか、少なくとも大規模な社会にとっては危険であると言われても仕方ないであろう。好意的な読者によってさえこうした疑問が出されるのは、本書のこの部分だけではなく、その他の多くの箇所でも同じような疑問を感じるからであると思われる。そこで、私の意見は世の中の道理や厳格な道徳性にまったく矛盾するものでないことを証明するために、ここで私の立場を釈明するとともに、幾つかの節の主張によって読者に喚起されたであろう異議を解消する努力をしようと思う。

第一に、規模が大きかろうが小さかろうが関係なく、あらゆる社会において、善良であること、美徳を推奨し悪徳を抑制し、法に従い罪人を罰するということが社会の成員の義務である、と私は主張したい。ついで第二に、古今の歴史を調べ、この世というものがどのようなものであったかを見てみれば、アダムの堕落以来、人間本性は絶えず変わることなく同じであったこと、また人間本性における長所も短所も、時代や風土や宗教とは何の関係もなく、地球のどこにおいても常に変わらぬものであった、と断言したい。最も哀れむべき貧しい共和国におけるのと同様に、豊かで強力な王国においても人間は徳ある存在であることはできないなどと、私は主張したこともなければ、そのように想像したことさえなかった。ただ、私が言いたいことは、人間の悪徳なくして、如何なる社会も、そのような豊かで強力な王国になることができず、またそうなったとしても長い間その社会の富と力を維持し続けることはできないであろうということである。

こうしたことは、本書を通じて充分証明されていると思う。人間本性は何千年間というもの、ずっと同じままであるのだから、この世界が続く限り、未来においてそれに変化があると期待するのは根拠のあることではない。ところで、自分自身でさえ気づかないうちに、しばしば突然に人間を理性的ではなくする情念の素性と力について明らかにすることに、如何なる不道徳性があるのか私にはわからない。あるいは、また、自分自身と密やかな自己愛の画策に用心させることに、そして情念に打ち克つことによって生じる行為と、単にある情念が別の情念に取って代わった結果としての行為との違いを、つまりは、真実の美徳と偽物の美徳との違いを教えることに如何なる不敬があるのかもわからない。「自己愛の国で如何なる発見がなされたとしても、まだそこには多くの未知の土地が残されている」(127)というのは、ある素晴らしい神学者の見事な指摘である。私が人間にこれまで以上に自分自身のことをよく知っていただくように要望したところで、それがどんな害になるというのであろうか。だが、我々はみな甘言を驚くほど好むので、屈辱を感じさせる真実を嬉しく受け容れることは決してできない。キリスト教よりもずっと以前から言われていた真実である魂の不滅性ということが、もし最も下劣で惨めな者も含めて、人類全体を讃えて敬意を表する喜ばしいものではなかったのであれば、人間の能力としてあのように幅広く容認される形で見いだされることはなかったであろう。

誰もが自分に関わりがあることを良く言われるのを聞くのが好きである。執行吏や、看守や、絞首刑執行人でさえ、自分の仕事を良く思ってもらいたいであろう。否、それどころか、泥棒や強盗などは、真人間よりも同業仲間の方をより尊敬している。この私の小論（前回の印刷がまだ行われていない頃であったが）が非常に多くの敵を抱えることになったのは主として自己愛のためである、と私は心底から信じている。この小論が人類の尊厳を貶め、自分が所属している最も尊敬すべき人類という仲間について抱いてきた思いを踏みにじるものであるという理由で、誰もがこの小論を自分自身に向けられた侮辱であると看做すのである。悪徳がなければ社会は豊かで強力なものになることはできず、またこの世における栄華の絶頂に上り詰めることはできないと私が述べる時、そう述べることによって人々に邪悪な人間になれなどと私は勧めている訳ではない。それは、利己的で訴訟好きな人間が少なくなれば、あんなにも数多くの華々しい法律の専門家たちが暮らしを立てることはできないであろうと私が述べる時、人々に喧嘩好きになれとか強欲になれとか勧めているのではないのと同じである。

しかし、私のこの小論が人類の尊厳を貶め、人類を侮辱しているという主張に、人々の大多数が同調していることくらい、私の考えの誤りを明確に立証しているものはないのであろうから、大衆の承認を私は期待しない。私は大勢の者を相手に書いているのではなく、抽象的に考えることができ、一般大衆よりも知的レベルが高い少数者だけに、支持者を求めているのである。だが、私は世俗的な栄華の途を示してきたとはいえ、常に何の躊躇いもなく美徳に至る途をむしろ望んできたのである。

欺瞞と贅沢を追い払い、瀆神や無信仰を防ぎ、大多数の人々を慈悲深く善良で徳高き存在にしたいのであれば、印刷機を壊し、鉛板を溶かし、世俗に汚されずにいる大学所蔵の書籍以外の国中のあらゆる本を燃やし、聖書以外の如何なる本も人々の手に渡らないようにすればよい。また外国貿易を壊滅させ、異国人との商取引をすべて禁じ、漁船以外は入港した船舶を出港させないようにし、聖職者や国王や国王の直臣に昔の彼らの特権や大権や財産を返してやればよい。さらに新しい教会を建て、手に入れることができるすべてのコインを聖器に変えたらよい。修道院や救貧院をたくさん建て、慈善学校のない教区をなくせばよい。節倹令を制定し、若者を窮乏生活に耐えさせればよい。そして彼らに名誉心や羞恥心、友情や英雄的行為についての魅力的で品位ある考えを吹き込み、さまざまな褒賞を想い描く喜びを彼らの間に拡めればよい。さらには、聖職者たちには節制と自己抑制を他人に説教させ、彼ら自身は好き勝手に振る舞わせればよい。聖職者たちに国事を運営する最大の権限を与え、主教以外の者を大蔵大臣に任命しないようにすればよい。

こうした敬虔な努力と、健全な規制によって、社会の光景はすぐに一変するであろう。強欲で、程を知らず、落ち着きがなく、野心的な悪党の大部分は国内から去り、ならず者の詐欺師の一団は街を見捨て、国中に散らばるであろう。熟練工たちは鋤の握り方を習うであろうし、商人たちは農民に戻るであろう。また、罪深く肥大化し過ぎたエルサレムは、飢饉も、戦争も、疫病も、強制もなく、最も容易な方法で空き家となり、その後、君主たちにとって脅威となることはなくなるであろう。改革された幸せな王国は、こうした仕方で、国の到る所から雑踏が消え失せ、人間の生活に必要なあらゆる物資は安価で豊かに供給されるであろう。それどころか、すべての人間が自己労働の成果を享受し、純粋に我々自身の手によって作られた品物を君主とか農民とかの区別なく着用しているような所では、あらゆる悪徳の根源をなしている貨幣は稀少なものとなり、また欲せられることも少なくなるであろう。このような社会環境の変化は国民の生活様式に影響を与え、国民を温和で正直で誠実な存在にするに違いない。次の世代から、現在よりも健康的で元気盛んな子孫、すなわち、黙従の教義[128]もその他の正統的な教義も論駁しようとはせず、目上の者に服従し、宗教上の礼拝に関しても異議を挟まないような、無害で、無垢で、善意な人々を期待できるであろう。

ここで私は、いざという時の滋養食に事欠かないために、生きたズアオホオジロを決して絶やさない、エピクロス主義者に話の腰を折られるのではなかろうかと思う。彼らは次のように言う。善意や誠実さは、国家を破滅させることも、人生のあらゆる慰安を排除することもなく、もっと容易に得られる。自由や財産は、邪悪さや欺瞞がなくとも、維持されるであろうし、人間は隷属状態になることなく良き臣民になり、聖職者による統治を拒んでも信心深くなれるであろう、と。倹約し節約をするのは、境遇がそれを要請する者にとってのみ課せられる義務であるが、結構な財産のある人は、所得に応じた生活をすることによって母国に奉仕する、と。また、そうした男自身について言えば、自らの欲望を大変巧みにコントロールできるので、如何なる場合にもどのようなことも対処することができる、と。例えば、本物のエルミタージュ・ワインが手に入らない場合には、それが濃厚なものであれば、普通のボルドー・ワインでも充分満足することができ、毎朝、サン・ローラン・ワインの代わりに、フロンティニャク・ワインで何とかやりくりし、正餐の後、来客が多く、トカイの貴腐ワインでもてなすのでは費用が掛かりすぎると考えた時は、キプロス・ワインやマデイラ・ワインを出しさえする、と。だが、自発的な禁欲などというものは迷信に過ぎず、盲目的なユダヤ教信者や狂信者がすることに過ぎない、と。そして、彼は、私の主張に対して我がシャフツベリ卿[129]を引用して、人々は自己抑制することなくとも有徳で社会的な存在たりうるのであり、美徳を手に入れがたいものとすることは美徳に対する冒瀆であり、私が美徳を化け物に仕立て、それを実践することは不可能なものとして人間たちを脅かし諦めさせているが、彼の場合は、神を称えると同時にやましい気持ちもなく神の被造物を享受することができる、と。一〇四頁で私が述べたことで彼の役に立つことはどれも決して忘れない、と。そして、彼は最後に次のように尋ねるであろう。国家それ自体の知性である立法府は、瀆神と不道徳を防ぎ、神の栄光が増すようにできうる限り努めるとともに、臣民の安楽と厚生、国富、国力、国威、そしてまた真の国家の利益と呼ばれているものの他に何も望んでいないことを明確に公言していないかどうか、と。さらに、我々の改宗に最大の関心を払っている最も信心深く最も学識豊かな高位聖職者でさえ、世俗的な願望や肉欲から我々の心のみならず彼らの心も自由であるよう神に嘆願する時、その同じ祈りの中で、彼らが属している王国の上にあらゆる世俗的天恵と現世的至福を注いでくれるよう、声を大にして懇願していないかどうか、と。

人間の性向の、謂わば、謄本保有[130]に触れ、人間の性向が精神的なものに対して持つ真の価値を検討し、人間の心が夢中になっているものが何であるか実際に明らかにしてみようとする時、以上のような言い分が名うての悪人だけではなく、人類の大部分が行う言い訳であり弁明である。心の内で感じる多くの弱点を恥じ、あらゆる人間は互いに自分自身や醜い赤裸々の姿を隠そうと努め、彼らの真実の動機を社交性とか公共的善への関心とかいったもっともらしい言葉で包み隠し、人間の汚らわしい欲望や人間の欲求の醜さを隠そうと望んでいる。とはいえ、彼らは、心の中では、強い権力欲や情欲を持っていることと、自分たちは困難で厳しい美徳への途を厚かましくて歩けないことに気づいているのである。

最後の二つの問いに関しては、それらは大変困惑させられるものであることを認める。エピクロス主義者が尋ねたことに対しては、その通りであると答えるしかない。もし私が国王や主教や立法府全体の誠実さを問おうとするのでなければ（そんなことは断じてない！）、彼らの反論は私に対して正当である。私が自分自身のために言えることは、事実の連鎖の中には、人間の理解力を超えた神秘があるということだけである。こうした言い分が言い訳ではないことを読者に納得してもらうために、こうしたことが理解されにくい所以《ゆえん》を次のような喩え話で説明してみよう。

昔、異教時代に、ある妙な国があったと言われている。そこでは、人々は宗教について大いに語り、大部分の者は見たところ信心深い者のように見えた。彼らの間の主要な悪徳は飲酒に対する渇望であった。だから、渇きを飲酒によって癒やすことは大変な罪悪であった。だが、多かれ少なかれ、誰もが飲酒に対する渇望を持って生まれついていることに関しては皆が同意していた。だから、スモール・ビールを少し飲むことは誰にも許され、ビール無しで充分生きられると言う者は、偽善者か拗ね者か狂人と思われた。だが、ビールが好きだと公言し、過度に飲酒する者は、不道徳な輩と看做された。このように、ビールそのものは、天からの恵みであると理解され、それを飲んでも悪いことは何もなかったのであるが、暴飲とビールを飲むにいたる心中の動機に大きな罪があったのである。ビールで喉の渇きを癒やそうとほんの僅かの量でも口にする者は大罪を犯したことになり、他方、何の思いもなく血色を良くしようという理由だけで大量に飲んでも何の罪にもならなかった。

彼らは、自国のためだけではなく、他国のためにもビールを醸造した。そして、スモール・ビールを輸出するかわりに、ヴェストファーレン・ハム、牛タン、塩漬け牛肉や、ボローニヤ・ソーセージ、燻製ニシン、塩漬けのチョウザメ、キャビア、アンチョビや楽しくお酒を飲むのに相応しいあらゆるものを見返りにどっさりと輸入した。消費することなく大量のスモール・ビールを抱え込んでいる者は一般に妬まれると同時に、公共にとって忌まわしい存在であり、その分け前にあずかっていない者は心穏やかではなかった。彼らに降りかかる最大の惨事は手元にホップと大麦を抱え込むことであり、逆に毎年それらを消費すればするほど国は栄えると看做されていた。

政府は輸出品に対する見返りとしての輸入品に対して非常に多くの賢明な規制を行い、塩や胡椒の輸入を大いに奨励する一方で、美味しくないものや自国のホップや大麦の販売に支障のあるものに対しては重い税を課した。支配者たちは、公人として振る舞う時には、どこから見ても酒飲みとは無縁のように見せ、まったくその素振りも見せないで、酒飲みが増えるのを防ぐために、飲酒によって公然と渇きを癒す不埒な輩を罰する幾つかの法律を立案した。だが、彼ら支配者たちを私人として観察し、その生活や会話を詳しく覗いてみれば、常に、血色を良くするためには、自らが支配している者たちよりも大量の酒が必要であるという口実や、自分たちのことはさておき、臣民全体のために大量のスモール・ビールを調達し、ホップと大麦に対する大きな需要を喚起することが最大の関心事であるという口実の下に、その他の人たちよりもずっとそれを好むように見えた、あるいは少なくともずっと大量に飲んでいた。

スモール・ビールは禁止されていなかったので、信者だけではなく聖職者たちもスモール・ビールを飲み、なかには大酒飲みもいた。だが、聖職者たちは職業柄、他の人たちよりも酒好きではないと思われたがり、血色を良くするため以外でビールを飲むことを認めようとはしなかった。だが、宗教集会においては、彼らはもっと正直であった。というのは、彼らは集会場に来るやいなや、聖職者も信者も、身分の低い者から高い者まで、いくらそうではないようなふりをしても、すべての者たちが酒好きであること、また血色を良くすることなどまったく気にしていないこと、さらにはひたすらスモール・ビールで渇きを癒したいと思っていることを大っぴらに告白したからである。注目すべきことは、こうした誰かの不利益になるような真相を掴んでそうした告白を教会から出た後で吹聴することは、大変に礼を失する行為であると看做されていたことと、また誰であれスモール・ビールを何ガロンも飲んでいるところを見られ、酒好きと呼ばれれば容易ならぬ侮辱と受け取っていたということである。説教者たちの主たる言い分は、酒を欲することは悪徳であり、酒で渇きを癒すことは愚かであるということである。彼らは、酒の誘惑に屈しないように聴衆に説教し、スモール・ビールを激しく罵り、喜んでスモール・ビールを飲んだり、血色を良くしたりする目的以外でそれを飲むようなことがあれば、それは毒になるとしばしば説いた。

神に対する謝辞の中で、彼らは、飲むべきではなかったにもかかわらず、またそれによって渇きを癒すべきではなかったにもかかわらず恵んでいただき、慰安となっている多量なスモール・ビールについて神々に感謝した。他方で、彼らはビールがより良い用途として彼らに与えられたことに満足していた。こうした罪に対する許しを請いながら、彼らは自分たちの酒好きを軽減してくれるよう、また酒に対する執拗な欲求を我慢する力を与えてくれるよう神々にお願いした。しかし、この上もなく酷い後悔と慎ましい祈願の最中でも、彼らはスモール・ビールのことを決して忘れず、これからもビールをたっぷりと得られ続けるよう祈った。しかも、これまではこの点に関していい加減であったとしても、これからは血色を良くするという目的以外では一滴も飲みませんという神聖な約束をしたのである。

これは長年続けられてきたお決まりのお祈りである。数百年の間、何の変更もなく用い続けられてきているので、今日は有料だが明日は無料だと書かれた我々に送られてきた品物の滑稽な添え書きを我々が信じないと同様に、未来のことを洞察でき六月に聞いた同じ約束が翌年の一月に繰り返されるのを知っている神は、そうした誓約にほとんど信頼を置かないのだと、ある人たちは考えた。聖職者たちは、しばしば非常に神秘的な調子でお祈りを始め、精神的な意味合いを込めてさまざまなことを唱えた。だが、お祈りの中で、彼らは俗世間を超越するどころか、ビール製造業のあらゆる部門に繁栄と恵みを与え、社会全体の利益のためにますますホップと大麦の消費が増えるように、神々にお願いすることなくお祈りを終えることはなかった。

(V)　勤労を挫く「充足感」が（二十八頁、十五行）

勤労を挫く因《もと》は怠惰であって充足感ではない、と私は多くの者に言われた。それゆえ、ある者たちには逆説的に思える私の主張を証明するために、怠惰と充足感とを別々に論じ、その後で、勤労について述べようと思う。そして、勤労と最も対立するのは怠惰と充足感のうちどちらなのか、その議論を踏まえて判断してもらおうと思う。

怠惰は、一般に何もしないでいたいという不合理な欲求を伴った仕事への嫌悪である。何か他のどうしてもしなければならない仕事などないにもかかわらず、自分や他人のためにしなければならない仕事を拒んだり、蔑ろにしたりする者は皆怠け者である。だが、我々よりも目下と思われる者や、何らかの仕事をすることを期待されている者以外に対しては、我々は滅多に怠け者とは呼ばない。例えば、子供たちは彼らの両親を怠け者と考えないし、召使いは主人を怠け者とは思わない。仮に、ある紳士が言語道断の安楽と怠惰に耽っていたとしても、また若くて細身であるにもかかわらず靴を自分で履こうとしなくても、召し使いや靴を履かせてくれる者を雇うことができれば、誰もそうした行為のゆえに彼を怠け者と呼ばないであろう。

ドライデン氏は、贅沢なエジプト王という人物を素材にして、とびっきりの怠惰について非常に見事な説明を与えてくれた。[131] お気に入りの臣下たちにかなりの贈り物をした王には、それらの下賜物の確認をするために署名すべき羊皮紙の文書を携えた主要大臣たちが従っている。まず、国王は、酷い不快感を顔に浮かべながら、あちこち歩き回った後で、疲れ切った男のように椅子に身を沈め、これからしようとしていることにまったく気が進まない面持ちでペンを取り、トレミーという語が長すぎると大真面目に文句を言い始め、大いに面倒を省いてくれると思われる短い単音節語からこの男の名前は構成されていないと、大きな不満を表明するのである。

我々はしばしば他人を怠惰であると言って咎める。それは、我々自身も怠惰という同じ罪を犯しているからである。数日前に、二人の若い姉妹が横並びで座っていた時、姉が妹に対して、ドアから冷たい風が入っている、あなたがドアの側にいるのだから、ねえ、閉めてよと言った。妹の方は、ドアの方に目を向けたけれども、座ったまま黙っていた。そこで、姉が、再度、二、三回閉めてよと言ったが、妹は返事しようとも、動こうともしなかった。そこで、姉は、むっとして立ち上がり、自分でドアを閉めた。姉は席に戻ってきて座りながら、険しい目つきで妹を睨みつけ、「ねえ、ペティよ、私は決してお前のような怠け者にならないわよ」と顔が赤くなるほどムキになってまくし立てた。無論、妹が立つべきであった、と私も認める。だが、姉が億劫に思わなかったならば、余分なことを言わずに、寒風が気になった時すぐに自分でドアを閉めたことであろう。彼女も妹よりも一歩程しかドアから離れておらず、年齢にしても彼女たちの間には十一か月程の差しかなく、ともに二十才以下であった。二人の内でどちらの方が怠け者であるのかと決めるのは難しいことだ、と私は思う。

ほとんどただ同然で、くたくたになるまで働いている哀れな人たちが大勢いる。なぜかと言えば、彼らは、自らが受ける苦痛の価値がどれ程のものであるか考えもしないし、知りもしないからだ。他方で、自らの労働の真実の価値を抜け目なく理解している者は、安い賃金で雇われるのを拒否する。それは、彼らが怠惰な気質であるからではなく、自分の労働の価格を引き下げたくないからだ。ある田舎の紳士が、王立取引所(132)の奥まったところで、ポケットに手を突っ込んであちこち歩き回っているボーイを見ている。「ねえ、君」と彼は言う、「この手紙を持ってボウ教会まで届けてくれないかね。そしたら一ペニーあげよう」。「喜んでまいりますが、二ペンス頂かなければ割に合わないよ」とボーイは言った。結局、紳士は二ペンスあげるのを拒んだので、ボーイは背を向け、「ただみたいな仕事をするくらいならば、何もしない方がいい」と紳士に言った。他方、紳士は、ちょっとした仕事で一ペニーを稼ぐよりも、何もしないでブラブラするなんて、ボーイのくせに何という怠けぶりだと思った。数時間後、彼はたまたまスレッドニードル通りのある酒場で何人かの友人と一緒にいると、仲間の一人が、その晩、郵便で送られることになっていた小切手を取りにやるのを忘れていたことに気づき、大慌てで、誰か全速力で直ちにハックニーまで行ってくれないかと請うた。その日は真冬の大雨の夜であり、時刻は十時を過ぎていた。しかも、既にボーイたちは床に就いていた。その紳士は、非常に不安になり、どんなにお金が掛かろうとも誰かに行ってもらわねばと言った。紳士が動転しているのを見ていた給仕の一人が、割に合う仕事ならば起きてくるボーイを知っていますよ、と言った。「割に合うって」と紳士は意気込んで言った。「無論、割の合う仕事だよ。ちょっと君、もしそうした子を知っているのなら、できるだけ急いでもらってくれ、十二時までに戻って来られれば、一クラウン銀貨を彼にあげよう」。それを聞いて、給仕は話をつけに部屋から出て行き、十五分と経たないうちに、できるだけ早く伝言を届けるそうだという嬉しい返事を持って戻ってきた。仲間たちは、その間、酒を酌み交わしながら気を紛らしていた。そろそろ十二時近くになり、懐中時計を取り出し、仲間たちの間でボーイがいつ帰ってくるかが話題となった。ある者は時計が十二時を打つ前にボーイは戻ってくるだろうという意見であり、また他の者はそれは無理だろうという意見であった。そして、十二時にあと三分になったまさにその時、雨で衣服がびしょ濡れになり汗だくのボーイが意気揚々と入ってきた。彼が身につけているものは紙入れの内部以外はびしょ濡れであったが、そこから取りに行くことを頼まれた手形を取り出し、給仕の指示でそれを所有者の紳士に差し出した。紳士はその迅速さに大変喜び、約束通りボーイに一クラウン銀貨を与え、他の仲間たちは彼の酒杯になみなみとワインを注ぎ全員で彼の頑張りを称えた。最初に指摘した田舎の紳士は、ワインを注いでもらうために明かりの方に近づいたその男を見た時、この男こそが一ペニーを稼ぐのを断り、自分がこの世で最も怠け者であると思った、あの同じボーイであることに気づいて大変驚いた。

この話は、最も有利な条件で自分の力を発揮する機会がないために働かないでいる者と、覇気がないために怠けることに喜びを感じ、身体を動かすよりもむしろ餓死を望むような者とを混同してはならないことを、我々に教えてくれる。こうしたことに留意しなければ、世の中の人たちが自らの労働によって手に入れることができる報酬に対する彼らの評価次第で、皆多かれ少なかれ怠け者であると我々は言わなければならず、その結果、最も勤労な者でさえ怠け者と呼ばれることになるであろう。

私が充足感と呼ぶものは、自分自身が幸せであると思い、己れの立場に満足している時に人々が感じる精神の平穏である。充足感は、我々の現在の境遇が好ましい状態であり、平穏な状態であることを意味しているが、それは熱心に自らの境遇を改善しようとしている人間には無縁なものである。また、充足感は称賛するに値するかどうか実に不確かな美徳でもある。というのも、人間がおかれている境遇が変わるにしたがって、充足していることが称賛されたり、非難されたりするからである。

骨の折れる商売で一所懸命働いている一人の男が、親戚の者から年間百ポンドの遺産を相続した。こうした運命の変化の結果、彼は働くのが嫌になり、出世するために必要な勤労さをかなぐり捨て、まったく何もしないで遺産だけで暮らすことを決めた。節度を持って暮らし、お金はきちんと払い、誰も傷つけることがないならば、彼は正直で穏やかな人であると言われるであろう。飲食店主や、宿の女主人や、仕立屋や、その他の者は、彼の持っている資産を彼らの間で分配し、社会は毎年彼の収入分だけ豊かになる。ところが、もし、彼がこれまでの商売を続けるか、あるいは別の商売を始めるかすれば、彼は他人の商売を妨げざるをえず、彼が手に入れた分だけ誰かが手にする分が少なくなるであろう。それゆえ、彼がこの世における最も怠け者であって、二十四時間のうち十二時間も寝て、残された時間はあちこちただぶらつくだけであったとしても、誰も彼を非難しないであろうし、彼の怠け者精神は充足感という名前をつけられる名誉に浴するのである。

だが、同じ男が結婚をし、三人か四人の子供をもうけても、相変わらず極楽とんぼを決め込み、遺産だけで満足し、一ペニーも稼ごうとせず、これまで通りの怠惰に耽るとすれば、まず親戚の者たちが、ついであらゆる知り合いの者が、彼の怠惰ぶりに警鐘を鳴らすであろう。彼らは　彼の所得だけでは、こんなにも多くの子供たちを立派に育て上げるのに充分ではないということを見越して、子供たちの何人かは彼らのお荷物ではないにしても、不名誉になるかもしれないと懸念するのである。こうした恐れが、暫くの間、人から人へと噂された後、叔父さんが彼を咎めて、次のような決まり文句で彼を諭す。「何だ、お前、まだ働いていないのか。ああ、情けない奴め、お前がどうやって時間を潰しているのか、儂には理解できないね。お前が自分の商売をしたくなくとも、一ペニーくらい稼ぐ方法は一杯あるだろう。慥かに、お前は年に百ポンドを手にすることができるが、生活費は年々増加することだし、子供たちが大きくなったらどうする心算だ！　儂にはお前よりもずっと財産があるが、お前は儂が商売をしないでいるのを見たことがあるか。いや、はっきり言うが、たとえ儂がこの世のすべてを手に入れたとしても、お前のような生き方をすることはできないね。儂に関係がないことは認めるが、手足も満足で健康にも恵まれているお前みたいな若者が、何か仕事をしようとしないのは恥ずべきことだと皆が叫《わめ》いているぞ」。もしこうした警告が直ぐに彼を改心させることなく、さらに半年もの間、無職で過ごすようなことがあったならば、かれは近隣中の噂の種となり、かつて穏やかで充足した男であるという評判を得たのと同じ資質のために、この世で最悪な夫であり最も怠惰の男であると言われるであろう。以上のことから、我々がある行為を良いとか悪いとか言う場合、我々は、単に、そうした行為から社会が損害を被るか、あるいは利益を受けるかを考えているに過ぎず、その行為に関わる人間に注目しているわけでないことは明らかである（三十九～四十頁を見よ）。

精励と勤労という言葉は、しばしば無差別に用いられ同じものを指し示しているが、両者の間には大きな違いがある。ある貧しく惨めな者は、精励恪勤し、創意もあり骨身も惜しまず働く倹約家であったとしても、自らの境遇を改善しようとすることなく現状に満足しているのである。ところが、勤労は、こうした性質以外に、利得への渇望と、境遇を改良しようとする飽くなき欲求を意味している。人間が自らの職業から得られる通常の利益が、あるいは従事している仕事の分け前が少なすぎると思う時、勤労という名に値する二つの方法がある。それは、仕事とか利益を増加させる奇抜ではあるが理に適った方法を見つけ出す才覚があるか、あるいは、数多くの職業でその不足分を補うかである。小売り商人が自分の店の品揃えに腐心し、店に来る人たちに然るべき接客をしているのであれば、この男は精を出して仕事をしていると言える。だが、もしこの商人が、そうしたことばかりではなく、近所の別の商人たちよりも良い商品で彼らと同じ利益を上げるよう一所懸命に販売努力したり、あるいは、追従とかその他の優れた人間性によって多くの知己を得たりして、自分の店に顧客を呼び込むための最大限の努力をしているのであれば、彼は勤労であると言われるであろう。靴の修繕屋が、勤務時間の半分しか働かなくとも、仕事をいい加減にせず、仕事があればてきぱき片づけるのであれば、彼は精励な人間である。だが、仕事をしていない時にも、使い走りをしたり、靴釘を作ったり、夜警をしたりするのであれば、彼は勤労という名に値する。

この「注釈」で述べたことを熟慮すれば、怠惰と充足感は非常に親しい関係にあること、あるいは、両者の間には大きな違いがある場合には、後者の方が前者よりも勤労と対立していることがわかるであろう。

（X）骨折りの果て偉大な蜂の巣を正直な蜂の巣にせんと図るは（三十頁、二行）

人々が貧困と辛苦に甘んじているようなところでは こうしたことがなしうるかもしれない。だが、彼らもまた世の安楽と慰安を享受し、好戦的な国民であると同時に豊かで強力で繁栄している国民でありたいのであれば、それはまったく不可能である。スパルタの尋常ではない倹約とその他の模範的な美徳にもかかわらず、彼らがギリシアのあらゆる都市国家以上に放った素晴らしい異彩について人々が話すのを聞いたことがある。だが、その偉大さがスパルタ人ほど空虚であった国民が存在しなかったことも慥かなことである。彼らの生活の輝きは劇場の輝きに劣っており、彼らが唯一誇れることは何も楽しみを享受しないということであった。慥かに、スパルタ人は外国から恐れられ、尊敬もされた。また、彼らは尚武の精神や軍事技術において大いに名を馳せていたので、近隣の国は友好関係を維持するとともに、戦時においては支援を求めただけではなく、スパルタの将軍に彼らの軍隊の指揮をとってもらうことさえできれば満足し勝利を確信した。とはいえ、スパルタ人の規律は大変厳格なものであり、また生活の仕方も大変質素であり、生活上の愉しみもまったく欠いていたので、我々の中の最も節度ある人間でさえ、そのような無骨な習わしの苛酷さに甘んじることをきっと拒むことであろう。彼らスパルタ人の間には完全な平等が存在した。金貨や銀貨は非難された。彼らの通貨は鉄で造られ、しかも大きな塊で造られていたので、通貨としてほとんど役に立たなかった。二十ポンドないし三十ポンドを蓄えるのにかなり大きな部屋が必要であり、二頭立てより少ない牛ではそれを運ぶことはできなかった。また奢侈に抗するために採った他の対処法は、皆で同じ食事を摂らなければならないことであった。誰でも自宅で自分だけの正餐や夕食を摂ることをほとんど許されていなかったので、スパルタの王の一人であるアギス王(133)がアテネ軍を破り、（王妃と二人で食事をしたかったので）帰宅して自宅で食事を摂ろうとしたら、指揮官たちに窘《たしな》められた程である。

プルタルコスが述べるところによれば、青少年たちを育成する上でのスパルタ人の主要関心事は、彼らを立派な臣下に鍛え上げ、長くてうんざりするような行軍の疲労に耐えうるようにし、勝利することなく戦場から逃げ帰るようなことが決してないようにすることであった。青少年たちは十二才になると、エウロタス川(134)岸辺に生えている藺草《いぐさ》で造った寝床で小さな一団で寝泊まりした。藺草の先端は鋭く尖っていたが、ナイフを用いず手で折り取らなければばならなかった。冬ともなれば、暖かくするために薊の冠毛を藺草に混ぜた（プルタルコスの『リュクルゴス伝[135]』を参照）。こうした事情を勘案すれば、スパルタ人ほど女々しくない国民はこの世に存在しなかったことは明らかではあるが、彼らは生活の楽しみをすべて禁じられおり、その苦痛の報酬として、困苦に慣れている好戦的な人々であるという栄誉だけしか何も手にすることができなかった。そうした幸福は、同じような条件であれば誰も欲しない性質のものである。スパルタ人は、世界の覇者であったとはいえ、そのことを楽しむことがないのであるから、イギリス人ならばスパルタ人の偉大さを羨むなどということはないであろう[136]。人間たちが、今日、欲しているものについては、本当の快楽について扱った「注釈」(Q)で充分説明しておいた。

(Y) 世の便益を享受し（三十頁、四行）

品位とか便益という言葉は大変曖昧であり、その言葉を使う人々の資質や境遇を知ることなく理解することができないことは、既に「注釈」(L)で暗示しておいた。金細工師とか、呉服屋とか、その他開店資金として三、四千ポンド持っている最も称賛に値する小売店主ならば誰でも、毎日二種類の肉料理と、日曜日には何か特別な料理を食べるに違いない。彼の妻は分娩用にダマスカス製[137]の寝台を買い、素晴らしい家具が備えつけてある二つか三つの部屋を持ち、翌年の夏には、田舎に持ち家か、少なくとも素晴らしい貸家を手に入れるに違いない。その人間が郊外に住んでいるのであれば、馬を持ち、彼の従僕も馬を持っているに違いない。また、もしその男がまずまずの商売をしているのであれば、八年か十年の間に、馬車を手に入れることも恐らくできるであろう。にもかかわらず、この男は二十二、三年の間あくせく働いた（彼がそう言うのであるが）後で、長男に年に少なくとも千ポンド相続させ、その他の子供たちには身を立てるための資金として、二、三千ポンド財産を残したいと望むのである。こうした境遇の人間が日々のパンのために祈り、その祈りによって大それたことを願っていないとすれば、彼はとても慎み深いと看做されるであろう。プライドとか、奢侈とか、浪費だとか、あるいはお好みでどのように呼ぼうとも、次のようなことは繁栄している国の首都においては当然の事実でしかない。すなわち、上流社会の人たちは自らの便益のために高い費用をかけるように、下流階層の人たちは低い便益に甘んじなければならないのである。また、ある人たちは金銀食器で給仕されるのを品位のために過ぎないと言い、六頭立ての馬車は快適な生活の必需品であると看做している。また、貴族に年間三、四千ポンド以上の収入がなければ、彼は貧乏であると看做されるのである。

本書[138]の初版以来、何人かの人たちは、過度の奢侈があらゆる国家に必ずもたらす破滅に関する確たる証拠を示すことによって私を攻撃してきた。だが、私が本書を執筆する上で課した限定条件を彼らに示した時、それが直ちに彼らに対する回答となった。それゆえ、如何なる読者も、この問題について、将来にわたって誤解のないように、現在の刷りでも以前の刷りでも、注意を喚起するとともに、執筆上の制約として設けておいたことを指摘しようと思う。そして、もし、それらの指摘が看過されないならば、こうした指摘は有りうべき非難を未然に防ぎ、然《さ》もなくば私に向けてなされたであろう幾つかの反論を封じ込めてくれるに違いない。決して逸脱してはならないものとして、私が設定した執筆上の原則は、貧民*は確実に仕事に従事させておくということ、貧民の欲求を解放することは賢明であるが、彼らを矯正するのは愚かであるということ、食料**したがって労働を安価にするために、農業と漁業はあらゆる分野において振興されるべきであるということであった。また、私は無知***を社会という混合体における必要な構成要素であ

* 一六二頁、一六三頁
** 一六四頁
*** 九十頁

ると言った。こうした指摘からすれば、奢侈が王国のすべての部分にわたって一般的なものであるべきなどと私が決して考えていなかったことは明白であろう。同様に、財産[†]は充分に保全されるべきであり、正義は公正に維持され、万事につけて国益は軽んじられるべきではないことを私は求めてきた。だが、私が最も強く主張し、一再ならず繰り返してきたことは、貿易の均衡に関心を持たねばならないこと、年間[††]の輸入額は年間の輸出額を決して超えないように立法府は留意しなければならないことである。こうした点が留意され、私が述べたその他のことも無視されていないところでは、如何なる外来の奢侈といえども国を滅ぼすことはないと確信している。最高の奢侈は、非常に人口の多い国以外では決して見いだされないし、しかも、そうしたことができる者は国の上流階級だけであって、国の大きな割合を占めている大多数は、社会のすべてを支えている最下層の人たち、すなわち多数の労働貧民であらざるをえない。

　大富豪の人たちをそっくり真似ようとする者たちが破滅したとしても、それは自業自得というものである。こうした事実は奢侈に反対する根拠たりえない。というのも、暮らしていけるのに所得以上の生活をするのは馬鹿だからである。上流社会の人たちは、六頭立ての馬車を三台も四台も所有するとともに、子供たちのためにお金を蓄えている。ところが、若い小売商は駄馬を一頭飼うだけで破滅である。浪費なくして豊かな国が存続するなどはありえないことだが、街が大層な放蕩者で溢れていれば、そこには必ずその人数に見合うだけの強欲な人々も存在している。ある年老いた商人が長い間の浪費や怠慢のために破滅するように、同じ商売を始めた若い初心者が、節約と勤労のゆえに四十歳前に一財産を築くのである。その上、人間の短所はしばしば反対に作用する。心の狭い者はあまりにも吝嗇であるので決して成功しない。ところが、先を読める頭を持った人は、お金をどしどし使い、お金を軽んじているように振る舞いながら巨万の富を蓄える。だが、人生の禍福は必然であり、人々の最も悲しむべきことであっても、社会の個々の構成員の死と同じように社会にとって害とはならない。洗礼と埋葬は正しく均衡する。他人の不幸によって損失を被った者は大変悔しく思い不平を言い騒ぎ立てる。いつもその逆の者がいるように、それによって儲けた他の者は、隣人の損失と災難のお陰で儲けたと思われるのは不愉快であるので口を噤む。こうした世の浮き沈みが、常に回転しながら社会という全機構を動かしている車輪を形作っている。眼前の狭い視野よりも広くモノを考えようとしている哲学者たちは、ちょうど肺の膨張と収縮を見るのと同じく、市民社会における交互の変化を観察する。肺の収縮は、肺の膨張と同じように、より完全に近い動物の呼吸の一部なのである。ちょうど生命体にとっての漂う空気のように、政治体にとっては決して定まることがない運命のあてどもない息吹が存在しているのである。

だから、強欲と放蕩はともに社会にとって必要なのである。ある国々では他の国々におけるよりも人間が一般に浪費的であるということは、そうした悪徳を身につけやすいかどうかの事情の相違から生じるとともに、自然的な気質や社会体の状態の相違によっても生じる。ここで、記憶力の不足のために、「注釈」(Q)において既に述べておいた同じ内容を繰り返しているとすれば、注意深い読者の皆さんにご容赦願いたい。土地よりもお金、重税と食糧不足、勤労、精一杯の努力、活動的で生気ある精神、意地悪と陰気な気質、老齢、知恵、商売、自らの労働によって手に入れた富、よく保全された自由と財産、これらすべては貪欲こそがなせるわざなのである。それに対して、怠惰、充足感、善良さ、陽気な気質、若さ、愚かさ、独断力、簡単に手に入るお金、豊富な食料と不安定な財産、これらは皆人間を放蕩に向かわせしめる事情である。前者が一般的なところであれば強欲が、後者が優勢なところでは放蕩が支配的な悪徳になるであろう。しかしながら、国民的窮乏がなければ国民的倹約はなかったし、これからもないであろう。

戦争や疫病や飢饉などといった大きな災難の後で仕事がなくなり、貧しい人たちの労働が中断された時、窮乏した国にとって奢侈禁止法は有効であるかもしれない。だが、奢侈禁止法を豊かな王国に導入することは、その国の国益

---

†　九十六、九十八頁
††　九十五頁、九十六頁

を考慮すれば間違った方法である。もしも、我々がイギリスの女性たち向けのアジアの絹の船荷を少なくするようなことをしたならば、ペルシア人やその他の東洋人が消費しているイギリスの高級生地を彼らが大量に買いつけることは困難になるであろうことを、国民の倹約を擁護する人たちに対して強調して「栄茂の蜂の巣」についての私の「注釈」を終えることにする。

六　慈善および慈善学校に関する試論[1]

慈善行為とは、我々が自分自身に向ける誠実な愛情を純粋で混じりけのない形で、血縁関係も友情関係もないまったくの他人に分かち与える善行のことである。我々は赤の他人には何ら義務や責任を負っていないし、また、赤の他人からは何一つ期待していない。慈善行為のこの定義の厳密性が少しでも損なわれるならば、この善行は全うされないであろう。友人や血縁者のためにすることは自分自身のためでもある。ある人が自分の甥や姪を援助して「私の弟の子供たちだから慈善の気持ちでやっているのだ」と言うとしたら、それは嘘である。彼に援助する力があるなら、援助は期待されて然るべきであり、彼は自分自身のためにも援助しているのである。というのも、彼が世間の評判を重んじ、名誉や声価を鋭敏に意識しているならば、赤の他人よりは甥や姪の方に重きを置かざるをえず、そうしなければ彼の人柄が疑われるからである。

慈善は判断や行動において実行される。つまり、慈善行為は我々が他人をどう見るか、我々が他人のために何をなすかに表れるのである。そうであるとすれば、慈善的精神とは、まず、第一に事情が許すかぎり他者の言動を善いほうに解釈する精神のことである。たとえ謙譲心が微塵もないような人が立派な家を建て、豪華な家具調度を設え、金銀の食器や絵画で飾り立てたとしても、これは彼が虚栄心からやっているのではなく、芸術家を励まし、職人を雇い、貧民に仕事を与えて、国益増大のためにやっているのだと解釈すべきなのである。また、教会で眠っている人を見ても、その人が鼾（いびき）をかいていなければ、目を閉じて牧師の話にじっと耳を傾けているのだと考えるべきである。というのは、我々の立場になってみれば、貪欲の極みが倹約の精神として通り、明白な偽善も宗教心のゆえとして通ることを望んでいるからである。第二に、我々が時間や労力を無償で捧げたり、助けを必要としているにもかかわらず、親戚や友人からの援助だけでは足りなかったりする人々のために、自らの社会的信用を土台に他人に働きかける場合には、慈善という善行ははっきりと目に見えるものとなる。慈善行為の中でも最後に残るのは、右記のような人々に、我々が大切にしているものを、（我々が生きているうちに）差し出すことである。生活窮乏者や我々の救済の手が選んだ人々を救わないでいるよりは、ずっと少ない財産や享楽で自らは満足するのである。

慈善という徳行は、しばしば哀れみとか同情と呼ばれる感情と取り違えられる。人間というものは多かれ少なかれこの感情に左右されるが、大抵最も心根の弱い人が一番この感情に強く衝き動かされる。この感情が生じるのは、他人の苦しみや悲惨さが強烈な印象で迫り、動揺して我々を不安にさせる時である。同情心を掻き立てるものは目や耳から入ってくるので、それが視覚や聴覚に近ければ近いほど我々の心の動揺は大きく、しばしば苦痛と不安も大きいものとなる。

我々のうちの誰かが、一階の部屋に閉じ込められていると仮定しよう。部屋から見える庭では、二、三歳の元気な子供たちが機嫌よく遊んでいる。窓の格子越しに手を延ばせば、届きそうなほど近くに子供たちはいる。無邪気な幼子の遊びや片言のおしゃべりを楽しんで見ていると、汚らしく不恰好な雌豚が庭に入ってきて、子供に襲いかかったので、子供たちは驚愕して悲鳴をあげる。こんな場合、普通なら、我々は不安に駆られて大声で叫び、凄い剣幕であらんかぎりの音をたてて、雌豚を脅し追い払おうとする。だが、偶々、この雌豚が空腹で気も狂わんばかりに食べ物を求めて徘徊し、我々の叫び声やあらゆる脅しをものともせず、無力な幼児を捕らえて殺し、がつがつと貪り食うのを見たとすればどうであろうか。この豚が頑丈な顎を大きく開けて、か弱い幼子を忽ち打ち倒し、幼児の柔らかい手足が、為す術もなく投げ出されて、踏みつけられ引き裂かれるのを見たり、血で汚れた鼻づらをまだ動いている内臓に突っ込んで、吹き上げる血しぶきを吸うのを見たり、あるいは骨がばりばり噛み砕かれる音が聞こえたり、この動物が残酷にも恐ろしいご馳走に凄惨な喜びの声をあげるのが聞こえたりしたとすれば、言い表しようのない苦痛が我々の心を襲うであろう。ここで、有徳者や有徳者の行いを見る人々にとっては自明な美徳というものについて、また道徳家が自慢する至上の輝かしい美徳というものについて考えてみよう。勇気または愛国心が純粋なものであることは明らかであるが、勇気はプライドと怒りから区別され、愛国心には栄誉心や如何なる利己心も混ざってはいない。だが、哀れみの感情ほどに他の感情とは明白に異なって純粋なものはない。ここに記した光景に接して動揺する感情には、美徳も自己抑制も不要である。人道家や道徳家や同情心の持ち主だけでなく、追いはぎや押し込み強盗や人殺しでも、このような場合には不安に駆られるはずである。大変な災難に遭っている人でさえ、このような場合には暫しの間は自分の不運を忘れるだろうし、抑えきれない感情さえも哀れみの気持ちのために消し去れるであろう。このような如何なる言葉でも言い表せないような光景を見て痛みを感じないほど、冷酷非情で心を閉ざした人間はいない。

哀れみは目や耳から入ってくるものだという、私の言葉に首を傾げる人も多いだろうが、これが事実であるということは、対象を近くで見れば見るほど苦痛は激しく、遠ければ遠いほど心の動揺は少ないことを考えれば、すぐに理解できるであろう。罪人の処刑場が遠くにある場合にはそれほど動揺しないが、かなり近くで処刑される罪人の目の中に、彼らの心の動きや恐怖や苦悩を看て取ることができ、顔の造作の隅々に煩悶を読み取れる場合にはそうはいかない。対象が五感から遠く離れている時には、対象に降りかかった災難の話を聞いたり、読んだりしても、哀れみの感情は喚起されることはない。友人や信奉する人たちの死や不幸といった凶報に我々は心を痛めるかもしれないが、これは哀れみの情ではなく悲しみである。それは愛する者の死や大切にしていた物が壊れた時に感じるものと同じ感情である。

会ったこともない人々が三千、四千人と剣で殺され、あるいは川に投げ込まれて溺死したと聞いたら、心底気の毒だと思って「かわいそうに」と言うだろう。他者の苦しみを思いやるのが人間という存在ならば、理屈から言えば、事が遠くで起ころうが眼前で起ころうが、それに寄せる気持ちは同じであるべきで、哀れみの情を寄せるべき対象に同情しないのは恥ずべき行為であるということになり、あの人は冷酷だとか同情心がまったくない人だとか言われることになる。人道主義や理屈ではこうなるとしても、自然のままの人間の姿は嘘をつかない。対象が感覚を刺激しなければ、身体はそれを感じないのである。目に見えない人々のことを哀れんでいると言っても、初対面の挨拶として「あなた様の卑しい召使でございます」(2)という口上を述べたのと同等にしか受け取られないのである。初対面の挨拶で使われる決まり文句や、時たま顔を合わす人々の集まりでよく「それは大変喜ばしい」とか「それは大変残念です」などという言葉が、二分と経たないうちに五、六回は飛び交うけれども、別れて帰る時に出会った時よりもほんの少しでも喜びや悲しみが増しているなどということはないのである。哀れみの情も同じで恐れや怒りと同じく選択できるものではない。強くて活発な想像力の持ち主ならば、まるで眼前で起こったことのように頭に思い描くことができ、哀れみの情に似た感情も作り出せるかもしれない。だが、これには技と熱意が必要であり、こうした感情は哀れみの感情の模倣に過ぎない。心が哀れみを感じているわけではなく、それは悲劇の舞台を見て感じる程度の微かな心の動きであるに過ぎない。悲劇を見る時、我々は判断に頭を集中させているわけではなく、ゆったりと怠け心に身を任せているものだから、ふと哀れみの情を感じたと思ってしまうのである。こういう思い違いは感情を高めるのに必要なものであって、心が怠惰で受身の気分に浸っている時には、微《かす》かな感情の疼きは不快ではないのである。

哀れみの感情が我々自身に生じた場合は、よく慈善心と間違えてしまうから慈善行為の形をとったり、慈善の名そのものを称したりする。乞食はイエス・キリストのために慈善を施してくださいと頼むけれども、彼は終始哀れみを喚起するよう企んでいるのである。彼は自分の病気や肉体的疾患の中でも一番ひどい部分を見せつけたり、巧みに言葉を選んで自分の災難のあることないことを並べ立てたりする。一見すると、相手が心を開いてくれるように神に祈っているように見えるが、実は相手の耳に働きかけているのである。乞食の中でも最も堕落した者ともなると、宗教に飛びついて助けを求め、沈んだ声で決まり文句を唱え、わざと悲しげな身振りをする。しかし、彼が頼りにしているのは哀れみの感情ばかりではなく、名誉のある卓越した肩書きを口にしたりして、人のプライドをくすぐったりもする。また、人の財布の紐を緩めさせるため、自分の稼ぎの少なさを幾度も繰り返したり、利息法を無視した法外な利息をつけて、ゆくゆくは金を返すという口約束までしたりする。大都会に不慣れな人が、こんな具合にあらゆる面から攻めたてられると、自分自身には、他人に与える金銭的余裕がほとんどなくても、いくらかは施さざるをえないと思ってしまう。人が自愛心に操られるのは奇妙なことである。自愛心は常に我々自身を守ろうと目を光らせているにもかかわらず、支配的な情念を鎮めるために我々に不利な行動に駆り立てるのである。哀れみの感情に捕えられると、我々が同情を寄せる人間を救う一助となり、悲しみを和らげる役目を果たしていると思えれば、気持ちが楽になるからである。だから情け深い人々は、実際は、気が向かない時でも義捐金を出すことがよくあるのである。

身体の傷がむきだしになっていたり、当人が異常に辛そうに見えたり、当の乞食が傷を寒風に曝して我慢していたりする光景に大変なショックを受ける人もいる。こんなことが放置されているなんて酷い話だ、と彼らは叫ぶ。だが、それは哀れみの情が湧きあがってきたからだけでなく、金銭欲が強かったり、そうすることは無駄な出費だからと一銭も恵まないと決めたりしている場合には、とりわけ心が落ち着かないからである。目を逸らす人もいれば、それを恥ずかしく思わなければ、進んで耳を塞ぐ人もいるだろう。こういう人々にできることと言えば、歩調を速め、乞食が街をうろつくことに腹を立てることだけである。哀れみは、恐怖と同じで、そうした感情を引き起こす対象に慣れれば慣れるほど動揺は収まる。つまり、こういう光景や声の調子が習慣によって慣れっこになっている場合には、それらは何の影響も及ぼさないのである。断固として乞食には恵まない決意の相手に対して、根気のよい乞食になら一つだけできることがある。それは、松葉杖にすがるかどうかは別として、ひたすらこういう相手のすぐ後を歩き、絶え間なく大声でせがんだり、ねだったりして苛め抜き、相手がお金さえ出せばこの修羅場から逃れて心の平和を取り戻せると観念するかどうか試してみることである。だから、気を楽にして歩くためには魚の目の治療にお金を払うのと同じ感覚で、乞食に施しをする人が何千人といるわけである[3]。厚かましくわざとしつこくつきまとう悪党には、半ペニー銅貨がたくさん恵まれるであろうが、スマートにやってのけられるなら、ステッキでひっぱたいた方が余程ましというものなのである。にもかかわらず、この国の慣例により、このような行為はすべて慈善と呼ばれているのである。

哀れみの反対は悪意である。悪意については羨望を論じたところで述べておいた。自分の心の中を仔細に吟味してみれば、悪意という感情の発生源を突き止めるのが極めて難しいことに気づくであろう。悪意という感情は我々が最も恥とするものの一つであるから、悪意の有害な部分は、適切な教育により抑えられ矯正される。誰かが自分の傍で躓いたら、思わず手を延ばして転ぶのを防いだり、転ぶ勢いを和らげたりするものであるが、それは、人間というものは平静な折には哀れみの気持ちを持っているからである。とはいえ、敵意や悪意だけでは恐れるに足りぬものではあるが、プライドが後押しすると意地悪くなり、怒りという拍車がかかると極めて恐ろしいものに変わる。残酷と呼ばれるこうした悪意の混合体にかかれば、哀れみの情などたちまち雨散霧消してしまう。このことから我々が学ぶべきは、善行を全うするためには、感情を抑制するだけでは足りず、称賛に値する信念をもっていなければならないということである。したがって、美徳の定義の文言、「有徳の士になろうという理性的野心[4]」に、我々の努力は立脚すべきなのである。

既に述べたように、哀れみの感情というものは、人間の持つあらゆる感情の中でも最も好まれる善良な心情であって、これを抑え込んだり制限したりする必要はあまりない。外科医は、同情心のためになすべきことを省いたり手控えしたりしない限りは、患者にいくら同情しても構わない。また、裁判官や陪審員も、明白な法律違反や公正の逸脱をしない限りは、哀れみの情に影響されてもよい。情に脆い親たちが掻きたてられる哀れみ、そして子供たちに対する彼らの理性的な愛が求め、親たち自身が望むように子供たちを扱うことを妨げる哀れみほどに、この世に及ぼす災いの最たるものはない。この哀れみの感情が女性の愛情の中に占める支配的な力は、普通考えられるよりも相当大きく、まったく煩悩のせいにされているけれども、実はほとんどは哀れみの感情に基づく失態を毎日のように犯しているのである。

以上、私が指摘した感情だけが、慈善のみせかけであり、慈善の類似品である訳ではない。プライドと虚栄心が建てた病院等の慈善施設は、あらゆる美徳によるよりも数が多い。人間は自分の財産に固執し、利己心は人間本性に根をはっているので、誰であれ何らかの手段で利己心に打ち克つことができれば世間から喝采され、弱さを隠し、身を任せたい欲望を鎮めるためのありとあらゆる激励が与えられるだろう。社会全体によって拠出されなければならないものに私財を差し出す人たちは、社会の一人ひとりに恩恵を施している訳だから、世間は喜んで彼に感謝し、そのような行為はすべて有徳であると言わざるをえないと思われるが、世間はその行為を行った動機を調べたり吟味したりはしない。美徳や宗教にとって最も有害なことは、死後に貧困者にお金を与えることによって、この世で犯した罪をあの世で償わせてもらえると信じ込ませることである。残忍な殺人を犯した悪漢が、証人どもが偽証したお蔭で当然受けるべき罰を逃れ、巨万の富を積むほどになったが、聴罪司祭の忠告を聴いて全財産を修道院に寄進した結果、自分の子供たちは乞食になってしまったと仮定しよう。この善良なキリスト教徒は自分の犯した罪に対してどのように立派に償ったというのか。この者の良心を導いた司祭はどんなに正直者であったというのか。どのような信念に基づいてそうするにせよ、自分が生きているうちに持てるものすべてを手放す者は、ただ単に自分の財産を人に与えるだけのことである。しかし、金持ちの守銭奴が、彼の意に背くようなことをしたことのない身内にさえ生前の援助を拒否し、死後にいわゆる慈善の用途にお金を手放すとしたら、彼自身が自分のした善意をどう考えようとも、彼は自分の子孫からお金を奪っているのである。私は今、世間で大騒ぎされている慈善行為の例である莫大な贈り物について考えている。[5] この慈善行為の例に然るべき光を当ててみようと思うのであるが、学識を誇る人々を満足させるために、少々修辞的に論じることを許していただきたい。

内科医療の腕も乏しく学問もほとんどない男が、悪辣な策を弄して開業医となり巨万の富を築くというのは大して驚くに当たらない。だが異常なのは、その男が人間というものを完全に知り尽くし、その知識を最大限に利用する能力を備えていたばかりに、国民一般の尊敬を集め同時代の誰よりも高い評判を確立したことである。仮に、このような栄誉の極みに立った男が、プライドのためにほとんど心を取り乱し、時には召使や身分の低い人を無料で診療したかと思えば、法外な謝礼を支払う貴族を無視し、また時には彼を呼びに寄越した人の身分とか病気の危険度を何ら考慮したりすることなく、酒瓶を脇に置いて往診するのを断るような人間であったとしよう。仮に、彼が無愛想で気難しく、気まぐれ者を装って、高貴な患者でも犬のように扱い、彼を神のように崇め奉り、診断の確かさを神託のように受け取る人だけを尊重するような人であったとしよう。仮に、彼が世の中全般を蔑視し、最高の貴族をも公然と侮蔑し、王室にさえ侮辱的態度をとっていたとしよう。仮に、名医という名声を上げ維持するために、どんな緊急事態であっても、先輩の医師に相談することを潔しとせず、最も功績のある同業者をも軽蔑し、己れの天才ぶりに敬意を表して機嫌をとったり、まるで宮殿の道化師が皇太子に擦り寄るように媚びへつらってきたりする医者以外とは協議しないような人間であったとしよう。仮に、この上ない自惚れと飽くことを知らぬ富への貪欲を顕わにし、また、宗教を重んじる心を持たず、親族に対する愛情も貧困者に対する同情も、同胞への慈愛もほとんど示さないとしよう。仮に、彼の自国愛の証になるものは何もなく、公共精神の持ち主であるとか、芸術、書物、文学の愛好者である証拠はまったくないとしよう。こうした人物が死後に遺産を必要とする親族にはほんの僅かしか遺さず、それを必要としない大学には巨額の財産を寄付したことが判明した場合、彼の動機、彼にこのように行動させた信条を、我々はどう判断するべきであろうか。

理性や良識を喪失せずに可能な限り慈善的になれる人であるならば、この有名な医者が遺言作成にあたって、いつものように、作戦どおりの事の運びを自慢しながらお気に入りの快感に浸っていたであろうと考えるだろう。自分に捧げられるであろう称賛の言葉が彫られた記念碑や碑石に思いを巡らせ、中でも毎年の彼の記念式典に華麗荘厳に述べられる感謝、敬意、崇拝の賛辞のことを彼は考えたのである。また、こうした式典の際に知恵と創意をしぼって、基金寄贈者の公共精神や気前のよさや気高さや、受け取る側の技巧を労した感謝の念に相応しい言葉を探すために、技巧や修辞法を紐解くであろう、と彼は想像したのである。こうしたことに思いを馳せる時、この医者の野心的魂は、喜びの頂点に達したに違いない。特に自分の栄光がこのままずっと続き、それによって自分の名声が不滅のものになると想像した時には、有頂天になったに違いない。慈善に対する人の理解は愚かしいほど間違っていることが多い。人の死後には、書物を理解するように、故人を行動で判断するべきで、故人の理解力や自分たちの理解力を見誤ってはいけない。イギリスのアエスクラピウス(6)は明らかに分別のある人物であったのであるから、慈善心、公共精神、学問への愛に影響され、人類全般の利益を、そしてとりわけ彼の職業の利益の実現を目指して行動するという基本方針に立っていたならば、こんな遺言書を作成しなかったはずである。なぜならば、あれほどの巨額な財産にはもっとよい使い道があったことであろうし、かの医者よりずっと能力の低い人でも、お金のもっとまともな使い道を見つけ出したであろうからである。しかし、彼は分別と同時に強いプライドの持ち主であったことを考えれば、この途方もないお金を寄贈した動機が、こういうものではなかろうかという推測が成り立つし、彼は卓越した才覚の持ち主であり、世の中というものを知り尽くしていたと判るのである。自分の名を不朽のものにし、死後も永久に称賛され神のごとく崇められ、虚栄心を限りなく満たす謝辞や名誉や賛辞が自分を記念して捧げられるように願うのであれば、彼が採った方法ほど効果的なものはない。たとえ軍人として二十五回の合戦や包囲戦をアレクサンダー大王のごとく勇猛に戦い抜き、合わせて五十回ほどの戦いであらゆる苦難と危険に生命と四肢を晒したとしても、あるいは詩神に全身全霊を捧げ、文学のために楽しみも休息も健康も犠牲にして、研究と学問に日々を費やしたとしても、あるいはまた世俗的関心を捨て去り、廉潔と節制と苦行の生活を通して常に厳格極まりない美徳の道を歩んだとしても、さんざん享楽的な生活に身をやつし贅沢に欲望を満たした後、なんの苦労も自己抑制もなく、ただ死によって手放さざるをえなくなった財産の処理手段を選んだだけであるこの医者が成し遂げたようには名声を獲得することはできなかったであろう。

心の底から利己的な金持ちの守銭奴が、死んだ後まで持ち金の利息を受け取りたいと願うならば、親族を誑《たぶら》かして有名大学に財産を寄贈すればよい。大学はほとんど何の功績もない人間が不朽の名声を買える最良の市場である。大学は知識、知恵、洞察力を増大させ産出させるに相応しい場所である。大学は人間の本性に精通しており、基金の寄贈者が何を望んでいるかをよく心得ている。途方もない寄贈金には必ず途方もない恩返しが待っているものである。寄贈者が医者であろうが、鋳掛け屋であろうが、寄贈者の正体を知っていて嘲笑の種にする人間が死んでしまえば、寄贈金の額で称賛の度合いが決まるのである。私は偉人のために定められた感謝記念日のことを考えるたびに、百年後には奇跡的な治療法とか、そのほかの驚くべきものの数々を彼が編み出したなどと言われるであろう、という想いが必ず浮かぶのである。そして今世紀も終らないうちに、(修辞に通じた文筆家は話を粉飾しないなどとは決して約束しないのであるから)、彼を持ち上げる少なくとも聖者の伝説に勝るとも劣らない話が捏造されるであろうと、私は敢えて予言してもよい。

我らの明敏な基金寄贈者は、こういうことをよく承知していたのである。彼は大学というものとその特質、政策を理解し、そこから自分に捧げられる賛美が現世代は言うに及ばず、これから先二、三世代で終るものではなく、三、四百年の間、続くだけでないばかりか、国家が存続し島国そのものが残るかぎり、政治や宗教のあらゆる変化や変革を経ても捧げられ続けることを予知していたのである。

強いプライドの持ち主が、誘惑に負けて法的に正当な相続人の権利を侵害するとは嘆かわしいことである。というのも、安楽に裕福に暮らし、プライドに満ち溢れ、最高位の貴族社会からも丁重に迎えられていたような人が、死後の霊にまで不朽の敬意と崇拝がこのような途方もない仕方で払われる確証を胸に感じているとすれば、それはまるで戦場の英雄が夢想を満喫して熱狂的至福を味わっているようなものであるからだ。またそれは、病気の時には、人を元気づけ、苦痛を和らげ、死のあらゆる恐怖や未来に対するこの上なく暗い不安から護り、あるいは目を逸らさせてくれる。

このように批判的に細かく色々な物事や人間の良心を吟味することが、このようなお金の使い方をしようと思っている人たちの気を挫くことになると、そしてまた、お金やその寄贈者の動機が何であれ受取人を利することは確かであると指摘されても、私はこの非難を取り下げる気はない。あまりにも多くの財産の、この王国の死蔵資本への投入を防ぐことは、公共の害にはまったくならないというのが私の見解である。幸せな社会を築くためには、勤勉な部分と怠惰部分の間には、扱いにおいて大きな開きがあって然るべきなのであるが、このことが考慮されなければ、莫大な寄贈金はたちまち国民にとって過剰で有害なものとなるであろう。慈善が行き渡りすぎると怠惰と無為を助長するのが常であり、のらくら者を生み出し勤勉を損なうだけで国のためにはならない。教会や慈善団体が提供する救貧院や養老院を増やせば増やすほどこの傾向は強くなるであろう。こういう施設の創設者や最初の基金寄贈者は正しく高邁な意図を持って、おそらくは自分の評判を高めるために殊勝な目的に向かって苦労を重ねたかもしれないが、彼らの遺志の執行者や仕事を引き継ぐ管理者の見解がまったく異なってしまえば、慈善事業が初めの意図通りに長期にわたって執行されることは滅多にないのである。私には残酷なことを言う心算もなければ、不人情を衒う気持ちもない。平時においても、戦時においても、病人やけが人のために充分な病院が存在していることは必須の義務であると、私は考える。親のない小さな子供たち、世話する人のいない老人、仕事で障害を負って働けなくなった人々などは親切に細やかに世話をされるべきである。寄る辺もなく、精一杯働いてなお貧に窮している人々が等閑《なおざり》にされるのは我慢ならないが、貧困者に物貰いや怠惰を奨励したくもないのである。働ける条件を備えた人はみんな仕事に就くべきであり、病弱な者といえども事細かく審査されるべきである。この国の障害者のほとんどは、盲目も含めて、重労働には適さないまでも、健康で就労できる体力を備えた人はたくさんいる。このように考えてくると、しばらく前から慈善学校[7]への情熱に国を挙げて狂奔するさまに思いを馳せないわけにはいかないのである。

一般社会では、慈善学校の有用性と素晴らしさにすっかり魅了されているから、公然とそれに異議を唱えようものならば暴徒に石で襲われかねない。宗教の基本原理や聖書を読むことを教わった子供たちならば、ろくに面倒もみられず野放図に走り回っているような子供よりも、ずっと礼儀正しい有徳者になれる可能性はある。まともにシャツも着ないで、自分たちの惨めな境遇に気づきもせず、やたらと口汚く罵りながら街をのたうっているごろつきに出くわすよりは、少なくとも週に一度は清潔なリンネルのシャツにきちんと身を包んで、先生の後について整然と教会に通う子供たちを見たいと思うのが当たり前の人情というものである。野放しにされたどん底の子供の群れが、泥棒や掏《す》摸《り》の温床であることは疑う余地がない。何と多くの重罪人やその他の犯罪者が、毎日のように裁判にかけられ有罪判決を受けてきたことであろうか。こういうことは慈善学校が防いでくれるだろうし、貧困者の子弟がより良い教育を受けるならば、二、三年で成果が顕れ、ロンドンや全国に溢れる悪漢が一掃されるであろう。

以上が世論であり、一言でも異議を挟めば、邪悪な冒瀆者、見下げ果てた不信心者とまではいかなくとも、非慈善的で冷酷無慈悲な者と看做されるのである。慈善学校の教育が繰り拡げる光景の素晴らしさには誰も異議を唱えないけれども、私は国がそのような儚い美観に大金を投じることには賛成できない。その見た目の立派さを脇に置いてみると、この世論の唱える言い分[8]が秘める本質の何たるかについての答えが見つかるのである。

宗教に関して言えば、国民の中で最も学識があり、礼節を弁えた人々の場合が宗教心が最も乏しい。悪党を作るのは愚かさや無学ではなく狡猾であり、一般に悪徳は学芸が盛んなところで一番栄えているものなのである。諺にもある通り、無知は信仰の母と看做され、文盲や貧しく愚かな田舎の人々の中に無垢や正直が行き渡っていることは慥かである。次に考えるべきは、慈善学校が貧困者に植えつけようとする礼儀作法である。私に言わせれば、礼儀作法なんてものを少々身につけることには害はないにせよ、それは取るに足らない徳性であり労働に精を出す貧乏人には不必要なものなのである。我々が貧しい労働者に求めるものは労働と勤勉であって恭しい挨拶ではない。とはいえ、私としても、礼儀作法はあらゆる人々に必要なものであることは喜んで認める。だが、どんな具合に慈善学校ではそれが身につくのであろうか。慈善学校の男子生徒は、乞食以外の誰にでも、人に出会えば必ず帽子を脱ぐことを教わるかもしれないが、それ以上の礼儀作法を身につけるとは考えにくいのである。

俸給の額から推測できるように[9]、慈善学校の教員はさほどの資格を持ってはおらず、礼儀作法を教えることができるとしても、その時間がないのである。生徒が学校にいる間は、教科を習うか暗唱するか、読み書きや算術の勉強をしているが、授業が終わり次第、他の貧しい家の子供たちと同じように野放しになるのである。子供たちに影響力を持つのは、一緒に飲み食いをし、話をする両親という手本であり両親の教えなのである。子供を蔑ろにするような自堕落な両親では、子供を結婚するまで慈善学校に通わせたとしても、人間らしく礼儀を弁えた子女は育たないだろう。如何に貧しかろうとも正直で勤勉な人たちならば、善悪と分別を心得ているかぎり、子供たちが理由もなく街をうろつき外泊したりするのを許したりはしないものである。自ら働く意思があり、子供たちに言うことを聞かせる力がある親ならば、子供たちが稼げるようになり次第、たとえ僅かでも稼ぎのために何かをさせるであろう。口で言っても、殴っても効き目のないような放埒な子供であるならば、慈善学校でも矯正はできないであろう。いや、それどころか、経験から知るところでは、着ているものは別として、ロンドンのタワー・ヒルやセント・ジェイムズ界隈[10]にたむろする、悪党も顔負けの無頼の衆と化した慈善学校の男子生徒が、大勢で罵り合い呪いの言葉を発しながら街を徘徊しているのである。

さて今度は、この名だたる教育の欠如が原因だとされる大犯罪と膨大な数の犯罪者に話を移そう。窃盗や強盗はロンドンの内外で毎日のように多発し、毎年たくさんの死者を出していることも慥かである。こうしたことは慈善学校の有用性が疑問視される時に常に引き合いに出され、常に議論の余地なく慈善学校はそうした無秩序を大幅に改善し、やがてこうした無秩序を防ぐであろうと言われている。そこで、こうした苦情が出て然るべきである災いの真の原因を探ってみようと思う。そしてそれを探ることを通じて、慈善学校、および、そこでの怠惰を促進して貧民を働かせないように導くすべての策は、読み書きができないとか、この上ない無知や愚鈍よりも、悪事の増大に加担していることを明らかにしたい。

私が今述べたことを読んで、慈善学校は怠惰を助長するどころか、生徒に手仕事を教え、彼らを商業などのあらゆる正直な労働に就けるように育てていると叫んでいる性急な人々からの、轟々たる非難に晒されないように話を中断しなければならない。今後は、彼らの主張にも留意し、慈善学校の利点に関することならば細大漏らさずお答えすると約束しよう。

人で溢れた都市ならば、若造の悪党が群集に紛れ込んで、商売のことを考えてポケットが疎かになっている男のハンカチや嗅ぎタバコを、ほっそりした手とすばやい指で抜き取るのは簡単なことである。こうした連中は、ちっぽけな犯罪をうまくやり遂げると、必ずと言っていいほど、もっと大それた犯罪に手を染めることになり、十二歳で掏摸を働いて刑を免れると、十六歳では押し込み強盗を働き、二十歳にならない内に立派な悪党に成り果てるのである。大胆かつ用心深く、酒に溺れなければ、捕まらない内にあらゆる悪事を重ねるであろう。ロンドンやパリのような過大都市は、ちょうど穀倉が害虫の隠れ家になっているように、悪漢やごろつきを匿っているのが難点の一つである。大都市は極悪非道の連中にとっては終りのない隠れ家であり、何千という犯罪者にとっても安全な避難所である。こうした連中は、頻繁に住居を替え、毎日のように窃盗や強盗を働き、何年もの間、もしかしたら永久に正義の手を逃れるかもしれない。現行犯で逮捕されない限りはそうである。捕えられた場合にも、証拠が不充分であり、強力な宣誓証言もなければ、陪審員や裁判官も情に絆《ほだ》され、起訴時には張り切っていた検察側も結審前には軟化したりする。大抵は公共の安全より自分の安泰の方が大事なのである。善良な人間というものは、絞首刑が当然という場合でも、人の命を奪うことに易々と同意したりはしないものである。たとえ正義がそれを要求していても、自分が誰かの死の原因になることに大抵の人々は恐れ慄く。良心的で高潔な人が、判断力や決断力を欠いている場合には、とりわけそうである。だから、極刑に値する何千という犯罪者が刑を免れたり、捕まっても運よく刑を免れるだろうと踏んで、大胆な犯罪を目論む悪党がたくさん出たりするのである。

しかし、絞首刑に値する罪を犯せば、必ず絞首刑に処せられるものだということを人々が確信していれば、死刑の執行はごく稀になり、きわめて向こう見ずな悪漢でも、人の家に押し入るくらいなら、いっそ首を吊って死んでしまおうと思うことだろう。泥棒が愚かで無学だということはめったにない。追いはぎやその他の大胆な犯罪は、一般に才気と精気に溢れた連中が犯すものであり、名を馳せた悪党はおおかた頭脳明晰で狡猾であり、裁判のやり方や自分の役に立つ法の抜け道を心得ており、起訴状の不備はどんなに些細なものでも見逃さず、証拠のミスを含めて自分の放免に役立ちそうな諸々のことを上手く利用する方法をよく知っているのである。

無罪の人を一人処刑するよりは、五百人の有罪犯を放免した方がよいとは大した言い分である。この原則は未来の別の世界では正当だろうが、現今の社会福祉状態では間違いである。無罪の人間が極刑に処せられるなどは恐ろしいことである。しかしながら、限りなく種々の偶然が奇妙に事情と結びついて、このような悲劇が起こることもありうるのである。たとえ、裁判官の知恵や陪審の誠意をもってしてもそうである。しかし、最大の思慮を傾けて、慎重に用心深くこのような不幸の防止に努めれば、このようなことは恐らく十年に一度か二度しか起こらないであろう。ただし、その間、裁判は厳正に行われ、有罪の人間が、一人として無罪放免にはならないという条件の下である。そうなれば国民にとっては大きな利益であり、万民の財産と社会全般の平和の保全のみならず、何千とまではいかなくとも、食うために些細な罪を犯して絞首刑になるような何百人もの命が救われることだろう。こういう人たちは毎日些細なことで絞首刑にされているが、もし万一捕まった場合にも無罪放免になるかもしれないという望みが犯罪を決意する動機の一つでなかったならば、どんな違法行為も企てなかっただろうし、少なくとも極刑に値する罪を犯すようなことは絶対になかったであろう。したがって法律が明快で厳しい場合には、法の執行を怠ることや陪審が寛大であることや恩赦が頻繁に行われることなどは、人口の多い国や王国にとっては、拷問台や非常に精巧な拷問器具を用いるよりも本来はよほど残酷なのである。

被害者側の用心不足や犯罪を誘発する数々の条件が悪事の原因となっている。家屋の安全を怠っている家族が多く、召使の不注意や格子やよろい戸を設置する費用を惜しんで強盗に入られる家もある。真鍮や錫の合金は、すぐに現金となるものであり、家の中のそこら中にある。恐らく、現金や金銀の食器などはもっと安全にしまってあるであろうが、一旦悪党が入り込めば普通の錠などすぐに外してしまうのである。

それゆえ、どこの国でもかなり大きな都市、とりわけ過大都市の内外においては、さまざまな多くの原因が重なったことや避けがたい悪癖が、コソ泥、泥棒、強盗に悩まされるという不運を引き起こしてきたし、これからもこの不運は続くであろうことは明らかである。チャンスが泥棒を作っているのである。戸や窓を閉める際の不注意や怠慢、陪審員や検察官の過剰な思いやりや刑の執行猶予が簡単に手に入り、恩赦が頻繁に実施されることなどは、犯罪を誘発させる切っ掛けとなるのである。なかでも、明らかに有罪であるのにもかかわらず、友人もお金もないが、陪審員につけ込んだり、証人の気を挫くようなことをしたり、その他いろいろな策略や戦略を弄して、絞首刑を免れる例がたくさんあることも、犯罪を誘発させる切っ掛けを増やしている。このような事態が教育も節操もない困窮者を犯罪に誘う強力な誘惑なのである。

これらの他に悪事を助長するものとして挙げられるのは、習慣的怠惰や無為、および労働や勤勉に対する強い嫌悪である。日々を労働に捧げるような教育をされてこなかった若者、あるいは、少なくとも一週間のほとんど毎日、一日のうちのほとんどを仕事することにあててこなかったような若者は、このような悪習を身につけがちである。怠惰な子供は、男女を問わず最も善良な者でさえ、いつでも顔をあわせれば悪い仲間になるのが常である。

だから、偉大で栄えた国家において、常に破廉恥な無頼漢の温床となるのは、読み書きができないことではなく、より根本的な悪が複雑に同時発生することにあるのである。無知や愚かさや卑劣さをその第一の原因として、あるいは医者の言うところの病気の主要原因として責め立てる人には、並の悪党や平凡な犯罪人の生涯を調べさせ、詳細にわたって彼らの言動を点検させるとよい。そうすれば真実はその逆であって、責めるべきは、極悪人やこの国にいる人間の屑が持ちあわせている途方もない狡猾さや鋭敏さと過剰なまでの知識全般にあるということがわかるであろう。

人間本性はどこにおいても同じである。天分や知恵や天性は使われることによって研ぎ澄まされ、勤勉や英雄的美徳の実践の場合と同じように、最も卑劣な悪事を実行することによっても磨かれるのである。どのような身分においても、プライドや競争心や栄誉欲は見られるものである。怒りに燃えた検察官を笑いものにし、老いた裁判官を上手に操って無罪の判決を勝ち取った若い掏摸は、同輩からは羨まれ、掏摸仲間からは称賛されるといった具合なのである。もっと立派な職業の人間と同じように、悪党にも満たしたい情念があって、お互いの名誉や忠誠心、勇猛果敢、大胆さなど男らしい徳目を誇りにするのである。そして、国のために戦う正直な兵士の場合と同じように、大それた企てを決意する強盗の心を支えるのもこうしたプライドなのである。

このように、我々が迷惑している悪事の原因は、普通、帰せられているものとはまったく違うのである。ある時は、宗教心の向上には知識と学問が最適の手段であると指摘したと思えば、またある時は、無知は敬虔な信仰の母であると擁護にまわるような人々は、自己矛盾に陥っているのではないにしろ、主張が極めてぐらついていると言ってよい。

しかし、この一般教育のために申し立てられている理由が正しくないとするならば、身分の高低にかかわらず王国を挙げて慈善学校に賛意を示すのはなぜだろうか。慈善学校の存在によって奇跡的変化を感じさせているわけでもなく、善意と道徳への傾倒が突然この島国に拡がったわけでもない。以前と同様、不道徳は蔓延し、慈善心は冷ややかで、本物の美徳はめったに見られない。一七二〇年は、過去のどの世紀にも劣らず、重大な悪事が多発し、利己的な犯罪や周到な悪事も目立っていた[11]。悪事は読み書きのできない貧乏で無知な悪人が犯すのではなく、富と教育のある恵まれた階級の人々が犯すのであり、犯罪者の大多数は算術の熟達者であり、世間の評判も良く豪勢な暮らしをしている人物である。一度、何かが流行すると大衆は世論に同調するのであり、慈善学校が流行するのも、鯨の骨で作った輪でスカートを膨らませるのが流行したのと同じように、移り気的現象に過ぎない。このように指摘すると、理由を詮索したがっている人には不満かもしれないが、これ以上あれこれ申し述べても読者が重視してくれるようには思えない。

現在に見られる馬鹿騒ぎの真因は慥かに捉え難く明白ではないが、非常に不可解な問題を少しでも解明できるならば、それを明らかにしようとしている人たちにとって助けとなるであろう。開設当初には、慈善学校が善意と慈善の意図の下にあったことは喜んで認めるが、何が慈善学校の数をここまで法外に増やしているのか、また、現在の主な推進者は誰なのかを突き止めるためには、探索を別な方面に変えて、国教会派、長老教会派を問わず、自分たちの大儀に熱狂している筋金入りの教会員に注目しなければならない。とはいえ、害を為すという点では同じでも、長老教会派は国教会派のお粗末な模倣でしかないので、ここでは国教派教会に焦点を絞り、しかもまだ慈善学校が併設されていない教区を見てみようと思う。ここで私は、もし読者がこうした考察についてこられるのであれば、飽き飽きするほど読者を引きずり廻すことになるので、良心に照らして読者にお許しを請わなければならない。私は読者が本書を放り出して読むのを止めてくれるか、さもなければ、ヨブのような忍耐[12]の鎧をつけて通りの半分も行かないうちに出くわしそうな、下層階級の無礼な言動や隠語や世間話に我慢していただきたい。

まず、欲しい半分も仕事がなく、時間を持て余しているような若い小売商に目を向けてみよう。こうした新米が普通より少しプライドが強く、いろいろと口を出したがる人間であるとすると、資産家や、名士の肩書きを手に入れた図々しい論客や声高にわめく連中が影響力を行使している教区総会の席では、彼はたちまち屈辱を感じることになる。彼の資本とおそらく信用も些細なものでしかないのに、彼は自分の心に強い支配欲を覚える。このような資質を備えた人間であると、教区内に慈善学校がないのは極めて無念なことだと思うのである。彼はまず知り合いの二、三人に自分の考えを伝え、この二、三人が次々と話を拡げると、一か月もすれば教区はこの話で持ち切りとなる。自分の能力にしたがって、全員がこの趣旨の話や議論に夢中になる。「話にならないくらい酷いことだ。子供を教育できない貧民がこんなにたくさんいるのに、大勢の金持ちたちが何の手も打たないなんて」と一人が言えば、「金持ちと言えば、連中は一番質が悪いよ。召使や馬車や馬だってたくさん持っているし、宝石や家具調度に何百ポンド、ことによると何千ポンドも使っているくせに、金を必要としている貧民には一シリングも与えないんだから。また、モードやファッションの話には耳をそばだてるくせに、貧民の嘆きにはわざと耳を塞いでいるんだからな」ともう一人が言う。「まったくだぜ、あんたの言う通り。慈善という点では、我々の教区はイギリスで最低だな。我らのような人間は、力があれば役に立つことをしようと思うのだが、力のある連中の中にはやろうという気のある者はほとんどいない」と最初の一人が答える。

もっと気性の激しい者たちは、特定の人間を攻撃し、気に入らない資産家全員の悪口を吹聴する。そして、慈善を擁護せんとする無駄話が何千となく作られ、次から次へと伝えられ身分の高い人々を誹謗する。こうしたことに近隣の者がすっかり呑み込まれる頃には、厚い信仰心からこの考えを最初に口にした人間はこれほど多くの者が話に乗ってきたと聞いて大いに喜び、これほどの論議と大騒ぎを引き起こした最初の人間だということをかなりの手柄にするようになっている。しかし、事態の改善に乗り出せるほど彼自身も親しい友人たちも重要人物ではないので、もっと力のある重要人物を探し出して働きかけ、このような計画が帯びている必要性、有徳性、有益性、キリスト教精神を明示し、そうした人物をお世辞で持ち上げなければならない。「本当に、あなた様のような方が支持してくだされば、教区内のどんな偉い人に対しても、あなた様ほどに影響力を及ぼせる方はおりません。あなた様の一言で、偉い方々が心を動かすでしょう。あなた様が本件に心を留めてくださるならば、このことは成就したのも同然と心得ます」。こうして言葉巧みに、金持ちの、少なくとも金持ちだという評判の年取った馬鹿者や、自惚れたおせっかい者を抱き込めれば、こうした計画に実現の可能性が見え始め、上流階級の間でも話し合いが始まる。教区牧師、牧師補、講演会の講師などは、あらゆる所で、この敬虔な計画を褒め称える。他方、こういう間にも、計画の発起人たちは、精力的に働き、疲れを知らない。彼らの誰かが世間に知られた悪徳に覚えがあるならば、自分の評判を上げるためにその悪徳を生け贄にするか、少なくとも、用心を深めて偽善者ぶりを覚える。悪人というレッテルを貼られたり、悪名を馳せたりすることは、溢れんばかりの敬虔さを抱いて義務以上の仕事を遂行していると称する熱意にそぐわないことを、彼らはよく知っているからである。

こういうちゃちな憂国の士が数を増すと、団体を組織して定例集会日に集まり、そこでは悪徳を隠している誰もが、思う存分才能を披露する。集会の主題は宗教であるが、その他は無神論や神の冒瀆行為によって引き起こされた当世の惨状が語られる。華麗な生活をしている立派な人々や、自分の仕事で多忙な成功者の姿は、こういう集会においては滅多に見られない。良識と学問のある者は、何もすることがなく暇であったとしても、もっとましな気晴らしを探すものである。より高邁な目的を持っている者は、集会への出席を簡単に免じてもらえるが、寄付だけはしないわけにはいかない。寄付をしなければ教区の人々から白い目で見られ、惨めな思いをするからである。自ら進んで活動に加わる人々には二種類ある。まず、活動への尽力を当然のことと心底考えている聖職者と、さらには、活動への参加を功績と考え、それが自分の罪の償いとなり、少しばかりの出費で自分の罪を棚に上げて、他人の罪を責める連中の訴えを退けられるだろうと思っている狡い罪人である。信用を保つために入ってくる者もいれば、信用を取り戻しにくる者もいる。つまり、こうした連中は、信用を失ったか、失うのを恐れているかのどちらかの者たちであるということだ。抜け目のない人は商売を拡大したり、知り合いを増やしたりするためにやってくる。もし、こういう人たちが思い切って正直に本当のことを言うとすれば、教区で顔を売るためでなかったら、こんなことには決して関わらなかったと打ち明けることであろう。このような計画の愚かさを承知しており、しかも誰のことも恐れない分別ある人間が説得されて参加するのは、偏屈だと思われたり、世の中全部を敵に回したりするのが嫌だからである。初めはそれを否定する決意が固かった人でも、しつこくせがまれて最後には十中八九承諾させられてしまうのである。住民の大半に経費が割り当てられるから、負担は微々たるものであるという思いが拡まり、誘い込まれて基金の寄贈者になる人も多いとはいえ、もし、強い勧誘がなければ局外者として計画全体に猛烈に反対していたことであろう。

管理者には中流階級の人々が就き、中流層より下の人でも身分の卑しさを補って余りある熱意が示されれば仕事が与えられる。こういう立派な統治者たちに、一人ひとり別々にでも、全員そろったところでも、何ゆえ時間を取られたり仕事の邪魔になったりするのにこんな苦労を引き受けるのかと尋ねれば、「それは自分たちが宗教と教会を尊重しているからであり、この信心を冷笑する自由思想家[13]が蠢く邪悪な時代の餌食になって、必ず地獄に落ちるであろう貧しい無邪気な子供たちの永遠の福祉と善良な社会に貢献する喜びがあるからだ」と異口同音に答えるだろう。子供たちに必要な物品を商う商人ですら、品物を売って利益を取ろうなどとは微塵も考えていない。他のすべての事柄では儲けに対するすさまじいばかりの貪欲さが顕著な彼らであるが、この件に関しては完全に利己心を捨てて商売抜きで働いているのである。だが、ここにはある一つの動機、彼らのほとんどにとってかなり大きな動機が抜け目なく隠されている。つまり、人に命令したり、人を思うように動かしたりすることからくる満足感である。下層の人々にとって「管理者」という言葉は耳に快く響くのである。人はみんな支配力や優越性を賛美し、たとえ「獣に命令すること」[14]にさえ悦びがあり、どんなものでもそれらを指揮するのは快楽なのである。これが学校の先生という退屈な仕事にも人を耐えさせる主な理由である。子供たちを支配することで少しでも満足があれば、学校の先生にとっては大きな魅力なのである。学校の先生が選抜されようとしている時に、管理者に対してどんなに素晴らしい美辞麗句が発せられ、また、書面に書かれることだろうか。そういう賛辞がどんなに管理者の虚栄心をくすぐることであろう。大げさな追従や、堅苦しい言い回しや、もったいぶった言葉遣いが入っていれば尚更である。

人間の本性を吟味できる人なら、このような人々が申し立てる動機などは無きに等しく、彼らが絶対にないと強調する動機こそ、まさに本当の動機なのであると判断するであろう。偽善は最も容易く身につく習性であり、我々の心情や我々を動かす信条を否定することなどすぐに身につく。しかし、あらゆる感情の種子は生来のもので、人は皆そのような種子を持って生まれてくる。幼い子供たちが楽しそうに遊ぶ姿を観察すれば、子供たちは、それが許されるならば、大抵、大喜びで子猫や子犬と遊ぶことに気づくであろう。可哀想にも子犬や子猫を家中ひきずり廻したりするのは、自分たちの好き勝手に動物を扱え、動物に思うような姿勢をとらせることができるからであって、それは人間がもって生まれた支配欲と強奪欲が源になっているのである。

この大事業が始まり実際に完成を見ると、すべての住民の顔には喜びと安堵が拡がる。この話をするためには、少しまた横道に逸れなければならない。いつもボロを纏って汚らしい姿を晒しているだらしのない惨めな者はどこにでもいるものである。こういう連中を我々は惨めな人々だと思うだけで、よほど目立たないかぎり気にも留めない。だが、こういう連中の中にも、もっと身分の高い人々の中にいるような顔立ちの良い、服装もきちんとした人間もいる。しかし、こういう者の誰かが兵士になって赤い上着に身を包み、擲弾兵《てきだんへい》の帽子をかぶり大きな軍刀をつるして颯爽と歩いたとたんに、何という立派な人間に変身することであろうか。以前からその男のことを知っていた人は、彼の人となりが違って見えることに驚き、男も女も心の中にある彼に対する評価は昔とは違うものになる。慈善学校の児童生徒の姿にもこれに類似したものがある。人間は、生まれながらにして、整然とそろったものを美しいと感じる存在である。背格好を揃えた男の子や女の子が、二人ずつ整然と行進するのを見るのは楽しいものである。さらに加えて、子供たちに同じ服と着飾りをこざっぱりと身につけさせていることも、その光景の美しさを増すにちがいない。慈善学校設立に一銭も寄付していない召使や教区内の最下層民でも、「我が教区教会、我が慈善学校の子供たち」という思いで見る光景はさらに喜ばしい。「我が教区教会、我が慈善学校の子供たち」と言う権利を持つすべての人々、中でも実際に寄付をしてこの敬虔な仕事を推し進めることに大いに貢献した人の心には、満足感を刺激する所有意識の影もあるのである。

人間が自分の本当の心をほとんどわかっていないなどとはとても思えないし、心の弱さや情熱や熱意を善良さや美徳や慈善心と取り違えるほど自分の内心がわかっていないなどという人もまずいないであろう。だが、判断力の乏しい人には、ここに述べた話のように、満足感や歓喜や恍惚感が間違いなく信仰心と宗教の原理として通るのである。ここ二、三頁にわたって私が述べたことを考え、この問題をめぐって自ら見聞きしたことにも少し思いを馳せるならば、誰しも、慈善学校がこれほど異常な流行現象となり、あらゆる種類の、あらゆる境遇の人々から一律に是認され推賞されている理由が、神への愛や本物のキリスト教精神などとは別物であることを充分に悟ることであろう。慈善学校問題は、皆が語り隅々まで理解できる話題であり、沿岸運航船や乗合馬車での無駄話や、低級な会話にとって尽きることのない源泉となっているのである。学校や説教のために並々ならぬ努力を傾けた管理者がいて、彼がたまたま集会に同席したりすると、ご婦人たちからものすごく褒め称えられ、彼の熱意と慈善心は天まで持ち上げられる。「本当に、先生」と老婦人の一人が言う。「私たちは皆先生に感謝していますの。他の管理者でしたら、私たちのところへ、主教様を連れてくるほどの、お力を発揮できなかったと思いますわ。主教様の体調があまり優れませんのにおいでくださったのは、先生のお蔭だと聞いておりますから」。これに対して管理者は厳粛な面持ちで答える。「それは自分の義務であって、哀れな子羊である子供たちの役に立つことなら苦労も疲れも厭いません」。「本当に」と彼は言う。「そのために、一晩中、馬に乗りましたが、何としても主教様においでいただこうと心に決めていたものですから、がっかりすることにならなくてとても嬉しいです」。

学校自体が話題になって、教区内で学校を建ててくれそうな人が話題になることもある。今、教室として使われている古い部屋はすぐにも壊れそうだ。誰それは、伯父さんから莫大な財産だけでなく、巨額のお金を残してもらった。千ポンドくらいなら彼の懐中にとって何でもないさ、と。

また、教会に集まった大群衆や、集められた相当額のお金が話題にのぼることもある。そこから容易に話題は牧師の能力、いろいろな手腕、正統派的信仰に移っていく。何とか博士は才能と学問のある人で、実に熱心に教会のために尽くしてくれているが、彼の慈善に関する説教は気に入らない。この世で何々さんほどの腕前のある人はいない。あの人はみんなの財布からお金を絞り取るんだから。この前、教区の子供たちのために説教した時なんか、教会に来た時に出す心算だった以上のお金を寄付した人がたくさんいたことは慥かだ。そのことが顔つきでわかって心底嬉しかった、などと。

慈善学校が大衆を魅了する要因がもう一つある。それは、慈善学校が現世での幸福として現実に社会の役に立っているだけではなく、キリスト教が我々に求め命じるところにしたがって、我々の未来の福祉のために慈善学校を建てるべきだという一般大衆の中に確立された認識である。慈善学校は牧師全体から真剣かつ熱烈に推奨され、その点に他のどのキリスト教的義務よりも慈善学校のために労力と雄弁が駆使されている。ほとんど信望のない若い牧師や貧乏な学者だけでなく、この国の高位聖職者の中で最高の学識者や正統派信仰者として最も著名な人も、しかも他のことならあまり尽力しないような人でさえ、こと慈善学校となると惜しみなく尽力するのである。宗教について言えば、我々が主としてすべきこと、つまり、救済のために最も必要なことについては、聖職者や神学者が知っているのは慥かなことである。また、世の中に関して言えば、相当数の聖職者の上院議員で構成されている国家の知恵というべき集団ほど、王国の利益をよく理解している人間がいないであろう。そうであるとすれば次のように言うことができる。すなわち第一に、財力か権力によって慈善学校の増加や維持に貢献している人々は、自分たちの功績に他の場合に想像できる以上の価値を置きやすいということ、そして第二に、慈善学校に寄付できないか、する気がないその他大勢の者たちにも、慈善学校をほめる理由は充分に存在しているということである。なぜならば、我々の熱意が阻まれるような事柄に遭遇して立派に行動するのは難しいけれども、良かれと願うことはいつでもできるからである。願うだけなら一銭もかからないからである。迷信深い一般大衆にも、慈善学校に好意を寄せることが罪の償いになるだろうという密かな望みを抱く者もいるだろう。それは、俗悪な人間でも教会にはちゃんと敬愛の情を示しているのであるから大丈夫であるという、極めて不埒な安心感を抱いているのと同じことである。極悪人でも、そこに、一銭もかけずに自分たちの真っ正直な気持ちを表すよい機会を見いだしているのである。

しかし、これだけでは私が言う慈善学校という偶像の擁護に人々を立ち上がらせるにはまだ充分ではない。ほとんどの人々を抱きこんで確実に慈善学校の唱道者に仕立て上げる動機づけの要因がもう一つ存在している。我々は皆生まれつき勝つことを好むが、慈善学校という福祉に携われば、十人の仲間の内少なくとも九人までは確実に口説き落とすことができる。誰とでもよい、好きな人と議論を戦わせるとしよう。自分の主張はもっともらしく大勢の賛同者がついているのであるから、それは城みたいであり決して落城することがない鉄壁の要塞である。この世で最も真面目で有徳な人が、慈善や宗教に関するお題目を利用するだけの最悪な無頼漢に対して、慈善学校、少なくともその多くが社会に及ぼす害――このことは後述――を証明する議論や、さらにもっと強烈な議論を繰り拡げたとしても、世評は前者に反対であり、一般大衆の意見が彼の言い分を消滅させてしまうことであろう。

それゆえ、王国を挙げての慈善学校擁護の叫びと騒ぎの震源は、人間の弱さと人間の情念に基づいているのである。たとえ、他国の人々が我が国の人々と同じ情熱を慈善学校に傾けたとしても、それを推し進めたのは美徳の原理や宗教などではないはずである。こう考えると勇気が湧いてきて、もっと思う存分このような大衆の誤りを攻め立て、このような押しつけ教育は社会にとって有益どころか、有害であることを明らかにするよう努めたくなる。無論、公共の福祉は他のあらゆる法律や考察よりも重視されるべき問題である。そして公共の福祉を重視するからこそ、私は、学識に優れ尊敬の的となっている我が国の聖職者の意見に反対し、下級の牧師や主教のほとんどが公然と主張していることを敢えて明確に否定するのである。また、わが国の教会は、教会の固有の領域である聖的な問題においてさえ、無謬性を自認していないのであるから、教会が直接的には監督していない、世俗の問題において誤る可能性は充分ありうると考えても怒りを買うことにはならないだろう。――さて、本題に入ろう。

大地は呪いに覆われ、額に汗してしかパンは得られず[15]、ただ独りで自然状態に生きる場合は、大変な苦労に耐えることによってのみ、かろうじて命を支える必需品を手に入れ、堕落した欠陥だらけの本性を支えることができる。だが、人間が教化された動物となり、大勢の人間が相互契約によって政治体に自らを組み入れられた文明化された社会においても、生活を限りなく快適なものにするためには、さらなる苦労を限りなく続けなければならない。文明化された社会状態において、人間の知識が増せば増すほど、人間の生活を楽にするために必要とされる労働の種類は多様になるであろう。社会が長く存続するためには、また、社会の成員の多くに怠惰な生活を許し、創出しうる限りの安楽と快楽を享受させるためには、不足している部分を補うために骨折り仕事に身を落とし、働くことに慣れ耐えることによって、自分自身のためだけでなく他者のためにも身体を鍛える大勢の人々がどうしても必要なのである。

食糧の豊富さと安価さは、大幅にこの労働に設定された価格と価値によって決まる。したがって、あらゆる社会の福祉は、社会が外国の贅沢品に染まる前ですら、第一に、安楽や怠惰などに慣れていない頑健な体を持ち、第二に、生活必需品で満足し、身につけるものは最も粗末な手製の品で、食べ物と言えば空腹を満たすだけで、味や好みには関心がなく、お腹に入り滋養と健康によいものなら何でも口に入れ、喉の渇きを癒すものであれば何であれ求めるといった人々によって成し遂げられるのである。

単調な骨折り仕事の大部分は日中に行われるはずであるから、陽のある間というのが労働時間を測る唯一の基準であり、実際に仕事をしている時間とか疲れのことは考えないのである。それゆえ、田舎における雇われ人は、充分に眠ったからではなく、太陽が昇る時間になったから朝起きるのである。このことだけでも、未成年の頃は寝たいだけ寝ていた三十歳以下の成人にとっては耐えがたい苦労になるだろう。この三点を全部合わせただけでも、もう少し階級の上の人に相応しい教育を受けた人ならば、まず、選ばないような生活状態を作り上げるのである。もっとも、そういう生活をすれば刑務所に行かないでもすむだろうし、口やかましい女から虐げられることもないだろうけれども。

大国の国民が幸福に暮らすためには、このような人々が大勢いなければならないのであるから、賢明な立法府ならば、この種の人々の養成に考えられる限りの配慮を尽くして、食糧そのものの不足に備えるために、食糧の生産者の不足に備えるであろう。それをしないで済むものならば、誰でも貧乏して生計のためにあくせく働きたくはないであろう。食糧や飲み物が絶対的に不足していたり、寒冷地で着るものや住居が満足になかったりする場合には、耐えられるものならどんな仕事でもするのである。人間は本当に必要だからこそ働くのであり、飢え死にしないで済むのであれば、どんな骨折り仕事も喜んで進んでするであろう。

以上述べてきたことから、奴隷が認められない自由国家における確固たる国富というものは、多数の勤勉な貧しい労働者で成り立っていることは明らかである。彼らは海軍と陸軍にとっての無尽蔵な宝庫であるばかりでなく、彼らがいなければ如何なる楽しみもなく、国の産物も価値あるものにはなりえないであろう。幸せな社会を築き、最下層の民衆をも安楽に生活させるためには、多数の国民が貧乏、かつ無学であることが必要なのである。知識は人間の欲望を増大させ多様化させるのだから、欲するものが少なければ少ないほど、必要とするものは容易に供給されるであろう。

それゆえ、すべての国家や王国の福祉や幸福に必要なことは、貧しい労働者の知識が職業上の範囲に限られ、(目に見えるものに関しては)彼らの生業とは無関係なものにまで拡大されないことである。羊飼い、耕夫、その他の農夫たちが、世の中のことや自分たちの労働や仕事に関係のないことを知れば知るほど、喜んで朗らかに苦役に甘んじるのがますます嫌になるであろう。

読み書き算学は商売のためにその資格が求められる人間にとって必要なものであって、生活する上でそのような技能が必要なければ、日雇いによって日々の糧を得ている貧しい民にとっては非常に有害なものである。学校で成績を伸ばす子供は極めて少ないが、同じ時間を子供たちは何らかの商売や仕事に雇われることもできる。その意味で、貧民の子供たちが学校の机の上で書物を学んで過ごす時間は、日々刻々と社会の損失になっているのである。仕事に従事することに較べれば学校に行くことは怠けることであり、貧民の男の子がこのような安楽な生活を長く続ければ続けるほど、大人になってからのひたすら働く毎日にとって彼らの体力も気質も相応しいものではなくなってくる。骨の折れる苦役に強いられるままで生涯を終えようという人間は、若い頃からそのような生活に親しめば親しむほど辛抱強くなり、そうした苦役に耐えうるようになれるであろう。辛い労働と粗末極まりない食べ物というものは、ある種の犯罪者たちに相応しい刑罰であるが、何にも悪いことをしていないのに、辛い労働や粗末な食事に慣れる育ち方をしてこなかった者に対して、これらを押しつけるのは残酷の極みである。

読み書きは勤勉に頭脳を働かせて初めてものになるのであるが、人々は、読みも書きもろくに習得しない内に、読み書きをまったく知らない人よりは自分たちの方が限りなく上であると考え、恰もそうした人たちと別種の人間であるかのように、何の妥当性も節度もなく思うのである。人間というものは生まれつき苦労や労役を嫌うものであるから、何年もの間、安楽と休息を投げうって取得した資格を大事にし過大評価する傾向がある。青少年時代の大部分を、読み書き算学という技能の習得に費やした人たちが、これらの資格が役立つ仕事に就きたいと思うのは自然のことである。大抵こういう人たちは、一番低い身分の人たちによって、最小の報酬で他人に奉仕するためになされる労働を、この上なく軽蔑するものである。ある程度の教育を受けた人が、農業に従事し、勤勉に骨の折れる汚れ仕事に精を出すこともあるかもしれない。だが、そうするのも、自分自身や家族の面倒を見なければならないためか、お金に困っているためか、何か差し迫った事情があってのことであって、微々たる報酬で農家に雇われる気はないのである。少なくとも、この人間は、鍬と肥え車にかじりつき、違う生活などした憶えのない日雇い労働者のようには、農業労働に適していないのである。

従順で卑しい奉公が求められる時、身分の下の者が上の者に尽くす場合ほど、真心こめて喜び勇んでそれが行われることがないことは常に目にするところである。ここで身分が下というのは、富や階級的身分だけでなく、知識や理解力の点でも下という意味である。自分の主人が馬鹿であると悟った瞬間から、召使は主人を心底尊敬しなくなる。学んだり命令に服したりする場合、教師や指揮官の持つ知恵や能力について高く評価していればいるほど、教えや指示に対して一層大きな敬意を払うことは我々自身で経験しているところである。誰でも自分と同等の者に喜んで服従するということはなく、もし馬に人間同様の知識があるとわかったら、私でも馬に乗ろうとは思わないだろう。

ここでまた横道にそれなければならなくなったのであるが、今ほど気が進まないことはかつてなかった。だが、私がアルファベットを攻撃し、学問の基本に反対したことに対して、私を懲らしめようと何千もの鞭が用意され、卑小なる衒学者たちが群れを成して待ち構えているのが私には見えるのだ。

別に臆病風に吹かれているわけではない。私が、どんなに狭量な暴君の一隊と対峙せざるをえないか、また皆が実際に樺の木の枝を振るって生徒を懲らしめているか、あるいは先生に抜擢してもらおうと嘆願していることを読者が考えれば、私の懸念が杞憂でないと思ってくれるであろう。というのは、仮に、私のこうした敵が大英帝国中の飢餓にあえぐ男女で、労働に対する生来の嫌悪から現在の仕事をひどく嫌い、また他人の命令に従うよりは自分が他人に命令する立場になりたく、心の底から慈善学校の教師や女教師になりたいと願っているような人々だけであったとしても、その数は少なめに見積もっても十万人は下らないであろうからである。

これほど危険な説は唱えられたことはなく、ローマ・カトリックだってこれに較べれば形無しと言うものであると彼らが叫び、醜い武器を抜いて学問の破壊に乗り出すなんてどんなサラセン人の悪党なんだろう、と叫んでいるのが聞こえる気がする。福音の光明がこの世に射して以来、ゴートやヴァンダルという蛮族によって国民が無知と野蛮の状態に投げ込まれてきたが、私が魔王に唆されて、この国にもっとひどい無知や野蛮を引き入れようと画策していると彼らが告発するのは十中八九慥かなことである。一般大衆の反感に対抗する者は、常に無実の罪を着せられるものである。私が聖書の抹殺に手を染めたであろうと疑われたり、一七二一年に特許で出版され、主に慈善学校で使われた小型の聖書は、印刷と紙質の悪さから読めないようなものになったのは私の差し金だったと断定されたりするかもしれない。だが、そのようなことに関しては、生まれる前の子供のように潔白であると断言できる。しかし、私には恐れていることが沢山ある。自分の場合を考えれば考えるほど嫌になり、誰も私の言うことなんか気にも留めないだろうと心の底から思うことが一番の慰めなのである。私の書くことが社会のかなり大きな部分に力を及ぼすのではないかと人々に疑われるようなことがあるとすれば、迷惑をかけそうな商売のことについて考える勇気さえ削がれてしまう。こうした人々が、いろいろな手段を用いて、私を痛い目に遭わせようと狙っていると思うと思わず失笑せざるをえない。というのは、正当な法的手段とは異なる方法で私を罰しようとも、彼らが私に科する罪は私が犯罪者であることを象徴的に示しているからである。使い物にならないようなポケットナイフで、出し抜けに柄のところまでグサッとやられないまでも、文房具組合が私を捕まえて、玄関に山と積まれた売れそうにない入門書やスペリング練習帳の下敷きにして、生き埋めにすることは間違いない。あるいは、私のせいで一週間の操業停止を余儀なくされる製紙工場が、私の仕置きを引き受け、叩解機《こうかいき》を流れ下る水と木塊群の中に私を投げ入れ、全身打撲にして殺すなんてこともするであろう。インク製造業者だって、公共のためを思って私をアストリンゼンで窒息させるか、手元に残った黒い液の中に私を沈めて溺死させようとするであろう。彼らは皆で在庫をかき集め、一か月も経たない内にこうしたことを実行するだろう。さらに、私がこれら同業者組合の残酷なリンチを逃れたとしても、独占業者個人の恨みは私にとって致命的であり、私は石をぶつけられたり、真鍮の留め金で閉じられたままになっているずんぐりと角張った聖書を頭にぶつけられたりして死ぬであろう。慈善学校教育が廃止されれば、真鍮の留め金で固定された聖書は閉じたまま使えばレンガの塊と同じで、真の論争だけではなく闘争用の手近な武器になるのである。

以上述べたことが私の言う横道ではない。ここに披露した馬鹿話は謹厳な批評家たちにとっては、場を弁えない無礼と思われるようなものであるが、これから述べることが本格的な弁護のための脱線である。大学の学寮長や学問の守護者の中には、市民社会という政体には無知という成分を温存すべきであると、私が主張しているのではないかという懸念を抱くような人たちがいるように見えるが、私は決して学芸に反旗を掲げているのではないことを明確に示したい。

第一に、現存するすべての大学の教授の数を二倍近くに増やしたい。我が国は神学者の数は大凡充分であるが、他の二つの分野では誇れるに足るものはなく、中でも医学分野では乏しい。医学の各分野には自分の持つ技術や知識を他者に伝えることに尽力する教授が二、三人はいるべきである。公開講座は虚栄心の強い人が自分の才能をひけらかすのによい場かもしれないが、学生にとっては個人指導の方が有益である。薬学や薬用植物の知識は解剖学や病気に関する歴史と同じように必要である。学位を取得し、国民の命を預かる公式認可を受けた後でロンドンに行き、大学教育など受けたことのない人間から薬物や薬の調合を教わらなくてはならないとは、誠に恥ずべきことである。ロンドンには解剖学、植物学、薬学、医療技術の知識を増やす機会が、オックスフォード大学とケンブリッジ大学を合わせたより十倍は存在している。油屋は絹を販売しないし、服地屋にハムやピクルスを買いに行く人はいない。諸事が上手に管理されているのであれば、慈善施設は貧困者の健康回復に貢献すると同時に、医学生の進歩にも役立つであろう。

商売の場合と同じく、学問においても良識が人間を支配すべきである。息子を織物商にしようとして金細工職人のところに年希奉公に出す親はいない。法律家や医者になろうとする人の教師が、聖職者である必要がどこにあるのか。憐かに語学や論理学や哲学は学問を必要とするあらゆる職業にとって最も重要である。だが、怠け者がたくさん飲み食いの金をたっぷり与えられ、豪華な家具調度の揃った広い部屋で寝起きしているような裕福な我が国の大学には、書物と三分野に共通するものを除けば、医学に役立つものはほとんどないので、オックスフォード大学やケンブリッジ大学では医者の資格が取れても、東方交易の勅許状が取れてもおかしくないというものである。私のつつましい見解では、このことが彼らの所有する偉大な富があるべき方法では使われていないことの明らかな証拠なのである。

大学教授は公に支給される俸給の他に、教える学生からも報酬を受けるべきである。競争心や栄誉欲だけではなく、利己心によっても勤労と勤勉へと駆り立てるようにするためである(16)。学問の研究分野の一つにでも卓越しており、教える資格があって、その人が属する党派や国籍にかかわらず、また黒人であろうが白人であろうが問うことなく、その人を雇うお金があるならば、その人間を獲得すべきである。ドイツのライプチッヒやフランクフルトやその他の都市で毎年開かれる定期市場には、さまざまな商品や製品が並び、自国人と外国人の差別はまったくない。大学という所はあらゆる学問が買える公共の市場であり、そこには、同等の自由と特権をもって世界中から人々は集まってくるのである。

今述べた大学への授業料の支払いから、聖職を志す学生は免除したい。国民の統治にとって大学の神学部ほど直接的に必要な学部はなく、この島国に奉仕する聖職者は多数必要なのであるから、子供に聖職者になる教育を授けたいという身分が低く貧しい人々の気持ちを私は挫きたくないからである。周知のように、身分の高い人でさえ聖職に就く場合もあるが如く、裕福な人でも、息子たちが大勢いる場合には、そのうちの一人を牧師にすることもある。それから、良識ある人々、特に聖職者の場合は、友人を通して大学の選定評議会や聖職推挙権の力を借りられるので、子供を牧師の職に就けてやれると確信することもでき、さまざまな配慮をした上で子供を聖職者にする人もいる。それでも、毎年任命される牧師の数は足りず、我々は聖職者の大半を別の源泉に頼らねばならない。

あらゆる商売の中間層に属する人々の中には、僧衣や法衣に迷信的な畏敬の念を抱いている偏狭な人々もいる。こうした人たちの多くが、後先も考えずに息子を是が非でも聖職者に仕立て上げたいと願うのである。そして、王国の心優しい母親もまた、自分の境遇や息子の能力も顧慮せずに、このあっぱれな願いに夢中になって毎日のようにめでたい思いに耽り、息子が十二歳にもならない内に、将来は息子が説教壇に立ち、神の言葉を説く姿を自分の目と耳で確認することを想像して、母性愛と信仰心が入り混じった体《てい》で恍惚として満足の涙に身を投じるのである。我々が大勢の貧しい学生に恵まれているのは、このような宗教的熱望、あるいは少なくともそう看做され、その代わりをする人間の弱さのお蔭なのである。というのは、王国を見渡してみて、聖職禄の不平等とその少なさなどを考えてみると、財力に乏しい親たちのこのようなめでたい気質がなければ、どのような方面からも、聖職に相応しい人物を求めることは不可能であるに違いないからである。牧師は裕福な環境で教育を受けた人ではとても耐えられないような惨めな俸給で魂の救済に当たるのであるから、本物の美徳の持ち主でなければ職務を全うすることは不可能である。そのような本物の美徳を平信徒以上に牧師に要求するのは愚かであり不当である。

社会に直接役立つ学問分野の促進に大いに留意するからといって、私はより綿密で高尚な学問分野を軽んじるわけではない。すべての教養科目とすべての学問分野が、王国全域で今以上に奨励されることを私は切に願っている。ラテン語とギリシア語を必須とする大規模な学校が各州に一校以上公費で建てられ、それを六つ以上のクラスに分け、特定の先生を各クラスに配属すべきである。このような学校組織全体を権威ある学者の監査の下に置く必要があるが、監査に当たる学者は、単に名義上の管理者ではなく、少なくとも年に二回は、先生が徹底的に口頭試問をするのを、各クラスにおいて実際に目で見て、耳で聴いて評価するような努力の人でなければならず、監査官が見ていないところで書かれた作文やその他の訓練から、学生が示した進歩を判断するだけで満足するようであってはならない。

同時に、そこの先生たちが貧困の極みにいなかったならば存在しなかったはずの小学校が増えるのを止めさせたい。少しでもラテン語をかじったことがなければ、英語のスペルがろくにわからないというのはとんでもない誤解である。こんな主張は自分の利益のために衒学者たちが指摘しているものであり、また色々な意味で貧しくお粗末な学者たちが猛烈に吹聴しているものでもある。勿論、これは忌まわしい嘘である。私の知人の中には、その内の幾人かは女性であるが、ラテン語なんか全然習ったことがないけれども、厳密な正字法に従って見事な洞察を文章にすることができる人がいる。他方、学者であるという評判の人で、少なくともグラマー・スクール[17]に五、六年間は通ったことのある人が、文法的な誤りがあり綴りも間違った汚い字で書くのに遭遇することもある。ラテン語の完全な理解は学識のある専門職を目指す人には絶対必要であり、学識のない紳士なんてものも願い下げである。弁護士、外科医、薬剤師になるべく教育された者も、一般人よりも遙かに深くラテン語に通じているべきであるが、将来、毎日ラテン語を必要とするわけではないような商売や職業で生計を立てることになる青少年にはラテン語は無益であり、ラテン語を学ぶことは時間とお金の無駄である。子供たちが仕事に就けば、こうした小学校でラテン語を教えられたことなどはすぐに忘れてしまうか、ただ卒業生を生意気な人間にしてしまい仲間内の厄介者にするだけである。すっかり忘れたあとでさえ、一度習得した知識を自慢しない人間はほとんどいない。非常に謙虚で分別のある人でなければ、そういう人たちがうろ覚えのラテン語の断片を口にしたりすれば、ラテン語をよく知る人たちから必ず馬鹿な奴だと思われるのは必定である。

読み書きは、音楽や舞踊のようなものであるから、それらを社会に対して妨げたり強要したりする心算はない。読み書きを教えることが、いくらかでも報酬につながるなら、教える先生はたくさん出てくるはずである。しかし、教会以外のところでは、無料で如何なる事も教えるべきではない。将来、聖職に就くかもしれない子供も無料教育から除外したい。というのは、子供に初等基本教育さえ授けられないような極貧の親が、それ以上の高等教育を望むのは無謀というものであるからだ。

物乞いをする以外に子供にボロ着を着せる術を知らない、怠け者の大酒飲みや自堕落な放蕩者の子供たちよりも、自分の子供の方が優れていると世に迎えられるとわかれば、下層民の親たちもその気になって、読み書きの教育を自分たちの子供に授けるようになるであろう。けれども、男の子か女の子がちょっとした仕事に必要な時には、誰よりもまず慈善学校の生徒を雇うのが義務であると我々は考えている。慈善学校教育は邪悪で怠惰なことに褒美を与えるようなもので、本来なら、恥知らずにも家族を蔑ろにした罰を受けて然るべき親たちに対して、無差別に与えられる恩恵のようなものである。ある店では、半分酔っ払った罰当たりが自分を呪いながら、俺の息子はただで服をもらい、学校に通わせてもらっているのだからと理屈にもならない理屈をこねて、料理をもう一皿もってこいと叫ぶのが聞こえることだろうし、また、別の店では、己れが怠惰でだらしのない女であり、本気で生活を向上させようとしたことは一度もなく、ただ、安酒場で窮乏ぶりを嘆くだけの、自分の子を他人に面倒を見てもらわなければならないような、困窮の極みにある気の毒な女を見るであろう。

親たちの勤勉によって大学教育を授けられたすべての子供たちが、充分に良い教育を受けるとすれば、この国や他国にも奉仕する学者に事欠くことはないであろう。読み書き算学は、親たちが授業料を払える子供たちしか学べないとしても、それを必要とする仕事においてこれらの技能を持った人材に事欠くことはないであろう。天賦の才と違って学問はお金で買えるのである。そして諺に言う通りなら、買った才知は決して最悪なものではないのである。

私には学問に関してこれだけのことを申し述べる必要があると考えた。というのは、もし、私の考えを充分に説明しなかったとしたならば、真実と公正を敵視する人々が、私を学問と有用な知識に対する断じて生かしてはおけない敵であり、万人を無知と愚のままに放置せよと唱道する邪悪な人間の代表であると糾弾したであろうからである。さらにまた、慈善学校の支持者たちは、子供たちを骨の折れる仕事ではあるが、生計が立つことを保証できるような商売に就けるよう教育しているのであって、私が仄めかして言ったような怠惰を助長するためではないと反論するだろうから、ここでその点についてお答えするという約束を果たそうと思う。

私は、なぜ、学校へ行くことが労働するよりも怠惰なのかということを既に充分に明らかにするとともに、貧困層の子供たちに対する慈善学校の教育について論破してきた。その理由は、こうした子供たちに慈善学校教育を施せば、慈善学校を卒業した後に、すべての市民社会において思慮と人間性をもって要求される仕事に明け暮れする生活を、彼らが不平不満を差し挟まないですることができなくなるからである。そこで、残された課題として、貧困層の子供たちを商業に従事させることについて述べることが残っている。こういう子供たちを商業の世界に送り込むことは、国民の調和を破壊するものであり、慈善学校の管理者たちがほとんど承知していない事柄へのお門違いのお節介というものである。以下、私はこの点について論証に努めたいと思う。

まず、社会の本質を吟味し、社会という複合体を、我々が立つ大地が許す限りの強さ、美しさ、完成度にまで高めるには、この複合体にはいかなる成分が必要かを調べなければならない。生活必需品だけでなく、贅沢で勝手気ままな欲望を満たすために要求される仕事の種類は、その仕事を下から支える職業などをすべて加えれば、イギリスのような国では莫大な数になる。ただし、仕事の数が非常に多いとはいえその数は無限ではない。不必要な職業が一つ加われば、それは余計なものにならざるをえない。チープサイド[18]に立派な店を構え、ターバンを売ったとしても破産する場合もあるだろうし、デメテリオのような優れた銀細工師がアルテミス神殿[19]の模型ばかり造ったとしても、その女神の崇拝が流行らなくなってしまえば食べていけなくなる場合もあるであろう。需要のない商売を始めるのは愚かなことであるが、何か一つの商売で、必要以上にその数を増やすのはその次に愚かなことである。物事をうまく運ばせるには、パン屋とビール醸造所が同数あるとか、毛織物商と靴屋が同数であるなどということは不合理なことである。すべての商売の数の均衡は自ずから決まってくるのであり、誰も口出ししたり邪魔したりしない時に一番よく保たれるのである。

生計を立てていけるよう子供を教育しようと考えている親なら、職が決まるまではどんな職業や商売に就けるようにしようか、と常にあれこれ思案している。他のことなら何にも考えない何千という人々でも、このことだけは考えるのである。まず、彼らは自らの境遇だけを考え、息子に十ポンドしかやれない親は、徒弟になるのに百ポンドかかる商売を探してはならない。次に親が考えるのはどれが最も有利かである。その時点で、職に就けそうな内で他より幅広く人を雇っている職業があれば、その職業に息子を就けようとする父親がすぐに十人は現れる。だから、徒弟の数の調整は同業者組合が最も留意する点である。あらゆる商売で人手過剰が常態化して困っている現在、特定の商売に社会の本質から求められる人数よりも一人でも多くの人員を加えるなら、その商売には害になることは明らかである。その上、慈善学校の管理者は、どの商売が最適かなどあまり考慮せず、どの小売商が幾らで少年たちを雇ってくれるかを考えるのである。ところが、資産と採用経験のある人は、こういう子供たちと関わりたくはない。貧乏な彼らの親たちから数々の迷惑を被るのを恐れているためである。そのため、少なくとも普通には、大酒飲みでずぼらな親方か、あるいは大変貧乏で、金さえ受け取れば徒弟がどうなっても知ったことかというような者のところへ、子供たちは年季奉公に出されるのである。このように考えてみると、我々は結局、慈善学校の温床を保持することに努力してきただけなのである。

あらゆる商売や手仕事で人手が余るということは、全体の管理が間違っている証拠である。というのは、国民を養う充分な食糧があるのに、人口過剰であるということはありえないからだ。食糧の価格が高いのか。未耕作地が放置されたり、雇用されぬ人手が余ったりするのは、一体誰の責任なのか。だが、この問いに対しては、次のような答えが返ってくるだろう。豊かさを増すには、結局は農業労働者の賃金を下げるか、イギリス中の地代を下げなければならない、と。こうした主張に対して、私は、農場経営者が最も不満を感じていることを取り除きたいと返答したい。すなわち、農場経営者や造園業者などが一番困っていることは、苛酷な労働が要求され、汚れ仕事をこなさなければならない職種においては、以前と同じ賃金では使用人を雇えないことなのである、と。日雇い人夫は、自分の祖父が三十年前に八ペンスで喜んでやった骨折り仕事を、十六ペンスでも不服を言うのである[20]。地代であるが、人手が増えている時に地代が下がるはずはないが、人手が増えるよりも前ではないとしても、人手が増えると同時に食糧と労働一般の価格は下がるはずである。前には二百ポンドしたものが百ポンドで買えれば、百五十ポンドの年収が百ポンドに下がっても不平を言う理由はないはずである。

お金の価値は時代とともに変化する。一ギニーが二十ポンドに当たるのか、一シリングに相当するのかは、（先に、暗示しておいた如く）貧民の労働によるのであって、人生のあらゆる慰めの源である金や銀に設定された価格の高低によるのではない。農業と漁業が然るべく管理されれば、我々は現在よりもずっと多くの食料を得ることができる。とはいえ、我々は自らの労働能力を高めることもできず、また我々が生存するために必要な仕事をさせる貧民に事欠く始末である。社会の均衡は失われ、自らの仕事以外の知識は皆無という労働貧民の層が占める割合が、その他の社会層に比べてあまりにも少ない。苛酷な労働が避けられたり、高すぎる賃金が支払われたりする職業には、沢山の人が集まる。商人一人に対して帳簿係が十人いたり、少なくとも自称帳簿係という人間が十人いたりする。ところが、この国のどこへ行っても農民は人手不足なのである。貴族の召使の経験者を一人雇いたいと言えば、執事ばかりが十二人も集まり、奥女中も何十人と来たとしても、料理人となれば法外な賃金を払っても一人も集まらないのである。できうるならば、誰でも奴隷のような汚れ仕事をしたくないのは当然のことであるが、私はそのような人々を非難する心算はない。しかし、こうしたことは、最下層の人々が多くの知識を獲得しすぎて、我々のために働かなくなっていることの何よりの証拠なのである。使用人は主人や女主人が出せる以上のものを要求する。自分たちで費用を負担してせっせと貧民の知識を増やし、その知識を使って貧民が我々から取る賃金を吊り上げることを奨励しているようなものである。何という愚かな行為であろう。しかも、我々の費用で教育を受けた者が不当にも我々を侵害するばかりでなく、何もできず、何の役にも立たない、無知蒙昧の田舎娘や間抜けまでがまた、我々に付けこむのである。慈善学校教育の普及によって生じた使用人不足が、無知・無教養の最下層民に対して、本来なら優れた使用人の資格を有し、仕事のことがよくわかっている者に支払うべき賃金を要求し相場を吊り上げる口実を与えるのである。

世界中見回しても、我が国ほどに、見るからに利口そうな人間が使い走りをして働いている姿が見られる所はない。けれども、重要な意味で、こういう使用人は何の役に立っているだろう。彼らの大部分は不正を働き、信頼できる人種ではない。正直者なら半分は飲んべえで、週に三、四回は酔っ払っている。不機嫌なひねくれ者は大抵喧嘩っ早く、男っぽさが最大の自慢で、彼らの勇敢さが疑われようものなら、服を台無しにしようが、信用を損なおうが、お構いなしである。気のいい者は一般にひどい好色漢で、常に田舎娘のあとを追いかけ、近づく女中には端から手をつける。従僕には好色、飲酒、喧嘩といった悪行に染まっている者も多いが、見かけが立派で、紳士へかしずく物腰も身についているので、その罪は見逃され容赦されるのである。このことは主人の許しがたい愚行であり、普通は使用人の破滅に終る。

このような堕落とは無縁で、義務をわきまえた従僕は少しはいるもののごく僅かであり、自分を買いかぶっていないような従僕は五十人に一人もいない。彼の賃金は法外なもので、いくら払ってもきりがなく、館のものはすべて彼への余禄であると言ってよく、こうした彼への心づけが彼の家族が結構な暮らしを続けるのに充分でなければ、さっさと館を出て行ってしまう。そして彼を掃き溜めのような所か、救貧院とか刑務所から連れてきてやったのであっても、彼の自分自身に対する高い評価が当然もらって然るべきと考える賃金を払わなければ、長く引き止めておくことはできないであろう。それどころか、態度物腰が丁重で、礼儀正しく、一度も無礼を働いたことのない者でさえ、もっと高い給金がもらえるとなれば、どんなに気前のいい主人であってもその下を去り、上手に暇を告げるのに数々の口実をでっちあげ、まっかな嘘さえつくのである。半クラウンか十二ペンスの定食を出している店の店主でも、客人として主人と一緒に晩餐の席に着く人から従僕がもらおうと思っている金額ほどは、常連客から取ろうとは考えていない。定食の代金は受け取って当然だが、お屋敷の従僕も定食の店主と同様に、客人の身分にしたがって、一シリングか半クラウンを自分に渡して当然と考えていないだろうか、と私には疑わしく思われるのである。

客人をさまざまにもてなす余裕がなく、食事に招くことも少ないような家の主人では、信頼できる下男を雇えず、頭の足りない田舎者とか無骨者で我慢しなければならない。しかし、こういう連中といえども、悪い仲間の差し金で自分が他の仕事に向いていると思えば、主人を上手くごまかして逃げるのである。多くの紳士が仕事や気分転換に訪れる有名な料理店などは、特にウエストミンスター・ホール[21]界隈は、下僕たちにとって格好な学校であって、どんな愚鈍でも理解力が増し、すぐさま愚鈍と無知におさらばできるのである。その界隈は、従僕たちのための専門学校であり、経験豊かな教師によって、下品な放蕩という教科についての公開講座が毎日のように開かれ、生徒は主人の騙し方、付け込み方、盲点の見つけ方など七百以上の卑俗な手管を教え込まれる。生徒たちの熱意は大変なものであるから、二、三年で邪悪非道をマスターして卒業となる。世の中をよく知らない若い紳士などが、かくの如き抜け目のない詐欺師を使用人として抱えると、大抵は度を越えて彼らを甘やかすものである。自分の経験不足がばれるのを恐れて、滅多に使用人の言うことに逆らったり、欲しがるものを拒否したりはしない。こうして従僕に法外な特権を許してしまえば、無知を隠そうと懸命に努めることで、かえって無知を露呈してしまうのである。

私が嘆く事柄を奢侈のせいにする人もいるであろう。前に述べておいた通り、輸入額が輸出額を超えない限り、奢侈が裕福な国にとって害になることはない。また、このような罪の転嫁が正当であるとは思えない。実際は、愚行の結果にほかならないものを、何でも奢侈のせいにして片付けるべきではない。余裕があれば安楽と快楽に法外な浪費をし、この世の悦楽に払う金に糸目をつけない生活をしても、あらゆることを然るべき良識をもって処することができよう。しかし、使用人たちにしてもらいたいことをしなくなるようにせっせと仕向けているとすれば、その人は良識ある人とは言えない。イギリスで使用人を駄目にしているのは、高すぎる賃金と道理に合わない額のチップなのである。厩舎に二十五頭の馬を飼っていても、その人を取り巻く事情にそぐえば決して愚かなことではないが、一頭しかいない馬で富を誇示しようとして餌を食わせすぎたとすれば、わざわざ骨を折って馬鹿者呼ばわりされることになる。時計造りや玩具や無駄な小間物や骨董品を商う人々には周知のことだが、金勘定などとは縁のない高い身分で流行に敏感な紳士たちが使用人を代金払いの使いにやると、彼らは商人に払う代金から三パーセントないしは五パーセントを自分の懐に入れる。こんなおかしなことを放っておいていいのであろうか。贈り物として差し出されたものを受け取ったということなら黙って見逃すこともできようが、使用人たちが当然もらうべきものとして要求したり、断られれば口論に及んだりしたら、それは許しがたい厚かましさである。生活必需品が全部揃っている人はお金に用はないはずである。病気や老後に備えるのでなければ、お金は使用人を害するものでしかない。老後に備えてお金を貯めるなどということは下僕の間ではあまり普通ではなく、たとえ、そのためでも、お金は使用人たちを図々しく鼻持ちならない人間にするだけである。

信頼できる情報によれば、下僕の一団が傲慢を募らせ、ついに組合を結成して、一定の賃金額以下では雇用に応じず、二ポンドないし三ポンドを超える一定重量以上の荷物を運ばないなどの規約を制定したそうである。彼らが制定した規則は自らが仕える人たちの利益には真っ向から対立するものであり、彼らに与えられた役目をすべて破棄するものである。たとえ組合員がこの名誉ある組合の規則を厳密に守ったために解雇されても、別の職場に移ることができるまでは生活の面倒を見てもらえるし、仮に組合の規則に反して紳士のような従僕を殴ろうとしたり、その他の危害を加えようとしたりした主人を相手に訴訟を起こし維持するお金にも事欠くことはないそうである。これが本当であり――私には本当だと信じる根拠もあるが――、そして従僕たちが自分たちの安楽と便宜を促進する相談を続けるのが許されるならば、すぐにもフランスの喜劇『主人は従僕』[22]を、大半の家族が本気で演じるのを見ることになる。このことが正されず、従僕たちが組合員を増やし、好きな時に集会を開いても罰せられないならば、彼らは、気の向いた時にはいつでも、喜劇を悲劇にするだけの力を持つに至るであろう。

これらが根拠のない、くだらない懸念であるにしても、大きな流れとして、召使たちが日に日に主人や女主人を蔑ろにし、彼らと同列に並ぼうと図っていることは否定しがたいことである。実際、従僕たちは自らの身分の低さを打ち破るのに熱心であるだけではなく、公共の福祉から判断すれば、いつまでも留まっているべき本来の卑しい身分を、一般の評価によればかなりの程度まで既に引き上げているのである。これらがすべて慈善学校のせいであるとは言わない。部分的にこうした災いの源となっているものがほかにも存在していることは事実である。ロンドンは我が国にとって大きすぎるし、我々自身にも幾つかの欠点が存在する。我々を悩ませている不都合が生じるには何千という複合的な過失がその原因になっているにしても、私の申し述べたことを考えてくれる人なら誰でも、慈善学校がこうした不都合な事態に加担するものであり、少なくとも、こういう苦情を創り上げ増加させるものであって、苦情を減じ正すものではないことを認めるはずである。

したがって、慈善学校を弁護して言える唯一重要なことは、夥しい数の子供たちが慈善学校においてキリスト教の信仰と、イギリス国教会の教義に基づいて教育されるという点だけである。だが、このことは慈善学校の弁護として充分ではない。そのことを示すために、繰り返しを避けるため、まず、読者に前述を振り返ってくださるようお願いしたい。そして、それに付け加えて申し述べておきたいことは次の点である。すなわち、魂の救済に必要なことは何でも、また労働貧民が宗教に関して知るべき必須事項で子供たちが学校で学ぶことなら何でも、教会での説教や問答形式の教授法[23]で充分教えることができるということである。それゆえ、教区の中で最も身分の低い者でも、歩いて通えるところにある教会とか、礼拝所に日曜日には必ず行って欲しいのである。日曜日は、労働からの休息と共に礼拝と宗教的儀式のために特別に設けられた七日間の内で最も有用な安息日であり、この日を格別に配慮することが現職の行政長官の義務でもある。貧民はもとより彼らの子供たちも、他の日には働いていて時間がないのだから、日曜の午前と午後は教会に行かせるべきである。行政の指示や実例によって、貧民は幼少期から日曜日の教会通いを習慣化されるべきである。故意に教会に行くことを怠った場合は恥ずべき行為と看做されるべきで、日曜日の教会通いを徹底的に強制し、それが厳しすぎるか実現不可能に思われるなら、少なくともあらゆる娯楽は厳格に禁止されるべきで、貧民を教会から引き離す戸外での遊びから彼らは厳重に遠ざけられるべきである。

行政長官の権限が及ぶ限りこの配慮が成されるところでは、聖職者は、敬神と奉献の念と美徳と宗教の原理を、慈善学校がこれまでに成し、また将来成し遂げるであろうよりも、もっと上手く最も能力の低い者にさえ教え込むことができるであろう。そして、こうした機会があるにもかかわらず、読み書きの力を借りなければ、キリスト教徒として必要な知識を充分に教区民に教え込むことはできないと文句を言う人がいるが、そういう人は非常に怠惰であるか無知なのであって救いようのない輩である。

最高の知識人が最も宗教心の篤い人とは言えない。このことは異なった能力の人々を比較調査してみれば明らかであるし、教会に通うことが、貧しい人々や文盲の人々にとって本来そうあるべき義務とされていない場合であってもそうであろう。最初に目にした百人の貧民を集合させてみよう。彼らは四十歳以上で、幼少時から重労働をするように育てられ、一度も学校に行ったことがなく、知識もなく大都会からは遠いところで生きてきた人々である。これらの人々と、同数の優れた学者で全員が大学教育を受けた人々を較べてみよう。お望みなら、その半数は言語学と神学論争[24]に通じた聖職者としよう。それから両者の生活と交際関係を公平に調べてみれば、敢えて断言するのであるが、読み書きのできない百人の貧民の方が、百人の学者よりも、強い和合と隣人愛が見られ、不道徳や世の中への執着は少なく、より大きな心の満足、純真さ、誠実さ、および、公共の平和と至福に貢献する美徳を看て取ることができるのである。これとは逆に、百人の学者の間においては、この上ないプライドと傲慢、果てしない口論と紛争、和解しがたい憎悪、反目、羨望、誹謗、その他お互いの調和を破壊する悪徳を見る羽目になることを保証してもよい。だが、文盲の労働貧民はこういう悪徳に微かにでも染まったことはないのである。

私が右の節で述べたことは、ほとんどの読者には周知の事実だと確信している。これが事実なら、なぜ、それが押し隠されなければならないのであろうか、またなぜ、我々の宗教に対する関心が、我々の真実の主意と世俗的な意図を隠すための永遠の隠れ蓑にされなければならないのであろうか。支持団体の双方が仮面を脱ぐことに同意するならば、双方の見せ掛けの主張はどうであれ、自分たちの団体の強化のために慈善学校を利用することしか考えていないことがすぐにわかるはずである。また、イギリス国教会の熱烈な擁護者は、宗教の原理を子供たちに教えることによって、国教会の牧師に対するこの上ない崇敬の念と、国教会に反意を唱える者すべてに対する強い反感と不滅の悪意を子供たちに吹き込むことを目的としているのである。この事実を確信するためには、第一に、どのような聖職者が慈善の説教で一番称賛されたか、どのような聖職者が最も好んで慈善の説教をするかを注意深く観察し、そして第二に、近年、乱闘や派閥の抗争の現場で、この町の有名な慈善施設の若者たちが、常に乱闘の先頭に立つ首謀者でなかったかどうか調べるだけでよい。

常に独裁的権力から自己防衛し、権力と小競り合いを繰り返している訳知り顔の自由の擁護者も、身の危険がない時には概して迷妄家でもなければ現代の使徒として福音を拡めようと気負っているようにも思えない。にもかかわらず、これら自由精神の擁護者の中には、声を大にして慈善学校を擁護する人がいる。だが、そのような人たちであっても、慈善学校が道徳を説く宗教教育の場になってくれるなどとは思っていないのである。彼らは、慈善学校が平信徒に対する聖職者の権力を挫き、破壊するための格好の手段であると看做しているだけなのである。すなわち彼らは、読み書きは知識を増やし、人々が知識を増すほど一層自分で考える能力が身につくから、知識が普く行き渡れば、彼らが最も恐れる聖職者の支配から人々が解放されるであろうと考えているのである。

憐かに、国教会の擁護者たちはその目的を達するであろう。だが、特定宗派の熱狂的な支持者でもなく、頑迷な聖職者の信奉者でもないような賢明でしっかりした考えを持った人間であれば、慈善学校はせいぜい牧師の野心と権力を助長する役割を担うだけであり、その慈善学校に起因するこれほどの迷惑や不都合に耐えることなど無駄だと考えるであろう。自由主義者に対しては、両親や親戚の学費負担で教育を受けた者がすべて自分の力で考え、牧師から道理を押しつけられるのを拒むというのであれば、牧師が無知蒙昧の者たちに働きかけることに対して何ら懸念する必要はないと答えたい。牧師には無学者を最も大切であると思わせておけばよい。学費を払うことができるし、実際に払っている人々のための学校が存在することを考えるならば、慈善学校の廃止は国民に損害を与える無知への第一歩であるなどと考えるのは馬鹿げたことである。

私のことを冷酷な人間であるなどと思って欲しくはない。自分が無慈悲を嫌いな人間であることを充分に自覚している。理屈が合わない事柄に、また社会全体の利益のために、じっくりと腰を据えて考え決断する必要がある事柄に、あまりにも同情的すぎることは許されざる弱さである。神が天性と天分を分け隔てなく民に与えているのであるから、貧困層の子供たちに努力する機会を与えられないのは残酷である、と反論されるであろうことも私は承知している。けれども、貧民も金持ちと同じようにお金を使いたいと思っているのであるから、慈善施設に反対することが、貧民にはお金を与えてはいけないとすることよりも惨《むご》いことであるとは思えない。慈善施設は偉大で有用な人間を輩出してきたことは認める。しかし、慈善学校の生徒たちが雇用された時には、同等の能力を持ってはいても慈善学校教育を受けていなかった子供たちは雇用されなかったが、もし慈善学校の卒業生の代わりに彼らが採用されていたならば、同等の才能を発揮し、同様によい仕事をした可能性は非常に高いのである。

学問や戦場で優れた力を発揮した女性の例が多いからといって、女性全員に裁縫や家事の代わりに、ラテン語やギリシア語や軍事訓練を施すべきだということにはならない。我が国には、活発で天分に恵まれた人たちが充分に存在しており、他の如何なる土地や国よりも外面も内面も優れた人間が揃っている。しかし、我々に必要なのは知恵や才能や従順ではなく、勤勉や精励や熱意なのである。

行われなければならない非常に多くの苛酷な汚れ仕事が存在し、また粗末な暮らしにも順応しなければならないのである。貧困層の子供たちを除いて、この必要性を満たす温床がどこにあるのか。彼らほどにこの温床に近く、また、適性のあるものはないことも慥かなことである。私は骨の折れる汚れ仕事を労苦と呼んだが、そういう労働をするように育てられ、それしか知らない者にとっては労苦と感じることもないであろうし、事実、労苦ではないのである。最も骨の折れる仕事に従事し、世の華美や洗練など微塵も知らない人々ほど心の充足した人はいないのである。

これらは否定できない真実であるが、真実が暴かれるのを喜ぶ人はほとんどいない。人々がこれらの真実を認めるのを嫌がる理由は、我が国の国民の大多数が、憐憫と愚かさと迷信が入り混じって生じる貧民への敬意という、理屈に合わない気持ちを抱くからである。貧民を害するような言動を見たり聞いたりするのが耐えられないのは、こうした気持ちの混合物を生々しく感じるからであり、どちらが正しく、どちらが傲慢であるかなどと冷静に判断しようとは思わないからである。だから、向こうが先に殴りかかってきても、乞食を叩いてはならない。仕立屋の職人たち(25)が主人を告訴し、不正な申し立てを強情に押し通したとしても、哀れみをかけてやらねばならない。また、たとえ貧乏ばならないのである。

のどん底にあって身分の高い人々を蔑み、あらゆる場合に労働や節酒よりも、祭りや馬鹿騒ぎを好むように見えても、常にぶつぶつ不平を漏らしている織物職人たちに手を差し伸べ、機嫌を取るためにいろいろと馬鹿なことをしなければならないのである。

こう思う時、私は我が国の羊毛に注意を向けずにはいられない。我が国の事情や貧困層の態度を考える時、羊毛は如何なる理由があろうとも国外に出してはならないと思う。だが、何故に羊毛が国外に持ち出されることがそれほど有害なのかの理由を調べてみると、羊毛の輸出をひどく嘆き不服を申し立てても大した名誉にはならないことがわかる。羊毛が我が国の海岸を離れ、海外に無事に陸揚げされるまでに及ぼされるさまざまな危険を考慮すれば、外国人が我が国の羊毛を加工できるまでに、イギリス人が国内で羊毛を加工するよりも相当高い金額を払わなければならないことは明白である。だが、原価にこれほどの差があるにもかかわらず、外国人は加工された羊毛製品を、外国の市場で、我々イギリス人よりも安く売っているのである。これは我々が被っている災難であり、耐えがたい不幸である。我が国で、羊毛製品の製造のために人手が充分に雇われ、それでもなお輸出に回せる余分の羊毛だけを海外に売るならば、羊毛の輸出で被る損害はせいぜい錫や鉛の輸出で受ける損害の幅を出ないだろう(26)。

仕事の迅速性と技術の点で、少なくとも一番重要な部門において、我が国よりも毛織物製造の完成度が高い場所は他にない。したがって、我々が不服としている点は、他国民と我が国民との間に存在する貧民の管理の違いに拠る以外には存在しない。ある国では、労働者が一日十二時間、週六日働き、またある国では、週四日を限度とし、一日八時間労働であるとすれば、後者は前者が四人で済ませるところを九人雇わねばならない。けれども、前者の勤勉な労働者の衣食等の消費財にかかる費用が、後者の同人数の労働者が消費する費用の半分で済むとしたら、後者の四人分の賃金が前者の十八人分の賃金になるはずである。我が国と近隣国との間に、勤勉と生活必需品における差が、これほど大きいなどと仄めかす気もないし、また、そう思ってもいないけれども、その違いを半分、いや、半分以下にするだけでも、毛織物の値段について被っている不利益を逆転できるに充分であるということを考えていただきたい。

如何なる国といえども自国の製品を、製造技術や仕事の迅速さや労働の便益という点で同等の近隣国よりも安く売るのは不可能である。製品の原価が不利な場合にはなおさらそうである。ただし、食糧や生活に関する必需品が近隣国より安く手に入り、労働者が勤勉で長く自分の仕事に従事し続けるとか、近隣国の労働者より貧しく粗末な暮らしで満足するような労働者がいるという条件なら話は別である。労働者の数が同じならば、彼らが勤勉であればあるだけ、また、同じ品質の製品を作る人手の数が少なければ少ないだけ、国内における生活必需品の量は多くなり、その国は輸出量を一層多くすることができるとともに、輸出品の価格も一層安くすることができるのは慥かなことである。

さて、多くの仕事がなされなければならない、ということはご了解いただけたと思う。そこで、次に認めてもらわねばならないことは、仕事は機嫌よく進んで行われるほど働く本人にとっても社会にとっても有益であることはないということである。また、幸せであるということは満足しているということであり、より良い生活がどのようなものであるかを知らないでおれば、自分の現実の生活に満足するものであるということである。逆に、世の中の知識や経験が増えると、好みの繊細さや洗練の度が増し、事物一般についての完全な判断ができるようになり、なかなか満足することはできなくなる。残酷非道なことを提唱する気は毛頭ないが、人が楽しそうに笑ったり歌ったり、身振りや行動に満足感のあらゆる兆候が表れているのを見れば、その人は幸福であると判断して、その人の知恵や能力については関知しない。なぜ、彼がそんなに上機嫌ではしゃいでいるのか、その理由などどうでもよいのである。少なくとも私自身の基準に照らして彼らを判断したり、彼を陽気にさせているものが私に及ぼす影響という観点からその是非を論じたりすべきではないのである。そうでなければ、チーズの嫌いな人なら、「青黴が好きだなんて、あんた、馬鹿か」、と私を笑うに違いない。「蓼食う虫も好き好き」は、比喩的な意味でも、文字通りの意味でも正しい言い分であり、身分や境遇や生活様式の点で隔たりが大きければ大きいほど、お互いの苦楽についての判断はできにくくなるのである。

この上もなく卑しくて、文明社会から程遠い暮らしをしている百姓が、二週間、最も偉大な王の生活を秘かに観察することを許されたと仮定しよう。百姓は自分で良しとするものもすぐに見つけるかもしれないが、自分と国王の立場が入れ替わったならば、直ちに変えたり正したりしたいと思うものもたくさんあるのに、国王がありのままを何の疑いもなく受け容れていることに呆れ驚くだろう。今度は、国王が百姓の暮らしを垣間見るとしたらどうであろう。百姓の労働には耐えられず、不潔さとむさくるしさ、食べ物や恋愛、娯楽や気晴らしも、あまりにもお粗末で忌わしいものに映るであろう。その一方で、国王は、百姓の心が平和で満たされ、魂の平静と平穏を享受する姿に魅了されることであろう。自分の家族に対して偽装したり、自分の宿敵をも愛するふりをする必要もなく、外国製品を買いあさって外国に奉仕する妻もいなければ、自分の子供から危害を受ける心配もなく、陰謀を解明する必要もなければ、毒を盛られる恐れもなく、国内の人望ある政治家や外国の老練な廷臣たちをうまく操り、見せかけの愛国者を買収したり、強欲な寵臣を満足させ、利己的な大臣たちに従ったり、意見の相違から反目し合う国民を満足させ、気まぐれな下層民の機嫌を取る必要もなく、そうした事柄から自分の楽しみが妨げられたり左右されたりすることもないであろう。

本当の善と本当の悪が公平な理性によって見分けられ、それに基づいて両方の身分が出くわす喜びと苦しみの目録が作られるならば、たとえ私が願うほどに百姓が無知で勤勉であったとしても、国王の境遇が百姓の境遇に比べて、いくらかでもましであるかどうかは疑わしい。多くの人々が百姓よりも国王になりたいのは、第一に、人間の本性に深く根ざし、それを満たすために人間に大きな危険と困難をものともせずに頑張らせるプライドと野心ゆえであり、第二に、対象が物質的なものか精神的なものかによって、我々の感情を動かす強さが異なるためである。直接人間の五感にふれる事物は、思考の結果や明晰な理性の命令よりも、強烈に感情に働きかける。それゆえ、理性よりも感情の方に我々の好き嫌いを左右する力があるのである。

このように、私の主張は貧困層を害するものでもなければ、少しでも彼らの幸せを減じるものでもないことを証明してきた。ただ無為に座ったまま、我々の武器で我々を打ち負かす不届き者であると近隣国を罵倒するよりも、私が示唆する方法によって輸出を伸ばす見込みがないかどうかの判断は賢明な読者に任せたい。近隣国の中には、彼らが高く買った我々の産物で造った商品をわが国よりも多く売る者もいれば、我々のすぐ手の届くところにいるのに、我々が放置している魚を遠くからやって来て苦労して獲って金持ちになっている者もいる。

強制しなくても、腰を据えて怠惰を挫く方策を練ることによって貧民を労働に駆り立てられるが如く、彼らを無知のまま育てることによって、本当の苦難を苦難と感じずに慣れさせることもできる。かなり前に示唆したとおり、無知のまま育てるというのは、世俗的な事柄に関する彼らの知識が職業の範囲に留め置かれるべきだという意味である。言い換えれば、少なくとも我々が骨を折ってこの範囲を超えて彼らの知識を拡大すべきではないという意味であるに過ぎない。これら二つの手段により食糧つまりは労働を安くすることができれば、我々は間違いなく近隣国より輸出を拡大し、同時に人口も増やせるに違いない。これが貿易での競合者に対峙し、強みを活かして海外市場で相手に打ち勝つ雄々しい方法なのである。

策を弄して貧民を唆すことに成功する場合もある。彼らが他国の貧民と同じような貧しい暮らしをする心算はないと豪語しているような重要な時に、この策を講ずるべきである。貧民の決意を変えることはできなくても、一般社会の利益に反する彼らの心情を正しいとして拍手喝采すべきではない。自国の福祉と同じく名誉や栄光を気にかけているとロでは言っているイギリス人が、有能な政治家であり野心的な君主でもある偉大なウィリアム王[27]が、顔に悲嘆と怒りを浮かべて、フランスが持つ途方もない力を公然と認めるのを聞いて、朝、悔しがっていたばかりなのに、夕方になって、一年以上地代を滞納している怠け者の小作人が、フランス人は木靴を履いていると言って馬鹿にするのを聞いてよく喜ぶことができたものかと、私は以前にしばしば訝しく思ったものである。とはいえ、私は木靴を勧めているわけではないし、これから披露する行動の原則に則って、ある個人に独裁的権力を集中すべきであるなどと言う心算は毛頭ない。私が望むことは、自由と財産は保全されるべきであり、貧民は今以上に多く雇用されるべきであるということに過ぎない。ただし、貧民の子供たちは、有益な仕事で服をすり減らし、役に立つ仕事をすることによって田舎の土で服を黒く汚すべきなのであって、遊びで服の背中を裂いたり、何の役にも立たないことのためにインクで服を汚したりすべきではない。

この島国には、現在よりも十万人多い貧民を、三百年から四百年の間、雇用できる仕事が存在している。この島国の隅々まで役立つようにし、どの地域にも人が住めるようにするためには、多くの河川は船舶の航行が可能なように整備され、運河は何百という場所で切り拓かれなければならない。ある土地は干拓され、将来は氾濫に備えなければならない。広大な不毛の土地を肥沃な土地に変え、何千エーカーもの土地をもっと耕作し易くして、もっと利益を上げられるようにしなければならない。「神々は労苦に対してすべてを売る」[28]。労働と忍耐で乗り越えられない困難はない。どんな高い山でも、それを受け容れうる適当な谷があれば、そこに投げ入れられるだろうし、今は考えられないような場所に橋が架けられるかもしれない。ローマ人が成し遂げた驚くべき業績を、とりわけ道路や水道についての業績を振り返ってみよう。ローマ人の敷いた道路が如何に長距離にわたり、如何に長期間にわたって使用に耐える堅固なものであったか考えてみよう。一方、我々の道路はどうであろうか。気の毒に、旅人は十マイルごとに通行税徴収所でとめられ、その年の冬が来る前には泥道と化すことが誰にもわかっているのに、夏の道路補修工事のためであると言われ一ペニーを取り立てられるのである。

公共の便宜は常に公共の関心事であるべきで、個々の町や州の利益が明らかに全体の改善に役立つような計画や考案の実施を妨げてはならない。義務をよく弁え、地元のご機嫌を取るよりは、賢明な人間として行動しようとする地方議会の議員ならば、自分が所属している地方の明白な大きな利益よりも、小さく見えても王国全体の利益となることを選ぶであろう。

我が国土には原材料がふんだんに存在し、石材や木材に事欠くことなく、そんなことをしてやる価値のない乞食に人々が進んで与えるお金や、各世帯主が教区の貧民のために支払う義務を負わされ、しかも別の用途に使われるか悪用されているお金などを毎年取りまとめれば、何千という労働者を賄うに充分な基金になるであろう。これが実行可能であると思うから言っているのではない。ただ、我が国には膨大な数の労働者を雇うための余剰資金があり、しかも我々が想像するほどその基金に困ってはいないはずであるということを示すために指摘しているに過ぎない。体力と活力の維持が人一倍必要な兵士が、一日六ペンスで生活できて当然とされる時に、一年の大半にわたって、日雇い労働者に十六ペンスや十八ペンスを与える必要があるとは思えないのである。

常に自由を失うまいと心配し、用心している人々が、私の言う多数の労働者が一定の賃金をもらって雇用されたりしたら、自分たちの財産や特権がいつ取り上げられるかわからないと叫ぶであろうことは承知している。けれども、このような懸念には、労働者の管理と指揮を委ねる職に関する、君主でも他の誰でも悪用することはできないさまざまな規則を確実な方法で見いだして作ればよいと答えよう。

私が右の四つか五つの段落で述べたことは、多くの読者は大いに冷笑され、せいぜい空中の楼閣と呼ばれるであろうと予想している。しかし、こうなるのは私が悪いのであろうか、それとも読者が悪いのであろうか。公共精神が国民から姿を消すと、国民は公共精神とか、あらゆる種類の忍耐などには我慢ならなくなり、心に余裕がなくなり完成に長い年月を要する事業のことを考えるのが苦痛になる。そして、こういう状況下では、気高いもの、崇高なるものは、すべて空想的なものとして片付けられることになるのである。無知が根絶やしにされ放逐され、程度の低い学問知識がでたらめに国民にばら撒かれることになると、自愛心が知識を狡猾なものに換える。そしてどのような国においても、狡猾が蔓延ることになれば、国民の注意や関心や勤勉は今ここだけに注がれ、自分たちの死後に起こることなどまったく省みることなく、あるいはせいぜい考えても次の世代までという事態が生じるのである。

しかし、ヴェルラム卿(29)によれば、狡猾とは陰険な知恵でしかないのであるから、賢明な立法府ならば、社会にこのような乱れの兆候が見え次第対処すべきである。兆候の最たるものは次のようなものである。まず、想像上の報酬は一般に嫌われ、誰もがお金に変えるために、素早く取り引きを終えようとする兆候である。また、疑い深くて、自分の目で見るもの以外は何も信用しないといった人間が、最も思慮分別のある人間と看做され、あらゆる取引の場で、人々は「早い者勝ち」の原則にだけ頼って行動するようになる兆候である。そして、伐採までに百五十年も待たねばならない樫の木を植えないで、十二年か十四年しかもたないような設計で家を建てたり、事の不確かさや世の移ろいやすさに頭が煩わされたりする兆候である。そしてまた、数学だけが唯一の価値のある学問となり、馬鹿げたことさえにも使われ、破産した商人を信用しないのと同じように、摂理に信を置かなくなる兆候である。

社会に不足しているものを供給し、住民によって最も等閑《なおざり》にされていることに真っ先に手をつけるのが、公共の仕事である。欠陥を修正するには正反対の対応を採用するのが最も有効である。だから、国民の誤りを改心させるためには訓戒するよりもよい手本を見せる方が有効であり、そのためには立法府が長期にわたって多大な労働を必要とする大事業に着手する決断をし、後々の子孫のためを思わずして何事もできないということを、世の中に納得させねばならない。こうすることは、少なくとも、王国の気まぐれな風潮と移り気な精神を正して、世の人々を地に足を付けさせる助けになるであろうし、人間は自分のためだけに生まれた訳ではないことを心に刻ませ、我が国民を偉大な民にするために最も必要なことは、真の愛国心と国土への優しい愛情であることを人々に吹き込むことになるであろう。政府の形態は換わり、宗教や言語さえ変わるかもしれないが、大英帝国あるいは少なくとも（国名もなくなるかもしれない場合は）この島自体は、地球上の如何なる部分と同じように存続するだろう。昔からすべての世代は先祖が与えてくれた恩恵に心から感謝を捧げてきた。聖ペテロの都市でたくさんの泉や莫大な量の飲料水を享受しているキリスト教徒が、驚くべき苦労をして設備を築いた古代ローマ人という異教徒に対して、思いを馳せ感謝を捧げないとしたら見下げ果てた恩知らずである。

この島国が耕作され、全土は普く人の住むのに適した有用な大地に変えられ、全体がこの世で最も便利で快適な所となれば、そのために国土に費やされた費用と労力は、後世の人々からの栄誉ある敬意によって償われるであろう。そして、不朽の名を残すことに情熱を燃やし、自国の改善に心血を注いだ人々は、千年、二千年の後まで、その恩恵にあずかる未来の人々の記憶と永遠の称賛の中に生き続けるということで満足することであろう。

この辺で、私はこの狂詩曲的思考に終止符を打つべきなのであるが、よく秩序立てられている社会には一定程度の無知の部分が必要であることを証明しようとする、本試論の視点と構想に関して私が書き落とすべきでないことが頭に浮かび、それを等閑に付すわけにいかなくなった。というのは、もし私がそのことを書かなければ、私に対する強力な反論となって現れるかもしれない問題であるからであり、またそれに触れることによって論議を有利に運べるからである。現ロシア皇帝の立派なところは、臣民を生来の愚鈍から引き上げ、国民を教化することに専心していることであるというのがほとんどの人々の見解であり、私もそう思っている。だが、臣民の教化こそがロシアにとって差し迫った問題であったこと、また、彼らの大部分が獣同然の状態にあったのは、それほど昔のことではないことを考慮しなければならない。領土の広さと支配する人間の多さに較べて、国を本当の意味で発展させるのに必要な商人や職人の数や職種が決定的に不足しており、その意味で、必要な職人や商人を養成するためにあらゆる手段を用いたのは正しいことであった。だが、これとは正反対の病状に苦しむ我々には、それは何の役にもたたない。身体という自然体には医術が必要であるように、社会という身体にとっては健全な政策が必要である。昏睡状態の病人を休養不足で病気になった人間として扱う医者はいないし、糖尿病に用いる薬を水腫症の患者に処方する医者もいない。要するに、ロシアには知識人があまりにも少なく、大英帝国には多すぎるのである。

七　社会の本質についての一考察[1]

大多数の道徳家や哲学者たちの間で、自己抑制を伴わない美徳などは存在しないということに関して、これまで意見が一致している。だが、思慮深い人たちによって、現在よく読まれている今は亡き著者はまったく正反対の意見を持っており、人間というものはわざわざそうしようとするまでもなく、生まれながらにして有徳であると考えている。また、彼は人間という種に善性を求めるとともに、それを期待しているようにも思われる。それは恰も、我々が葡萄や橙に甘さを求めそれを期待しているようなものである。もし、それらの果物が酸っぱければ、その果物は本性上可能な成熟段階まで到達していないと我々は臆面もなく言うのである。この気高い著者（というのは『特徴論』[2]の著者シャフツベリ卿のことを指しているのであるから）は、人間は社会のために造られているのであるから、当然にも人間は、自らもその一部である社会全体に対する優しい愛着と、社会全体の福祉を求める性向を持って生まれてくるはずであると思っている。こうした想定に則って、彼は公益を配慮してなされたあらゆる行為をすべて美徳と呼び、そうした配慮がまるでないような利己的な振る舞いをすべて悪徳と呼ぶ。人類に関して、シャフツベリ卿は、悪徳や美徳というものは、あらゆる国やあらゆる時代において同様である永遠の実在であると看做し、健全な理解力のある人間は、道徳感覚[3]の規則に従って、道徳の中に、また人為的あるいは自然的作品の中に美と正を見いだすばかりか、ちょうど優れた乗り手がよく調教された馬を手綱によって操る如く容易く、理性によって自己抑制することができると考えるのである。

本書の前半部分を精読してくれた注意深い読者は、シャフツベリ卿の体系と私の体系ほど対立しているものはないことに直ちに気づくことであろう。慥かに彼の主張は寛容で洗練されていると思う。また彼の主張は人類への大いなる賛辞であり、少しの熱狂の助けがあれば、我々人間の高貴な本性の尊厳について、この上もなく気高い感情を我々に注ぎ込むことができるであろう。とはいえ、シャフツベリ卿のこうした主張が真実ではないとは、何と残念なことか。無論、もし私が、本書のほとんどあらゆる頁において、彼の主張は我々の日々の経験と矛盾しているということを論証してこなかったのであれば、流石にここまでの発言は差し控えたことであろう。だが、私がこれまでなされた反論に対して答えずにいたなどといった汚点をほんの僅かでも残さないためにも、これまで私がごく簡単にしか触れてこなかった幾つかの事柄についてここで詳しく述べておこうと思う。というのは、人間の持つ善良で温和な性質というものは、人間をその他の動物以上に社会的な動物にさせるものでもなく、また自然的であると同時に社会的でもある所謂悪徳の助けなくして、多数の人間を人口稠密で豊かで、しかも繁栄している国民へと導いていくことも、あるいはそうした状態で人々を維持することも、まったく不可能であろうということを、読者に納得していただきたいからである。

私のこうした企てをより首尾よく行うためには、前もって美と正について、すなわち古代の人たちがよく言及した美しきもの《トゥ・カロン》の実際の姿について考察しようと思う[4]。こうしたことをする意味は、事情に通じた者なら了解していただけると思うが、事物の中に実際に価値と卓越性が内在しているかどうか、またある事物が他の事物よりも優れているということが事物と事物の間に存在しうるか否か、あるいは、あらゆる国と時代において同様に評価され、同様な判断が下されているような事物が、たとえ僅かでも存在するかどうかを論じることにある。我々がこうした本質的な価値を求める考察を始め、ある事物が他の事物よりも優れていることを発見し、またそれよりも第三の事物の方が優れているなどということも発見できるのであれば、我々はそうした本質的な価値を見いだすことへの希望を持ち始めることができるであろう。だが、すべてが非常に良かったり、すべてがまったく悪かったりする事物に遭遇したりすれば、我々は困惑し、常に、自分の意見が同じであるという訳にいかず、ましてや他人の意見と同じにはならないであろう。欠点も美点もさまざまであり、思考様式や思考習慣が変化したり、人間の好みや気質が変わるにつれて、それらはさまざまに称賛されたり非難されたりするであろう。

　絵画の評価に関して、素晴らしい絵と未熟者の下手な絵とが較べられるような場合には、評論家は意見を違えることはないであろう。だが、不思議なことに著名な巨匠の作品に関しては、彼らの評価は実にさまざまであった。鑑定家の間には幾つかの派があって、派によって絵画が描かれた時代や国に関して評価が一致することは殆どなく、最高の傑作が常に最高の評価を受けるとは限らない。有名な画家の原画は、無名の画家の手による如何なる模写よりも、模写がたとえ原画よりも素晴らしいものであったとしてもずっと価値があるであろう。絵画に付けられる価値は、巨匠の名前や彼がその絵を描いた年代だけではなく、彼の作品の希少性や、もっと理屈の合わないそれらの絵画が高貴の一族に所有されていた期間や、それらの絵画を所有している人物の社会的地位にもかなりの部分左右される。そこでもし、ハンプトン・コート[5]にある実物大の下絵が、ラファエロよりも有名ではない人物によって描かれ、それらの下絵を売らざるをえない所有者が私人である場合には、あらゆる難点を込みにして今これ位するであろうと見込んだ価格の十分の一にも決してならないであろう。

　以上のようなことがたとえあるにしても、絵画に関する判断においては、誰もが認める慥かな基準が恐らく確立することになるであろうし、あるいは、少なくともその他の如何なるものに関する判断よりも変わりにくく、安定的な基準が存在するであろうことを私は喜んで認める。その理由は明瞭である。というのは絵画の判断には常に変わらぬ同様の準拠すべき基準があるからだ。絵画は自然の模倣であり、人間が目にするあらゆるものの模写である。私が絵画という輝かしい創造物について考えることを通じて、少々時宜を得ない議論をすることを、寛容な私の読者が許してくれることを希望する。とはいえ、そうした議論をするのは、私がいま述べている絵画の価値は我々の主要な感覚の欠陥に負っているのであり、我々が絵画から受け取るあらゆる喜びやうっとりするような楽しみは、こうした幸せなペテンによるのであるという、私の主張にとても関連しているからである。その理由を説明しよう。大気とか空間は視覚の対象ではないが、我々は、目が見えるようになると、独りでに、我々が見ている事物の大きさが我々から遠ざかるにつれて小さくなることに気づく。そして、こうした観察から得られた経験が、何よりもまして、事物の間の距離に関するかなり適切な推測を我々に教えるのである。ある盲目に生まれついた人が二十歳まで目が見えないままでいて、突然、視界が開けたとすれば、彼は距離の違いについて困惑し、彼の杖がほとんど届くような距離にある柱と半マイル離れている尖塔とではどちらが近いか、視力だけによって決めることはほとんど不可能であろう(6)。戸外と接している壁の穴にできる限り近づいて覗いてみよう。そうすれば、空が空間を埋め尽くし、穴が空いた隙間を取り囲む石材の背後と同じ近さにあるとしか我々は思えないであろう。こうした状況は、我々の視覚における欠陥と言わないまでも、我々を欺かれやすくするとともに、運動以外のあらゆるものを、技巧によって我々が日常生活や自然において見いだすものと同じように、平面上に再現させることを可能にする。もし、こうした技巧が使われているのを見たことがないとしても、鏡というものがそうした技巧が可能であることをすぐに悟らせてくれるであろう。非常に滑らかでよく磨かれた物体によって我々の目に映し出された像が、線画や絵画を生みだす上で最初の切っ掛けを与えたに違いないと私は考えざるをえないのである。

自然の作品も価値や素晴らしさという点で評価はさまざまである。また、愛すべき動物であってさえ、ある国で美しいとされるものが他の国では美しいとされないこともある。花屋の好みとはなんと気まぐれなことか、ある時にはチューリップが、別の時にはアウリクラが、またある時にはカーネーションが彼の花好きを夢中にさせ、そして毎年、色や形がたとえ劣っていようとも、彼の評価では、新種の花があらゆる旧種の花を凌ぐのである。三百年前には、人々は今と同じようにきちんと髭を剃った。その後、人々は顎髭をのばし、さまざまな形で切り揃えた。今となっては馬鹿馬鹿しく写ろうとも、流行している時には皆それなりに似合っていた。また、他の誰もが広い鍔の帽子を被っている時に、その他の点ではきちんとした服装をしているのに、狭い鍔の帽子を被っている男は何とも下卑て滑稽に見えることか。さらにまた、かなりの期間、非常に小さな帽子が流行っている時に、非常に大きな帽子というものは何と異様なものであることか。経験が我々に教えるところによれば、こうした流行というものは十年ないし十二年以上続くものではなく、六十歳の人は少なくとも流行の変化を五回や六回くらいは経験していることであろう。とはいえ、流行の変化の始まりは、たとえ何回経験していたとしても巡ってくればいつも野暮ったく感じ、今更ながらに不快に感じるものである。現存する流行と無関係に、大きなボタンを付けるのと、小さなボタンを付けるのとでは、どちらが格好良いのかをどんな人間にも決めることはできない。構想豊かに庭園を設計する方法はほとんど無数にあると言ってよいが、その中で美しいと呼ばれる方法は国や時代のさまざまな好みに応じて変化する。芝生や花壇に関して言えば、それらは多くのさまざまな形で構成されている方が一般に喜ばれる。だが、円形は正方形と同様に人間の目を楽しませてくれるであろうし、ある場所には三角形がマッチするように、楕円形も別のある場所には相応しいこともあるであろう。八角形が六角形に対して持っている形態上の優越性は、賽子《さいころ》博奕で八が六に対して持っている勝率と変わるところがない。

教会は、キリスト教徒たちが建立できるようになって以来ずっと、上端が東の方に向き十字架の形に似ている。建てる場所に空きがあって、都合よくそのような形で建てることができるにもかかわらず、そうしたことを無視した建築家は許しがたい誤りを犯したと看做されるであろう。だが、トルコ人の礼拝堂とか異教徒の寺院にこうしたことを期待するのは愚かなことである。この百年間に制定された多くの有益な法律の中で、死に装束を規定した法律(7)よりも実益が大きく、しかもまったく不都合が存在しない法律を見いだすのは容易なことではない。この法律が制定された時に、物事の判断が充分可能な年頃になっていて現在も健在の人々は、その法律に反対してなされた一連の非難を覚えているに違いない。最初は、多くの人々にとって毛織物に包まれて埋葬されることほど衝撃的なことはなかったに違いない。その法律を支持できるものにした唯一の理由は、何人かに喪章が与えられ非常に多くの者たちに指輪が与えられる葬式におけるその他の出費を考えれば、無駄遣いすることなく己れの好みに耽る余地が多少なりとも上流社会の人間たちに残されたということであった。この埋葬方法から生じる国民の利益は大変明瞭であったので、当然にもこの法律を非難するようなことは何も言えず、ほんの数年経つと、こうした埋葬方法に対して抱かれていた恐怖心は消えていった。その折に、棺に納まった死者をほとんど見たことのない若者たちは、いち早く埋葬方法の刷新に同調したが、その法律が制定された時、既に多くの友人たちや親戚縁者たちを埋葬してきた経験がある人たちが、最も長くそうした埋葬方法を嫌悪し続けたことを私は知っている。そしてまた、死の当日まで、そうした埋葬方法を決して許容できなかった多くの人たちを憶えている。今日では、リンネルで纏わせて埋葬する方法はほとんど忘れ去られ、毛織物を纏わせるという死骸に対する衣服の着せ方ほど礼儀正しいものはないということが一般に認められている。こうしたことは、我々のさまざまな事柄に関する好き嫌いは、流行や慣習に、また我々よりも上流の者や、何らかの意味で我々よりも優れていると思われるような者の教訓や実例に主として依存していることを示している。

公衆道徳には定まったものがない。複数の妻はキリスト教徒の間では嫌悪すべきものであり、それを擁護する偉大な天才のあらゆる知恵や学識は軽蔑の念をもって撥ねつけられてきている。(8) ところが、一夫多妻制度は回教徒にとっては不都合なことではない。人間が幼年時代から学んできたことは人間を虜にし、習慣の力は人間本性を歪めると同時に人間本性に則っているので、それらのどちらによって我々が影響を受けているのかを知るのはしばしば困難になる。その昔、東洋では、姉妹が兄弟と結婚していたし、息子が母親と結婚することは称賛に値することであった。慥かに、こうした縁組みは嫌悪すべきものである。とはいえ、こうした近親婚を想い描くことがどんなに忌まわしことであっても、流行や習慣に基づいていることを考慮すれば、そうしたことに反感を抱かせるものは元々存在していないということもまた慥かなことである。アルコール飲料をまったく嗜んだことがなく、しばしば酔っ払いを目にしたことがある信心深い回教徒は、酒に対して嫌悪感を覚えるであろうが、それは我々の中で最も道徳観もなく教育も受けていない者でさえ、自分の姉妹と同衾するのを忌み嫌うのと同じことであって、両者ともそうしたことに対する自分たちの嫌悪感は人間本性に由来していると思っている。どれが最良な宗教であるかという問いは、その他のすべての問いを一束にした以上に禍の原因となってきた。そのことについて北京とコンスタンチノープルとローマで尋ねてみなさい、そうすれば、あなたは、互いにまったく異なっているが、それぞれがともに確信に満ち断固とした三つの答えを聞くことになるであろう。キリスト教徒は異教徒や回教徒が信じている迷信の誤りを確信しており、この点に関しては、キリスト教徒の間では完全な合意ができている。とはいえ、彼らが分裂してできた幾つかの宗派に、どれが真のキリスト教会なのかと尋ねたならば、すべての宗派は自分たちの教会であると言い、それを説得するために互いに喧嘩を始めることであろう。[9]

　それゆえ、こうした美と正を探し求めるということは、ほとんど拠り所のない無駄な探索と変わることがないことは明らかである。だが、このことが美と正を探し求めることに私が見いだす最大の誤りではない。人間は自己抑制をしなくとも有徳でありうるという想像上の思いは、偽善への大きな入り口をなすものであり、一度それが習慣的思考となれば、我々は単に他人を欺くだけではなく、自分自身がどんな存在であるかもわからなくなるであろう。これから述べようと思う事例において、きちんとした自己省察の欠如が、如何にして『特徴論』の著者その者にあらゆる点において類似している、才能も学識もある高貴な御方においてさえ起こるのか明らかになるであろう。

　安楽で裕福に育てられた人間は、穏やかで怠け者の質であるならば、あらゆる煩わしいことを避けて通ることを学び、己れの情念を抑制することを望むであろう。それは、感覚的な享楽に耽ることへの嫌悪というよりも、快楽を貪ることや人間の性癖が引き起こす不都合への忌避のためである。有能であるのは無論のこととして、温和で善良であった偉大な哲学者[10]の下で教育を受けた人間が、そうした幸運な環境のゆえに、己れの心の内を実際の価値よりも高く評価したり、己れの情念を抑制しうるゆえに己れ自身を有徳な存在であると信じることも充分にありうることである。彼は、社会的徳性について、また死への軽視について素晴らしい見解を打ち立て、書斎でそれを上手に書き上げ、公衆の前でそれらを雄弁に語るかもしれない。だが、お国のために戦っているとか、何らかの国家の損失を取り戻すために努力しているとかしている姿を彼の内に決して見いだすことはできない。理念的なものを扱っている人間は容易く熱狂に陥りやすく、具体的な死が視野に入ってこないかぎり、自分は死を恐れていないのだと実際に信じ込んでいるかもしれない。だが、彼が次のように問われたとしよう。すなわち、あなたは、生来の、あるいは哲学によって手に入れた大胆さを備えているにもかかわらず、なぜ、母国が戦争に巻き込まれている時に従軍しないのか、と。あるいは、国家が指導的立場にある者によって日々略奪され、大蔵省の業務が機能麻痺しているのを目の当たりにしている時に、なぜ、あなたは宮廷に赴き友人や同士を募って大蔵大臣になるべく働きかけないのか、と。そうしたら、恐らく、彼は、私は隠遁を好み、善良の人間であるほか何の望みもなく、政治に関わりたいなどという気持ちは露ほどもなく、またあらゆる追従や卑しい供応、あるいは廷臣たちの不誠実やこの世の雑踏を嫌悪しているからだと答えるであろう。私は進んで彼の言い分を信じよう。だが、怠惰な気質で無気力の精神の持ち主が、『特徴論』の著者とすべて同じことを言い、また同じようにしつつ、なすべき義務を蔑ろにして、己れの欲望を抑制するどころか、それに耽っているということも充分ありうることである。美徳は行為の内に存するのである。だから、社会愛や人間への優しい愛着を持ち、生まれとか資質のゆえに、公共の管理における何らかの役割を担いうる者は誰しも、社会に貢献しうる時に座すべきではなく、仲間の臣民の利益のために最善を尽くすべきである。この高貴な人物に好戦的な資質や乱暴な気質があったならば、人生ドラマにおいて別の役回りをきっと選ぶであろうし、正反対の教義を説いたことであろう。というのは、我々は、何れであれ情念が指し示していると思われる方向で理屈を働かせ、自愛心は人間にそれぞれ異なった見解を抱かせ、あらゆる個人に己れの性向を正当化するための論拠を与えてくれるからである。[11]

『特徴論』の中で推奨されている誇るべき中道の精神や静穏な美徳は、のらくら者を生みだすしか役に立たず、修道院の生活における愚かしい楽しみを与えるとか、せいぜい田舎の治安判事の資格を人間に与えるかもしれないが、人間を労苦に適応させ、勤勉に仕事に励むようにしたり、偉大な業績を達成させたり、冒険的な事業に駆り立てたりすることはないであろう。人間の生来の安楽や怠惰への愛や、肉体的快楽に耽る傾向は教訓によって矯正されるものではない。人間の強力な習慣や性癖はもっと激しい情念によってのみ制御されるのである。[12] 臆病者に対して恐れは理屈に合わないものであると教え諭したところで、十フィートの背丈に伸びよと彼に命じたとしてもその背丈にならないと同様に、彼を勇敢にすることはできないであろう。ところが、私が『注釈』(R)で述べておいたような勇気を喚起する秘訣にはほとんど誤りがないのである。

我々が一番元気で食欲が激しい時に、死への恐怖が最も強い。それは、目敏く、耳が敏感で、身体のあらゆる部分がその役割を充分果たしているような時である。その理由は簡単である。というのは、そうした時こそ、人生は最も快適であり、我々自身も最も人生を謳歌することができるからである。それでは、三十歳でまったく健康であるというのに、どうして名誉ある人間が簡単に決闘などに応じるのであろうか。それは恐れに打ち勝とうとするプライドのためである。プライドに関わりがない時には、こうした恐れはもっと露骨に現れる。例えば、もし彼が海に慣れていないのであれば、ほんの少し暴風で荒れた海を体験させ、あるいは、もし彼がこれまで病気に罹ったことがないのであれば、少し喉の痛みとか微熱を味わわせてみなさい。そうすれば彼は途轍もなく不安になり、そのことを通じて、彼は自らの生命の大切さを痛感することになるであろう。もし人間というものが生まれつき謙虚で追従に反応しない存在であったとすれば、政治家は彼の目的を達成することはできず、また人間をどのように扱ってよいかわからなかったであろう。また、悪徳がなければ、人類という種の卓越性はいまだに見いだされないままであったであろうし、この世で有名になった名士の存在は、こうした穏当な哲学大系への強力な反証となっているのである。

偉大なマケドニア人[13]が守備隊と一人で闘った時、彼の勇気が乱心に近いものになっていたとすれば、その時、彼は己れを神だと思い込んだ時、あるいは、少なくともひょっとしたら己れは神ではなかろうかと思った時に劣らず狂気じみていたのである。我々がこうしたことに思いを馳せればすぐに、すこぶる切迫した危険の中で、人間の気持ちを支え、披っているあらゆる困難と労苦を切り抜けさせた情念とその情念の激しさをともに知りうるのである。

キケロ[14]ほどに有能で完璧な行政官の輝かしい事例はこの世に見いだしえない。彼の注意深さや用心深さ、彼がものともしなかった危険、ローマの安全を維持するために背負った大変な労苦、極めて大胆で狡猾な陰謀家たちの謀略を見つけ出し封じ込めた知恵と洞察力、さらには、文学や学問や芸術に対する愛好、抽象的思考における才能、推論の正確さ、雄弁力、文体の洗練さ、彼の著作から迸る高貴な精神などについて思いを馳せる時、言い換えれば、こうしたことをすべてひっくるめてキケロについて考える時、私は驚きを禁じえないし、最も控えめに述べたとしても、彼はまったく驚異的な人間であったと思う。だが、私がキケロの多くの素晴らしい資質に光を当てた時、他方で、このような彼の途轍もない才能の卓抜さと同様に、彼の虚栄心もかなりのものであったということを私は見抜いた。もし彼がそのような人物でなければ、自賛していた世の中についての類いまれな見識や知識を耳障りなほどうるさいラッパ吹きの如く吹聴することもなかっただろうし、自分の功績を公言することなど自制したであろうし、「おお、儂が執政官の時生まれ変われし幸福なローマよ[15]」などといった、学校の生徒の作品であっても笑いものになるに違いないレベルの詩を作ることもなかったに違いない。

厳格な人物であるカトー[16]の道徳観は何と厳しいものであり、ローマ人の自由の大いなる提唱者であった人物の徳は何と確固として揺るぎないものであったことか。とはいえ、このストア哲学者による自己抑制や禁欲のために、彼が密かに愉しんだことが長らく秘匿されたままであった。そしてまた、彼の独特の慎み深さによって、彼を英雄的行為へと駆り立てていた心の弱さを、世間や恐らく彼自身からも、かなり長い間、秘匿してきたけれども、彼の人生の最後においてそれは明るみに出された。すなわち、母国愛に勝る暴虐的な力によって彼が支配されていたこと、またカエサル[17]の栄誉や真の偉大さや、さらにはカエサルの個人的な功績に対して抱いていた執念深い憎悪や底知れない妬みの感情が、長い間、最も高貴な装いの下で彼の行動のすべてを支配していたことなどが、彼の自殺によってはっきりと明らかになったのである。この途轍もなく激しい感情が彼の申し分のない思慮深さを無に帰することがなかったならば、彼自身のみならず彼の死によって破滅した友人の多くの命も救えたことであろう。また彼が屈従に耐えることができたならば、彼はローマにおける二番目の実力者に充分になれたことであろう。だが、彼は征服者カエサルの度量の大きさと底知れない寛容さを知っていた。彼が恐れたのはこうした征服者の情けの深さであり、それゆえに、彼は死を選んだのである。というのは、カトーのような宿敵を許し、誼《よしみ》を通じることによって、カエサルが自らの度量の大きさを示す絶好の機会を、彼の不倶戴天の敵に与えることになるよりも、死ぬことの方がカトーのプライドにとって、ずっと楽なことであったからである。仮にカトーが敢えて生き長らえることを選んだとすれば、野心家であり洞察力もある征服者カエサルはその好機を見逃すことはなかったであろう、と賢人たちによって推量されている。

我々が自然に持っている同胞に対する親切心や心からの愛着を証拠立てるもう一つの論拠は、他の動物を遙かに凌ぐ我々の交際への愛好と、正常な人間が持つ孤独への嫌悪である。こうした主張が、『特徴論』の中で、大変巧みに彫琢され実に見事な言葉でとても格調高く語られている。『特徴論』を初めて読んだ翌日、私は多くの大衆が新鮮な鰊だと叫んでいるのを聞いた。私は独りぼっちであったが、大変な量の鰊のことを、また一緒に捕獲された他の魚のことを想うと私は大変に愉快になった。私が良い気持ちでこうした想いに耽っていると、不運にも私の顔見知りであった生意気な怠け者がやってきて、私が相変わらず元気であり、また恐らく元気そうな様子をしていたにもかかわらず、調子はどうだいと尋ねてきた。私が彼に何と答えたかは忘れたが、かなりの間、彼を追っ払うことができず、我が友ホラティウスが、同種の被害について訴えている不快を感じたことを覚えている[18]。

こうしたエピソードから、賢明な批評家諸氏に私のことを人間嫌いと断じてもらいたくはない。誰であれそう断ずる者は大変な過ちを犯すことになる。私は大の交際好きであるし、もし読者が私と付き合うのにまったく飽きてしまったのでなければ、今まさに私が述べているような、同じ人間という種に対してなされるあの追従というものが帯びている、お笑い種の愚かしさについて明らかにする前に、私は、読者に、議論の素材としたい人物について少し話してみたい。そして、この話は、最初、私の目的から無関係の脱線に過ぎないと思われるかもしれないが、読み終える前にこの話のもつ有益性を読者が理解してくれるであろうことを約束しよう。

幼少の頃からの巧妙な教育によって、その人間は名誉と恥辱という観念を徹底的に吹き込まれ、厚かましさとか無作法とか不人情といった傾向が少しでもあるものはすべて常に嫌悪するようでなければならない。また、彼はラテン語によく通じ、ギリシア語についても無知ではなく、一つか二つの母国語以外の現代語も理解できるようでなければならない。また、彼は、自分の国の歴史や彼が生きている時代の風習について習熟しているだけではなく、古人の流行や習慣についても通じているようでなければならない。文学のほかに何らかの有用な学問を勉強し、外国の裁判所や大学を見聞し行旅を有益なものにしなければならない。また彼は、時には、ダンスをしたり、フェンシングをしたり、素晴らしい馬を乗り回したり、狩猟やその他の田舎でのスポーツをいくらか嗜み、しかもそれらの何れにものめり込むことなく、それらすべてを健康増進のための運動として、あるいは、仕事の邪魔にならない気晴らしとして、さらには能力を高めるための糧として看做すようにしなければならない。解剖学や身体の組織についてと同様に幾何学や天文学についても興味を持たなければならない。演奏するために音楽を会得することは一つの嗜みであるかもしれないが、それには議論の余地が大いにあって、私としては、音楽を学ぶ代わりに、風景を写すためとか、描こうとしている形状や題材の意味を説明するために必要とされる程度の絵画への心得を持って欲しいのであるけれども、決して絵筆を取ってもらいたくはない。また、彼は、大変若い頃から、慎み深い女性との交際に慣れ、二週間も婦人と閨を共にしないでいるなどといったことがないようでなければならない。

無宗教、色欲、博奕、飲酒、喧嘩などといった並外れた悪徳については指摘しようとは思わない。最も取るに足らない教育でさえ、こうした悪徳から我々を守ってくれる。私は、彼に徳の実践を常に勧めたいのであるが、紳士であるという理由で、宮廷とか市井において行われている事柄について無知であろうとすることには賛成しかねる。人間が完全であるということは不可能である。それゆえに、仮にそれを防ぐことができなくとも、見て見ぬふりができる過ちというものが存在するのである。例えば、十九歳から二十三歳の間に、青年の若き血潮が、時折、性的禁欲を打ち負かすようなことがあり、それが注意深く行われたとしよう。また、何らかの特別の折に、陽気な友人たちからしつこくせがまれて、節酒の限度を超えて深酒をしたことがあったとしても、そうしたことは滅多にないことであり、健康を害したり、精神を錯乱させたりするものではなかったとしよう。あるいは、彼が正当な理由で激高し、本物の知恵を持ち、名誉の規則にあまり執着しなければ避けられたかもしれない喧嘩に巻き込まれ、それ一度だけで二度と喧嘩に巻き込まれることがなかったとしよう。彼は、偶々《たまたま》、こうした罪を犯したに過ぎず、それを語ることも、況《ま》してやそれを誇るなどということをしない場合は、それからずっとそうした喧嘩をせずに慎重に生活しておれば、私が指摘した年頃ではそうした罪は許されるか、あるいは少なくとも大目に見られるであろう。時折、分別ある大人たちを吃驚させる若気の至りのような過ちは、そうした過ちをすることがなかったならば得られなかったであろう思慮分別を、若者たちに身につけさせるのである。堕落や醜聞から若者を守るために、頻繁にご機嫌伺いに行くことが務めのように思われるような一、二の高貴な名家に、自由に出入りできるようにすること以上に良いものはない。こうした方法でプライドを保つことができるようにしてやれば、若者は恥辱を絶えず恐れ続けるようになるのである。

かなりの財産を所有している男が、ほぼ私が若者に求めた程度に洗練され、三十歳までずっと成長し続け世間をよく知るようになれば、あるいはまた少なくとも彼が健康で成功し、性格も普通であれば、他人と交際することを不愉快に感じるはずはない。このような人間が、偶々か、あるいは約束して三、四人の同輩と会って、皆で数時間過ごそうと意見が一致した時、それは全員で良い交際と呼びうることをしているのである。そこでは、分別を弁えた人間にとって有益でないことや、気晴らしにもならないことが話されることはない。彼らが常に同じ意見ではないことも充分にありうることであるが、その中の参加者同士で論争が起ころうとも、誰もが自分と意見の異なる人間にまずは譲歩する。また、一度に一人しか話さず、しかも最も遠くに座っている人間に聞こえる程度以上に大声で話すことはない。参加者の誰しもが目指している最大の楽しみは、他人を喜ばすという満足を得ることであり、それは注意を傾け賛成ですよという顔つきで話に耳を傾けてやれば、まるでとても良いことを言った時のように効果的であることを、彼ら全員が事実上知っているのである。

どのような趣味を持つ者であれ、ほとんどの人たちはこのような会話が好きであり、所在ない時には、一人でいるよりも会話することをきっと選ぶであろう。とはいえ、より確実に、またより永続的に満足を得られることが期待できることに没頭できるのであれば、彼らにとってより重要であることを追い求めるであろう。だが、人間というものは、二週間、人と会うことがなくとも、反駁することを面白がり、喧嘩をふっかけることを栄誉と思う騒々しい仲間たちと過ごすよりは、多くの時間を一人で過ごしたいものではなかろうか。書物のある人は、政敵を住まわせておく限り、この島はろくなものにならないと考える党派的人間と毎夜過ごすよりは、本を読んだり、何らかのテーマについて書き始めようとしたりするのではなかろうか。一日中無駄な努力をし続け、夜になれば酒で命を縮めるような飲み方をし、また喜びを表現するのに少し真っ当な仲間が屋外だけで発する怒鳴り声より大声で、屋内で非常識ながなり声をあげるような狐狩りと付き合うよりは、一か月一人で過ごし、午後七時前には就寝しようとするのではなかろうか。給料を貰って解雇された日に、十人ほどの平水夫と六時間ほど付き合うくらいならば、散歩で疲れようとしないような人間や、部屋の中ならば再びそれを拾うために部屋中にピンを蒔かないような人間を、私はさして評価しない。にもかかわらず、人類の大多数はかなりの時間一人でいるよりは、右記において私が指摘したような事に屈服するであろうことを私は認める。だが、この交際への愛好が、そしてこの交際への強い欲求が、なぜ、我々人間における有利な点として理解され、他の動物には見いだされない人間固有の本質的価値の証だと主張されるのか、私には理解できない。というのは、交際への愛好という観点から、己れだけではなく人間という種全体に影響を及ぼし、しかもそうした力のお陰で人間が社会的な動物になりえた人間本性の善意や人間の寛大の愛の存在を立証しようとするためには、交際への渇望と孤独への嫌悪が人類の内の最良な部分において、言い換えれば最良の天性と資質と才能をもつ人間において、また悪徳に決して屈することがない人間において、最も顕著で最も激しくあらねばならなかったはずであるのに、事実はその逆であったからである。己れの感情をコントロールできない弱い心の持ち主、また反省することを毛嫌いする罪深い良心の持ち主、さらにまた有用なものを何ひとつ生みだすことができない何の資質もない者、こうした者たちが孤独への最大の敵対者であり、付き合わないで孤独でいるよりも、むしろ誰とでも交際する存在なのである。それに対して、さまざまな事柄について考え判断することができる判断能力や知識がある人間は、情念によって乱されることはほとんどなく、限りなく長い時間、嫌になることもなく独りでじっとしていることができるのである。そして、こうした人たちは、騒がしさや、愚かさや、無礼さを避けるために、多くの交際を避けたであろうし、自分たちの品性に相応しくないことを経験するくらいならば、仲間たちとの交際よりも居室や庭にいることを、いや、荒れ地や砂漠にいることを好むであろう。

だが、如何なる人間でも一瞬たりとも独りでいるのが耐えられないほど、交際への愛好が我々人間という種にとって不可欠なものであるとすれば、そのことからどのような結論が導き出されるであろうか。人間が交際を好むのは、他のものを好むのと同様に、己れ自身のためではないであろうか。どのような友情であれ礼儀であれ、相互的でなければ継続するものではない。毎年催される宴会や厳粛な酒盛りは無論のこと、毎週、毎日の気晴らしのための集まりでさえ、出席するメンバーにはそれぞれの理由があるのであって、しばしばクラブに出入りしている者の中には、そのクラブで最高の賓客として扱われなければ出席しない者もいる。私は仲間の中で神託者のような存在であった人間を知っているが、彼は非常に節操が固く、それゆえに、思い通りに事を運ばせなくするものには何であれ不快感を抱いた。そして、彼に対抗でき、彼と優越性を競う者が加わるや否や、仲間との交際を一切しなくなった。議論をすることはできないが、他人同士が言い争うのを聞くのを喜びに感じるほどの意地悪で、自分自身は決して論争に加わることをしないにもかかわらず、論争のような気晴らしができないような仲間は面白みのない奴だと思うような人たちもいる。立派な家、豪華な家具、素晴らしい庭園、馬、犬、先祖、親戚縁者等々如何なるものであるにせよ、その美しさ、強さ、卓越さ、美徳のみならず悪徳もすべて自分が誇るものが、いつか話題になり、心の満足を与えてくれるであろうという希望から、人間に交際を求めさせる要素となる。私が最初に述べたような礼儀正しい人たちでさえ、自らの自愛心を満足させず、自分自身のためにならないような他人を喜ばすことはない。そして、会話好きな人々の集まるクラブや社交場において、誰もが自分自身のことを最も気遣っているということは、言い争うこともなく余計にお金を支払うような恬淡とした人間や、気難しくもなく直ぐに怒り出すこともない気さくな人間、さらには議論を嫌い決して勝ち誇るために議論をふっかけることのない気安くて穏当な人間が、どこの場所でも仲間のお気に入りであるという平明な事実が証明している。それに反して、騙されることもなく、理屈で言いくるめられることもない判断能力や知識がある人間、そうされて当然であること以外攻撃することはないけれど、いざという時に鋭く機知の富んだことを言える非凡で才長けた人間、侮辱を与えることも与えられることもない名誉ある人間は、尊敬されることがあるにしても、教養がなく劣った人間ほどには好かれることは滅多にないのである。

こうした事例においては、他人と友好的であろうとする性質は、絶えず己れが満足することを我々が企てていることから生じているように、その他の事例においても、こうした資質は人間の生まれながらの小心さや我が身を気遣うことに由来している。仕事の関係で互いに何の取引も必要としない二人のロンドンの住民が、毎日取引所において互いにそれと気づきながらすれ違っても、雄牛がするのとさして変わらぬ挨拶しかしないかもしれない。だが、二人をブリストル(19)で会わせれば、彼らは互いに帽子を取り、一寸した機会があれば挨拶を交わし、一緒にできたことを喜ぶであろう。フランス人とイギリス人とオランダ人が、中国やその他の異教徒の国で会えば、皆ヨーロッパ人であるので互いを同国人として看做し、情念が邪魔することがなければ、自ずから互いに好感をもつことになるであろう。否、それどころか、互いに悪意を抱いている二人の人間であっても、一緒に旅行をせざるをえなくなれば、しばしばその悪意を捨て、親しみを込めて愛想よく会話をするであろう。道中が安全ではなく、また二人が目的地に不案内であれば尚更そうである。これらの事柄は、皮相な判断にかかると、人間の社交性、友情への自然的性向や、交際への愛好に帰せられてしまう。だが、事柄を厳密に精査し、人間をもっと詳しく考察しようする者なら誰でも、すべてこれらの場合、我々は単に自分自身の利益を確かなものにしようとしているに過ぎず、すべて既に私が指摘しておいた原因によって動かされているだけであるということがわかるであろう。

私がこれまでしようとしてきたことは、美と正とは、つまりは事物の卓越性や真実の価値とは、ほとんどの場合に不確かなものであり、流行や習慣が変われば変化するものであること、それゆえ、美と正が確実なものであるという前提の下で導き出された推論は無意味であること、そして人間の生まれながらの善良さに関する思いやりのある理解は、人間を誤らせがちであるという意味で有害であり、単なる妄想に過ぎないことを証明することであった。この最後の指摘の信憑性については、歴史上最も明白な事例によって説明し、次いで、私は我々の交際への愛好と孤独への嫌悪について言及し、それらのさまざまな動機について徹底的に検討し、それらすべては自愛心に根拠を持っていることを明らかにした。そこで今度は、社会の本質について考察し、その真実の起源について言及し、以下のことを明らかにしようと思う。すなわち、人間の善良で愛らしい性質ではなく、悪辣で憎むべき性質や人間の持つ欠点や他の動物には付与されている美点の欠如こそが、楽園喪失後直ちに、他の動物より以上に人間を社会的存在にした最初の原因であること、そして、もし人間が原始的な無知な状態のままであり、その状態に伴う天恵を享受し続けていたとすれば、人間が今あるような社会的な動物になっているということは、まったくありそうにないということである。

商業や手工業の繁栄にとって、欲望や情念の存在が如何に必要であるかは、本書を通じて充分に論証してきた。ところが、欲望と情念は我々の悪い資質であると、あるいは少なくとも悪い資質を生みだすものとして誰もが考えている。それゆえ、常に人間が従事している労働において、また人間が必要としているものの獲得において、言い換えれば、自己保存のための活動において、人間を妨げ悩ませているさまざまな障害について述べておかねばならない。しかもそれに加えて、人間の社会性というものは、次の二つのこと、すなわち、人間の欲望の多様性と、それを満たそうと努めることに絶えず付きまとう障害という、二つの要素からのみ生じるということを論証しようと思う。

私が言う障害物とは、我々自身の身体か、我々が住んでいる地球に、つまり地球の状態――ずっと呪われてきたのだから――に関連している。私は、今指摘した二つの障害物について別々に考えようとしたのであるが、それを別々に分離することはできなかった。というのは、それら二つの障害物は互いにぶつかり合い混じり合い、ついには、ぞっとするような邪悪な混沌を作り上げているからである。[20]四大はすべて我々の敵であり、下手に近づく者を、水は溺れさせ、火は焼き尽くす。大地は、至る所で、人間に有害な草木やその他さまざまな植物を育て、人間に有害なさまざまな動物を育み、多くの毒を自らの内に宿す。だが、四大の最も非情なところは、我々はそれなくしては一瞬たりとも生きられないところにある。我々が風雨から被る被害は甚大なものである。人類の大半は、荒れ狂う天候から自らを守るために、さまざまな手立てを講じてきたのであるが、如何なる技術や労苦をもってしても、いまだ幾つかの大気現象の猛威に抗するための手立てを見いだすに至っていない。

僅かに、ハリケーンは滅多に起こるものではなく、地震に被災するとか、ライオンに食われるような人間は滅多にいない。だが、我々はこうした途轍もない禍を逃れたとしても、些細な禍によって悩まされる。何とさまざまな虫けらが我々を悩ましてくれることか。如何に夥しい数の虫けらが、罰せられることもなく、我々を侮り、からかっていることか。最も卑しむべきものでさえ、恰も家畜が草原に対してするように、何の躊躇《ためら》いもなく我々を踏みつけ食らいつくのである。だが、こうした虫けらが控えめに彼らの運を使うのであれば我慢のしようもあるが、ここでまた我々の寛大さが仇となって、虫けらの残酷さや侮りが我々の哀れみの情を蔑ろにする。だから、もし虫けらを追い回し殺すために日々見張っていなければ、虫けらは我々の頭をゴミ捨て場のようにし、幼子を食べてしまうのである。

もし失敗や無知によって利用法を少しでも誤れば、構想力豊かな人間にとってすら、この全宇宙に善なるものは存在しなくなる。人間を取り巻く数え切れないほどの禍から人間たちを守ることができるのは無垢でも高潔さでもない。それどころか、技術や経験によって恵みに変えることができないものは、すべて悪であると言ってよい。それゆえ、農夫が収穫時期に農作物を取り入れ、雨に濡らさないようにするために、どれ程精を出すことか。もしそうしなければ、農夫は決して農作物を享受することはできないであろう。農作業の時期が地方によって異なるので、それらの時期の違いを我々は経験から学ぶ。こうして、地球のある地域では農夫が種を蒔いているのに、他の地域では刈り取りをしているのが見られるのである。これらすべてのことから、我々の最初の両親の堕落以来(21)、この地球が如何に大きく変わってきたのかを知ることができる。というのは、傲慢な教えやつまらない経験によって手に入れた知恵を鼻にかけることなく、誕生して直ぐに完全な知識を授けられた美しく神々しい起源から、人間を辿って見るべきであるからだ。それはつまり無垢の状態であって、地球上の動物も植物も、また地下の鉱物も人間にとって有害ではなく、人間自身も大気の害やその他の害からも安全であり、自ら何の努力することなく、彼が住んでいる地球が供給してくれる生活必需品に満足していたのである。未だ罪の意識が芽生えぬ時、人間はあらゆる所ですべてを従えた比類なき万物の霊長である己れを発見し、しかも自らの偉大さを鼻にかけることもなく、禍に見舞われないようにと毎日それとなくわかるように創造主に話しかけ、自らの創造主の無限さについて崇高な瞑想に耽っていたのである。

我々の乏しい説明力によっては、このような黄金時代においては、なぜ人類がこの世に存在してきたような大きな社会を造るまでになったのかという理由も蓋然性も与えることができない。人間が欲するものはすべて手に入れ、人間を悩ませたり煩わせたりするものが何も存在しない黄金時代のような所では、人間の幸福に付け加えられるものは何もない。このような恵まれた状態においては、そうした状態においても不必要ではなかったはずの商売とか、技芸とか、学術とか、品位とか、雇用などといった名称を挙げることはできない。こうしたことを考えれば、社会というものは、人間の温厚な美徳や慈しみ深い性質から生じたものではなく、それとは反対に、それはすべて人間の困窮や不完全さや多様な欲望にその起源があるに違いないということに、我々は容易に気づくであろう。同様に、社会にプライドや虚栄が蔓延《はびこ》れば蔓延るほど、また社会に欲望が渦巻けば渦巻くほど、社会は大きな人口稠密なものになりうる可能性がますます大きくなるであろう、ということがわかるであろう。

天気の良い日は、多くの鳥たちにとってそうであるように、我々の裸身にも大気が常に差し障りなく心地よく、また渇望と同様にプライドや奢侈や偽善によって人間の心が動かされないとするならば、一体何が我々の服や家を発明させることができたのか、私にはわからない。宝石や、金銀製食器、絵画、彫刻、素晴らしい家具、あるいは厳格な道徳家たちが不必要で余計なものであると呼んできたすべてのものについては、何も言う心算はない。だが、もし我々が徒歩でも疲れを知らず、他のある種の動物と同様に敏速であったならば、また、もし人間が生まれながらにして勤勉であり、安逸を求めそれに耽るなどというような無分別なことをすることもなく、しかもその他の悪徳にも馴染むこともなかったならば、さらには大地が至る所で平地であり、固くて清潔であったならば、誰が馬車を考えついたり、敢えて馬の背に乗ったりするであろうか。イルカに船が必要であるはずもなく、鷲が旅するのに馬車を必要とするはずもない。

社会ということで私が理解しているのは、上からの強い力で押さえつけられるか、説得によるかによって人間が野蛮な状態から解放され、自らの目的を他人のために働くことに見いだすことができるように訓育された動物となり、一人の支配者もしくはその他の統治形態の下で、それぞれの構成員が全体に奉仕するよう導かれ、構成員全体が巧妙な支配によって一人の如く行動させられるような政治体であるということを、私は読者に知ってもらいたい。というのは、もし、社会という言葉で、恰も牛の群れとか羊の群れの如く、規則とか統治なしで、自らの種に対する愛着とか交際への愛好などとによって集まった多数の人々を意味させているのであれば、人間ほどに社会を造るのに向いていない動物はこの世に存在しないからである。服従することもなく、上の者を恐れることもない、すべて平等な人間が百人もいれば、ほんの二時間の間ですら、喧嘩もしないで一緒に過ごすことはできるはずもなく、彼らに知識や力や知恵や勇気や決断力があればあるほど事態は一層悪くなるであろう。

恐らく、野蛮な自然状態においては、両親が、少なくとも力を誇示しうる内は、子供たちに対して優位を保っているであろうし、力を誇示できなくなった後でさえ、両親の経験してきたことへの記憶によって、子供たちの心の中に、所謂、敬意と呼ばれる愛と恐れの間の感情が生まれるかもしれない。また同様に、第二世代は第一世代を手本にするので、少し甲斐性がある親ならば、生きていて精神が正常である限り、自分の子や孫たちすべてに対して、その数がどんなに多くとも、優位性を維持できるだろう。だが、一度老いた親が亡くなってしまえば、息子たちは喧嘩を始めるであろうし、平和は長続きせずすぐに争いが始まるであろう。兄弟の年長者であるということはあまり意味を持たない。というのは、年長者に与えられている長幼の序というものは、平和に暮らしていくために考え出されたものであるに過ぎないからである。恐れを知る動物である人間は、元来、強欲ではなく、平和と平穏を愛しており、誰もが互いに傷つけ合うようなこともなく、手に入れようとしているものを争いなしで手に入れることができるのであれば、争いなど決してしないであろう。さまざまな政治上の計画や形態のすべてが、こうした恐れを知る気質と混乱に巻き込まれることへの嫌悪に基づいていると言える。疑いもなく、君主政治は最初の統治形態であった。貴族政治と民主政治は、最初の君主政治の不都合を修正するために考案された二つの異なった方法であり、これら三つの政治制度の混合政体は、これらすべての政体を改善したものであった。

だが、我々が未開人であろうとも政治家であろうとも、人間が、つまり単なる堕落した人間が、自らの身体器官を用いて行動する限り、己れ自身を喜ばせるという以外の目的で行動するなどということはありえないことである。愛とか絶望とかいった感極まる行動でさえ事の核心はそこにある。ある意味で、意志と快楽の間には何の違いもなく、それらに反したあらゆる行動は不自然で発作的にならざるをえない。我々の行動がこのように規制されているのであるから、我々は絶えず自分が喜びを感じることをせざるをえないし、同時にまた、我々の思考は自由で制御されないものであるから、偽善なくして我々が社会的な動物になることができることなど不可能である。このことを立証することは簡単なことである。というのは、心の内に次々に生起してくる諸々の観念を排除することなど我々にはできないからである。もし、巧妙な策謀や慎重な偽装によって、そうした観念を押し隠すということを我々が学んでいなかったならば、あらゆる市民としての交際は消え失せることであろう。そして、もし我々が考えていることが我々自身に対してと同じように、他人に対しても開示されているとするならば、会話という能力を授けられている我々は、互いに耐えられなくなるであろう。今私が述べていることを、すべての読者が真理であると感じるであろうと私は確信する。私に対する敵対者に対しては、口では私に論駁を加えているが、本心が顔に表れていると言いたい。あらゆる市民社会において、人間は幼少の頃から知らず識らずに偽善者であるよう教えられてきている。公衆の災難によって、あるいは個人の死によってさえ、自分は稼いでいるなんてことを敢えて認める者は誰もいない。墓堀男が他に暮らしの手立てがないことを誰しもが知っていたとしても、もし彼が公然と教区民の死を願うならば、石を投げつけられるであろう。

人々の日常生活の有り様を眺めている時に、さまざまな職業や置かれている立場によって、稼ぎや儲けへの思いが、如何にさまざまでしばしば奇妙にも相反するタイプの人間たちを作り上げているのかを目にするのは、私にとって大変に楽しいことである。整然とした舞踏会では参加者のどの顔も陽気で愉快そうであり、葬式の仮装では厳粛な悲しみが認められる。だが、葬儀屋も、ダンスの教師と同様に稼ぎを得ることが嬉しいのである。両者とも自らの職業にはウンザリしており、後者の陽気さは、前者の厳粛さが擬態であると同様に余儀なくされたものである。小綺麗にしている絹物商人と店にやってくるお客の若い婦人との会話を気にかけない者は、大変愉快な人生の一場面を見過ごすことになる。真面目な読者の皆さんには、暫くの間、その生真面目さを少々和らげていただき、これら絹物商人と若いお客の振る舞いを引き起こすに至る、それぞれの動機と心の内について、これらの人たちを別々に考察することを許していただくようにお願いしたい。

絹物商人の仕事は、この商売における通常の収益に従い、妥当であると思われるだけのものが得られる価格で、できるだけ多くの絹を売ることである。この若い婦人について言えば、その望むところは、自分の好みを満たし、自分が買いたいと思うものを通常売られているよりも一ヤードにつき一グロートか六ペンス安く買うことである。男性の慇懃で鄭重な対応が彼女に与える印象から、(もし彼女がそんなに醜くなかったならば)、彼女は自分のことを、素敵な物腰でゆったりとした立ち居振る舞いをし、特有な甘美な声を持ち、顔立ちが整った、たとえ美人でなくとも、彼女の知っているどの女性よりも感じがよい女性であると想像する。彼女は上品であろうとしているので、同じものを他人よりも安く買いたいなんてとても言えない。そこで、彼女は、彼女の知恵と器量が許す範囲で、自分を交渉優位に保つよう努める。この場合、愛などとまったく違うので、彼女は、暴君のように振る舞ったり、怒ったり不機嫌な態度をとったりはできないが、他の如何なる場合よりも自由に、優しく話しかけ愛想よく接することはできる。また、沢山の育ちの良い人たちがこの店に来ることを彼女は知っているので、美徳と礼儀作法に適うように優雅に振る舞うよう努める。このような断固たる思いで交渉に臨んでいるので、どのような事態が出来《しゅったい》したとしても不機嫌になることはない。

彼女の馬車がしっかり停止する前に、何から何まで清潔でお洒落な紳士風の男が近づいてきて、深々とお辞儀をして彼女に敬意を表し、彼女が店内に入ろうとしていることがわかるや否や、手を取って彼女を店内に招き入れる。店に入るとすぐに、その男は彼女からそっと離れ、素早く目の前の別の通路を通って、手際よくカウンターの中に入り込む。そこで彼女と向き合い、とても恭しい態度とお洒落な物言いで、「ご所望は何なのかお聞かせください」と言う。彼女が何を言おうが、また彼女の好みが悪かろうとも、それを正すことを決してしない。彼女がお相手をしている男にとって、忍耐こそが商売の秘訣の一つなのであり、彼女がどんな面倒なことを言いだそうとも、最も鄭重な言葉で対応し、彼女の前では常に和やかな表情を保っている。その表情には、嬉しさや尊敬の念が機嫌の良さとが綯い交ぜになって表れており、それらは共に、修行を積んでいない人間では生みだすことができないほどの、人を惹きつける人為的な沈着さを醸しだしている。

これら二人の人物がこのように幸福な出会いをした時、些細な話をしているに過ぎないけれども、会話はとても礼儀正しく行われ大いに弾むに違いない。彼女がどれにしようか決めかねているうちは、店主は彼女に同調しつつ助言し、彼女にどのようなものを選択させるかについてはとても慎重である。だが、一度、彼女がこれだと決めたならば、直ちに、彼はこれこそ同種の品物の中で最も素晴らしいものであると断言し、彼女の好みを褒め称える。そして、彼女が選んだものをしかと見て、この品物が店内にあるどの品物よりも素晴らしいものであることをどうして気づかないでいたのかとしきりに首をひねるのである。教訓や実例やしっかりとした修練によって、彼はいつのまにかお客の心の奥底に忍び込み、お客の受容限度額を推しはかり、お客が気づいていない弱点を見つけるのである。こうして、彼は、彼女に品物を購入させるだけではなく、彼女に自らの品物を見る目の正しさを持っていると思い込ませるための、多くの手立てを手に入れることになる。彼が彼女に対して持っている最大の優位点は、二人の間の取引上の最も重要な部分、すなわち、価格についての交渉力であり、彼は一ファージング[22]の価値まで知り尽くしているが、彼女はその点についてまったく無知である。そこで、ここぞとばかりに、彼女の無知につけ込む。この場合、仕入れ原価や拒んできた金額について、思い通りの嘘をつけるけれども、彼はただそれだけで手をこまねいているわけではない。彼は、彼女の虚栄心を刺激しながら、己れの愚かさと彼女のこの上もない手腕について、およそありえないことを彼女に信じ込ませるのである。「このような価格では決して手放さないと決めていたのですが、かつて商いをさせていただいた誰にも増して、あなた様には、品物をお売りいたしたくなる交渉力がおありのようで」、と彼は言う。そして、「絹物で私は損をしますが、あなた様はこの品物をお気に入りで、これ以上のお金はお払いにならないとお決めのようですので、この品物の価値を人一倍おわかりのあなた様のご希望に添わないようなことをするよりも、お持ち帰りいただくことにします、ですが、この次はこのようなご無理を言わないようにしてください」、と彼は懇願する。他方、自分は馬鹿でもなく、達者な口も持っていると思い込んでいる買い手の婦人と言えば、自分が上手に交渉していると能天気に思い込み、しっかりとした礼儀作法を示すには、自らの美点を隠し、機知に富んだ当意即妙な遣り取りで、お世辞に応えるだけで充分であると考えるので、店主の話す内容すべてを大いに満足して鵜呑みにしてしまうのである。そして結局は、その婦人は、一ヤードにつき九ペンス安く買えたと満足して、誰が買った場合と恐らくまったく同じ価格で絹物を購入し、店主の方と言えば、絹物が売れないどころか、自分が手にしたいと思っているよりも、しばしば一ヤードにつき六ペンス多く手にするのである。

この婦人が、店主のお世辞が充分でなかったとか、また彼の対応が不適切で大変不満であったとか、あるいは彼のネクタイの結び方が気に入らないとか、さらには何かその他の嫌な理由によって店にこなくなり、他の同業者にお得意様を奪われてしまうということも充分ありうる。とはいえ、同業者の多くが寄せ集まっているような所では、どの店に行くかを決めるのは必ずしも容易であるわけではなく、女性たちの中には店を選択する際の理由が、しばしばとても気まぐれで、よく理解できない者もいる。だが、原因が何であるかわからない場合ほど、気が向くままに行動するのが普通であるから、それを訝しく思うことは理屈に適うことではない。ある貞淑な婦人が、その店に美男子の従業員がいるからという理由で多くの店の中からその店を選び、また、気立ての良い女性は、買い物などする心算もなくセントポール寺院[23]に行こうとしていたのであるが、店の前で他のどこの店よりも鄭重な挨拶をされたためその店に入ってしまう。お洒落な洋服屋では、小綺麗な店員が、店の入り口の前に必ず立ち、手当たり次第、お客を店に誘い込むために、店の方に視線を向けている身なりの良いすべての女性に対して、媚びへつらうだけで、馴れ馴れしくすることもしつこくすることもなく、従順な態度で腰をかがめて会釈をしなければならない。

今、私が述べたことから、お客を店に招き入れるための他の方法を思いついた。それは、これまで私が述べてきたこととまったく違うもので、要するに、顔つきや身なりによって田舎者とわかる者たちに対して、船頭たちが行うようなものである。次のような光景を見ることは不愉快なことではない。すなわち、六人の人間が今まで一度も会ったことがない男をいきなり取り囲み、その男に一番近い所にいるその中の二人が男の肩をポンと叩き、まるで彼が東インド航海から帰国したばかりの兄弟であるかのように、愛情を込め馴れ馴れしく抱きしめる。三人目は手を握り、四人目はその男の袖とか、上着とか、ボタンとか、何でも手に触れられるものを掴み、その男に近づくことができず男の周りを二度もぐるぐる回っていた五人目と六人目は、監禁状態にいるその男の真ん前に立ち、鼻先から三インチも離れていない所で、大きな口を開けて競争相手と違うことを喚き、恐ろしいほど大きな歯を剥き出し、田舎者が来たお陰で飲み込み損ねて歯に付いたパンやチーズの残り滓を見せつける。

だが、こんなことをされても感情を害することもなく、船頭たちは自分を鄭重にもてなしてくれているとさえ田舎者は思う。それゆえ、田舎者は、抵抗するどころか、船頭たちの力が導く方へ押されたり引っ張られたりされながら、辛抱強く耐えている。彼には、煙草を吸ったばかりの人間の口臭や、顎にへばりつく油染み汚れた頭髪などに文句をつける繊細さを持ち合わせていない。彼は埃や汗臭さには幼い頃から慣れているし、六人の男たちが、彼の耳元や五フィートも離れていない所で、まるで彼が百ヤードも離れた所にいるが如く大声で叫くのを聞いても、彼はイライラすることはない。彼自身陽気な時には、彼らに劣らず大騒ぎをすることを自覚しており、彼らの荒っぽい扱いを密かに楽しんでいるのである。そして、彼は男たちが引っ張り回すのを彼らの意図通りに解釈する。つまり、それがご機嫌取りであると理解しているのである。彼らが自分に示しているように見える恭敬の念に応えて、彼はその男たちにとって首尾よく事が運ぶよう願わずにはいられないのである。彼は、注目されることが好きであり、三ペンスかそこらのお金のために、自分のためにこれほどの世話を焼くロンドン子たちに感心するのである。それに反して、彼がよく利用している田舎の店では、最初に何が欲しいか言わなければ何も手に入れることができず、一度に三シリングとか四シリング使ったとしても、やむをえず尋ねた返答以外には店員から一言も言葉がかけられることはない。だから、ど船頭たちが彼のために機敏に対応してくれることに感謝の気持ちが芽生え、船頭の誰の意にも背きたくなくなり、どの船頭を選べばよいか心底から迷ってしまうのである。極めてはっきりと以上のようなことを、あるいはそれと類似のしたことを考えながら船頭たちの重さに耐えつつ満足げに歩き、にこにこして自分の体重の他に七、八ストーン(24)も水辺まで運ぶ男を私は見たことがある。

　私が下層階級のこれら二つの事例を少し浮かれた調子で紹介したことが、私らしくないと言われるならば、申し訳なく思う。だが、これ以上はそうした誤りを犯さないと約束して、時間の無駄をすることなく簡潔に議論を進め、次のことを明らかにしようと思う。すなわち、我々の間で称賛されている社会的美徳とか気立ての良さといったものが、そうしたものを備えている個々人にとってと同様に公共にとっても有益であり、個々の家庭が繁栄するための手段やその繁栄や真の幸福に寄与するものすべてが、社会全体に対しても同様な効果を持つと考える人々の大きな誤りを明らかにしようと思うのである。実を言うと、私はこのことを明らかにしようとずっと努めてきたのであり、我ながら首尾良く成し遂げたと思っている。だが、こうした主張の正しさが入念な仕方で論証されたのを目の当たりにしても、こうしたことはどうということのない問題であると片づける者たちが出ないことを私は願っている。

慥かに、人間が持っている欲望が弱く、欲するものが少なければ少ないほど、己れ自身は気楽であろう。また、己れの欲するものを満たすのに積極的であればあるほど、世話をされることを望むことが少なければ少ないほど、家庭において、ますます愛され邪険にされることは少なくなるであろうし、平和と調和を愛すれば愛するほど、隣人に対して慈愛心があればあるほど、真の美徳に輝いていればいるほど、疑いもなく神と世間の人々に受け容れられるであろう。だが、世の実態はそのようなものではない。国民の富や栄誉や世俗的な偉さを高めるために、以上のことがどのような利益となりうえ、あるいは如何なる現世的善をなしうると言うのか。官能的な廷臣は奢侈に耽り続け、移り気な売春婦は毎週新しいお洒落な服を作る。横柄な公爵夫人は、馬車や娯楽やその他すべての振る舞いにおいて、王妃を真似ようとする。鷹揚な放蕩者や浪費家の相続人は、分別もなくお金を使い、目についたものはすべて買い、翌日にはそれを破棄してしまうか他人にくれてやる。強欲で嘘つきの悪党は、寡婦や孤児の涙から莫大な宝物を搾り取り、放蕩者に浪費する金を残す。成長しきったリヴァイアサン[25]に相応しい食べ物や獲物となるのは、こうした者たちである。言い換えれば、このように人間社会の状態は悲惨そのものであるので、大きな社会を形成するのに必要である非常に多数の労働貧民にまともな暮らしを保障するために、人間の技術が生み出しうるあらゆる種類の労働を行わせしめるには、私が指摘したような厄介者や悪党が必要なのである。彼らなくして、偉大で豊かな国家が存続することができ、しかも強力であるとともに礼儀正しくあると考えるのは愚かなことである。

私は、ルターやカルヴァンあるいはエリザベス女王[26]と同じくらい、カトリックに反対であるが、宗教改革[27]は、それを受け容れた王国や国家を他国よりも繁栄させる上で、輪骨張りで刺し子にしたスカートという愚かで気まぐれな発明以上には、ほとんど何の役にも立たなかったと心の底から信じている。たとえ、こうした主張が聖職という権力を持つ反対者によって否定されたとしても、平信徒への天恵に賛成あるいは反対して闘った偉大な人間たちを除けば、宗教改革は、その当初から今日まで、今指摘した女性の奢侈の言語道断な進展のために、数年の間に雇われたくらいの多くの職人や、正直で勤勉な職人を雇用することはなかったと少なくとも確信している。宗教と商売は別物である。何千という隣人の手を煩わせ、この上もなく入念な製品を生みだす者は、正しかろうとそうでなかろうと、社会にとって最大の友である。

素晴らしい緋色や茜色の織物ができあがるまでに、世界のさまざまな所で、どれほど大変な努力がなされ、どれほどさまざまな職業が必要とされ、どれほどさまざまな職人が雇用されなければならなかったことか。羊毛すき手、紡ぎ手、織り手、洗い手、染め手、織り地の調整人、模様付け人、荷造り人といった人たちがすぐに思い浮かぶが、それだけではない。水車大工や白目細工職人や薬種屋のように、これらの職業とずっとかけ離れていて、それとは関係なさそうな者たちも雇用されたのである。彼らはすべて、既に指摘した商売に必要な道具や器具やその他の用具を確保するために、多くのその他の職人と同様に必要なのである。だが、これらの職業は国内において求められ、特別な苦労や危険もなく調達されるであろう。外国で被らなければならないであろう苦労や危険、打って出なければならない大海、耐えねばならないさまざまな気候、さらにさまざまな援助をお願いせざるをえない国々などのことに思いを馳せれば、まだ恐ろしい懸念が後に残されているのである。素晴らしい布地を作り上げるに必要な羊毛は、スペインから充分手に入れることもできるかもしれない。とはいえ、緋色や茜色といったあの美しい色を作り出すために、どれだけの技術と労苦が、どれほどの経験と工夫を必要とされることか。また、一つの釜の中で合わされる薬品やその他の原料が、どれほど広く世界中に分散していることか。慥かに、明礬《みょうばん》は我が国で産出されるし、生酒石はライン川から、硫酸塩はハンガリーから手に入れられるかもしれない。これらの地域はすべてヨーロッパである。だが、大量の硝石を手に入れるためには東インドまで行かねばならない。昔の人には知られていなかったコチニール(28)を手にいれるためには、地球上のまったく異なった地域に行かざるをえないが、そこは我々の国からそんなに近くはない。僅かに、我々はコチニールをスペイン人から買っているが、彼らの国の産物ではないので、スペイン人も西インド諸島にある新世界の最も辺境の地から、我々のために持ってこなければならない。大変な数の船乗りたちが、我々の東と西で陽に焼かれ灼熱の責め苦を受けている一方、別の多くの船乗りたちはロシアからカリウムを持って来ようと北で凍えているのである。

今、指摘した目的を達成するために被らなければならないさまざまな労苦や苦難を完全に知り尽くし、こうした航海に伴う危険や災難と、それらの多くが常に大勢の人たちの健康と幸福だけではなく、その生命さえを犠牲にしているということを考える時、つまりは、こうした事柄を熟知し深慮する時、僅かに次のような残酷で恥知らずの暴君を許すことはできない。すなわち、罪のない奴隷に酷い任務を強要すると同時に、緋色や茜色の布地で作られた衣服を手に入れることから得られる満足というただその理由だけで、奴隷たちにそのような任務を強要したのだと敢えて告白するような非常に残酷で恥知らずの暴君である。とはいえ、まさに王国の士官だけではなく、近衛兵や兵士たちさえも、こうした暴君同様の恥知らずの欲望を抱いている所でこそ、国民は途轍もない奢侈の高みに達することができるのである。

しかし、もし我々が視点を変えて、これらすべての労苦が単なる自発的な行為であり、人間が生計を立てるために身につけさせられ、どんなに他人のために骨を折っているように見えようとも、実は自分自身のために働いているさまざまな天職や職業に伴うものであると看做すならば、そしてまた、大変な苦難を強いられた船乗りでさえ、一つの航海が終わればすぐに、たとえ難破した後でさえ別の航海の仕事を求めているという事実に鑑みれば、つまり、別の視角からこれらのことを考えてみるならば、労働というものは、彼ら貧民にとって重荷や負担であるどころか、仕事を得るということは彼らが天に呼びかけて請うている天恵であり、こうした貧しい労働者の多くに仕事を斡旋することは、あらゆる立法府の最大の関心事であることがわかるであろう。

子供たち、否、幼児たちでさえ他人の模倣者であるように、あらゆる若者たちは、一人前の男や女になりたいという強烈な願望を抱いているために、他の誰もが妙ちくりんであると感じているのに、実際とは違う自分を見せようとしきりに努力する余り、しばしば滑稽な感じになる。あらゆる大きな社会は、一度確立した商売の永続化という点で、あるいは少なくともその存続という点で、こうした愚かさに大いに恩恵を受けている。若い人たちは、判断力や経験不足のために思わず称賛してしまう、年長者たちの無意味でしばしば非難に値する資質を手に入れようとして、どれほど苦労し、我が身にどれほど苛酷な仕打ちを加えることか。こうした模倣好きが、最初は我慢できないほどではなくとも、煩わしく感じたものを使うことに次第に人々を馴らしていき、終にはそれらを手放す術を忘れさせ、何の必要もない生活必需品を無分別に増やしたことで、時々、彼らを大いに後悔させるのである。紅茶やコーヒーによってどれだけの財産が築かれたことか。嗅ぎ煙草を吸い、煙草を吹かすという二つの嫌悪するほどではなくとも愚かしい習慣のお陰で、何千もの家庭を支えるために、どれほど大量な輸送が行われ、どれほどさまざまな労働が行われていることか。これら両者は、それらの常用者に対して、益になるよりも限りなく害を与えていることは慥かなことである。次いで、私は、個人の損失や不幸が公共にとって有益であること、また、我々が最も賢明で真剣であると称している時でさえ、その願望が愚かなものでありうることを明らかにしたいと思う。ロンドンの火事は大変な災難であったが、もし、大工や、レンガ職人や、鍛冶屋のような直接建設に携わる者だけではなく、燃えてしまったものと同じ製品やそれ以外の製品を製造して商った者や、さらにはこうした人たちが完全雇用状態にいることで儲けさせてもらったその他の商人たちすべてが、その火事によって損失を被った人たちと火事の功罪を争ったとすれば、功が罪に勝ることはなくとも、それと等しいものであるに違いない。火事や、嵐や、海戦や、包囲戦や、交戦によって失われ、破壊されたものを補充することに、商売のかなりの部分が依存しているのである。こうした事実の、またこれまで社会の本質について述べてきたことの正しさは、以下の議論からも明白であろう。

ある国民が海運や航海のお陰で手にしている、あらゆる利益やさまざまな便益をすべて数え上げるのは困難なことである。だが、もし我々が、船舶そのものだけに、すなわち、ごく小さな渡し船から第一級の軍艦までの水上運送に用いられる大小のすべての船や、そうした船の製造に用いられた木材や雇用された人手まで考慮に入れ、ピッチや、タールや、ロジンや、グリースや、マストや、帆桁や、帆や、索具や、色々な鍛冶屋の製品や、錨索や、オールや、その他の船舶に関わるあらゆるものに思いを馳せれば、船の中で消費されるさまざまな種類の貯蔵品や武器・弾薬や、船によって生計を立てている船員や船頭やその家族については言わないとしても、今指摘したような必需品すべてをイギリスのような国に供給するだけで、ヨーロッパの交易のかなりの部分を占めていることになるのである、と。

だが他方で、航海することによって、また異国人と交易を行うことによって国民に降りかかってくる、多種多様な自然的な災難や道徳的な悪弊に目を転じるならば、その前途はぞっとするものがある。そこで、船舶や海運のことにはまったく疎いが、他の点においては賢明でよく統治されている国民が住む大きくて人口周密な島国を想定し、さらに、天使なり守護神なりが彼らに示す計画ないしは草案の中に、一方で、千年の間に航海によって得られるすべての財宝や真実の利益と、他方で、同じ期間にその航海によって失われる富や生命ならびに避けることができないその他のあらゆる災難とを、彼らが看て取ったと想定してみよう。そうすれば、きっとその国民は恐怖と嫌悪の情をもって、船舶を眺めるとともに、彼らの思慮深い支配者は、たとえ如何なる形状の船であれ、海に乗り出すための建造物や器具を考えたり製造したりすることを固く禁じるであろうし、死罪まではいかなくとも思い重刑を科すことによって、こうした忌まわしい建造物を作ることを禁止するであろうと私は確信する。

だが、外国交易に必ず伴うもの、すなわち、海運によって我々にもたらされる疫病や梅毒やその他の病気、同様に礼儀作法の堕落などに関しては考慮することなく、風や天候、海の異変、北海の氷塊、南方の害虫、夜の闇、天候の人体に及ぼす悪影響によって引き起こされるか、良質な食料の不足や、技術の未熟な者、怠け者で大酒飲みなどの船員の持て余し者によって引き起こされるものだけに焦点を絞って考えてみよう。また、深海に飲み込まれてしまった人間や財宝の損失、海難事故によって生じた未亡人や孤児の涙と貧窮、商人の没落とその帰結、親や妻が子供や夫の安全に関して絶えず抱いている不安などについて考え、突風の度に交易国の至る所で荷主や保険業者が感じる多くの傷心や心痛なども忘れないようにしよう。こうした事柄に目を向け、充分に注意を払って考え、これらの事柄を大いに考慮するのであれば、有識者である国民が、彼らの船舶や航海を彼らに対する特別な天の恵みとして大いに語り、無数の船が世界中に散らばり、絶えず世界の各地に出かけたり帰ってきたりしているのを、大変な慶事であるとしているのは何と驚くべきことではないか。

だが、ここで一度、我々の考察の範囲を船舶が被る被害だけに、つまりそれが運んでいる荷物とかそれを動かしている人夫については考慮せず、索具や付属品のついた船そのものが被る被害だけに限定することにしよう。限定したとしても、被る損害は相当なものであり、年々、大変な金額になるに違いないことがわかるであろう。船舶が沈没したり、座礁したり、砂浜に乗り上げたりするのは、ある場合は猛烈な暴風雨のためであり、またある場合は操舵員の経験不足や沿岸地帯に関する知識不足のためである。マストは吹き倒されるか、切り倒されるかして船外に投げ飛ばされ、さまざまなサイズの帆桁や帆や索具が暴風によって破壊され錨が消失する。さらにそれに加えて、水漏れを防いだり、暴風や猛烈な荒波から被ったその他の損傷を修繕したりしなければならない。多くの船が不注意によって、また何よりもまして船員たちが愛飲している火酒による泥酔のために火事になる。さらにある時には、天候が健康に及ぼす悪影響により、またある時には劣悪の食料が乗務員の大多数の命を奪うような致命的な病気を引き起こし、かなり多くの船舶が人手不足のために航海できなくなる。

こうした惨事は航海に不可避なものであり、外国交易の舵輪《だりん》を動かなくさせている大きな原因であるように思える。もし、自分の船舶が絶えず好天に恵まれ、望み通りの風向きで、雇った船員はピンからキリまですべて経験豊富な船乗りであり、注意深く、生真面目で、善良な人間であったならば、商人は自分自身のことをどんなに幸せであると思うことか。また、そうした至福が祈りによって得られるのであれば、そのことが他人に如何なる損害を与えることになるのかを何ら考慮することなく、自分にもそうした天恵を与えてくれるよう、一日中しつこく天に求めないような船主とか商人がヨーロッパ中の、否、世界中のどこにいるであろうか。こうした祈願は慥かに大変に不当なものであるが、そうする権利が自分にはないのだと思うような人間がどこにいるであろうか。それゆえ、誰もがそうした恩恵への平等な権利を主張するのだから、実際にそうした恩恵など存在するはずもないなどとは考えないで、彼らの祈りすべてが有効であり、彼らの望みは叶えられるものと仮定し、その上でそうした幸福の結果について考えてみよう。

右記のような仮定にたてば、船舶も木造の家屋と同じように充分に長持ちするであろう。というのは、船舶は木造の家屋と同じように丈夫に建造され、家屋が強風や暴風によって被害を受ける恐れがあるのに対して、我々の仮定からすれば船舶はそうはならないはずだからである。新しい船舶への必要性が本当に生じる前に、現存の船大工の棟梁やその下で働いているすべての者たちは、飢え死にするとか不慮の死を遂げることがなければ自然死を遂げることになるであろう。というのも、第一に、あらゆる船舶は順風に恵まれ、決して海路の日和を待つ必要がないので、往きも復りも大層迅速な航海をするであろうし、そして第二に、如何なる商品も荒波によって破損されることも、荒天のために船外に放り出されることもなく、すべての積み荷は常に無事に陸揚げされることであろう。そうであれば、既に建造された商船の内の四分の三が差しあたり余分となり、今この世に存在している船舶の数だけで長年の間充分に間に合うということになるからである。マストや帆桁も船と同じように長持ちし、かなり長い間、ノルウェーに注文する必要もないであろう。慥かに、使用されている少数の船舶の帆や索具はすり切れるであろうが、そのすり切れ方は現在の四分の一にも満たないであろう。というのは、船の帆や索具というものは十日間の好天によるよりも、一時間の暴風雨による傷みの方が激しいからである。

錨や錨索などは滅多に使用されることはなく、それらの何れも一つあれば非常に長持ちすることであろう。このことだけでも、錨を作る鍛冶屋やロープ製造所にとって多くの退屈な休業日を生みだすことになるであろう。こうした消費需要の全般的欠乏は、材木商人や、鉄、帆布、麻縄、ピッチ、タールなどを輸入しているすべての者に大変な影響を与えるだろうから、私がこうした海事についての考察を始めるに当たって指摘したように、ヨーロッパにおける運輸のかなりの部分を支えているものの内の五分の四はまったく失われるであろう。

これまで私は、単に海運との関連でのみ、こうした天の恵みのもつ帰結について触れてきたが、それはさらに運輸以外のあらゆる領域に損失を与えるとともに、自らの国において産出される、あるいは製造されるさまざまなものを輸出しているすべての国の貧しい人々に破滅的な影響を与えるであろう。毎年、暴風とか長い航海とか、あるいは船員の怠慢や略奪のために、深海に沈んだり、洋上において海水や暑さや害虫で台無しになったり、火事で焼けたり、あるいはその他の事故にあったりして、商人が失う品物や商品は世界中の至る所で取引されている品物や商品のかなりの部分を占めているのであって、船積みできるまでに非常に多くの貧民の働きを必要としたに違いない。地中海上で焼けたり沈んだりした百梱《こり》の布地も、まるでその布地がスメルナとかアレッポ(29)へ無事に到着し、それらの布地のすべてが皇帝の領土で小売りされるのと同様に、イギリスの貧民にとっても利益となるのである。

慥かに、貿易商人は破滅するかもしれないし、その割を食って織物業者や、染め物業者や、荷造り業者や、その他の小売商などの中間層の人々も損害を被るかもしれない。だが、それらの業者の下で働いている貧民は割を食うことなど決してないのである。日雇い労務者は、通常、週に一度その稼ぎを受け取るし、また、製造業それ自体のさまざまな部門で雇用されたり、あるいは羊の背からそれらが積み出されるまで首尾よく運ばれるのに必要な、陸上輸送と水上輸送で雇用されているすべての労働者は、あるいは少なくともそうした労働者のかなりの部分には、荷物が船に積み込まれる前に賃金が支払われるであろう。もし、読者が私のこうした主張から、品物が海に沈んだり、焼けたりするのは、恰もそれらがよく売れ、適宜に使われたような場合と同様に、貧民の利益になるという結論を際限なく導き出すのであれば、そうした人間は屁理屈屋であると看做し返答するに値しないと私は考えたい。もし、絶えず雨ばかり降っていて、太陽がまったく顔を出さないならば、大地の果実はすぐに腐って台無しになるであろう。だが、草や穀物を得るためには、雨が太陽の光と同様に必要であると主張することに何の矛盾も存在しない。

順風と好天という天の恵みが、船乗りそのものに、つまり船乗りという人種にどのような影響を与えるかは、既に述べておいたことから容易に推測できるであろう。すなわち、こうした状態においては、四隻の船舶のうちたった一隻ほどが使用に供せられるだけであり、また船そのものも暴風雨を免れることができるので、船を動かすのに必要な人手も少なくて済むであろうし、その結果、今雇用している水夫の六人のうちの五人が余剰になるかもしれないということである。貧民の雇用において、供給過剰が常態であるイギリスにおいては、こうした事実は不幸なことであるに違いない。また、こうした余剰の水夫たちがいなくなれば直ちに、現在のように人員を大艦隊に配置することは不可能になるであろう。だが、私はこのことを損害であるとか、少しでも不都合であるとかとは思わない。というのは船員数の減少の一般的帰結は、戦時において、海洋国がより少ない船舶で戦わざるをえないことであり、そしてそのことは不運というよりもむしろ幸運であるからだ。そしてこうした慶事を完璧に達成させるならば、それは好ましい天恵にさらにもうひとつ付け加えることになるだけであり、如何なる国家も最早戦争をすることもなくなるであろう。ここで、私が仄めかしている天恵とは、あらゆる善良なキリスト教徒が祈らなければならないこと、すなわち、あらゆる国王や国家が臣民と同じように、彼らの誓いと約束を守り、互いに公正を重んじなければならないということ、さらには、国家の政策や世の中の知恵が命じるところよりも、良心や宗教の教えが命じるところを重んじ、己れの現世的な欲望よりも他人の精神的な幸福を、また己れの栄誉心や復讐心や強欲や野心よりも、己れが支配している国民の正直や安全や平和や静穏を好むようにということである。

右記の段落で述べたことは、多くの人々には、私の意図にほとんど関わりのない脱線であるように思われるかもしれない。だが、この段落における私の意図は、国家の支配者や統治者における善良さとか高潔さとか平和を好む気質といったものは、あらゆる私人ができることならば恵まれたいと欲する常なる成功と同じく、国家を強大にし、国民の数を増やすのに相応しい資質ではないということを証明することにあった。既に見たように、こうした資質は、自国の最大の幸福を世俗的な偉大さと隣国からの羨望に見いだし、自国の名誉と強さを重んじる繁栄する社会にとって、有害で破壊的なものに過ぎないのである。

如何なる人間も天恵に対しては自らを護る必要はないが、災難はそれを避けるために人手が必要である。人間の温和な性質は誰をも活動させない。人間の正直さや交際への愛好や善良さや満足や倹約などというものは、怠惰な社会にとって慰めになるものであって、そうした人間の資質が真実で確固たるものであればあるほど、あらゆることがますます平穏無事になり、至る所で困難や動揺を防いでくれる。ほとんど同じことが天の贈り物や気前の良さや、あらゆる自然の恵みや恩恵についても言えるであろう。そうした贈り物や恵みが潤沢であればあるほど、また我々がそれらを多く手に入れれば入れるほど、我々は仕事をしなくなるということは慥かなことである。だが、人間の窮乏や悪徳や欠陥は、大気やその他の四大のさまざまな猛威とともに、あらゆる人間の技巧や勤勉や勤労の種子をその中に含んでいる。極暑・極寒や天候不順な大気、吹きすさぶ強風、荒れ狂って氾濫する水、猛威をふるう御しがたい火、不毛で手に負えない大地、これらこそが、如何にしてそれらがもたらす災難を避けたらよいか、あるいは、どのようにしてそれらの害悪を抑制したらよいか、さらには四大のそれぞれが持っている力を、さまざまな方法によって、我々の利益にするにはどうしたらよいか、我々に知恵を絞らすのである。他方、我々は、知識が拡大し、欲望が増大するにつれて増えるであろう無限に多様な欲求を満たすように専念する。飢えとか渇きとか裸は、我々を衝き動かす最初の圧制者である。それに続く、プライドや怠惰や好色や気まぐれは、あらゆる学問・芸術や商売や手工業や天職を促進する偉大な支援者である。それに対して、最も激しく人間を仕事に駆り立てるものである窮乏や強欲や羨望や野心は、それぞれが属している階級の中で、社会の構成員をそれぞれの労働につなぎ止め、大抵は機嫌良く身分相応な労苦に全員を服させるのである。国王や君主といえども例外ではない。

商売や製造業の種類が多くなればなるほど、またそれらが骨の折れるものであればあるほど、さらにそれらが多数の部門に分割されていればいるほど、ますます多数の人間が互いに抵触することなく社会の中に包含され、ますます容易に豊かで強力で繁栄する国民になるであろう[30]。美徳が雇用を喚起することはほとんどなく、それゆえ、それによって小国が善良になることがあっても、決して大国になることはできない。強健で勤勉で、忍耐強く、どんな仕事にも精を出すということは称賛すべき性質である。だが、それは己れに任されている仕事を単に果たしているに過ぎず、報酬はそれに相応しいものに留まる。技芸も勤勉も彼らに何の祝福も与えてくれないのである。それに対して、人間の思考と創意工夫の卓越性は、職人や熟練工のさまざまな道具や用具や、さまざまな機械におけるほど顕著であったことはなかったし、今でもそうである。それらは皆、人間の弱点を補うために、人間の多くの欠点を正すために、また人間の怠惰心を満足させるために、あるいはもどかしさを取り除くために考案されたものである。

道徳という点で、社会の如何なる人間にとっても有害でありえないほど完全に善なるものも被造物の中に存在しなければ、この世の万物のいずれにも有益でないほど完全に悪なるものも自然には存在しない。それゆえ、事物は、何か他のものとの関連で、それらが置かれている有り様や位置に従って、善であったり悪であったりするに過ぎない。我々を喜ばすものはその点で善なのであり、こうした原則に従って、あらゆる人間は、隣人のことを少しも顧慮することなく、できる限り己れの自身のためによかれと願うのである。大変な乾期のために多くの人々が集まって雨乞いの祈願が行われた場合でさえ、雨が降れば、外に出かけようと思っている者は今日だけでも良い天気であって欲しいと思わないことはないのである。春に穀物が撓《たわ》わに実り、田舎の住人のほとんどがその好ましい光景を喜んでいるのに、より良き市況で売りさばこうと昨年の穀物を貯め込んでいた裕福な農民は、その光景を悲しみ、豊作の予測に対して内心は落胆するのである。否、それどころか、怠け者たちが公然と他人の所有物を横取りしようとし、しかもいかにも害を加えないように見せるために、所有者には危害を与えないというセリフを付け加えているのを我々はしばしば耳にするであろう。だが、こうした怠け者たちが、心の中でそのような自己抑制をかけて事に当たっているかどうか私は訝しく思う。

ほとんどの人々の祈りとか願望といったものが、無意味で何の役にも立たないということは幸せなことである。そうでなければ、人類を社会に相応しいものにし、この世を混乱の坩堝から救出しうるものが、天に対してなされたあらゆる祈願が叶えられるという、およそありえないことだけになるからだ。旅行から帰ってきたばかりの親孝行で立派な若い紳士が、イギリスまで運んでくれる東風をイライラして待ちながらブリール[31]に留まっているが、そのイギリスでは、死にかけた父親が息を引き取る前に息子を抱きしめ祝福を与えようと、悲嘆にくれ思慕を募らせながら横たわっている。他方で、ドイツのプロテスタントの利益を守ろうと、イギリスの使節がハリッジ[32]に早馬を走らせ、議会が解散する前にラティズボン[33]に着こうと大急ぎである。それと同時に、大艦隊が地中海への航海の準備を整えて停泊しており、立派な小艦隊もバルト海へ出港しようとしている。これらすべてが恐らく同時に起こるかもしれないし、少なくともそのように考えることも困難ではない。もし、これらの人々が無神論者とか大変な無頼漢ではなかったならば、就寝する前に殊勝な思いに駆られ、就寝時に、彼らは皆それぞれ順風と無事な航海を祈るに違いない。そうすることが彼らの義務ではないとは言わないけれども、彼らの祈りがすべて聞き届けられることもあるかもしれないが、それらすべての祈りが同時に叶えられるとは限らないのは慥かなことである。

これまで述べたことでもって、人間に生まれながらに備わっている優しい性質や親切心も、理性や自己抑制によって獲得できる真の美徳も社会の基礎ではなく、道徳的であれ自然的であれ、我々が悪と呼んできたものこそ、我々を社会的な動物にする根本的な原理なのであり、また例外なくあらゆる商売や仕事の堅固な土台であり、生命であり、支柱であることを、また、そこにこそあらゆる学芸の真の起源を求めなければならないことを、さらにまた、悪が消滅するや否や、社会はたとえ完全に崩壊することはなくとも、台無しになるであろうことを立証したと自負している。

私は大いに喜んで、こうした真実をより堅固なものにし、さらなる例証をするためにいくらでも多くの事柄をつけ加えることができた。だが、煩わしさを恐れて、これで終わりにしようと思う。私が、気晴らしのために本書を執筆する上で、自分自身を楽しませるために努力した半分も、他人の称賛を手に入れることに熱心であったことはなかったと断言できる。とはいえ、私がこうした気晴らしを求めたことによって、賢明な読者に何かしら得るものを提供することになったなどということを耳にすることがあれば、本書を書き上げたことで得られた満足にさらにそれがつけ加えられることになるであろう。虚栄心のゆえに本書に対する希望を抱きつつ、残念ながら読者に別れを告げ、本書の冒頭にその意図を提示しておいた、見かけは逆説のように見える言葉を繰り返して結びとする。

――私悪は老練な政治家の卓抜した管理によって公益に変えられるであろう――

おわり

八　本書の弁明

──「ミドルセックス州大陪審の告発」と「C閣下への誹謗の書簡」における中傷に対して──

私の主張と敵対者の主張の是非を読者がはっきりと認識できるように、読者が私の弁明を読まれる前に、告発の全容と私に対する世間一般の非難のすべてを、知らせておく必要がある。

大陪審の告発は次のような文言で書かれている──

我々ミドルセックス州の大陪審は、我が聖なる宗教の信仰項目と教会における修養と規律に反対して、毎週のように発行される書籍やパンフレットを、この上ない悲しみと懸念をもって見守ってきた。このようなことが今の形で続けられるならば、不信心の蔓延に直接の影響を及ぼし、結果としてあらゆる道徳の退廃を招くであろう。

我々は、マルセイユを二年にわたって苦しめた疫病から(1)、我々をお救いくださった全能の神の善意を正しく認識している。そして、神の大いなる慈悲に対して、陛下は慈悲深くも布告によって天に感謝するようお命じになられた。しかし、我が国民に与えられた慈悲と救済、および、公に命じられた神への感謝が、このように悪辣な不敬に迎えられようとは、全能の神にとってどんなに腹立たしいことであろうか。

陛下の統治の土台そのものを転覆しようとする不敬と瀆神行為の鎮圧ほど、我が陛下とプロテスタント信仰の継承者（キリスト教擁護のためプロテスタントの継承が幸いにも我が国に確立した）にとって有益なことはない。

これら不信心を唱道する熱狂者どもは宗教を破壊しようという悪魔的企てに専念してきたので、第一に、永久に聖なる三位一体論を公然と冒瀆し否定したのである。そして、まことしやかな嘘の口実を並べてアリウス派(2)の異教を復活させようと図ったのだ。アリウス派の異教を導入した国には必ず天罰が下っている。

第二に、彼らは絶対的な運命を肯定し、世界における全能の神の摂理と統治を否定する。

第三に、彼らは教会における規律と修養を破壊しようと努め、牧師に対する卑劣で不当な悪口を使って、宗教全体を侮蔑しようと奔走している。

第四に、全体的に自由思想をより効果的に確立できるよう、大学は公然と非難され、キリスト教の原理に基づく青少年の訓育はすべて非常な悪意と虚偽をもって論難されている。

第五に、このような暗黒の業をより効果的に推し進めるために、入念な策略と練り上げられた文飾を駆使して宗教と美徳を国家社会に有害であるとして貶め、奢侈、強欲、プライドなどあらゆる種類の悪徳を公共の福祉に必要であって、国家構造の破壊を招くものではないと推奨している。想うに、国民を堕落させる企みであろうが、売春宿にさえこじつけの弁明と見せかけの賛辞が贈られ印刷されたのである。

このような主義主張は宗教と市民統治全体の転覆に繋がることは明白であるため、我々の全能の神への義務、我々の国への愛情、我々の宣誓の尊重を考慮し、我々は次の者を告発することを余儀なくされるのである。

『蜂の寓話――私悪は公益なり』(第二版、一七二三年)と称する本の出版者。

および、週刊新聞『ブリティッシュ・ジャーナル』(第二六号、第三五号、第三六号、第三九号(3))の発行者。

閣下、

私が不満に思う書簡は次のようなものである――

　我が陛下のめでたい統治が、カトー(4)の名の下にカティリーナ(5)によって、『蜂の寓話』という題名の本の著者によって、および、彼らの仲間から脅かされているように思われます。カティリーナどもは疑いもなく僭王(6)に味方して、僭王のために懸命に働き、我が国の政体を守るという見せかけの下に、実はそれを転覆し崩壊させようと奮闘しているのであります。閣下が我々臣民をこのような危険から護る有効な手段を講じておいでとの知らせを、我が陛下の臣下全員と輝かしいハノーヴァー王家が確立した現統治体制とその継承者の真の味方は、心から歓迎するものであります。このように不信心の著述を全面的に禁じようという閣下の賢明な決断と、いくつかの大陪審に直ちに告発させる指示を出されたことは、ここ大英帝国においては、キリスト教に対する如何なる反逆行為も決して許されないことを、充分国民に納得させることでありましょう。こう納得した暁には、著述家という極悪な種族が国民の心に植えつけようと努めた不安感が一掃されることでありましょう。またそれは新教の堅固な防波堤となり、僭王の望みや企てを打破し、政権の如何なる変化からも我々を安全に護ってくれることでしょう。国民が、政権の責任ある立場にいる人がほんの少しでも怠慢であると考えたり、宗教に忍び寄る危険の僅かな兆しから、宗教を護るためでないことを何でもやってよいということに国民が警戒心、嫉妬心を抱くようになったとすれば、信心深いイギリス国民なら無関心ではいられないでしょう。そして、閣下、公然と無宗教を唱える輩を挫き皆無にするための手段を採られていなかったとすれば、この嫉妬心が生じたかもしれないのです。嫉妬心というものは、一旦、人の心に入り込んだら、取り除くのは大変です。嫉妬心は、閣下、最も凶暴な悪魔です。私は、小柄で痩せて弱々しく見える女性が嫉妬の発作に襲われ、荒れ狂って、擲弾兵が五人がかりでも押さえ込めなかったのを見たことがあります。閣下、国民がこの呪われた嫉妬心から逃れられるよう、公正な手段を講じ続けてください。嫉妬の種類や原因の中でも宗教に関わる嫉妬が最も激烈で狂暴なものであり、それゆえ、以前の治世で見たような種々の災いを生み出したからであります。けれども閣下は国王の威信を忠実に重んじ、（閣下はよくご存じの）「教会における統一の存続とキリスト教信仰の純正のための指示」

という先例に従って、これらの災いを防ぐ決断をくだされたのですから、聞屋どもの無礼極まりない攻撃に対して賢明なる現政権が採られた措置と相俟って、イギリス国民が自らの信教を捨て、信教を支持しない政権を歓迎するとは考えられません。閣下、聞屋というものは、一見信頼できそうな良識の仮面の下で、同朋である臣民の信教を浸食し、満足や平穏、平和や幸福を巧妙にして狡猾かつ不合理な論法と仄めかしを駆使して揺さぶろうとしている、すべての著述家に対する的確な名称であります。ローマ・カトリック教会が我々にもたらす恐れのある耐えがたい悲惨を天が逸らしてくださらんことを！　暴虐は人間社会を破滅させるもとであり、ローマ教皇の三重冠[7]がもたらす暴虐ほど重大なものはありません。それゆえ、我が自由で幸福な国民は、ローマ・カトリック教とそれを助長し傾倒するすべてのものを徹底的に嫌悪し怖れているのであります。国民は、我がイギリスのカティリーナどもによってキリスト教そのものに加えられている暴挙をも嫌悪し怖れているのであります。カティリーナどもは、我が聖なる新教に対して、虚偽の敬愛を隠れ蓑に裏切りを画策しておりますが、実は彼らの行為が裏切りであることは明白に表れているのであり、彼らにとってのプロテスタントとは新教の信奉者という意味ではなく、すべての宗教に対抗する抗議行動者という意味であります。

実のところ、国民が宗教を捨てるのに少々躊躇するのは無理もありません。なぜならば、神が存在し、神が世界を支配し、宗教または無宗教の普及の度合いに従って、神が王国を守ったり滅ぼしたりするものであると国民は教えられているからであります。閣下は立派な蔵書をお持ちであり、さらに素晴らしいことに、御本の内容をよく理解しておいでですから、どんな重要な案件に対しても、一瞬のうちに本を紐解いて説明をつけられます。たとえ現今の聞屋どもと同等に冒瀆的な著者であろうとも、如何なる著述家の書いた本を用いれば、大小を問わず、如何なる帝国、王国、国家、領国であっても、たゆみなく宗教という支柱を備えることをしなくなった時でさえ、衰え、乱れ、落ちぶれることがなかったと証明できるか、閣下に教えていただきたく思うのです。

聞屋どもは、古代ローマの治世や自由や精神について多くを語っていますが、彼らのもっともらしい話はすべて無宗教を唱道するための虚偽、見せ掛け、巧妙な策略なのであり、それによって国民を不安に陥れ、王国を破滅させようとしているのであります。というのは、彼らが、賢明で繁栄する古代ローマ人の心情、行動規範、主導的目標、慣習を本気で尊重し、我が国の人々に推奨したいのであれば、近代ローマが啓示宗教を堕落させたことで名高かったように、古代ローマは自然宗教⑻を尊重し奨励したことで有名であった事実を、真っ先に我々に思い起こさせたはずだからであります。古代ローマ人は忠実に宗教の保護に努めることによって天の恩寵を顕著に受けたので、自分たちの宗教の保護こそが、神に帝国を存続させ、帝国に征服と成功と繁栄と栄光を冠せさせ給う重要な手段なのだ*と充分に確信し、それゆえ、全民一致で感謝を捧げたのであります。だから、古代ローマの雄弁家が力を振り絞って国民を動かし説得しようとした時には、如何なる場合であっても、仮に宗教が論点に何らかの影響を及ぼす場合には、常に宗教に国民の注意を向けさせたのであります。宗教の安泰は彼らの主張が通るかどうかにかかっていることを明示しさえすれば、国民は彼らを支持するだろうと信じていたからであります。そして現に、古代ローマ人どころか地球上のいかなる国民も、国教が公然と嘲笑され拒絶され反対されるのを許したことはありませんでした。閣下が、いまだかつて世界のどこでも耐え忍ばれることのなかったことが、お膝元で無事にまかり通るのを許すお心算はまったくないと確信いたします。福音の聖なる啓示以来、男どもの中に、いや、少数ではありますが、女どもの中にも最近やってのけた者がおりますが、キリスト教に対して反逆的に振舞ったことがあったでしょうか。ここまで悪魔が狂暴になっても、我々の法廷の審理に呼び出してはいけないのでしょうか。なぜ、悪魔は普通のやり方で人間を狂気に駆り立てるだけで満足しないのでしょうか。つまり、呪いや罵り、安息日破りや詐欺、賄賂や偽善、暴飲や好色その他、悪魔が

＊「神の力によって、帝国が創建され維持されてきたことをわからないほどに、愚かな者がいようか」キケロ『卜占論』九・一九。

介入して人間に振る舞わせた悪行によってであります。国王の臣下の度肝を抜くような派手で、途方もない不信心、冒瀆、邪教が人の口の端や著述に蔓延ることが決してないようにしてください。我々はここで神か悪魔かという短い問いに到りました。それこそが的確な表現であって、時が経てば、行動を共にするのは誰と誰かがはっきりすることでしょう。現在は次のところまでは言えるかもしれません。すなわち、彼らは神聖な事柄に反逆する精神を充分に示すとともに、国家の聖職者と礼拝を痛罵しただけでなく、辛らつにして巧妙に礼拝を嫌悪と軽蔑の対象にするべく労を傾け、この島国に生まれた多数の国民が自分たちの間に、宗教の種を蒔いてもらい利益を得るのをしきりに妨げようとしているのだ、と。

慈善学校での貧しい子供たちの教育に性急に反対して、強烈な議論が展開されていますが、慈善学校のためになされた設備に対して提出された反論には、一つとして正当なものはありません。慈善学校に反対する理由に挙げられた事柄は、まったく事実に反するものであり、賢明でまじめな人間は重要にして正当な議論としてそれらを扱うべきではありません。「慈善学校という偽りの慈善行為が、以前には老人や病人や虚弱者に与えられていたその他すべての慈善活動を事実上滅ぼしてしまった」(9)と述べて、大多数の人々が持つ無遠慮な思い上がりをかき集めたよりも、もっと大胆な思い上がりを使い果たした後で、カティリーナには人の顔を真正面から見る図々しさが残されているとは思えません。

もしも慈善学校に何の寄付もしない人々が、他の対象に以前より寄付することが減ったとしても、一方への寄付のために他方への寄付を控えたのではないことは歴然としています。慈善学校に寄付する人々は、その他の救済の対象への寄付を控えるどころか、貧しい寡婦や老人や虚弱者は、以前にもまして多くの義捐金をこういう人たちから受け取っていることは明らかであり、しかも、義捐金の受給者の数と能力に比例して、彼らがこうした寄付者から受け取る義捐金は、同等の財政的境遇にありながら慈善学校を非難し罵倒するだけで、寄付どころか何もしないような同人数の人々から受け取る額より多いのであります。私は、週のうちいつでもギリシア人の喫茶店[10]でカティリーナに会い、彼が好きなだけ多くの特定の個人名を挙げて、私の言っていることが本当だということを証明しましょう。けれども、彼が私に会ってくれるあてはあまりありません。なぜなら、真実を立証するのではなく、真実を偽装させることが彼の仕事だからです。そうでなければ、慈善学校を「子供たちを読み書きとまともな振る舞いができるように育て、召使になる資格を与える施設」と称した直後に、「王国を既に食い尽くしている怠惰で暴走する害虫で、どこでも公共の厄介者になっている」と子供たちを評することなどできるはずはありません。何ですって。（大抵そうなっているとカティリーナが言うように）、召使はそんなに怠け者に、放埒な害虫に、公共の厄介者になり、下女は売春婦に、下男は盗賊や押し込み強盗や詐欺師になっているのは慈善学校のためでしょうか。このことは全部慈善学校のせいでしょうか。もし、そうでないなら、あまりにも明らかに公共に降りかかる重大な災いを増加させる手段として慈善学校を持ち出すような勝手気ままが、どうしてカティリーナに許されるのでしょうか。美徳の原理を身につけることが悪徳に走る主要な足場だなどと考えられたためしはありませんでした。幼少時から真理と真理への義務を知ることが真理から外れる確実な手段であるならば、カティリーナは早期幼少時に細心の注意を払って真理を教え込まれたのは疑う余地がありません。「一年間に全貧民のために集められる金額よりも、慈善学校の少年少女を制帽と制服というでたちにするために、教会の玄関で集められる一日分の金額の方が多い」と力説した記事を撒き散らしたのは見事という他ありません。おお、類稀なるカティリーナよ！　君が説く主張は世の中にすんなりと通るだろう。イギリスの慈善学校を持つ教区の貧民のために義捐金を徴収する人々や監督官や有力な住民を除けば、君の主張に反証を与える人も、反駁する生き証人もいないのだから。

お笑い種なのは、閣下、こういう聞屋どもが、未だに善良な道徳家であると思われたがっていることです。人が隣人を迷わせたり騙したりするのを仕事にし、事実に反する伝聞や嘘の暗示を使って重要な事柄において真実を曲げたり隠したりする場合、そういう人でも侵害の罪を犯してはおらず、善良な道徳家として通るのならば、また法律に触れない限り、嘘をつき人を騙しても不道徳ではないとしたならば、道徳は真理と公正に何の関わりも持たないことになります。けれども、仮にハウンズロー・ヒース(11)にピストルなしで馬を走らせることがあるとすれば、この種の道徳家に出くわしたくはないものです。というのは、一つの点で良心を欠く人間は、別の点でも良心を持たないと思うからです。書物だけでなく人間に関しても正しい判断を下される閣下なら、慈善学校について他の知識がなくても、この種の人間がかくも激しく反対するのだから、彼らの意見には非常に優れたものがあるに違いないと容易に思いつくことでしょう。

これらの学校は農業や製造業の妨げになっていると彼らは言います。農耕については、子供たちが農耕作業の主要部に従事し、絶え間ない労働を担う年齢に達し、体力もついた後まで学校に留め置かれることはありません。そして、閣下、ご安心ください。子供たちがこの教育課程の下に就学中であるときでさえ、一年中いつでも両親と自分たち自身を支えるために雇用されるならば、田畑で働き自分たちのできる仕事に雇用されることを妨げられません。こういう場合、いくつかの州では、親たちが子供たちの置かれている状況と境遇を適切に判断するものとされており、しかも子供たちは少しばかりの知識を得るよりは少しでもお金を得る方がよいと考えるので、一ペニーが手に入るなら学校にやるよりも雇い手を見つけるのを優先することでしょう。製造業についても同じであります。慈善学校の難点を指摘する紳士たちが、その難点を取り除けるよう製造業の雇用と慈善学校での読み書きの学習を結びつけるための基金に寄付してくれるのであれば、慈善学校の管理者と慈善学校で教育された子供たちの親は有難く思うことでしょう。これは素晴らしい仕事になることでしょう。慈善学校によっては、支援者が既にこれを実施しているところがあります。またその他の慈善学校もこれが目標とされ熱心にこれを望んでいます。しかし、ローマは一日にしては成りませんでした。この偉大な事業を実現するためには、王国の数箇所にある製造業の経営者や親方に慈善心を発揮していただき、毎日一定時間、各製造所に貧しい子供たちを雇ってもらい、慈善学校の管理者には残りの時間を通常の授業に子供たちを出席させる仕事をしてもらわなければなりません。特定の党派的人間や悪事を目論む邪悪な精神の持ち主にとっては、嘘で固めた人を惑わす話を捏造したり、この世で最善の事柄に対してもっともらしい議論を装って悪態をついたりするのは簡単なことであります。しかし、真心からの善意と本物の祖国愛を持つ公正な人なら誰でも、慈善学校に対するこの適切で正当な見解が、正当で有力な異議を免れないとは思わないでしょうし、また慈善学校が設立に当たって望まれた完成の域にまで達するよう、改善しようとする努力に貢献することを拒絶するようなことはしないでしょう。差し当たって、次の事実を否定するほど無能で邪悪な人間でありたくはないものです。すなわち、貧しい子供たちが何か他の正当な方法で仕事に就けない場合に、彼らの未熟な年頃を怠惰に過ごさせたり、あるいは、嘘をついたり、罵ったり、盗んだりする技を身につけたりすることに費やさせるよりはむしろ、子供たちの年齢と体力が一定の段階に達し、身分の高い家庭の召使や、農業や、製造業や、職工などの骨の折れる仕事に従事するようになれるまで、宗教や美徳の原理を学ぶことに費やさせる方が、子供たちのための真の慈善行為であり、国のために良き奉仕になるという事実であります。ですから、小売商の店員や日用品の小売人が「彼らと同じ階級の子供たちに割り当てられるべき仕事を、慈善学校の管理者が先回りして取ってしまって独占している」と述べた自らの主張を、カティリーナは進んで取り消してもよいのです。カティリーナの許しを得て、閣下に、この主張は事実に即してまったくの偽りであり、こうした偽りは彼の色々な主張において陥りがちな難点であって、とりわけ次の主張から被る迷惑は今までのどの主張よりも大変なものであることをお知らせしなければなりません。と申しますのは、「我が平民の道義は慈善学校において堕落させられている。生徒は口がきけるようになるとすぐに、**高教会派とオーモンド**[12]というフレーズを発するよう教えられるので、大逆罪の何たるかもわからない内に反逆者になるべく教育される」と彼は恥知らずにも熱心に主張しているからであります。自らの発する言葉にその正確な意味を伝えている閣下ならびに高潔なる方々は、私がカティリーナの言を解く鍵を与えなくとも、カティリーナが慈善学校の子供たちが反逆者になるべく教育されていると完全に確信していたと、今やお考えになることでしょう。

閣下、もし、慈善学校の先生が政府に不満があるとか、子供たちに国王への忠義と忠順や教理問答書に書かれた内容を教える義務を忠実に果たしていないことが立証されているのにもかかわらず、管理者がその先生を学校に留めておくようなことがあるとすれば、思う存分学校を倒壊させ先生を絞首刑に処する自由を、私はカティリーナに認めたいと思います。

以上のような事柄が右に記した書物、すなわち『蜂の寓話――私悪は公益なり』の中で、同じように辛辣に、事実の根拠を示すことなく書き立てられているのであります。カティリーナは、不敬にも神聖な三位一体説を、子供を嚇《おど》かす化け物の叫び声(13)になぞらえて、基本的な信仰箇条を論破しています。『寓話』のこの不道徳な著者は、信仰に反意を唱えるカティリーナの援軍であるだけではなく、美徳を根底から崩し、代わりに悪徳を据えつける仕事を引き受けているのであります。この世で最も優れた医者でさえ、身体から悪質なものを排除するためには大変な苦労をしますが、このブンブンいうミツバチが政治体から良質なものを掃き出すために傾けた労は、それをはるかに勝るものであります。著者自身、自分に対するこのような非難を立証して、『寓話』の結びとして、彼自身と彼の著述に次のように所見を述べています。「これまで述べたことでもって、人間に生まれながらに備わっている優しい性質や親切心も、理性や自己抑制によって獲得できる真の美徳も、社会の基礎ではなく、道徳的であれ自然的であれ、我々が悪と呼んできたものこそ、我々を社会的な動物にする根本的な原理なのであり、また例外なくあらゆる商売や仕事の堅固の土台であり、生命であり、支柱であることを、また、そこにこそあらゆる学芸の真の起源を求めなければならないこと、さらにまた、悪が消滅するや否や、社会はたとえ完全に崩壊することはなくとも、台無しになるであろうことを立証したと自負している(14)」。

今や閣下はカティリーナと彼の共謀者の大計画の主意がおわかりでしょう。今や場面の幕が開いて隠れていた動機が明らかです。カティリーナ一味は果敢にも堂々と声を大にして述べていますが、如何なる団体の者たちといえども、これほどの迫力をもって議論を振りかざした者はかつておりませんでした。彼らの悪意は宗教に向けられているのであります。閣下には今や慈善学校に向かう彼らの悪意の真因がおわかりでしょう。閣下、慈善学校がその促進のために設立された宗教に向けられているのです。カティリーナ一派はこの宗教を壊滅しようと決心しているのです。なぜならば、慈善学校は確実に宗教と美徳を拡める最大の機関の一つであり、ローマ・カトリックに対する最も堅固な防波堤の一つであり、我が国民を神のご加護に託する最善の勧告の一つであるからです。ですから、イギリス国教会は、ローマの偶像崇拝的宗教と暴虐からイギリス国民を解放し、宗教改革をめでたく成し遂げて以来進めてきたあらゆる事業の中で、我が国に最大の恵みをもたらしたものの一つなのであります。人間のすることには少々の不都合が伴うものですから、この卓越した事業から些細な不都合が生じたとしても、この事業の美点は依然として喜びの源であり、すべての賢人や善人から激励されることでありましょう。賢明で善良な人々は、カティリーナ一派に組する者どもが恥知らずにも異議を唱えている取るに足らない不都合を気にも留めておりません。

今や、閣下は、カティリーナ一派が、なぜ、絶えず牧師を諷刺の種にしているのかがおわかりでしょう。なぜレイヤー氏(15)の有罪と処刑が法律家に対する不服を噴出させる以上に、ホール氏(16)の有罪と処刑が牧師への不服を醸し出しているのでしょうか。それは法律を扱う職業は宗教とは直接の関係を持たないからであります。ですからカティリーナは法律家の中に反逆者とか非道の者がいたとしても、またその他の法律家が非道すれすれのことをやっていたとしても、国内の如何なる臣下とも同じく忠節で有徳な人間だと認めるのであります。ところが宗教の問題は牧師の専門の関心事であり職業なのであります。したがって、カティリーナの論理は、牧師の一人が政府に不満であれば、残りのすべての牧師もそうであり、牧師の一人に悪徳の罪があれば、牧師全員もしくは牧師のほとんどすべてが悪魔に加担したと思われるほど邪悪であることは、白日のごとく明白であるということになります。私は牧師職の弁明を並べ立てて閣下を煩わせたいとは思いませんし、また、そうする必要もありません。なぜならば、牧師たちは既に閣下の好意を確保しており、しかも彼らはヨーロッパ中でも最も信仰心の厚い、有徳で学識のある人間の団体なので、弁明が必要なところではいつでも彼ら自ら弁明をしうるからであります。とはいえ、彼らは自らを厳粛に弁護する議論の公表を差し控えています。というのも、彼らは不敬にして放埒な輩から認められたいとか尊敬されたいなどと望んだり期待したりはしないからです。そして同時に、偉大な洞察力の持ち主だけでなく良識を持つすべての人々が、牧師に向かって放たれた矢は、牧師職という神聖な組織を破壊し、聖職者がその存続と振興のために任命された宗教を根絶しようとするものであることをはっきりと理解していることを、牧師たちは疑いえないからであります。正直で公正な人々はカティリーナの目論見がこのようなものではないかと思い怪しんできましたが、今や、以前にそのような嫌疑を生ぜしめた張本人から嫌疑の現実性が立証されたのであります。主要箇条に掲げられた信仰は不必要なだけでなく馬鹿げており、人間社会の福祉は美徳の奨励の下で沈下し消滅するのであり、悪徳こそが人類の幸福が打ち立てられ存続させられる唯一にして堅固な土台であると彼らが公然と宣言したからであります。このような信条の公表と、キリスト教の信仰とすべての美徳を根絶して、悪徳を統治の基礎に据えようという提案はあまりにも人を仰天させ衝撃的であり、恐怖を抱かせる極悪非道の行為であります。このようなことが国民の罪に帰せられるならば神の復讐は必ずや我々の上に下されるに違いありません。このような大罪が看過され罰せられずに通ることがあろうものならば、国民自体がこの大罪の責任を負うはめになることは、閣下ほどの理解力も判断力もない詭弁家でも容易に推測できるでしょう。そして疑いもなく、この極めて単純で重要な要件に対する閣下の優れた判断力が、賢明にして忠実な愛国者である閣下をして、高位における閣下の最大の尽力を大胆な攻撃から宗教を護ることに傾ける決断を下させたのであります。

「大英帝国における宗教のより強力な守護によって、陛下ご自身と陛下のめでたき統治をより強力に守護するための法案」[17]の写しを拝見いたしまして、閣下の正しい政策と自国愛と自国に捧げる偉大なる奉仕に、重ねて感謝の意を表するものであります。

閣下の最も忠実で謙虚な召使である、
セオフィラス・ファイロ・ブリタナス[18]

慈善学校の管理者、先生方、その他の擁護者が、あらゆる所で『蜂の寓話』を告発して掲げたこのような激しい非難と大怒号に対して、友人の助言や私自身の責任への反省をも含めて以下のようにお答えしたい。既に二度もお読みになっていただいた箇所が、この回答の中でも繰り返されていることに関して、偏見のない読者の皆さん御寛恕いただきたい。『蜂の寓話』にも、それに対する中傷的書簡にも目を通していない人の手にも新聞はどうしても渡るので、私の回答自体を公共への私の弁明とするには、書簡に引用された部分も繰り返さざるをえなかったのである。この回答は一七二三年八月十日の『ロンドン・ジャーナル』に掲載された。

七月十一日木曜日の『イヴニング・ポスト』に、『蜂の寓話――私悪は公益なり』という書名の書物の発表者に対するミドルセックス州大陪審の告発が掲載され、その後、七月二十七日土曜日の『ロンドン・ジャーナル』に、同書とその著者に対する激しい悪罵の書簡が公表されたので、同書を書くにあたって邪《よこしま》な意図は微塵もなかったと認識しているために、不当に浴びせられた悪意ある誹謗に対してどうしても私は弁明せざるをえなくなったのである。この書物への非難が公の新聞に発表されたので、本書への弁護を私的な刊行物で発表するのは公平さを欠く。私は自分のために弁じたいことをすべての良識ある誠実な人々宛に発表するが、そのような人々から忍耐と注意の他は如何なる好意をもいただこうとは考えていない。その書簡の中における、他の事柄に関するもの、当該の問題とは無関係なもの、重要でないものは取り上げずに、同書簡に引用された次の一節から始めたい。すなわち、「これまで述べたことでもって、人間に生まれながらに備わっている優しい性質や親切心も、理性や自己抑制によって獲得できる真の美徳も社会の基礎ではなく、道徳的であれ自然的であれ、我々が悪と呼んできたものこそ、我々を社会的な動物にする根本的な原理なのであり、また例外なくあらゆる商売や仕事の堅固な土台であり、生命であり、支柱であることを、また、そこにこそあらゆる学芸の真の起源を求めなければならないことを、さらにまた、悪が消滅するや否や、社会はたとえ完全に崩壊することはなくとも、台無しになるであろうことを立証したと自負している」（本書三〇六頁）という一節である。慥かに、これらの言葉が本書に書かれていることを私は認める。そして、これらの言葉には何の罪もなく真実であるから、今後もすべての印刷物にこのままの形で残るであろう。ただ、同時に極めて率直に認めるが、私が、この世で最も能力の低い人々にも理解してもらいたいと考えて本書を書いたのであれば、ここで取り上げたような主題は選ばなかったであろう。あるいは、もし、そのような心算であったとしたら、各文をわかりやすく言い換えたり、説明したり、重々しいことを弁別して語ったりして、人にものを教える教師気取りで、必ず教鞭を携えて現れたであろう。たとえば、この一節を理解させるためには、一、二頁を費やして悪という言葉の意味を説明した後で、あらゆる欠乏は悪であること、そうした欠乏の多種多様性にこそ社会の各構成員がお互いのために労する相互奉仕が成り立っていること、それゆえ、欠乏の種類が多ければ多いほど、多くの個人が他者のために労力を傾けることから利益を得ることができ、このような人たちが結合されて一つの集団が構成されるのであることなどを教えたことであろう。我々に欠乏していないものを供給する商売とか手仕事があるであろうか。この欠乏はそれが満たされないうちは悪であったのである。その商売とか手仕事はその悪を正すものであって、その悪が無ければその商売も手仕事も考え出されなかったのである。何らかの欠如や欠陥を改善するために考案されなかった技術や知識が存在するであろうか。欠如や欠陥がなかったならば、それを取り除くために学問や技術の出る幕はないのである。私は、本書の三〇四頁に「人間の思考と創意工夫の卓越性は、職人や熟練工の多種多様な道具や用具や機械におけるほど顕著であったことはなかったし、今でもそうである。それらは皆、人間の弱点を補うために、人間の多くの欠点を正すために、また人間の怠け心を満足させるために、あるいはもどかしさを取り除くために考案されたものである」と書いた。その前の数頁においても同趣旨のことを書いておいた。しかし、これらの内容が宗教や不信心と何の関係があるのだろう。北方における平和条約とか航海に関係があると言うのであるならば話は別であるが[19]。

空腹や渇きや裸といったような、生身の身体の欠乏を満たすために雇われている人手は、人間の堕落した本性を無心に満たしている多数の人々の数に比べればたいしたものではない。私は勤勉な人々について言っているのであり、彼らは正直な労働で生計を立てているのである。彼らのおかげで安楽に贅沢に暮らせるための道具や器具を持てることに虚栄と快楽に明け暮れる人間は、こうした人たちに恩義を感じなければならない。「短慮な大衆は、さまざまな原因の連鎖における一つの連なり以上のものを滅多に見つけることができない。だが、視野をより拡げることができ、手間暇かけて出来事を繋いでいる連鎖の全貌を展望しようとする者は、ありとあらゆるところで、卵から雛鳥が孵《かえ》り繁殖するように、ごく自然に悪から善が生じ増殖していることがわかるであろう」。

この文章は、『栄茂の蜂の巣』において、

かくして悪人の最たるものでさえ
公益のため何か役立つことをなすに至れり。

という逆説的に思える所見について書かれた「注釈」であり、本書の七十七〜七十八頁のものである。そこでは、多くの例を挙げて、人知の及ばぬ神意が毎日のように命令を下して、勤勉な労働者の慰安と圧制に苦しむ人々の解放が、奢侈という悪徳からだけではなく、凶悪で神に見捨てられた人間の罪からさえ、秘かに導き出されているのであることの真実を説明している。

偏見がなく能力の高い人であるならば、厳しい譴責を受けた次の一節の中に、まったく書かれていない意味が隠されていたり表明されたりしていることはないと一見してわかるであろう。すなわち、「人間は数え切れない原因から困窮した生物であるが、この困窮からこそ、この困窮からのみ、あらゆる商業や職業が生まれるのである」[20]という一節である。ともあれ、自分の能力の範囲が及ばない書物に手を出して、あれこれ文句をつけるのは滑稽な話である。

『蜂の寓話』は、知識と教育のある人々が、他にすることもない暇な時間に、読んで楽しめるように書かれたものである。本書は、美徳の厳格な吟味、本物と偽者を識別する絶対確実な試金石を含み、世間では立派だとして通っている行為が誤りに満ちた罪深いものであることを明らかにする厳格で気高い道徳の書である。また本書は、人間の持つ情念の本質とその現れ方を記述し、その力と偽装を探知し、自愛心をその最も隠れたる奥底まで跡を辿っている。その上、他の如何なる倫理の体系をも超えて、とつけ加えても差し支えないだろう。本書は、全体として秩序や方法のない狂詩曲ではあるが、その如何なる部分にも辛辣であるとか衒学的であるところはまったく含まない。正直に言って文体は整っておらず、高尚で修辞的な部分もあり、卑近で平凡な部分さえある。このようなものであっても、本書が極めて高潔な美徳と申し分のない良識を備えた人々を楽しませたことに私は満足である。本書がこのような人々に読まれている限り、本書は彼らを将来も楽しませ続けるものと信じている。私と同じような弁明の必要性に迫られていない人が、弁明とは別な機会に己れの著作を称賛する場合よりも、弁明の必要性に迫られている私が自著を大いに賞揚することを、本書に対する激しい非難を読んだ人なら誰でも許してくれるだろう。

告発の中で訴えられた売春宿への賛辞は本書のどこにも存在していない。この非難のきっかけになりそうなものが存在しているとすれば、貞節と美徳を備えた婦人たちを、色情を抑えられない放縦な男どもの陵辱から護るための最良の方法を論じた政略上の記述であるに相違ない。これには、二つの悪の板ばさみになるジレンマがあり、両方とも防ぐことは事実上不可能であるから、この問題を扱うに当たっては、この上ない用心をして、「私は悪徳を鼓舞する気など更々なく、国家から邪悪な罪が一掃されうるならば、それは国家にとって言いようのないほどの慶事であると考えている。しかしながら、それは不可能ではないかと私は思う」[21]という話で議論を始めている。その後で、そのように私が考える理由を述べ、偶々アムステルダムの音楽店に触れ、手短に音楽店の話をしたが、それはこれ以上無害なものはありえないような話であり、私がアムステルダムの音楽店について述べたことが犯罪的欲望を喚起するどころか、（趣味に溺れるような放蕩者であっても）人々に嫌悪の情を起こさせるのに十倍も相応しくないかどうか、世のすべての公正な審判者に訴えている。大陪審が、次の点を考慮せずに、私が国民を邪道に陥れる意図で本書を出版したと考えていることは大変残念に思う。第一に、本書には最も清純な人の耳に逆らうような、あるいは最も邪悪な者の想像さえ汚すような一文もなければ一語さえ存在しない。また第二に、訴えの対象となった事柄は明らかに行政長官、政治家、また、少なくとも、人類のより真面目な考え深い対象に向けて書かれているのである。ところが読書によって生み出されるような、風紀の全般的退廃が懸念されるのは、偏に簡単に手に入る猥褻本の影響であり、それは無頓着な一般大衆や未経験の若い男女の好みや能力にあらゆる方法で取り入ろうとしているものである。ところが、これほど激しく糾弾された本書の議論が、一般大衆や未経験の若い男女を対象に書かれたものではないことは、あらゆる事情から自明である。この散文の書き出しは完全に哲学的で、思索や推論に不慣れな人間にはほとんど理解不能なものである。また、本書の欄外見出しは、見た目がよいとか誘惑的なものからは程遠いので、本書を全部読み終えてからでなければ、欄外見出しの意味は誰にもわからず、しかも値段は五シリングである。こうしたことから、本書が危険な教義を含んでいたとしても、国民に流布させようとは思わなかったであろうことは明らかである。私は国民を喜ばせたり味方につけたりするようなことは一言も言っていないし、彼らに向けて発した最も丁重な挨拶は「烏合の衆よ、立ち去れ」であった。「しかし、私のこの小論が人類の尊厳を貶め、人類を侮辱しているという主張に、人々の大多数が同調していることくらい、私の考えの誤りを明確に立証しているものはないのであろうから、大衆の承認を私は期待しない。私は大勢の者を相手に書いているのではなく、抽象的に考えることができ、一般大衆よりも知的レベルが高い少数者だけに、支持者を求めているのである」、と一九三頁で述べた。だが、私はこの方針を徒に押し通したこともなく、常に公衆への思いやりを忘れずに仕事をしてきたので、高邁な意見を述べる場合には、偶然この本を覗くかもしれない、知力の劣る人たちの害とはならないように細心の注意を払ってきた。「私が言いたいことは、人間の悪徳なくして、如何なる社会も、そのような豊かで強力な王国になることができず、またそうなったとしても長い間その社会の富と力を維持し続けることはできないであろうということである」と一九二頁で述べた時、その前置きとして、「最も哀れむべき貧しい共和国におけるのと同様に豊かで強力な王国においても、人間は徳ある存在であることはできないなどと、私は主張したこともなければ、そのように想像したことさえなかった」と事の真実を述べておいた。このことは、私ほど慎重でない人間であったならば、余計な前置きだと思ったことだろう。というのは、私はこの点について、同じ節で、「第一に、規模が大きかろうが小さかろうが関係なく、あらゆる社会において、善良であること、美徳を推奨し、悪徳を抑制し、法に従い、罪人を罰するということが社会の成員の義務であると私は主張したい」(一九一頁)と述べておいたからである。本書には、この信条に反するような文は一行たりとも存在してない。「私は世俗的な栄華の途を示してきたとはいえ、常に何の躊躇いもなく美徳に至る途をむしろ望んできたのである」と一九三頁で述べた言葉をできるものならば論駁してみよと私は敵対者に言いたい。私ほど誤解を防ぐために努力した人間はかつていなかった。ついで、「悪徳がなければ社会は豊かで強力なものになることはできず、またこの世における栄華の絶頂に上り詰めることはできないと私が述べる時、そう述べることによって人々に邪悪な人間になれなどと私は勧めている訳ではない。それは、利己的で訴訟好きな人間が少なくなれば、あんなにも数多くの華々しい法律の専門家たちが暮らしを立てることはできないであろうと私が述べる時、人々に喧嘩好きになれとか強欲になれとか勧めているのではないのと同じである」という一九三頁の一文に注目してもらいたい。「緒言」の終り近くで、ロンドンの繁栄から切り離せない悪の話をして、同じように用心深い構えを通した。物事の真因を探ることには、邪《よこしま》な意図もなければ害になる性向も存在していない。毒薬に関する本を書いても立派な医師でありうるのだ。「如何なる人間も天恵に対しては自らを護る必要はないが、災難はそれを避けるために人手が必要である」と本書の三〇三頁で私は述べた。さらにその後に続けて、「極暑・極寒や天候不順な大気、吹きすさぶ強風、荒れ狂って氾濫する水、猛威をふるう御しがたい火、不毛で手に負えない大地、これらこそが、如何にしてそれらがもたらす災難を避けたらよいか、あるいは、どのようにしてそれらの害悪を抑制したらよいか、さらには四大のそれぞれが持っている力を、さまざまな方法によって、我々の利益にするにはどうしたらよいか、我々に知恵を絞らすのである」と述べた。膨大な数の庶民の仕事について知っている人間が、しかも同時に、太陽が照らず雨が降らなければ地球は我々のような生物が生きられる場所ではないと言っている人間が、なぜこうしたことをもっと言わないのか私には理解できない。そのようなことを言ったら、天からの惜しみない恵みを恩知らずにも軽視していると非難されるからであろうか。これは風変わりな論題であるから、取り上げるべきではなかったと言う人とは議論する気はない。けれども、私はこの問題がある程度の判断力のある人なら誰でも楽しませるものであって、簡単に雨散霧消するようなものではないと常々考えている。

私は思うように自分の虚栄心を抑制することはできないであろうし、また、プライドが高すぎて罪を犯すこともできない。そして、本書の主たる考察範囲、趣旨、つまり、本書を書くに当たっての考察意図については、「緒言」で言明したことを極めて誠実に遂行してきたと断言できる。「緒言」の終りに次の言葉を書いておいた。「もし、あなたが、なぜ、こんな文章を書くのか、それが何の役に立つのか、あるいは、こうした言い分がどんな良きことを生みだすのかと問うならば、慥かに、読者の気晴らしになるかもしれないことを別にすれば、まったく何の役に立つものでないと思う。しかし、もし、こうした寓話から何が期待されて然るべきかと尋ねられるならば、私は次のように答えようと思う。すなわち、第一に、絶えず他人のあら探しをしようとしている人々は、こうした寓話を読んで自分自身を省みることを教えられるであろうし、自らの良心というものを振り返ってみて、多少自ら自身にも身に覚えのあることを己れが絶えず口汚く罵っていることを恥じるであろう、と。そして第二に、安楽や安逸を貪り、偉大で繁栄している国家がもたらすあらゆる便益を享受している者が、そうした不自由や不都合を共有することなく、繁栄の大きな分け前を享受することができないことに気づいた時、地球上の如何なる政体によっても改善することができない困難を、辛抱強く耐えざるをえないことをきっと学ぶに違いない、と」[22]。

一七一四年に出版された『蜂の寓話』の初版は理不尽な文句をつけられたり、公に注目されたりもしなかった。第二版には初版にはない用心深い断り書きをたくさんつけ加えたにもかかわらず、この第二版がこれほど容赦なく扱われた理由として唯一考えられるのは、書き加えた慈善と慈善学校についての試論であると思われる。統治の行き届いた国においては、過酷な汚れ仕事は下層民に割り当てられた職業であり、彼らの取り分であるべきであって、その子供たちを十四、五歳になるまで役立つ仕事から逸らしてしまうのは、成人となった時に彼らをそういう仕事に適応させるには間違った方法であるというのが私の正直な気持ちである。「試論」で述べた私の意見に理由を添えてあり、理解力のある公正な人々に読んでいただき、新聞等で報道されているような恐ろしい不敬が述べられていないことを確認していただきたい。私が宗教上の自由思想や不道徳の唱道者であったか、キリスト教信仰における青少年の訓育に対する敵であったかということは全部で七頁以上にわたって私が丹精込めて述べた教育論を読めばわかっていただけるであろう。その後、貧困層の子供たちが教会で受けられる訓育について次のように述べた。すなわち、「教区の中で最も身分の低い者でも、歩いて通えるところにある教会とか、礼拝所に日曜日には必ず行って欲しいのである。日曜日は、労働からの休息と共に礼拝と宗教的儀式のために特別に設けられた、七日間の内で最も有用な安息日であり、この日を格別に配慮するのが現職の行政長官の義務でもある。貧民はもとより彼らの子供たちも、他の日には働いていて時間がないのだから、日曜の午前と午後は教会に行かせるべきである。行政の指示や実例によって、貧民は幼少期から日曜日の教会通いを習慣化されるべきである。故意に教会に行くことを怠った場合は恥ずべき行為と看做されるべきで、日曜日の教会通いを徹底的に強制し、それが厳しすぎるか実現不可能に思われるなら、少なくともあらゆる娯楽は厳格に禁止されるべきで、貧民を教会から引き離す戸外での遊びから、彼らを厳重に遠ざけられるべきである」[23]と。私の論法では説得力に欠けると言うならば論駁してもらいたいし、悪意のある言葉でなく、どこで私が間違っているのか私に納得させてくれる人がいれば、私に対する好意と受け止める心算である。しかし、人は痛いところを突かれると、中傷することが敵を論破する近道なのである。莫大な金額が慈善学校のために集められている。人間の本性を非常によく理解している私にしてみれば、慈善学校に寄付する人々は慈善学校の悪口に黙って耐えることはできないことがよくわかるのである。それゆえ、私は世間からの処遇を予知し、世間一般が唱える慈善学校への決まり文句を繰り返したあとで、「これが世論であり、一言でも慈善学校に関して異議を挟めば、邪悪な冒瀆者、見下げ果てた無神論者とまではいかなくても、慈善心を欠く冷酷無慈悲な者と看做されるのである」[24]と読者に語った。このような理由で、あの途轍もない「C閣下への書簡」を見た時、私はそれほど驚くことはなかった。書簡の中で、私は「放埒な著者」と呼ばれ、「著者の信条の公表は、キリスト教の信仰とすべての美徳を根絶しようという、公然と宣言された提唱であり」、私のしたことは「まったく人を仰天させ衝撃を与える、恐ろしく、破廉恥な極悪非道の大罪」であり、天の報復は必至であるとされている。こうした指弾は真実と公正への敵から私が常に予期していることにすぎず、私を公共の激怒に曝《さら》そうと頑張っている書簡の執筆者に反駁する心算はない。彼を哀れに思うだけである。私には、彼は世評や噂を鵜呑みにしてうっかり騙されたのであると考えるだけの慈悲の気持ちはある。彼ほどの理解力がある人間ならば、私の著書の四分の一でも読めば、あのような手紙を書くはずがないからである。

私は「私悪すなわち公益」という言葉が、善意の人々の怒りを買ったのであるとすれば残念に思う。この言葉の謎は、一度この言葉が正しく理解されるとたちまち明らかになる。本書の最後の段落を読んだ誠実な人なら、この言葉が無害であることを疑わないであろう。そこで、「本書の冒頭にその意図を提示しておいた、見かけは逆説のように見える言葉を繰り返して結びとする。――私悪は老練な政治家の卓抜した管理によって公益に変えられるであろう――」と言って読者に別れを告げている。この一文はその他の文章と同じ大きさの文字で印刷された、本書の結語である。けれども、私は「弁明」で述べたことをすべて退ける。そして、もしも、ミドルセックス州大陪審によって王座裁判所の判事に告発された『蜂の寓話』という本全体の中に、ほんの僅かでも不敬や神の冒瀆、あるいは退廃的風潮や不道徳への傾きを持つ文言が見られるならば、その箇所を指摘して公表していただきたい。悪罵や個人攻撃や暴徒をけしかけるなど（このような行為に答える心算はない）を為さずに、このことが行われるならば、正式に主張を撤回するだけでなく、怒った公衆に厳粛な態度で謝罪する心算である。そして（死刑執行人をそんな仕事に使うのはもったいないと思われるなら）私の敵対者が指定してくれる適当な時間と場所で、自分の手で本書を焼き捨てる心算である。

『蜂の寓話』の著者

訳注

（一）緒言

（1）この緒言が書かれたのは一七一四年で、「栄茂の蜂の巣」は一七〇五年に書かれている。

（2）この脚注は一七二三年に付け加えられた。

（3）ミシェル（・エイケム）・ド・モンテーニュ（Michel Eyquem de Montaigne 1533-1592）は、十六世紀ルネサンス期のフランスの哲学者である。あるがままの人間を洞察した『エセー』（*Essais*）は、多くの人々に影響を与えた。また、「私は何を知っているか」（Que sais-je?）という一句は名高い。

（4）この一節は、ピエール・ベール（Pierre Bayle 1647-1706）の『彗星雑考』（*Pensées diverses sur la comète 1682*）から採ったものである。『彗星雑考』の「49　あらざるものの原因を求むるは、如何に滑稽なることか」の一節に、「ポール＝ロワイヤルの人たちはモンテーニュをあまり快く思っておらず、『この人は人間の真の偉大さをたえて知らなかったが、欠点だけはかなり分かっていた』などと、どこかで言っておりますが、…」（野沢協訳）とある。

（5）古代ギリシアの詩人ヘシオドス（Ἡσίοδος）が『仕事と日』（*Ἔργα καὶ Ἡμέραι*）の中で、人類の歴史を黄金・白銀・青銅・英雄・鉄の五期に分けた、その第一期である。地上には永遠の春が続き、幸福と平和と正義に満ちた時代とされた。『仕事と日』の「五時代の説話」に「オリュンポスの館に住む不死なる神々は、まず初めに、言葉を持つ人間の黄金の種族を作った」（中務哲郎訳）とある。また、ヘシオドスの『仕事と日』や『神統記』などは、後にローマの詩人たち、例えば、ヴェルギリウスなどのお手本になったと言われている。

（6）大陪審からの告訴は、一七二三年と一七二八年に行われた。

（7）ウィリアム・ヘンドリー（William Hendley 1691?-1724）の、『慈善学校の弁護』（*A Defense of the Charity-Schools 1724*）のこと。

（8）マンデヴィルは、C閣下とは、英国の政治家で一七五一年から一七六三年まで枢密院議長を務めたジョン・カーテレット

(John Carteret 1690-1763）であると考えていたようである。カーテレットはバルト海沿岸諸国と平和条約を結び、イギリス船の航海を可能にした。

(二) 栄茂の蜂の巣――悪人が正直者になった話――

（1） ローマ神話の最高神ユーピテル（Jupiter）、英語読みではジュピターはギリシア神話の主神で全知全能の存在であるゼウス（Zeus）と同一視された。全宇宙、天候を支配し、人類と神々の両方の世界の秩序を守護する天空神。全宇宙を破壊できるほどの強力な雷を武器とする。古代ギリシアのような多神教の世界でも、ゼウス信仰は唯一神的な信仰の下に、ゼウスに帰依と敬虔さを捧げた。

（2） ローマ神話に登場する女神ユスティティア（Justitia）である。ユスティティアはラテン語で「正義」の意。女神のいでたちは左手に天秤、右手に剣を持ち、目隠しをされている。ユスティティア（またはテミス）の像をヨーロッパでは裁判所の門前に飾る習慣がある。

（3） 原文には(J)の注釈番号はなく、(I)から(K)へと(J)をとばして番号がつけられている。また注釈番号(U)および(W)も原文にない。

（4） メルクリウス（Mercurius）は、神々の使者で商業、雄弁、技術、旅行、盗賊などの守護神であり、英語名はマーキュリーである。ギリシア神話ではヘルメス（Hermes）に相当するとされている。

（5） 十七世紀イギリスの死刑執行人であり、後に死刑執行人の代名詞にもなったジャック・ケッチ（Jack Ketch 生年不明-1686）を意識してのことか。

（6） 副牧師（curate）のことを俗語で（Journeyman parson）と呼んでいたことから、マンデヴィルは、ここで副牧師の意味を込めて（Journey-Bees）と表現しているように思われる。

（7） イギリス国王または女王がイングランド教会の最高管理者（Supreme Governor of the Church of England）であるイングランド教会には二つの管区があり、イングランド南部を管轄する「カンタベリー管区」と、北部を管轄する「ヨーク管区」である。各管区で大主教が選ばれて管区長となり管区の代表者となる。各管区は幾つかの教区に分かれ、各教区では主教が選出されて教区を代表する。各地の教会はその地域の教区に属している。教区は教会行政の最も基本的な地域的単位であり、一教区には複数の教会が含まれる。

（8） イギリスの旧五シリング銀貨。一シリングは十二ペンスにあたる。

（9） フランスから訪れる美食家の珍客と訳したが、原詩では「トーコル」である。フランス語では「トーコル」と呼ばれるこの鳥は、キツツキ目キツツキ科アリスイ亜科アリスイ属アリスイ（学名、Jynx torquilla）であり、torquilla とは「首を捻る者」の意で、英語名は wryneck（特に警戒時に首を蛇のように回すのでこう呼ばれる）である。全長約十八センチ。背中は灰褐色。喉から首の部分は黄褐色で頭頂から背面に暗褐色の太い縦縞が走り、側頭部や肩には黒い斑紋が点々と入る。長い舌を地面や朽ちた木の穴に入れて伸ばし、昆虫、主にアリを吸い上げて食べる。和名「アリスイ」の由来ともなっている。英語名の wryneck を使わずにフランス語名の torcol を用いたのは、裕福なフランス人がロンドンの高級飲食店に多く見られたためかもしれない。

（三）　序文

（1）　ここで、マンデヴィルが「私が人間という場合、ユダヤ人でもキリスト教徒でもなく、まったくの自然状態の人間、まったく真の神を知らない人間を意味していることを、読者にはっきりと注意を喚起しておかなければならない」と述べたり、本書の「注釈」において、「改心し、神の恩寵によって超自然的な助けを与えられ」ていない「自然のままの人間」について述べたりしているのは、神の恩寵を受けていない自然状態の人間は、堕落していて、善へ向かえない（美徳を身につけることはできない）とする聖アウグスティヌス（Aurelius Augustinus）的人間観が前提にされていると思われる。また、聖アウグスティヌス的人間観を根底に宿し、人間の原罪の重大性と恩寵の必要性を強調するジャンセニスム（Jansénisme）を信奉する人々も、恩寵の導きなしには善へ向かいえないという立場に立っている。

（四）　美徳の起源についての一考察

（1）　旧約聖書「箴言」十六章の三十二節に、「怒りを遅くする者は勇士に愈り、己れの心を治むる者は城を攻め取るに愈る」とある。

（2）　古典古代においては人間と動物とを類似した存在と看做す見解が一般的であったが、キリスト教の確立以来、人間を他の動物とは異なる特別な（*sui generis*）存在であるとされるようになった。マンデヴィルが本書で数回にわたって言及しているモンテーニュは、『エセー』の第二巻「レーモン・スボンの弁護」の中で、人間は他の生き物とさして異なるものではないことを強調している。

（3）　美徳とか宗教というものは、為政者が大衆を支配するために考えだしたものであるという理解は、プラトン（Πλάτων BC427-BC347）の『テアイテトス』、エピクロス（Επίκουρος BC341-BC270）の『断片』、ホラティウス（Quintus Horatius Flaccus BC65-BC8）の『諷刺詩』などに見られる。例えば、プラトンは『テアイテトス』の中で、「何が美風であり、何が陋習であるか、何が正当であり、何が不正であるか、何が敬神で、何が不敬であるかというようなことは、各国家がそれをそう思っているところの法に制定すれば、どんなものだって、その各々の国家にとって真実またはそうありもするのである」（田中美知太郎訳）と述べている。キリスト教の時代にはこうした考えを表明する人は稀になったが、ホッブズ、マキャヴェリ、スピノザ、ラ・ロシュフコーなどには見られる。

（4）理性中心主義が十七、十八世紀における倫理学を支える基本的な思考様式であった。

（5）古代エジプトでは、玉葱は滋養強壮の食べ物や医薬品としてだけではなく、強力な魔力を持つ野菜として崇拝されていた（大プリニウス［Gaius Plinius Secundus 23-79］『博物誌』（*Naturalis Historia*. 77)）。

（6）宗教は人間の行いに対してほとんど良い影響を与えないとする見解は、共和制ローマ期の哲学者であるルクレティウス（Titus Lucretius Carus BC99? -BC55）の『物の本質について』（*De Rerum Natura*）における「上方から人類を威しつつ、天空の所々に首を見せていた重苦しい宗教の下に抑圧されて、人間の生活が、誰に目にも明らかのように、見苦しくも地上に這いつくばっていた時に…」（樋口勝彦訳）という一文をはじめとして、近代では、ピエール・ベールの『彗星雑考』などにも認められる。

（7）リチャード・スティール卿（Sir Richard Steele 1672-1729）は、イギリスの随筆家であり、劇作家である。オックスフォード大学を出て軍人となり大尉に昇進している。新聞『タトラー』（*The Tatler*）を一七〇九年に創刊し、一七一一年に、アディソンと『スペクテイター』（*The Spectator*）を発刊している。

（8）こうした主張は、ジョン・ロック（John Locke 1632-1704）の『教育に関する考察』（*Some Thoughts Concerning Education* 1693）やラ・ロシュフコー（La Rochefoucauld 1613-1680）の『マキシム（箴言集）』（*Réflexions; ou, sentences et maximes morales* 1665）などにも存在する。

（9）アレクサンダー大王（アレクサンドロス三世）（BC356-BC323）のこと。この表現は、ピエール・ベールの『歴史批評辞典』（*Dictionnaire historique et critique* 1696）からの借用。

（10）正確には、Gratian ではなく、Gracián である。バルタサール・グラシアン・イ・モラーレス（Baltasar Gracián y Morales 1601-1658）のことであり、スペインの黄金世紀の哲学者、神学者である。ここの箇所の引用はピエール・ベールの『歴史批評辞典』からの借用である。

（11）インド北西部とパキスタン東部を流れるジェルム川の古名である。

（12）この部分は一七二三年に書き加えられたものであり、プルタルコスの『アルクサンドルス大王伝』からの引用。

（13）シャフツベリ三世（Third Earl of Shaftesbury 1671-1713）。イギリスの哲学者。道徳感覚学派の祖。ロックの教えをうけ、道徳感情の固有の価値を強調し、真善美の一致を説いた。主著『人間、風習、言論、時代の特徴』（*Characteristics of Men,*

Manners, Opinions, Times 1711)。

（五）注釈

（1）教養と品位を兼ね備えた一流の商人。

（2）ソロン（Solon BC640?-BC560?）は古代ギリシアの政治家、詩人で、ギリシア七賢人の一人である。アテネ（アテナイ）の名門だが資産は中流の家に生まれた。市民の奴隷化への道を断ったり、家柄ではなく財産を基準として国政への参加資格を与える国制に改めたり、労働者階級には民会と法廷に参与する権限を与えた。さらに彼は、市民生活全般を律する一群の法を制定し、また度量衡の改革を行った。これら一連の改革を通じて、ソロンは民主政の礎石を築いたと評価されている。

（3）バルバドス（Barbados）は、カリブ海、西インド諸島の小アンティル諸島東端に位置する島国である。イングランドの統治が始まってからは、一六五〇年代にマンディラ諸島からブラジルに導入されたサトウキビの生産技術がこの地域にも導入された。

（4）ロンドンのタワー街にあったロイド（Edward Lloyd 1648?-1713）の経営するコーヒー店は、海運業者や海上保険引受人のたまり場となっていたが、店主のロイドは客の便宜のため、海運に関するニュースを集めたり、船舶の売買や積荷取引の周旋を行ったりして、店は大いに栄えた。

（5）二十一シリングに当たる英国の昔の金貨。

（6）マンデヴィルの「慎み深さ」（modesty）についてのこうした理解は、ジャック・エスプリ（Jacques Esprit 1611-1677）の『人間的徳の欺瞞性について』（*La Fausseté des vertus humaines* 1678）に先行事例がある。ラヴジョイ（Arthur O. Lovejoy）の『人間本性考』（*Reflection on Human Nature* 1961）を参照のこと。

（7）マンデヴィルは、『名誉の起源』（*Origin of Honour* 1732）の中で、本書でのプライドと羞恥心は異なる情念であるという理解を捨て、これは一つの情念の異なった表れであるが、我々は異なったものとして感じてしまうとしている。

（8）注釈(C)の以下の部分は一七二三年に加筆された。

（9）ローマの詩人プーブリウス・オウィディウス・ナーソー（Publius Ovidius Naso BC43-AD17）のエレギーア形式で詠まれた恋愛詩『アモーレス』（*Amores* BC8～3）の一節（Book 1-5, 7-8）。

（10）十八世紀初頭の俳優で劇作家であるコリー・シバー（Colley Cibber 1671-1757）の『愚か者たち』（*The Rival Fools* 1709）の中に、「…敗者は語ることを許されたに違いない…」とある。

(11) 注釈(G)の以下の部分は一七二三年に加筆された。
(12) 本書十頁、十七行。
(13) ロンドンの北部の地域。
(14) ジン（Gin）はオランダ語のジュニパー（Juniper）からきた英語のジェネバ（Geneva）の短縮形である。
(15) レーテー（Lethe）という語は、ギリシア神話で黄泉の国に流れる忘却の川である。その水を飲むと過去を一切忘れるとされる。尚、ハイデッガーなども「存在の忘却」の象徴としてレーテーという語を使用している。
(16) 憂鬱症と訳したアダスト（adust）という語は、身体に水気がなく、血液中に血清が足りないことを示す古くからの医学用語である。
(17) キルケー（Circe）はギリシア神話に登場する魔女である。元々は月の女神、あるいは愛の女神であったとされている。また、キルケーが差し出す食べ物を食べると獣や家畜に変えられてしまうとされる。ジンが人間の身体や精神に及ぼす悪影響の比喩として、この言葉をマンデヴィルは用いたのかもしれない。
(18) ウイスキーの蒸留（普通蒸留）は二回行われる。第一回目の蒸留を初留と言い、アルコール分約二十％の初留液として取り出される。この初留液をローワイン（Low Wine）と呼ぶ。この初留液はアルコール度数が低く、雑味成分も多いのでもう一度蒸留する。これを再留と言い、再留液はハイワイン（High Wine）と呼ばれる。
(19) コーディアル（cordial）は、滋養強壮作用のある食品、主にアルコール飲料のことであり、心臓に良いとされたハーブのエキスや濃縮果汁などさまざまなものを混ぜ合わせたアルコール飲料。古くは医薬品として使用されたことに由来する。
(20) 大同盟戦争(The war of Grand Alliance 1689-1697）とスペイン継承戦争(The war of Spanish Succession 1701）のこと。
(21) 古代ローマの諷刺詩人であるデキムス・ユニウス・ユウェナリス（Decimus Junius Juvenalis 60-128）の十六歌からなる『諷刺詩集』（*Saturae*）の第十四歌の二〇四行~二〇五行。この一節は、ローマ帝国のフラウィウス朝を建国したウェスパシアヌス帝が、屎尿の汲み取り税まで設けたとき、息子のティトゥスが反対したので、取り立て税の貨幣を差し出し、「臭い匂いがするか」と問いただしたという話を踏まえたものであるが、その数行後に、「その財産をお前がどこからどうやって手に入れたか、誰も問う者はいないのだ。肝心なことは、お前がそれを持つことだ」（国原吉之助訳）という一文が続く。また、同詩集の第十歌には「健全な精神には健全な身体を与え給え」（orandum est, ut sit mens sana in corpore sano）（三五七行）という一節がある。
(22) マルティン・ルター（Martin Luther 1483-1546）はドイツの神学者であり、宗教改革の主要人物である。一五一七年に「贖宥状」を批判した『九十五箇条の論題』をヴィテンベルクの教会に提出した。

（23）ジャン・カルヴァン（Jean Calvin 1509-1564）は、フランス出身の神学者であり、ドイツのルターと並ぶ宗教改革の中心人物である。一五三六年に『キリスト教綱要』を著した。また、カルヴァンが唱えた「予定説」(predestination）は、カルヴァン派の拡大とともに西ヨーロッパの商工業者に広がり、資本主義社会の形成の背景となったとも言われている（マックス・ヴェーバー『プロテスタンティズムの倫理と資本主義の精神』を参照）。

（24）一五九八年に、アンリ四世がナントで発布した勅令（「ナントの勅令」）で、ユグノーなどのプロテスタント信徒に対して、カトリックの信徒とほぼ同じような権利が与えられていたのであるが、一六八五年に、ルイ一四世が発布した「フォンテーヌブローの勅令」によりこの勅令が破棄されたことを指す。

（25）十八世紀初頭、アムステルダムは人口二十万人を数える港湾都市であった。アムステルダムの港を発する商船は、アフリカ大陸や南北アメリカ大陸をはじめとして、東南アジアまで含めて世界中に広大なネットワークを築いていた。そして、アムステルダムの貿易商はオランダ東インド会社やオランダ西インド会社の主要な地位を占めていた。またこの時代、オランダは世界で最も出版の自由や言論の自由、思想の自由が保障されている国であり、宗教的にも寛容であった。

（26）アレクサンドル・トサン・リモジョン・ド・サン＝ディディエ（Alexander Toussaint de Limojon de Saint-Dider 1630?-1689）は、フランスの外交官で歴史家である。この文章は『ヴェネツィア市とヴェネツィア共和国』（*La Ville et la République de Venise* 1680）からの引用である。

（27）ドリオーニ（Giovanni Nicolò Doglioni 1548-1629）は、ヴェネツィアの事情に詳しいイタリアの歴史家であるが、マンデヴィルのこの箇所の記述は、ドリオーニの著書からのものではなく、ド・サン＝ディディエの『ヴェネツィア市とヴェネツィア共和国』からのものである。

（28）次のパラグラフのイタリアの売春婦に関する記述と、「ドイツの修道士…」以下の引用を含む文章は、ピエール・ベールの『彗星雑考』からのほとんど逐語訳である。

（29）このようなマンデヴィルの指摘に対して、当時、オックスフォード大学やケンブリッジ大学の学寮では、このような事実はなく、姦淫をした者に対して罰則として退学を命じた、という反論があった。

（30）ガイウス・サッルスティウス・クリスプス（Gaius Sallustius Crispus BC86-BC35）の『カティリーナの陰謀』（*Bellum Catiline* BC43-42）の第五節第四行に「（カティリーナの）精神は、大胆で狡猾で捕らえどころがなく、如何なることをも偽り隠すことができ、他人の物を欲しがり、自分の物を浪費し、さまざまな欲望に燃えていた。弁舌には長けていたが、知恵はあまりなかった」（合坂・鷲田訳）とある。なお、ルキウス・セルギウス・カティリーナ（Lucius Sergius Catilina BC110?-AD62）は、共和制ローマの政治家であり、共和政ローマを転覆しようとした陰謀家。

(31) ワインやブランデー、ウイスキーなどを水や牛乳などで割って、砂糖、レモン、香料などで味付けしたアルコール飲料である。

(32) 現在、ドイツの一部である旧プロシアの住民。

(33) スカンジナビア半島北部のラップランドに居住するサーミ人のこと。

(34) ラ・ロシュフコーは『マキシム』の中で、「毒が薬の構成要素の如く、悪徳は美徳の一部である」（M-182）と述べている。

(35) ロックは『利子・貨幣論』(*Locke on Money*, 2vols. ed. P. H. Kelly）で「節制、倹約、勤勉が日々盛んになって王国の富を増加させた」と述べている。逆に、ダドリー・ノース（Sir Dudley North 1641-1691）は、『交易論』(*Discourses upon Trade* 1691）の中で、「倹約令が出されている諸国は一般的に貧しい…」（渡邊・田添・久保訳）と述べ、また、ニコラス・バーボン（Nicholas Barbon 1640-1698）は、『交易論』(*Discourses of Trade* 1690）の中で、「マン氏は、『外国貿易によるイングランドの財宝』の中で、国を豊かにする手段として、吝嗇や、倹約や、倹約令を奨励（する）…という過ちを犯している…」（渡邊・田添・久保訳）とトーマス・マンを批判し、マンデヴィルの思想的先駆をなしている。

(36) アンゴラ山羊の毛、もしくはそれから作った織物。生糸のような光沢をもち、毛足が長く通気性がよく、繊維の腰が強いという利点があるとされる。

(37) このパラグラフにおけるマンデヴィルの指摘は、概ね当時の重商主義者の議論と同様なものである。例えば、輸入は輸出を超えてはならないとか、トルコを特恵国として認めるとか、貿易決済の支払い手段として貨幣を重視するといったものがその例である。だが、交易国の相互依存性とか、国際分業に関する視点とか、貿易収支のコントロールに関する方策などに関しては、マンデヴィルの独自性があるとされている。

(38) 一六九九年、一七一〇年、一七一八年、一七二〇年、一七二一年（二回）と続いて公布された法令の最後のものであるが、その制定の主旨はマンデヴィルの指摘しているようなものではなく、イギリスの毛織物業界の救済が主たる目的であったようである。

(39) このパラグラフは一七二三年に追加された。

(40) 「腑抜けにする」(enervate）は、「気力を弱める」(enervare）という意味のラテン語が語源。

(41) クロード・ルイ・エクトル・ド・ヴィラール侯爵（Claud e Louis Hector de Villars 1653-1734）のこと。侯爵は重病で、足がきかず、六十歳以上であったが陣頭指揮に立って敵に勝利した。

(42) フランドルの英語名であり、ベルギー西部を中心として、オランダ南西部からフランス北東部にまたがる地域。

(43) 本書、十六頁、九〜十二行。

(44) ホッテントット人は死者に対する礼節を弁えていたという反論が、一七五〇年のフランス語版の脚注に翻訳者から出されている。

(45) 片面を毛羽立てた粗紡毛織物。

(46) ダドリー・ノースは『交易論』(*Discourses upon Trade* 1691) で、「自分の仲間が金持ちになるのをみる下層の人々は、仲間の勤勉を模倣しようとの意欲にかられる。或る商人はかれの隣人が四頭立ての馬車を駆っているのを見ると、ただちに全力を挙げて同様なことをしようとし始める。…虚栄心を満たそうとしてかれがしめす異常の頑張りは、…社会にとって利益になる」(渡邊・田添・久保訳) と述べ、また、ニコラス・バーボンも『交易論』(*Discourses of Trade* 1690) で、「消費をひきおこすのは必要ではない。本能はごくわずかなもので満足しうるものだ。そうではなくて、交易をひきおこすのは、精神的欲望、流行および新しいもの・珍しいものに対する欲望だ」(渡邊・田添・久保訳) と述べ、マンデヴィルに先立って同旨のことを指摘している。

(47) グロート (Groat) は、かつてイギリスで使われていた通貨単位である。一グロートは四ペンスに相当する。

(48) (N)の注釈は一七二三年に追加された。

(49) 古代アテネで僭主の出現を防ぐために、危険人物を市民の秘密投票で追放した制度。投票には陶片 (オストラコン) を使用した。

(50) スピノザ (Benedictus De Spinoza 1632-1677) は『エチカ』(*Ethica, ordine geometrico demonstrata* 1677) の中で、「希望とは我々がその結果について幾分疑っている未来あるいは過去の事柄の観念から生じる不確かな喜びである」『エチカ (第三部 定義十二)』(畠中尚志訳) と書いている。

(51) 『敬虔、神聖な生活への厳粛な招き』(*A Serious Call to a Devout and Holy Life* 1729) という著書などで知られ、ドイツ・プロテスタントの神秘主義者ヤコブ・ベーメの影響をかなり受けたことでも知られるウイリアム・ロー (William Law 1686-1761) によって、マンデヴィルのこの一節は手厳しく批判された (cf. *Remarks on Mandeville's Fable of the Bees* 1723)。ローの立場からすれば、「慥かな」という言葉と「希望」という言葉とは矛盾することはなかったのである。

(52) エピクロス (Epicurus BC341-BC270) は、古代ギリシアの哲学者であり、エピクロス学派の祖である。ディオゲネス・ラエルティオス著『ギリシア哲学者列伝』(加来彰俊訳) によれば、エピクロスは、メノイケウスへの手紙の中で、「われわれは快楽を、われわれが生まれるとともに持っている第一の善と認め…この快楽を出発点として、すべての選択と忌避を行っているし、また快楽に立ち戻りながら、この感情を基準にして、すべての善を判定している」、「快楽が（人生）の目的であると言う場合、その快楽とは、一部の人たちが（われわれの説に）無知であったり、またこれに同意しなかったり、あるいは誤解したりして考えているように、放蕩者たちの快楽や、（性的な）享楽の中にある快楽のことではなく、身体に苦痛のないことと、魂に動揺がないことにほかならない」と述べている。つまり、快楽とは精神的なものであり、魂の平静（アタラクシア ataraxia）こそが人生の目的であるとしている。

(53) デジデリウス・エラスムス（Desiderius Erasumusu Roterodamus 1466-1536）は人文学者で、中世随一の知識人である。『校訂版　新約聖書』を出版し、ルターに先立ち宗教改革運動の先鞭をつけ、『痴愚神礼讃』（*Stultitiae Laus* 1509）では、当時の王侯貴族や聖職者・神学者・哲学者などの権威者を徹底的にこき下ろし、『ユートピア』で知られるトマス・モアとは、三十六年間にわたって往復書簡を取り交わしたことで知られる。また、知性を尊び、狂信を忌み嫌った徹底した平和主義者としても知られている。

(54) ローマの詩人ヴェルギリウスの『牧歌』第二歌、六四〜六五に、「好色な雌山羊は、花咲くウマゴヤシを追いかけ、コリュドンは君を追う、おおアレクシスよ。めいめい自分の喜びに引かれていくのだ」（小川正廣訳）とある。

(55) キプロスのゼノンが、紀元前三世紀初頭に創始したギリシア哲学の一派。理性（ロゴス）によって感情（パトス）に打ち勝つことが幸福だと考える、ストイックといわれる禁欲主義的心情をもち、世界市民主義を唱えた。

(56) セネカ（Lucius Annaeus Seneca BC4-AD65）は、ローマの後期のストア学派の哲学者であり、劇作家、政治家でもある。皇帝ネロの師で執政官として権勢を誇り、巨万の富を得たが、後にネロの命により自殺した。

(57) マンデヴィルが、ここで、「理論上は完璧であるが、実行に移すとなるとなかなか難しい」と述べているが、徳こそを最高善とし、真の幸福は徳に存し、幸福には徳のみが必要にして十分であるとするセネカの主張は、ストア学派の言う賢者（sapience）のみに妥当するものであり、それは、謂わば、プラトンのイデアのようなものであり、現実世界には存在しえないということか。

(58) 例えば、フランシスコ修道会は、一二二一年に「イエス・キリストの福音を守り、服従のうちに生き、自分の物を何も持たず」、「修道士は頭巾付きの上着一枚だけを持ち」、「衣服は着古したもので、袋地か、ボロで継ぎ接ぎしたものを着て」、「直接にせよ、間接にせよ、金銭を受け取ってはならず、何も所有せず、清貧と謙譲のうちに主に仕え、喜捨を請うことを恥じず、清貧を友とせよ」（『聖フランチェスコ――万物への愛と福音の説教者』今野國雄編訳）といった会則を作り、無所有と清貧を説いたが、厳しい誓約によりお金が身体に触れることさえ許されなかったと言われている。

(59)　これは、一五二九年にフローベン書店から発行されたエラスムスの新版『対話集』に所収された新作の対話である。この対話の登場人物の一人の一つ目の巨人族で、野蛮、乱暴な人食いのキュクロプスでもあるポリフェムスに「俺はまだ福音書を完成しちゃいないんだ。そいつを求めている一人なのさ。俺たちは四つの福音書を持っているがよ、そのうちで特に四つのことを求めているのさ。つまり、腹を満たすこと、腹の下にあるものを不自由させないこと、そして、楽しく生きられること、最後にしたいことができるということさ」と語らせている。この件に関しては、木ノ脇悦郎「エラスムスの *Cyclops sive Evangeliophorus*（1529）について」（2001）を参照。尚、木ノ脇は、こうした考え方はエラスムスが反対したものであるとしている。

(60)　ジョン・イーチャード（John Eachard 1636?-1697）のこと。牧師であるとともに、ケンブリッジ大学セント・キャサリンズ・コリッジの教師で、同大学の副総長も務めた。著書に、『ホッブズ氏の自然状態の考察』（*Mr. Hobbes's state of nature considered*,1672）や『牧師と宗教への軽蔑の理由と原因の考察』（*Grounds and Occasion of the Contempt of the Clergy and Religion Enquired into* 1670）などがある。

(61)　キュニコス派は、ヘレニズム期の古代哲学の一派。キニク派、犬儒派とも言う。禁欲を重視するところはヘレニズム期の他の学派であるストア派と通じる。現実社会に対しては諦めた態度を取っており、古典期の社会参加を重視する倫理思想と大きく異なる。シノペのディオゲネスが有名である。「シニカル」という語は、キュニコス派を指す英語 cynic を形容詞化した cynical に由来する。

(62)　ディオゲネス（Diogenes BC412?-BC323）はソクラテスの孫弟子にあたる。シノペ生まれであるので、シノペのディオゲネスと呼ばれる。キュニコス派の思想を体現して犬のような生活を送ったので、「犬のディオゲネス」と呼ばれたり、大樽を住処にしていたので、「樽のディオゲネス」とも呼ばれたりした。

(63)　ディオゲネスに興味を持ったアレクサンドロス大王が彼を訪ね、「何か希望はないか」と聞くと、「あなたがそこに立たれると日陰になるからどいてください」とだけ言ったとされる。また帰途、大王は「私が、もしアレクサンドロスでなかったら、ディオゲネスになりたい」とも言ったとされている。

(64)　一七〇二年の公刊された同名のイギリスの小説の主人公。主人公のアビゲール夫人は牧師と結婚した下女であり、彼女の言動を通じて牧師の尊厳を皮肉った小説。

(65)　新約聖書、「第一コリントス」第七章九節。八節と九節の全文は以下の通りである。「結婚していない人および寡婦に対しては、私のように（結婚せずに）いるのがよい、と言っておこう」（八節）。「もしも我慢できなければ、結婚するがよい。燃えさかるよ

りは、結婚する方がましだからである」（九節）。（田川健三訳）
(66) ロンドンのテムズ川（右岸）南岸の地域。ここには、カンタベリー大主教の住居であるランベス宮殿がある。
(67) ロンドンのテムズ川（左岸）北岸の地域。ここには、ウエストミンスター寺院、国会議事堂、バッキンガム宮殿などがある。
(68) 以上のような地名や六頭立ての馬車などの例を用いて、高貴な者や権力者などの偽善を駁しているのは、カンタベリー大主教を意識してのこと。
(69) バタヴィア（Batavia）は、インドネシアの首都ジャカルタのオランダ植民地時代の名称。ジャワ島西部の北岸に位置し、古くはジャヤカルタ、ジャカトラなどと呼ばれていた。オランダが一六一九年にバンテン王国からこの地を占領し、オランダ東インド会社のアジアにおける本拠地とした。
(70) マルクス・ポルキウス・カトー・ケンソリウス（Marcus Porcius Cato Censorius BC234-BC149）のこと。大カトーとも呼ばれる。共和制ローマ期の政治家であり、清廉で弁舌に優れ、執政官（コンスル）、監察官（ケンソル）を務めた。マンデヴィルが参照したと思われるプルタルコス（英語名プルターク）の『英雄伝』には、カトーには五人の従者がいたとある。
(71) カール十二世（KarlⅫ 1682-1718）のザクセン選帝侯を兼任するポーランド王アウグスト二世（カール十二世とフリードリヒ四世の従兄弟）に対する執拗な戦闘を指す。
(72) モンテーニュの『エセー』からの引用ではあるが、実際は、ピエール・ベールの『彗星雑考』からのほとんど逐語訳である。以下の文章のベールについての言及も『彗星雑考』を典拠としている。
(73) この原注は一七二三年につけられた。
(74) 前ローマ時代にブリテン島に定住していたケルト系の土着民族。
(75) ガリア人のこと。ケルトのうち、ガリア地域に居住してガリア語あるいはゴール語を話した諸部族の人々を指す。
(76) イギリスの首都ロンドン中心部、テムズ川の北岸にある、建築家サー・クリストファー・マイケル・レン（Sir Christopher Michael Wren 1632-1723）が設計した廃兵院。
(77) グリニッジ病院（Greenwich Hospital）は、一六九二年から一八六九年まで運営されていた、イギリス海軍の傷痍軍人に永住の場を提供し、また彼らの健康管理を行った施設である。
(78) 一六七一年にルイ十四世が傷痍軍人を看護する施設として計画し建築された。一六七四年に最初の傷病兵が入所した。
(79) 生命を活動させる元になる力。

(80) 一五一三年の法令で、外科医が陪審員になれなくなったが、その理由は外科医が陪審員に相応しくないからではなく、外科医の数が少なかったからである。また、肉屋が陪審員から除外されていたという事実はなく、恐らく、肉屋に対する当時の差別意識から、マンデヴィルがそのように思い込んだのであろう。

(81) 「三平方の定理」などで有名なピタゴラス（Pythagoras BC582-BC496）は、菜食主義者としても知られているが、ディオゲネス・ラエルティオスは、『ギリシア哲学者列伝』の中で、「ピタゴラスは、魂に関して我々と共通な権利を持つ動物たちを、食べることはもとより殺すことさえ禁じていた」（加来彰訳）と述べている。また、こうしたピタゴラスの主張の背後に、霊魂不滅説あるいは輪廻転生説が存在していたとされる。

(82) 共和制ローマとカルタゴとの間で、地中海の覇権を賭けて争われた一連の戦いであるポエニ戦争のこと。ポエニとは、ラテン語でフェニキア人（カルタゴはフェニキア系国家）を意味する。

(83) モンテーニュは『エセー』の中で、「あらゆる被造物のうちで、もっとも悲惨で、危ういだけではなく、もっとも傲慢なのが人間である」（宮下志朗訳）と述べ、マンデヴィルの先駆をなしている。また、ラ・ロシュフコー、ロチェスター卿なども同様な考えに立っていた。ラヴジョイ『人間本性考』を参照。

(84) トマス・ホッブズ（Thomas Hobbes 1588-1679）の『リヴァイアサン』（*Leviathan* 1651）の表紙絵の巨大な君主の身体は三百人を超える人間によって構成されており、人間たちは互いに身体を寄せ合い、隙間なく配列されている。

(85) マンデヴィルは、当初、学位論文（*Disputatio Philosophica de Brutorum Operationibus* 1689）などでは、デカルトの仮説にしたがって、動物は感情のない自動人形であると考えていた。だが、本書においては、当初、批判していたフランスの物理学者、哲学者であるピエール・ガッサンデー（Pierre Gassendi 1592-1655）の説を受け入れ、動物にも感情があるとした。

(86) ミクロの視点では正しいことでも、それが合成されたマクロの世界では、必ずしも意図しない結果が生じることを指す、あるいは、個人（もしくは部分）にとって真実であることが、集団（もしくは全体）にとって真実であるとは限らないことを指す経済学の用語であり、ケインズ経済学の主要概念である「合成の誤謬」（fallacy of composition）先駆的な主張である。

(87) フェリペ二世（Felipe II 1527-1589）は、スペイン帝国最盛期に君臨した王で、絶対主義の代表的君主の一人とされている。ほとんど宮殿に籠って政務に専念したため「書類王」とも呼ばれた。一五五五年からネーデルラントを統治したが、熱烈なカトリック信者であり、プロテスタントをはじめとしてカトリック信者でない者に対する宗教裁判、重税などによる弾圧で有名である。

(88) カトリックの保護者としての強い自覚のあったスペインのフェリペ二世は、カルヴァン派の新教徒の多かったネーデルラントに対してもカトリックを強要した。それに反発して一五七六年にはネーデルラント独立戦争が始まると、その独立運動を厳しく弾圧した。スペインの弾圧に抗して、ネーデルラント北部七州が、八十年戦争中の一五七九年に、ユトレヒトにて、対スペイン軍事同盟であるユトレヒト同盟を締結した。オランダ建国の元になったこの同盟は、各州に自治権があることに合意し、また信仰の自由を原則とした。その後、ネーデルラントは一五八一年に独立を宣言、独自の経済活動を開始した。ここの記述はそれよりも以前のことに関するものである。

(89) 一五七六年のアントワープの略奪のこと。

(90) オランダ西部にあり、北海に面している。

(91) 両州ともオランダ東部にある。

(92) この当時、オランダはイギリスと第三次英蘭戦争（一六七二〜一六七四年）を、フランスとは仏蘭戦争（一六七二〜一六七八年）をしていた。

(93) ウィリアム・テンプル（William Temple 1628-1699）は、一七世紀イングランドの外交官である。一六六八年に、オランダ大使としてハーグに赴任し、オランダの指導者であるトハン・デ・ウイット（Johan de Witt 1652-1672）と親交を結ぶ。オランダの政治・文化に触れてその気風を称賛している。マンデヴィルが言及している『オランダに関する観察』（*Observations upon the United Province of the Netherlands*）は、一六七三年に公刊されている。テンプルは『観察』の中で、富は倹約によってもたらされるものであるという当時の通説を、オランダを例にとって論じていたために、マンデヴィルは、同じオランダを例にとって、反論をする必要があった。

(94) このパラグラフの以下の部分は一七二三年に追加された。

(95) 『オランダに関する観察』の中の記述。

(96) 正しくは、ディエゴ・デ・サアベドラ・ファハルド（Diego de Saavedra Fajardo 1584-1648）。スペインの著作家である。『王侯政治家』（*Idea de un principe politico cristiano, representada en cien empresas* 1640）などの作品がある。

(97) ルイ十一世はトレードにも聖地にも行っていない。ルイ六世（在位一一〇八〜一一三七年）か、もしくはルイ七世（在位一一三七〜一一八〇年）の誤りか。

(98) アルフォンソ八世（在位一一五八〜一二一四年）のこと。高貴王と呼ばれている。尚、カスティーリャ王国はスペインの東部と南部の一部を除くほとんどの全地域。

(99)　一四七四年から一五〇四年までの間である。

(100)　バルトロメ・デ・ラス・カサス（Bartolomé de las Casas 1484-1566）の『インディアスの破壊についての簡潔の報告』（*Brevísima relación de la destrucción de las Indias* 1552）のことか。ラス・カサスは、一五世紀スペイン出身のカトリック司祭。後にドミニコ会、メキシコ・チアパス司教区の司教。当時スペインが国家をあげて植民・征服事業を進めていた「新大陸」（中南米）における数々の不正行為と先住民インディオに対する残虐行為を告発、同地におけるスペイン支配の不当性を訴え続けた。

(101)　この部分の記述は、ディエゴ・デ・サアベドラ・ファハルドの『王侯政治家』からのパラフレーズである。

(102)　富の源泉を土地や労働に求める見解は、マルクスによって「イギリス経済学の父」と呼ばれたウイリアム・ペティ（Sir William Petty 1623-1687）の『政治算術』（*Political Arithmetick* 1683）における「土地は富の母であるように、労働は富の父であり、その能動的原理である」という有名な一句から知られるように、ペティ、ホッブズ、ロックをはじめとして多くの思想家に共有されていたものである。

(103)　ギリシア神話に出てくる怪物である。ラテン語ではキマエラ（Chimæra）、英語ではキメラ（Chimera）、フランス語ではシメール（Chimère）という。ここでは奇っ怪な妄想を指している。

(104)　デカルトが、『情念論』（*Les Passions de l'âme* 1649）において、理性は不安を解消し情念を制御するとしていることを意識した上での議論であると思われる。

(105)　動物の勇気とか剛毅は怒りに基づくという考え方は、アリストテレス（Αριστοτέλης BC384-BC322）の『ニコマコス倫理学』（*Ηθικὰ Νικομάχεια*）の第三巻第八章「勇気があると思われている人々の五類型」の中にある。

(106)　ホッブズは怒りと勇気を同一視し（*English Works*, ed. Molesworth, IV. p.42）、また、シャフツベリ（The third Earl of Shaftesbury 1671-1713）は、『特徴論』の中で、「真の勇気にとって、怒りはほとんど影響を与えない」（*Characteristics of Men, Manners, Opinions, Times, Etc.* ed. J.M.Robertoson, Vol.I, pp.79-80）、と述べている。

(107)　ホラティウス『書簡詩』（*Epistles*）の第一巻第二歌六〇行に「怒りは束の間の狂気です。心を統治しなさい。服従しない心は命令を下します。心に轡をはめ、鎖をかけて押さえつけなさい。」（高橋宏幸訳）とある。

(108)　アリストテレス『ニコマコス倫理学』の第三巻第七章「勇気ある人、臆病な人、向こう見ずの人」を参照。

(109)　紀元前五一〇年頃没したとされる、古代ローマの伝説上の貞女の鏡。伝説によれば、彼女はローマの貴族コラティナスの美貌の妻であったが、ローマ王の子タルクィンに強姦され、親族に復讐を託して自害した。この部分はベールの『彗星雑考』からのパラフレーズである。

(110) ラ・ロシュフコーも『マキシム』の中で、「種々様々な勇気も、夜になると…手柄も見えないところから、これ幸いと勇気の出し惜しみをする点では、みな同じである」(M-215) と述べ、勇気は名声を手にしようという情念に根ざしているという立場に立っていた。

(111) この当時の生理学では、精神的活力は、頭脳や身体を循環している流動体、すなわち生気だとされ、人間に活力があるかないかは生気がどれだけ漲《みなぎ》っているかによって決まるとされた。固形体とは、言うまでもなく、身体構造のことである。

(112) ラ・ロシュフコー『マキシム』(M-220)。

(113) 正確には、ジョルダーノ・ブルーノ (Giordano Bruno 1548-1600)。彼はイタリア出身の哲学者でありドミニコ会の修道士である。宇宙は無限であると主張し、コペルニクスの地動説を擁護した。宗教裁判で異端であるとの判決を受けても決して自説を撤回しなかったため火刑に処せられ、思想の自由に殉じた殉教者とみなされることもある。『傲れる野獣の追放』(*Spaccio de la Bestia Trionfante*) は、一五八四年に公刊されている。

(114) ルチリオ・ヴァニーニ (Lucilio Vanini 1585-1619) は、イタリア出身の哲学者、僧侶である。「汎神論」を唱え、舌を抜かれて、絞首刑にされ、死体は焼かれた。彼は死に際に「キリストは極度の恐怖から臆病の冷や汗をかいたが、自分は臆せず死んでいく」と述べたとされている。

(115) サー・ポール・リコー (Sir Paul Rycaut 1629-1700) は、イギリスの旅行家、外交官、歴史家である。『オスマン帝国の現状』(*The History of the Present State of the Ottoman Empire* 1686) という著書がある。すぐ後に引用されているエッフェンディーの言葉は、この本の六四頁にあるが、実際は、ベールの『彗星雑考』からの引用のようである。

(116) イギリスの劇作家ジョージ・ファーカー (George Farquhar 1678-1707) の『募兵官』(*The Recruiting Officer* 1706) に出てくる新兵の募兵官の名前である。

(117) ここで使用されている英語は Romance である。ロマンスという言葉は元々、マンデヴィルが述べているような騎士物語として、中世期に生まれた文学のジャンルであり、やがて恋愛物語や空想物語を含む荒唐無稽な物語として十七世紀イギリスで大流行した。

(118) 第二代ロチェスター伯ジョン・ウィルモット (John Wilmot, 2nd Earl of Rochester 1651-1681) は、王政復古時代のイングランドの貴族で宮廷詩人。『人類への諷刺詩』(*A Satyr against Mankind* 1675) において、恐れが人間を洗練させると述べている。

(119) この当時、行政長官は、内政、外交、財政などのさまざまな職務の責任を負わされていた。

(120) 名誉と宗教を対比して論じる考え方は、ベールやロックに既に見られる。例えば、ベールは『彗星雑考』の「一七二　無神論者の社会も礼儀と名誉の掟を作るや否や」において、「無神論者の社会も犯罪を厳しく罰し、一定の事柄に名誉と不名誉を結びつけさえすれば、宗教とかかわりない道徳上の行為は他の社会と同様に行うはず」（野沢協訳）と述べている。

(121) リュクルゴス（Lycurgus BC700?-BC630）はスパルタの政治家で立法者。ヘロドトスの『歴史』によれば、「法律をことごとく改変し、新法の違反を厳重に取り締まった。リュクルゴスは、その後さらに、兵制を改めて、血盟隊、三十人隊、共同食事などの制度を定め、また監督官や長老会を創設した。このようにしてスパルタは変貌し、国制が大いに整ったが、スパルタ人はリュクルゴスの死後、彼のために聖廟を建て、深く尊崇して今日に及んでいる」（ヘロドトスの『歴史』松平訳、五二～五三頁）とされる。

(122) エパメイノンダス（Επαμεινώνδας BC418?-BC362）のこと。古代ギリシアのテーバイの将軍・政治家である。欧文表記からエパミノンダス（Epaminondas）とも呼ばれる。レウクトラの戦いで、最強と謳われたスパルタ軍を破った。プルタークが伝える彼の言葉はリュクルゴスによって予期されていたとも言える。

(123) レオテュキダス（Leotychides BC545-BC469）は、エウリュポン朝のスパルタ王である。

(124) コリントスのこと。古代ギリシアにおいては、アテナイやスパルタと並ぶ主要な都市国家の一つであり、商業や芸術が栄えた。現在、アクロポリスには遺跡が残る。

(125) 前節のリュクルゴスの法律に関する記述から本節の終りまでは、イギリスの詩人、劇作家、批評家であるジョン・ドライデン（John Dryden 1631-1700）訳『プルタルコス英雄伝』の「リュクルゴス伝」からの借用である。『プルタルコス英雄伝』の「リュクルゴスとヌマ」の第一三節に「贅沢の戒めで、およその家も、天井には両刃の斧のみを用い、入り口の扉には鋸のみを用い、他の道具を一切使わぬこととした。後にエパメノンダスが、自分の家で食事をしながら、こういう食事をとっていれば、謀反など起こりはしないであろうと言ったというが、そういうことを最初に考えたのはリュクルゴスだった」とあり、また同節に「レオテュキダス王がコリントスで食事をしたとき、その家の天井が贅沢をこらし格天井になっているのを見て、その家の主に、ここでは木が真四角に生えるのかと聞いた」（柳沼重剛訳）とある。

(126) 注釈(T)は、一七二三年に付け加えられた。

(127) ラ・ロシュフコー『マキシム』の（M-2）に、「自己愛こそはあらゆる阿諛追従の徒の中の最たるものである」、（M-3）で「自己愛の国で如何なる発見がなされたとしても、まだそこには多くの未知の土地が残されている」、（M-4）で「自己愛は天下一の遣り手をも凌ぐ遣り手である」とある。

(128) 王権神授説に基づき、国王がどんなに法外の命令をしても、臣下は無条件に服従しなければならないという説。マンデヴィルは、『自由思想』（一七二〇年）の中で、この思想に対して痛烈に批判している。

(129) シャフツベリ卿は、神的生命力にあふれる自然に従って生きることに美徳の本質が存するのであり、公共的利益と私的利益の間には矛盾がないと説く。また、人間には生来の道徳感覚（Moral Sense）が宿っており、それによって公共的利益と私的利益は調和されると説いている。

(130) 謄本保有（copy-hold）は、「荘園の慣習に従い、領主の意向にそって保有せられている」と定義される土地保有態様である。これによって、封建領主の荘園の一部についての隷農の占有が可能となったのであるが、それは領主の意向次第の占有にすぎなかった。

(131) ジョン・ドライデンの悲劇『スパルタの英雄クレオメネス』(*Cleomenes* 1692)。

(132) ロンドン東部のシティーにある。ボウ教会はこれより西方のシティー内にある。またスレッドニードル通りの西端には王立取引所があり、ハックニーはシティーから北東に位置する地域。

(133) アギス三世（在位 BC338-BC331）は、エウリュポン朝のスパルタ王である。また、プルタルコスの『英雄伝』の「リュクルゴスとヌマ」の第一〇節に「さらにいっそう贅沢を攻撃し、富を追求する熱を冷まそうと考えて、リュクルゴスは第三の、そして最もみごとな政策を打ち出した。すなわち市民の共同食事という制度である。これは、市民たちが一堂に会して、皆に共通のパンと料理で食事をするものである」(柳沼重剛訳) とある。

(134) ギリシアのペロポネソス半島の南部を流れる川。

(135) ローマ帝国の五賢帝時代に生きたデルフォイの最高神官プルタルコスは、ローマとギリシアの偉人を対比的に描いた。リュクルゴスもその中の一人である。『プルタルコス　英雄伝（一）』「リュクルゴスとヌマ」(京都大学出版会) 参照。

(136) マンデヴィルは奢侈の擁護のために、オランダ人は窮乏ゆえに倹約したと述べることができたが、スパルタ人の場合は、情報源であるベールが「スパルタ人は豊かであった」と述べているために、貧困ゆえの倹約という論理を展開することができなかったので、スパルタ文明は詰まらぬものであるという主張をしたのであろうと『蜂の寓話』の編者ケイ教授は脚注で述べている。

(137) シリアの首都。

(138) 「注釈」(Y)のこの後の部分は、一七二三年に追加された。

（六）　慈善および慈善学校に関する試論

（1）　この「試論」は一七二三年に加えられた。

（2）　ここでの（they are our humble servants）という英文は、「どうぞよろしく」というほどの意味である。

（3）　哀れみは純粋な慈善行為ではなくエゴイズムの表れの一つであるという論を唱えた人々は、マンデヴィルの他に、アウグスティヌス、トマス・ブラウン、ラ・ロシュフコー、デカルト派の哲学者マルブランシュなどがいた。

（4）　本書、三十九～四十頁参照。

（5）　莫大な金額の寄付者は、当時高名な開業医、ジョン・ラドクリフ（John Radecliffe 1650-1714）であった。ラドクリフ医師自身認めていたことであるが、彼には医師としての学識が欠けていた。だが、一六八四年にオックスフォードからロンドンに出てきて、一日に二十ギニーを稼ぐほど開業医として繁盛し、一時期は王室の主治医となったが、無愛想で、機知に富んだ冗談を飛ばすなど、アン女王の怒りを買ったり、傲慢な態度のため多くの敵を作ったりした。だが、ラドクリフ医師は、死後オックスフォード大学に八万ポンドを超える財産を寄付した。大学はこの寄贈金でラドクリフ診療所、天文台、ロンドンに医科大学、ウェイクフィールドに聖ヨハネ教会、オックスフォード精神病院などを建てた。マンデヴィルが、ラドクリフは家族に一文も残さなかったというのは誇張で、実際は相当額の年金を家族に残している。

（6）　アエスクラピウス（Æskjuléipias）は、古代ローマの医薬と医術の神でギリシア神話のアスクレピウス（Asclepius）に当たる。ラドクリフの伝記の著者、ピティス（William Pittis）は『思い出』（*Some memoirs of the life of John Radcliffe* M.D. 1715）の中でラドクリフを「我が英国のアエスクラピウス」と呼んだ。また、リチャード・スティール（Richard Steele）が週三回発行した定期刊行物（1709-11）『タトラー』（*The Tatler*）誌上で、スティールがラドクリフを「アエスクラピウスなる人物」と嘲笑した。

（7）　慈善学校は、十七世紀の終り頃から十八世紀にかけての、英国の名誉革命の時代からハノーヴァー朝に至る時代、キリスト教知識普及協会の活動を基礎とする博愛事業の土台的組織として、貧困児童を無料で教育する教育機関であり、英国国教会の教理を教える「教理学校」という概念が基礎となっていた。この事業は日曜学校に受け継がれ、慈善学校は現在の教会学校にまで続く、教会教育の出発点と言える事業である。聖書や教理問答といった宗教教育を根幹に、「読み、書き、算術」といった基礎技術教育も行ったが、読み書きは聖書や教理問答、イソップ童話などを通して教えられた。男子には進展の度合いによっては数学も教えたが、女子には読み方のほかには針仕事や編み物などが教えられ、小間使いとしての成長が期待されていた。卒業後、徒弟に就いた児童の保護、衣服の提供など生活に対する援助も行った貧困対策事業でもあった。慈善学校の目的は、一七〇四年に記されており、「英国国教会において主張され、教えられたキリスト教の知識と実践のうちに貧困児童を教育するために、また、彼らの状況にとってふさわしい他の事柄を教授するために」、また、貧困児童への教育が彼らにも社会にも必要であると述べられている。慈善学校の財政および運営は、理事長などの権力の集中のない、まったくの民主的合議組織に委託され、右記の目的に賛同した「会員」が「任意」で契約書に署名して年会費（ほとんどの会員は年一ギニー〈＝一ポンド一シリング〉しか拠出しなかったが、中には五ギニー出す人もいた）を納めて慈善学校の運営に参加した。多額の寄付金は地元の有志から集めた。学校運営は「寄付者民主主義」といわれる会員の総会（毎年二月に開催）の多数決議によって行われ、総会は通常、教区牧師を含めた二十五名の会員（子供たちの食糧に関する委員会、子供たちの衣料に関する委員会、子供たちの教育に関する委員会、財産管理委員会、分校を訪問する委員会）が分担し、総会の議長、会計を置き、委員会に関係のない会員二名を監査委員とした。「慈善学校報告」を毎年刊行して、財政状態をはじめ慈善学校に関する情報を公開した。「慈善学校報告」はイギリス全土の慈善学校に関する情報を載せたので、種々の統計的事項の正確な報告は刊行までに間に合わない場合が多々あったが、報告は概ね年間の状況を正確に伝えていた。教会学校という形式の慈善学校はイギリスからヨーロッパ各国に、北はロシアまで広がった。

（8）アディソン（Joseph Addison 1672-1719）やスティール（Richard Steele 1671-1729）なども『スペクテイター』紙上で、慈善学校のために弁じた。慈善学校はロンドン市内から近郊を出発点にイングランド全土、スコットランド、ウェールズ地方、アイルランドにも広がり、一七一九年にはロンドンに百三十校、イギリス全体に一四四二校あった。

（9）年間二十ポンドぐらいが平均で、なかには五ポンドの者もいたとされる。

（10）タワーヒル地区はロンドンの東部にあたるロンドン塔の西側の地区、セント・ジェームズ地区はロンドン西部のテムズ川の北岸の地区。

（11）南海泡沫事件（South Sea Bubble）を指す。一七一一年に、スペイン領アメリカおよび太平洋地域と貿易を行う目的で南海会社が設立された。新世界との貿易への期待感と、南海会社による国債全額引き受けが公表されたために、空前の株式投機ブームが起こった。だが、一七二〇年に事業の不振のために投機熱が冷めて破産した。また、政府高官と会社の不正が暴露されて経済が混乱した。

（12）旧約聖書の中の『エゼキエル書』十四章十四節および二十節に言及されているヨブについての物語『ヨブ記』の主人公。ヨブ記は不当な試練という永遠の問題がテーマである。ヨブの信仰をめぐる神とサタンの賭けを契機としてヨブに訪れた試練から始まり、災いに苦しむあまり、神を恐れつつも自分の生まれた日を呪うヨブを経て、神のヨブへの呼びかけと創造者としての自己啓示、そしてヨブの悔い改めとその繁栄の回復が語られる。

(13) ここでは思想史における十八世紀の啓蒙思想に奉じる人を指す。既成の啓示宗教（人間を超えた存在者からの教えに基礎を置く宗教。人間的体験や理性的認識に基づく合理主義的宗教、自然宗教に対比される。ユダヤ教、キリスト教、イスラム教など啓示宗教に含まれるとされる。）の伝統に縛られず、自由に政治・社会を考える思想を信奉し実践する人。

(14) 古代ローマ喜劇の作家のテレンティウス（Publius Terentius BC195-BC159）の『宦官』（*Eunuchus* BC161）の一節。テレンティウスは北アフリカのカルタゴ生まれ。ローマ元老院議員テレンティウス・ルカヌスの奴隷としてローマに連れてこられ、教育を受け、後に解放された。テレンティウスの著作は、十六世紀頃には、イギリスでもよく読まれ、上演もされた。

(15) 旧約聖書「創世記」三章十九節に「汝は額に汗して食物を食ひ終に土に帰らん」とある。

(16) 「教師を勤勉にするために、学生が教師に支払う授業料などで教師の人件費は賄うべきである」という視点は、後に、アダム・スミスの『国富論』第五編「青少年の教育のための諸施設の経費について」においても見られる。

(17) 十六世紀にラテン語文法を教える目的でイギリスに創設された中学校。

(18) ロンドンのシティーを東西に横切る大通りで、中世には有名な市場であった。

(19) ギリシア神話。ゼウスの子。アポロンの双生の妹。狩猟の女神、アルテミス（Artemis）を祭った神殿。

(20) ケイ教授によれば、マンデヴィルによるこの統計的記述は現存する記録からは支持できないとされる。W. Hasbach 編『イギリス農業労働者の歴史』（*A History of the English Agricultural Labourer* 1908）の一二〇頁、および Traill and Mann 編『イングランドの社会』（*Social England: A Record of the Progress of the People in Religion, Laws, Learning, Arts, Industry, Commerce, Science, Literature and Manners, from the Earliest Times to the Present Day* 1902-4）第五巻七一七頁によれば、記述にある三十年間に農業労働者の賃金はほとんど上昇していない。

(21) ウエストミンスター・ホール（Westminster Hall）は、ロンドンの国会議事堂にある大ホール。

(22) フランスの詩人、小説家、劇作家であるポール・スカロン（Paul Scarron 1610-1660）の書いた五幕の韻文喜劇『ジョドレ、または従僕長』の一部を借りて、イギリスの劇作家、詩人、興行師であるウィリアム・ダヴィナント（William Davenant 1606-1668）が書いた詩喜劇『従僕は主人』（Le Maitre le Valet）である。この詩喜劇は、当時、イギリス人には馴染みのある劇となっていたようである。

(23) 問答形式の教授法＝カテキズム（catechismus）は「教理問答」などといった呼び方がある。ギリシア語の動詞カテーケオー（Κατηχέω）「下に向かって音が響く」の意から、「口頭で教える、知らせる」（Κατηχισμός）が語源である。先に指摘した如く、問答形式が多く使われたので「教理問答」、「信仰問答」という呼び方もあるが、語義的には問答体である必要はなく、実際、問答体でない例もある。キリスト教信仰の教科書であり、堅信を迎える少年少女に教理教育を施すために書かれたものである。宗教改革以降は多種の教派が成立して、それぞれの教派ごとに教えを確立・教育するためにカテキズムが用いられた。

(24) 「論争神学」とも呼ばれる。神の存在とキリスト教の信仰を前提に聖職者を志す神学専攻生が、啓示に基づき教義、歴史、信仰生活の倫理などを組織的に研究する中で、神の存在証明、教理の認識方法などを議論する学問。

(25) 一七二〇年に日雇いの仕立て職人が総数七千人で同業者組合を組織し、世相を攪乱したので、英国王ジョージ一世（1660-1727）の下、議会は「多数の日雇い仕立て職人が団結し、賃金を法外な価格に上げることと労働時間の短縮を要求したことは、悪い前例になるため」服飾産業の被雇用者との間に交わされた契約はすべて無効であり、この組合に加入することは処罰の対象であるとの法律を制定した。同法は労働時間を午前六時から午後八時までとし、最高賃金を五月二十五日から六月二十四日までは一日につき二シリング、一年のその他の期間は一シリング八ペンスと定めた。

(26) チャールズ・ダヴィナント（Charles Davenant 1656-1714）は、『政治・商業集』（*Political and Commercial Works* 1771 vol.1）の中で、「ヨーロッパのどの国でも、英国ほどあらゆる製品の価格が高いところはない。今日オランダ人は我々英国人が売っている服を買って本国に持ち帰り、羊毛製品の表面を毛羽立ててから染色して、お膝もとの英国で日用品として我々に安く売ることができている」、「義捐金の受領者たちを働かせることができるならば、毛織物産業は無理な操作や強制手段を使わなくても発展するであろう。なぜならば、イギリスでは人手が不足しているのであって、業界が困窮しているわけではないからだ。また、必要なのは貧民を労働に駆り立てる法律であり、彼らを雇用する仕事ではない」、「イギリスの毛織物産業を本当に儲かるものにしたければ、海外市場に来る買い手の誰よりも安く売れるように日用品を安く生産できるように図るべきである」（p.100）と述べている。

(27) ウィリアム三世（1689-1702）。オランダ総督としてはウィレム三世。名誉革命でイギリス国王ウィリアム三世となる。フランスのルイ十四世と植民地戦争を戦う。イングランド銀行を設立して国債を発行し戦費を賄う。「名誉革命」（1688-89）の時期に、カトリック勢力に加担し、議会を無視したジェームス二世（James II）に反対した議会の指導者が、国王を国外（フランス）に追放し、プロテスタントのウィリアム三世とメアリー二世を王、女王として擁立した。流血なく成し遂げられたので名誉革命と称される。

（28）「神々は労苦に対してすべてを売る」（「神々は労苦と交換にすべてを手放す」の意）は、古代ギリシアの文筆家、クセノポン（Xenophōn）が『ソクラテスの思い出』（*Memorabilia*）の中で引用している、ギリシア最古の喜劇作家でシチリア人のエピカルモス（Epicharmus BC530?-BC440?）の一文である「労苦を代価にしてこそ、すべての善きものを、神々は我々にお売りくださる」（内田勝利訳）から取られたもの。

（29）イギリスの哲学者、子爵であるフランシス・ベーコン（Francis Bacon, Baron Verulam and Viscount St. Albans 1561-1626）のこと。「知は力なり」（Ipsa Scientia potestas est）という名言を残している。ベーコン『随筆集』（*Essays* 1597）の「二十二　狡猾」の冒頭に「狡猾とは邪悪で歪んだ知恵だと考える」とある。

（七）　社会の本質についての一考察

（1）この「考察」は一七二三年に加えられた。

（2）『人間、風習、意見、時代などについての特徴論』（*Characteristics of Men, Manners, Opinions, Times, Etc.* 1711）のこと。

（3）「道徳感覚」（Moral sense）とは、善悪を判断する先験的能力である。イギリスのシャフツベリ、ハチスンらの倫理説に代表される。

（4）トウ・カロン（το καλον）については、マンデヴィルの論敵であるバークリが『アルシフロン――小粒の哲学者』（*Alciphron: or the Minute Philosopher* 1732）の中で、「疑いものなく、精神には美しさが、徳には魅力が、道徳的世界には調和と均整が存する。こうした道徳的美しさは、美と正という呼称で古代人に知られていた。…トウ・カロンはアリストテレスによれば称賛に値するもの、プラトンによれば喜ばしいもの、あるいは有益なものであった」（Berkeley, Works ed. Fraser 1901 vol.2, p.127）と述べている。

（5）ロンドン南西部のリッチモンド・アポン・テムズ自治区に属し、テムズ川沿いにある豪壮な旧王宮。有名な美術館が併設されており、ラファエロの下絵が所蔵されていたこともある。

（6）ここでのマンデヴィルの議論は、当時、哲学者の間で大いに議論されていた「モリヌークス問題」と「グラント（Grant）の事例」、さらには、こうしたテーマを踏まえて認識問題を議論したバークリの『新視覚論』が前提とされている。とりわけ、バークリの『新視覚論』の影響が大である。ここで、「モリヌークス問題」とは、生まれつき目の見えない人間が成人した後、視力を獲得したとき、視覚のみによって立方体、球体の形状を識別できるかという問題であり、アイルランドの学者であるモリヌークス（William Molyneux 1656-1698）が、ロックへの手紙の中で提起したものである。また「グラント（Grant）の事例」とは、一七〇九年の『タトラー』（*The Tatler* No.55）誌上で報告されている、生まれつき盲目で、二十歳になった若者が、眼科医の手術によって視力が回復したという事例であり、その眼科医の名前がグラント（Grant）であったので、「グラントの事例」と呼ばれている。さらに、バークリは『新視覚論』（*An Essay Towards a New Theory of Vision* 1709）の中で、「モリヌークス問題」をさらに発展させ、生まれつき盲目であった人間が視力を獲得したときすぐに、距離と大きさを知覚できるかという問題を論じた（Berkeley, *Works* ed. Fraser 1901 vol.1, pp.93-207）。

（7）チャールズ二世のとき、死に装束は毛織物のみを用いるように定められた（*Statute at Large* 18 Charles II）。

（8）マンデヴィルは、ルターが一夫多妻制を擁護していたと述べているが（『自由思想』*Free Thoughts on Religion, the Church and National Happiness* 1720, p.191）、『蜂の寓話』の編者であるケイ教授は、プラトンの『国家』における「女性共有」に関する議論を擁護していたトマス・モアを念頭においていたようであると述べている。

（9）こうしたマンデヴィルの指摘は、当時、ありふれたものであり、ホッブズ、ロック、ベールなどにも見られる。

（10）シャフツベリの家庭教師であったジョン・ロックのこと。祖父の初代シャフツベリ伯爵は、ロックの盟友であり、パトロンであった。

（11）ラ・ロシュフコーは『マキシム』（M-102）の中で「知は情にいつもだまされるl'esprit est toujours la dupe du cœur」と述べ、マルブランシュ（Nicolas de Malebranche 1638-1715）は『真理の探求』（*De la recherche de la vérité* 1674-75）の中で、「情念は常に、自らを正当化し、気づかぬ内に、情念に従う理由が我々にはあるのだと納得させてしまう。精神（心）は本来、情念を裁くべきものなのに、情念が精神（心）に引き起こす満足感や喜びは、精神の判断力を情念に有利なように鈍らせてしまう…こうした理由から、精神（心）に理性的推論を促すのは情念であると言うことができるかもしれない。…先ず情念が想像力に作用し、ついで、想像力が、情念に汚されながら理性を稼働させ事物の姿を描く。だが、理性が描く事物は、事物本来の姿ではなく、情念の影響の下で描かれるため、理性は情念が欲する判断を下すことが可能になるのである」（p.562）と述べている。

（12）スピノザは『エチカ』第四部、定理七において、「感情はそれと反対かつそれよりも強力な感情によってでなくては抑制されることも除去されることもできない」（畠中尚志訳）と述べ、同旨の指摘をしている。

（13）アレクサンダー大王（アレクサンドロス三世）（BC356-BC323）のこと。古代ギリシア人によって建国されたマケドニア王国の指導者。天才的な軍事的才能を発揮して、巨大な帝国を作り上げた。

(14) マルクス・トゥッリウス・キケロ（Marcus Tullius Cicero BC106-BC43）共和制末期の政治家、哲学者である。ラテン語でギリシア哲学を紹介し、エラスムス、モンテスキュー、カントなどに多大な影響を与えた。

(15) この一文は、キケロが前六三年に執政官の時、カティリーナの陰謀を阻止した業績を自画自賛した叙事詩『我が執政官職回顧』にある。ユウェナリスの『諷刺詩集』の第十歌一二二行に引用されている。

(16) マルクス・ポルキウス・カトー・ウティケンシス（Marcus Porcius Cato Uticensis BC95-BC46）。共和政ローマ期の政治家、哲学者で、高潔、実直、清廉潔白な人物として知られるマルクス・ポルキウス・カトー・ケンソリウス（大カトー）の曾孫に当たる。曾祖父と区別するため、「小カトー」、またはカトーがカエサルに降伏を迫られて自害した地であるウティカに因んで「ウティカのカトー」と呼ばれる。紀元前七二年より軍務を経て六五年に財務官、元老院議員を務め、六三年には護民官に選出された。この年にカティリーナ派による国家転覆の陰謀に対処していた執政官マルクス・トゥッリウス・キケロを支援する立場に立った。

(17) ガイウス・ユリウス・カエサル（Gaius Iulius Caesar BC100-BC44）は、共和制ローマの政治家、軍人、文筆家であり、ブルータスによって殺害される。ルビコン川を渡る際に言ったとされる「賽は投げられた」（alea iacta est）、あるいは、自身の暗殺にブルータスが加担したことを知って言ったとされる「ブルータスよ、お前もか」（et tu, Brute?）などの言葉でも知られる。

(18) ホラティウス『諷刺詩』第一歌第九行、参照。

(19) イギリス西部の港湾都市。十四世紀には造船業や毛織物工業が盛んになり、ヨーロッパや近東に輸出された。十八世紀になると、毛織物貿易は衰退したが、西インド諸島との貿易、金属工業などの新産業、そして黒人奴隷などを扱った大西洋三角貿易の拠点の一つとして栄えた。

(20) 万物の構成要素とされる、地・水・火・風の四大元素を指す。

(21) アダムとイヴのこと。

(22) 四分の一ペニーに相当した。当時のイギリスの最小額の貨幣。

(23) 聖パウロを記念するロンドン最大の寺院。ロンドンの東部、テムズ川の北岸にある。

(24) 重さの単位で、一ストーン＝十四ポンドであり、主に人の体重を表すのに用いる。

(25) ホッブズの『リヴァイアサン』（*Leviathan*）を念頭に書かれたものと思われる。『リヴァイアサン』の題名は旧約聖書（ヨブ記）に登場する海の怪物レヴィアタンの名前から取られている。「ねじれた」「渦を巻いた」という意味のヘブライ語がレヴィアタンの語源である。

（26）エリザベス一世（Elizabeth I）は、イングランドとアイルランドの女王（在位1558-1603）。テューダー朝第五代にして最後の君主。国王ヘンリー八世の次女。

（27）十六世紀に起こったキリスト教の改革運動である。『痴愚神礼讃』の著者エラスムスは、数種のギリシア語写本をもとに新約聖書の原典校訂に取り組む（『校訂新約聖書』）。その結果、巡礼や断食、寄進や修道生活などから真の信仰に至ることはできず、それは聖書を精読することによって初めて可能になるというエラスムス流キリスト教人文主義を世に広く示し、事実上、宗教改革の口火を切った。ドイツで宗教改革に着手したルターは、エラスムスに支援を求めたが、エラスムスはルターの過激路線に与することができず、両者は対立することになる（エラスムス『自由意志論』対ルター『奴隷意志論』）。ルターの場合は、エラスムス同様、救済は信仰のみによって得られること、信仰の根拠は聖書に基づくこと、僧俗を区別し、人間と神との間を仲介する教会制度は無用であるとし、人間と神との直接的関係を確保する「万人司祭制」を唱えた。カルヴァンの場合は、ルターの主張を基本的には継承しつつ、人間は直接には神を知ることができないので、神が創造した人間キリストの中に神を知る手段を見いだすべきだとし、『聖書』の精読を奨励するとともに、人間の救済は神によって予定されているとする予定説を唱えた。自己の救済が既に予定されているという教理を前にして、信者たちは、自分は選ばれた者と思い込もうとして職業労働（Beruf）に励むことになる。マックス・ヴェーバーは、こうしたカルヴァン派の信者たちのエートスと営みの中に資本主義の萌芽を見た。

（28）中南米、メキシコ、ペルーなどに産するノパルサボテンに寄生するエンジムシの雌を熱処理して作った赤色の顔料で、ヨーロッパでは羊毛を染めるのに多く用いられた。

（29）スメルナはイズミルの旧名で、トルコ西部のエーゲ海を臨む都市。アレッポはシリア北西部の都市。

（30）こうした主張は、社会的分業が経済発展にもたらす効果に関する先駆的な指摘であるとも言える。

（31）オランダのロッテルダム近くの港湾都市。

（32）イギリスの南東部、エセックス州の北海を臨む港。

（33）ドイツ南部のババリア州の商工業都市レーゲンスブルクの旧英語名。

（八）本書の弁明

（1）一七二〇～一七二二年にフランスのマルセイユで流行した疫病でマルセイユを大混乱に陥れた。

（2）アリウス（Arius）またはアレイオス（Areios）。二五〇年頃リビアに生まれ、三三六年にコンスタンチノープルで死亡したアレクサンドリア教会の司祭。イエス・キリストの人生を重視する「アリウス主義」を唱え、古代最大の異端説の創始者となった。アリウス主義を信奉する宗派をアリウス派と呼んだ。

（3）週刊新聞『ブリティッシュ・ジャーナル』（第二六号、第三五号、第三六号、第三九号）各号に掲載された「カトー」の名で署名された書簡の中で、聖職を激しく弾劾したり、慈善学校をローマカトリックと反逆分子の温床、経済秩序の崩壊、生徒の性格破壊を招くものとして攻撃しているように、聖職に対する強烈な憎悪が全面に見られる。

（4）「（七）社会の本質についての一考察」の訳注（16）を参照。

（5）ルキウス・セルギウス・カティリーナ（Lucius Sergius Catilina BC108?-BC62）はローマの政治家。共和政府転覆の大陰謀を企てたが露見して敗死した。紀元前六三年、当時の執政官キケロの殺害、ローマ制圧のクーデターを図ったが、計画は事前に漏れ、カティリーナの同志五人は即刻処刑された。カティリーナ自身は逮捕を免れたが、ローマ軍団の攻撃により彼の従兵三千人とともに玉砕した。ガイウス＝サッルスティウス＝クリプス『カティリーナの陰謀』（合坂・鷲田訳）を参照。

（6）「僭王」の字義は「身分をこえて帝王の名を称するもの、あるいは王位を僭称するもの」。ここでは老僭王ジェームズ・フランシス・エドワード・ステュアート（James Francis Edward Stuart 1688-1766）のこと。ジェームス二世（James II 1633-1701）とメアリー・オブ・モデナ（Mary of Modena1658-1718）の子であり、一七一五年に、ステュアート王朝の正当な王位継承者を主張し、乱を起こしたが敗れた。

（7）教皇冠はラテン語で「ティアラ」（Tiara）である。冠を三段に重ねた形から、三重冠と呼ばれている。教皇冠は教皇の地位を象徴し、金と宝石で絢爛豪華に飾られた三重の冠である。冠を三重にした意味はあまり明快にされていないが、「司祭、司牧、教導の三権」を、または、「天国、煉獄、教会（現世）」を象徴すると解されている。クレメンス五世（在位 1305-1314）のときに初めて戴冠され、パウロ六世（在位 1963-1978）のときまで戴冠された。

（8）神の啓示の力を借りずに、先入観のない正常な精神で到達する宗教的叡智、宗教性。これに対応するのが啓示宗教であり、旧約聖書、新約聖書によって神の意志が直接明示されているという立場に立つ。

（9）一七二三年六月十五日付けの『ブリティッシュ・ジャーナル』に掲載されたカトーの慈善学校に関する手紙。以下の引用も同じ。

（10）ロンドンの聖クリストファー教会の向かい側、スレッドニードル通りに住むコンスタンティンという名のギリシア人が、コーヒー、チョコレート、シャーベット、紅茶の小売免許を取って開いた喫茶店で、店主のコンスタンティンは自分の店をどこよりも安く上質なトルコ産コーヒー豆、カカオ豆を売る店として知らしめたいと思っていた。英国学士院は「学識者倶楽部」として知られた会合をよくこの店で開いていた。

(11) イギリス南東部のミドルセックス州に在る地名。当時、追いはぎの出没地として名を馳せていた。

(12) オーモンド公爵（The Duke of Ormonde 1665-1745）は、一七一五年の反逆を企てた罪で告発されフランスに亡命した。彼の人気は絶大で、ジャコバイト党（英国王ジェイムス二世の亡命後、彼を支持した人々であり、また、それによってステュアート王朝の復活を望んだ人々）や高教会派（英国国教会の中でカトリック教会の伝統、礼典、儀式、教会権威への服従を重んじる派）が合言葉として「高教会派とオーモンド」を使い、騒動の最中にこの叫びが上がった。

(13) ケルト民族系の英国童話『巨人退治のジャック』（*Jack the Giant Killer*）の中で、巨人から手に入れた隠れ蓑、飛び靴、全知の帽子、魔法の剣によって国中の巨人を全滅させた少年ジャックに対して、巨人の怪物がジャックに声の嚇しをかけて「フィーファーファム」（Fee-Fa-Fum）と叫ぶシーンがある。カティリーナは、これら三音の叫びを「主なる神である父と子なるイエス・キリストと聖霊」の三位一体神の信仰を強制する国教会の姿勢にかけて揶揄した論説を新聞に載せた（『ブリティシュ・ジャーナル』一七二三年三月十六日）。なお、『巨人退治のジャック』の話は、一七一一年までは英国で本として出版されなかった。マンデヴィルの著書をめぐる反論や新聞での議論が盛んに戦わせられた時期にちょうどこの童話が出版されたことになる。研究者の意見ではケルト伝説の中でも、アーサー王伝説が十数世紀にわたって英国社会に広まっていたことにより、アーサー王というヒーローに民衆が飽きて、新しいヒーローを求めていた結果、「ジャック」が各地の古代民話を集めて創られたと推察されている。

(14) 本書、三〇六頁参照のこと。

(15) クリストファー・レイヤー（Christopher Layer 1683-1723）は、ジャコバイトの乱の共謀者であり、老僭王の援助を画策し、企て成就の暁には大法官の職に就けるものと考えていた。彼は破産した兵を入隊させるよう提案し、ロンドン塔、造幣局、イギリス中央銀行を奪取し、皇族を監禁し、政府の役人を殺害する計画を立てていた。彼は彼の情婦の中の二人から密告されて、ハイドパーク内にあった中世の公開処刑場タイバーンで処刑された。

(16) 一七一六年にジョン・ホール（John Hall）なる人物と、ウィリアム・ポール師（Rev. William Paul）なる人物が大逆罪で同時に処刑された。この事件は有名で、「C閣下への書簡」の執筆者と称するセオフィラス・ファイロ・ブリタナスは、処刑された二人を混同してホール氏を牧師と間違えたかもしれない。

(17) 一七二三年四月二十六日に下院に提出されたこの種の法案は「陛下ご自身と陛下の統治をさらに守護するための…法令」のみで

あって、定めた宣誓を拒否するカトリック教徒に課税するための法案であった。したがって、セオフィラス・ファイロ・ブリタナス［仮名］の頭の中にしか存在しない法案であったか、または、ブリタナスの言う法案は単にC閣下の意図を代弁したものだったのかもしれない。

(18) セオフィラス・ファイロ・ブリタナス（Theophilus Philo-Britannus）という仮名は、当時『ロンドン・ジャーナル』の主要論説が「ブリタニクス」と署名されていたことから思いついたのかもしれない。

(19) マンデヴィルが「本書の弁明」の宛先と考えたジョン・カーテレット（John Carteret 1690-1763）は、英国の政治家で枢密院議長を一七五一年から一七六三年まで務めた。彼はバルト海沿岸諸国と平和条約を結び、イギリス船の航海を可能にした。また、マンデヴィルは「欠乏（want）こそが、さまざまな学問・技術の源であり、さまざまな商売が考案されたのも欠乏のゆえである」と大略述べているのであるが、それは、wantという言葉が欠乏と欲求という二つの含意があることを踏まえてのことであると思われる。

(20) この一節は、本書から引用されたものではない。

(21) 本書八十一頁。

(22) 本書三〜四頁。

(23) 本書二五三頁。

(24) 本書二二二頁。

訳者解説

本書は、Bernard Mandeville, *The Fable of the Bees: or Private Vices, Publick Benefits*（1714）の翻訳である。底本として、一七三二年版に基づいてF・B・ケイ教授が編集し、一九二四年にオックスフォード大学出版部から出版された二巻本（*The Fable of the Bees: or Private vices, Publick Benefits*. By Bernard Mandeville. With a Commentary Critical, Historical and Explanatory by F. B. Kaye, 2vols., Oxford, 1924）を用い、第一巻だけを訳出した。

ケイ教授の『蜂の寓話』の序文における「マンデヴィルの生涯」によれば、バーナード・マンデヴィル（Bernard (de) Mandeville）は、一六七〇年十一月二十日に、オランダのロッテルダムで恐らく生まれ、その地で洗礼を受けた。彼は一六八五年十月にエラスムス学校を卒業し、同時にライデン大学に入学した。さらに、同大学で、哲学と医学を専攻し、一六九一年三月に乳糜《にゅうび》に関する論文で医学博士の学位を取得し、彼の父親と同じく神経科および消化器科系統の専門医になった。その後、ヨーロッパ旅行に旅立ち、旅行後、英語を学ぶためにロンドンに渡った。マンデヴィルは自著『ヒポコンデリーならびにヒステリア論』の中で、その点について、自分の分身であるフィロピリオに、「外国人で医者であるフィロピリオは、海の向こうで学業を終え、医学博士の称号を取った後、英語を学ぶためにロンドンにやってきた。……この国とその風習が自分の気質に合うことがわかり、それ以来、多年にわたりイギリスに住み、そこで生涯を終えそうである」と語らせている。

渡英後のマンデヴィルについての伝記的資料はほとんど残されていないが、英国での医師としての力量は、父だけではなく、祖父も曾祖父も医者であり、当時も名門大学であったライデン大学医学部を卒業していることや、英国学士院の創設者であるサー・ハンス・スローンやジョージ一世から寵愛を受けた大法官トマス・パーカー（初代マクルズフィールド伯爵）などの侍医となり親しく交流したことから判断すれば、それなりのものであったことは慥かなようである。また、医師としての仕事の傍ら、著述活動を開始したが、その思想は、十六〜十八世紀のフランスで人間本性や道徳観念についての思索を随想や寓話などの形で表現したモンテーニュやラ・ロシュフコーなどの、いわゆる「モラリスト」たちの影響を強く受けている。そのこともあって、マンデヴィルが英語で発表した最初の作品は、「すべての道はローマに通ず」などといった格言で知られるド・ラ・フォンテーヌの寓話の翻訳を中心とした寓話集であった。一六九九年にイギリスの女性であるルース・エリザベス・ローレンスと結婚し、二児をもうけた。

「国家を世俗的に偉大なものに導く秘訣」を明らかにせんと、マンデヴィルが十八世紀初頭に開示してみせた「世俗の世界」に関する探求は、後に、ヒューム、モンテスキュー、ルソー、ハチスン、スミスなど十八世紀を代表する多くの思想家によって批判的に継承されていき、社会諸科学が成立する場を形成することになる。だがケイ教授が述べているように、マンデヴィルの著作は社会の根幹をなす道徳や宗教を破壊するという廉で、あるいは美徳を貶し悪徳を推奨するという廉で、多くの反対者から根も葉もない誹謗中傷を受け続けた。そうした状況下で、マンデヴィルは、「視野を拡げることができ、手間暇かけて出来事を繋いでいる連鎖の全貌を見渡そうとする者は、ありとあらゆるところで、卵から鳥が生まれ繁殖するように、ごく自然に悪から善が生じ増殖していることがわかる」にもかかわらず、「短慮な大衆は、さまざまな原因の連鎖における一つの連なり以上のものを滅多に見つけることができない」と、「人間の現実のあるがままの状態」を冷徹に直視し、「抽象的に考えることができ、一般大衆よりも知的レベルが高い少数者だけに」語り続けるのだと腹を括る。だが、世の中は、「捨てる神あれば拾う神あり」で、マンデヴィルの斬新な思想は、時流に流されず、事の本質を見抜くことができる慧眼を持つ思想家からは好意的に受け容れられた。たとえば、避雷針の発明や「時は金なり」の一文で有名なベンジャミン・フランクリンは、『自伝』の中で、「（外科医のライオンズ博士は）、私をチープサイドの路地にある薄暗い居酒屋ホーンズに連れて行き、其処にクラブを構えていた『蜂の寓話』の著者であるマンデヴィル博士に紹介した。マンデヴィル博士は非常に軽妙洒脱で愉しい話し手であり、そのクラブの中心人物であった」と述べ、また、『英語辞典』（*A Dictionary of the English Language* 1746–1755）を編纂し、十八世紀のイギリスの文壇を代表する人物であると目されていたサミュエル・ジョンソンは、マンデヴィルによって、「実際の人間とはどのようなものであるか開眼させられた」と述べている。

マンデヴィルがギリシアやローマの古典に通じ、人文学者で中世随一の知識人であったエラスムスの愛読者であったことや、ロンドンでの交友関係からして大変な教養人であったことは慥かなことであろう。その意味で、ケイ教授が紹介するロンドンの新聞によるマンデヴィルの死亡記事は、マンデヴィルの人となりについて的を射た記事となっていると言ってよい。記事は、「（マンデヴィルは）天分に恵まれ、機知に富み、見識がある人であった。また古典・古代の作家に通暁し、しかもさまざまな哲学の分野に該博であり、人間本性について好奇心旺盛な探求者でもあった。こうした造詣のゆえに、マンデヴィルは見識があり学芸に優れた人々の尊敬を得ていた。医師としての職業においては、仁愛と人間味のある人物として人々に知られており、人格においては誠実であり、生涯を通じて廉直にして高潔な士であった」（*Barrington's Evening Post*, 23 Jan. 1733）と述べている。

ケイ教授によればマンデヴィルの著作として次のようなものがある。

(1) *Bernardi à Mandeville de Medicina Oratio Scholastica*,（Rotterdam,1685）
(2) *Disputatio Philosophica de Brutorum Operationibus*,（Leyden,1689）
(3) *Disputatio Medica Inauguralis de Chylosi Vitiata*,（Leyden,1691）
(4) *Some Fable after the Easie and Familiar Method of Monsieur de la Fontaine*,（London, 1703）
(5) *Æsop Dress'd or Collection of Fables Writ in Familiar Verse*,（London,1704）

(6) *Typhon: or The Wars between the Gods and Giants: A Burlesque Poem in Imitation of the Comical Mons. Scarron,* (London,1704)
(7) *The Grumbling Hive: or, Knaves Turn'd Honest*, (London,1705)
(8) *The Virgin Unmask'd: or, Female Dialogues betwixt an Elderly Maiden Lady, and her Niece,* (London,1709)
(9) *A Treatise of the Hypochondriack and Hysterick Passions,* (London,1711)
(10) *Wishes to a Godson, with Other Miscellany Poems*. By B.M., (London,1712)
(11) *The Fable of the Bees*, [Part 1], (London,1714)
(12) *Free Thoughts on Religion, the Church, and National Happiness*, (London,1720)
(13) *A Modest Defence of Publick Stews*, (London,1724)
(14) *An Enquiry into the Causes of the Frequent Executions at Tyburn*, (London,1725)
(15) *Letter Published in the British Journal* for 24 April and 1 May, 1725, (London,1725)
(16) *The Fable of the Bees, Part II*, (London,1729)
(17) *An Enquiry into the Origin of Honour, and the Usefulness of Christianity in war*, (London,1732)
(18) *A Letter to Dion, Occasion'd by his Book Call'd Alciphron*, (London,1732)

これ以外にマンデヴィルのものであろうとケイ教授が推測する著作も何冊か存在している。

(1) *The Planter's Charity*, 1704
(2) *A Sermon Preach'd at Colchester, to the Dutch Congregation*........By the Reverend C. Schrevelius ....Translated into English by B. M. M. D., [1708]

(3) The Papers in *The Female Tatler*, 32. Issues, especially no. 62 and 64 [1909-1710]
(4) *The Mischiefs that ought justly to be apprehended from a Whig-Government*, 1714
(5) *Letter to the St. James's Journal* for 20 Apr. 1723, 1723
(6) *Letter to the St. James's Journal* for 11 Apr. 1723, 1723
(7) *Remarks upon Two Late Presentments of the Grand-Jury ..... where in are shewn, the Folly ..... of Men's Persecuting One Another for Difference of Opinion in Matters of Religion .... By John Wickliffe*, 1729

本書『蜂の寓話』は、ハイエクが「自生的秩序論」の先駆として、ケインズが「貯蓄のパラドックスの最初の発見」として、マルクスが「国際分業論のスミスに先立つ考察」として指摘するとともに、アダム・スミスが「見えざる手」の想源とした十八世紀初頭のバーナード・マンデヴィルの作品である。本書において、マンデヴィルは、聖職者ではない世俗の人間が築き、発展させていく社会のさまざまな事象の因果の連鎖を注意深い観察者の眼によって記述し、経済的事象など社会のさまざまな事象は、特定の個人の計画や意図から独立したところで、その意味で世俗に生きる人間による行為の「意図せざる結果」として形成されるものであることを、人間の情念や心理の世界にまで分け入り、「プライド」であるとか、「承認願望」などといった人情の機微に関説しながら、「実際の人間はどのようなものであるか」を暴露することを通じて論じている。この視点は、中世から近代にかけての「神中心の世界」から「人間中心の世界」への移行と相即的に、人間を「聖の世界」に生きるホモ・リリギオス（*homo religiosus*）としてではなく、「俗の世界」である商業社会に生きるホモ・エコノミクス（*homo economicus*）として捉える視点の変化を的確に捉えたものである。マンデヴィルが十八世紀初頭に開示してみせたこうした「世俗の世界」に関する探求は、既に述べたように、後に、十八世紀を代表する多くの思想家によって継承されていき、社会諸科学が成立する場を形成することになる。それゆえ、本書は近代社会科学の生誕の場を醸成した作品であると言ってよいとともに、十九世紀、二十世紀を代表する社会科学者にとっても社会認識の手立てを構想する上で一つの想源でもあり続けた。

本書『蜂の寓話』は、一気に書き下ろされ公刊されたものではなく、ケイ教授の考証によれば、最終版が完成するまで十九年にわたる紆余曲折があった。マンデヴィルは、まず一七〇五年に匿名で『栄茂の蜂の巣』(*The Grumbling Hive: or, Knaves Turn'd Honest*) という詩を六ペンスの小冊子として印刷・公刊した。この小冊子は公衆の注意を大いに引くことがなかったとはいえ、すぐに海賊版が現れ、街の通りで触れ売りされるとともに、「公刊以来、故意に、あるいは無知のために私の意図を曲解し、寓話の標的は美徳や道徳性を茶番に仕立てることであり、全編これ悪徳を奨励するために書かれたものであるとする多くの人たちと出会った」というマンデヴィルの言からすれば、それなりに注目されていたと言ってよいであろう。

そして、一七一四年には、『栄茂の蜂の巣』という詩に、「緒言」、「序文」、「美徳の起源についての考察」、二十篇からなる「注釈」を加えた『蜂の寓話――私悪は公益なり』(*The Fable of the Bees*, [Part I]) を単行本として匿名で刊行した。この単行本の刊行をもって、一応、『栄茂の蜂の巣』以来のマンデヴィル思想の大筋が明らかになったと言ってよい。そこにおいて、マンデヴィルは、世俗の世界に生きる人間の判断・行動に大きな影響を与えていると彼が考える利己心、プライド、名誉心、羞恥心、恐れ、追従、羨望、虚栄心、貪欲などについて詳細に論じるとともに、「プライドが人間から消え失せ、奢侈が一斉に国内において禁止されることになろうものならば、人々は半年で餓死するであろう」と述べ、プライドや奢侈や倹約が人間生活、とりわけ経済生活に与える結果についても忌憚のない見解を表明している。

さらに、一七二三年には、「慈善および慈善学校についての試論」、「社会の本質についての考察」、「索引」が新たにつけ加えられるとともに、「注釈」も二十篇から二十二篇に増やされ、内容もより充実したものになった『蜂の寓話――私悪は公益なり』が刊行された。この二版は四三九頁とほぼ初版に較べて二倍の分量となり、まさに拡大増補版であったが、この版は、あたかもマグマのように地下に溜まっていた神経を逆なでされた人々の憎悪が一気に地上に吹き出るがごとく、社会に一大センセーションを巻き起こし、同年七月十一日木曜日の『イヴニング・ポスト』に、『蜂の寓話――私悪は公益なり』という書名の書物の執筆者に対するミドルセックス州大陪審の告発が掲載され、その後、七月二十七日土曜日の『ロンドン・ジャーナル』に、同書とその著者を激しく罵倒した「C閣下への書簡」が公表された。そのため、マンデヴィルは、同書を書くにあたって邪《よこしま》な意図は微塵もなかったと、不当に浴びせられた悪意ある誹謗に対しても弁明せざるをえなくなり、八月十日付けの『ロンドン・ジャーナル』に「弁明書」を書いた。この「弁明書」は、『蜂の寓話』の第三版以降（一七二四年）の諸版につけ加えられた。とはいえ、皮肉にも、こうした事態は、取りも直さずマンデヴィルの悪名（名声）を否応もなく高くするとともに、本書の売れ行きを促進することにも繋がった。第三版では、文章の彫琢と二頁にわたる序文の増補が行われ、それ以降、第四版（一七二五年）、第五版（一七二八年）、第六版（一七二九年）では、僅かな修正が行われている。

かつて、『存在の大いなる連鎖』という著作で有名なアーサー・オンケン・ラヴジョイは、著書『人間本性考』の中で、十七世紀や十八世紀のヨーロッパの思想家たちは、「理性」や「徳」というものは人間の行為を真っ当なものに導くべきものであるとされているにもかかわらず、ほとんどその効果を認めることはできないとして、その代用物を見いだすことが是非とも必要であると主張し、承認願望（apporobativeness）、自己称讃（self-esteem）、競争心（emulation）のいずれか、あるいはこれら三つすべてを合わせたものからなる代用物が、人間の判断・行為に、理性と徳に代わってそれらが及ぼすべきと考えられている効果を生み出していると考えたと指摘した。また同時に、当時、思想家たちの間でよく知られていた「プライド」という人間のとても力強い情念が、私生活や社会生活において、果たして好ましい結果を生むのか、それとも好ましからざる結果を引き起こすのかについて、長い間、議論を戦わせたとも指摘した。こうした思想家たちの議論は、「プライド」という情念を巡って戦わされていたとはいえ、実際は、承認願望・自己称讃・競争心・目立つことや秀でることへの願望などといった、複数の「情念」や「動機」の評価を巡って行われていたという事情のために、議論はより複雑に混み入ったものになっていた。

当時、プライドという邪悪なものとされていた情念を、人間の判断や行動に与える効果という点で好ましいものであると看做す議論は、一つは競争心に関連し、いま一つは承認願望に関連している二つの前提の上に成立していた。第一の前提というのは、「プライド」という感情は、他人の業績を凌ぐことによって名声や栄誉を獲得しようとする個人の欲求であるという意味で、自己成長のための、ひいては種の進化のための心理的要因となっているというものである。そして第二の前提というのは、プライドというものは、それが不合理な自愛的欲求であるということは否定できないにしても、他者によって承認され称讃されることへの欲求であるという意味で、その本質的な性質からして、個人をして他の諸個人もしくは公衆一般のごとく振る舞わせしめるように導き、また、その個人をして彼の私的な欲求や利益を公共的利益へと転化せしめるように導く、言い換えれば、その個人をして彼の私的な欲求や利益を公共的利益に従属させるように導くというものである。

かくして、プライドという情念を肯定的に捉える思想家たちによって、プライドという情念は、あるいは、追従、羨望、虚栄心、貪欲などといった邪悪とされている情念こそが、道徳的であると一般に称せられている行動の、さらには社会・経済生活を活性化するための営みの主たるもしくは唯一の信頼すべき動機であると指摘されることになる。彼らは、プライドというものは、たとえ徳そのものではないにしても、それが持つ実際的な効果という点で、概《おおむ》ね徳の効果と同じものであり、潜在的な可能性という点では、徳よりも遙かに有力なものなのであるとした。しかしながら、プライドという感情、あるいは、追従、羨望、虚栄心、貪欲などといった感情を、その実際的な効果という点において、邪悪な感情として告発するための訴因には事欠かなかったし、それらは手厳しいものであった。

マンデヴィルの『蜂の寓話──私悪は公益なり』を中心として展開されている、人間を社会的動物たらしめているものは、人間の交際への愛好、気立ての良さ、憐憫の情、人づき合いの良さ、あるいは、公正を装う外見上の高潔さなどではなく、人間の最も卑劣で最も嫌悪すべき性質が、人間を偉大な社会に、そして最も幸福で最も繁栄している社会に相応しい存在にするために最も必要な資質であることを諷刺によってあからさまにしている議論は、まさに右記のような思潮を代表するものであった。こうした議論を通じて、マンデヴィルは、客観的に有益で、社会的に望ましい行為でさえも、「悪徳」にまで、すなわち個人の「心」の中の邪悪で非合理な動機にまで遡ることができると、言い換えれば、邪悪な、あるいは不合理な動機、つまりは「私的な悪徳」というものは、社会的に望ましい行為を、つまりは「公的な利益」を生み出すことができるし、また生み出しているとしたのである。

このような各人の悪徳こそが、国全体の繁栄と世俗的幸福に役立っていることを明らかにし（「私悪は公益なり」という有名なテーゼ）、それが世俗に生きる人間の偽らざる姿であることを強調することによって、彼が、意図的に、あらゆる人々を苛立たせようとしていたということはほぼ間違いのないところである。そしてまた、通常、「私悪」と考えられていたものと、「公益」と看做されていたものとの間に存在する必然的な繋がりを辿ろうとする巧妙さと緻密さにおいて、彼はあらゆる先駆者や大部分の後継者を凌いでいることも間違いないところである。彼によれば、ほぼあらゆる「利益」がそこから引き出されることになる個々の人間の「悪徳」を促す動機としてプライドが存在しており、しかもそのプライドから生じる「公的な利益」の主たる産物が人間の「美徳」そのものであった。その意味で、彼にとって、「美徳」そのものが、通常、「悪徳」と呼ばれているものの申し子であるということほどにリアルで、深刻な逆説はなかったのである。そして、彼にこうした主張を強いたものこそ、「悪徳を鼓舞する気など更々なく、国家から邪悪な罪が一掃されうるならば、それは国家にとって言いようのないほどの慶事であると考える」が、「残念ながら、それは不可能である」とするマンデヴィルの「深い悲哀」であり、「諦念」であった。

さらに、彼は、プライドという言葉によって、己れ自身を良く考えることができることへの願望（自己称賛）と、このことを手助けするものとしての他者によって良く思われたいことへの願望（承認願望）という、二つの事態を意味させていた。つまり、マンデヴィルは、プライドという言葉によって、自己称賛とその代理人である承認願望を意味させていた。そして、マンデヴィルは、「商業活動を支えるのにプライドに匹敵するものは存在しない」と述べ、プライドこそが世俗の経済活動活性化のための必須条件であると指摘するとともに、プライドを構成している承認願望や自己称讃に対する欲望、そしてそれらの反対物に対する嫌悪とは、まさに社会的な動物である人間の内なる人間的な本能であり、この本能から、通常、道徳と看做されているような行為が生じてくるとし、道徳の起源を承認願望や自己称讃に求め、道徳を宗教的教義から導くことを厳しく批判する。しかも、承認願望や自己称讃に対する欲望やそれらの反対物に対する嫌悪を通じて、他の人々の利害や社会の道徳規則に対する配慮が生まれ、諸個人は、誰に命令されることもなく、自らの行為を自己規制せざるをえなくなるとし、この点で、承認願望、競争心、自己称賛などは人間本性を構成する主要な感情の要素であるとした。

慥かに、「社会の本質についての考察」において、マンデヴィルが、邪悪で利己的な人間から構成されている社会において、諸個人の社会的結合が如何にして可能かという問題への事実上の回答として、「老練な政治家の卓抜した管理」を持ち出し、「私悪は老練な政治家の卓抜した管理によって公益に変えられる」、これが「本書における自らの主張の要点である」と述べていることは事実である。その意味で、浜田義文が指摘するように、マンデヴィルは「個人の行為の原動力として利己的欲望を個人の内部に摑みだしたが、しかし、それは行為の直接の動機をなすものであるにすぎず、その働きの善悪を判定し、行為を義務づける高次の評価的、規制的原理については、それを個人内部に見いだすことができず、外部に求めなければならなかった。その点においてその説はいまだ他律的道徳原理にとどまったと言わなければならない」（『カント倫理学の成立』）という側面があったとしても、承認願望や自己称讃に対する欲望、そしてそれらの反対物に対する嫌悪を通じて、諸個人の行為は自己規制されるという認識こそが、アダム・スミスに事実上継承され、自生的秩序形成論たる共感的社会形成論の想源と恐らくなったであろうことの方が、思想史的に重要であるとも言える。

しかも、マンデヴィルは、「美と正とは、つまりは事物の卓越性や真実の価値とは、ほとんどの場合に不確かなものであり、流行や習慣が変われば変化するものであること、それゆえ、美と正が確実なものであるという前提の下で導き出された推論は無意味である」と述べたり、「教育の力やそれによって我々が教え込まれる思考習慣は並大抵なものではない」と述べ、ある特定の集団内部で形成された社会規範は、文化圏を異にする人々の社会規範の適宜性を測る尺度たりえない、言い換えれば、社会規範は社会的文脈に依存的であるため、それは文化横断的規範たりえない（当該集団にとってはGeneralな規範であったとしても、さまざまな集団横断的に通用するUniversalな規範たりえない）としている。この論点もまた、『道徳感情論』におけるスミスによって事実上継承されている議論である。

さらに、当時の、そして後の経済思想との関連でマンデヴィルの業績を位置づけてみれば、萌芽的で、いまだ体系的に論じられているわけではないが、次のような点が指摘できるであろう。

まず、繁栄＝豊かさとは何かについてであるが、マンデヴィルは、「我々が最も繁栄している国々をその起源まで辿ってみれば、どの社会でも始まりにおいては、その社会における最も裕福で重要な人物であっても、現在では最も卑しく見窄らしい者でも享受している、非常に多くの生活便益品を、長い間事欠いていたことがわかるであろう。だから、かつては奢侈によって考案されたものと看做されていた多くの品物が、現在では公共的な慈善活動の対象品目となり、最貧層の貧民にさえ手にすることができるのである。それどころか、人間ならば誰にとっても、なくてはならない品物になっている」と述べ、繁栄＝豊かさとは最貧層の貧民にも享受できる生活便益品であるという認識に立っている。言い換えれば、彼にとって、日常生活品が潤沢に社会の最下層の人々まで行き渡ることこそ豊かさの指標なのである。

また、富の源泉については、「たとえ金や銀の価値が上下しようが、あらゆる社会の快楽は、大地の恵みと人々の労働に依存しているからである。この両者が結びつくと、ブラジルの金やポトシの銀よりも遥かに確かで尽きることがない真実の財宝となる」と述べ、「土地は富の母であるように、労働は富の父であり、その能動的原理である」と述べたウィリアム・ペティと同様、土地や労働に求めている。

さらに、「奢侈は、奢侈に耽るすべての人々にとってと同様に、国全体の富にとっても破壊的であり、人々の倹約がそれぞれの家庭の財産を殖やすのと同様に、国民全体の倹約が国を豊かにするというのが、広く世に受け容れられてきた見解である。私よりも遥かに事情に精通している人たちがこうした見解に立っていることを承知しているが、私はこの点に関して彼らに異議を挟まざるをえない」と述べ、「倹約は、雇用に繋がらない無益で夢想的な美徳であり、それゆえまた、多数の者がいずれにせよ皆働き始めなければならない通商国家においては、それはまったく役に立たないものである」と断じ、また、奢侈に言及しながら、しかも消費需要を奢侈に典型化させることによって、消費需要こそが経済発展を促進するのであり、その意味で、悪徳であるとされる奢侈は経済発展を促進するという意味で社会的効能を持っているという事実を暴き出している。しかも、マンデヴィルによれば、既に指摘したごとく、「商業活動を支えるのにプライドに匹敵するものは存在しない」ともされているのであるから、「奢侈」と「プライド」という悪徳こそが経済発展を支える重要な二大要素であることになる。まさに、「奢侈は貧しきを百万雇い、憎むべきプライドはあと百万を雇いぬ」なのである。つまり、マンデヴィルは、「合成の誤謬」という視点を事実上先取りすることによって、需要不足によって経済発展を阻害するという意味と、労働貧民の大量失業を帰結するという意味で、たとえ個人にとっては美徳と看做されていようが、倹約に対して否定的な態度をとるのであり、また逆に言えば、奢侈は消費需要を増大させることを通じて総雇用量を増大させ、その結果その国の経済発展を可能にするという意味で、悪徳と非難されようが、奢侈を推奨するのである。

分業の経済発展に対する効果についても、マンデヴィルはそれなりの見識を持っていた。すなわち、彼は、「最もありふれたヨークシャー産の織物を手に入れるのでさえ、何と多くの人々やどれほどさまざまな商売やどんなに多様な技術や道具が必要であったことか」と、また、「商売や製造業の種類が多くなればなるほど、またそれらが骨の折れるものであればあるほど、さらにそれらが多数の部門に分割されていればいるほど、ますます多数の人間が互いに抵触することなく社会の中に包含され、ますます容易に豊かで強力で繁栄する国民になるであろう」と述べている。マンデヴィルが生産力発展の基本的要因として「分業」を押さえていたのは間違いないところである。これ以外にも、輸入は輸出を超えてはならないとか、トルコを特恵国として認めるとか、貿易決済の支払い手段として貨幣を重視するといった概ね当時の重商主義者の議論と同様なことを指摘するとともに、交易国の相互依存性とか、国際分業に関する視点とか、貿易収支のコントロールに関する方策などに関して彼独自の指摘もしている。

何れにしても、「人格においては誠実であり、生涯を通じて廉直にして高潔な士」であり、しかも「古典・古代の作家に通暁」するとともに、「天分に恵まれ、機知に富み、見識がある人であった」マンデヴィルは、本書『蜂の寓話』において、来たるべき「世俗の世界」である商業社会（文明社会）の本質を、冷徹な観察眼によって分析し、「聖の世界」によって支配されてきたこれまでの世界とはまったく異なる世界に、西欧世界が向かいつつあることを人々に知らしめたと言ってよい。

本訳書は、拙著『内田義彦論』や共同研究『経済思想』（全十一巻）などの刊行に際して大変お世話になり、数年前日本経済評論社を退職なさり、今春、急逝された谷口京延氏から退職前に翻訳を依頼されたものである。翻訳に際して、「栄茂の蜂の巣――悪人が正直者になった話」の訳出をはじめとして内田成子氏に大変お世話になるとともに、さまざまなご教授を受けた。記して感謝の意を表する次第である。また、泉谷治訳『蜂の寓話』（法政大学出版局）、部分訳ではあるが、上田辰之助著『蜂の寓話――自由主義経済の根底にあるもの』（新紀元社）に所収されている「序文」と「ブンブン不平を鳴らす蜂の巣」、田中敏弘著『マンデヴィルの社会・経済思想』（有斐閣）に所収の「美徳の起源に関する一研究」などといった訳があり、参考にさせていただいたが、訳文に関する責任は訳者にある。記して感謝する次第である。

眼を患い、しばらく読書もできず、パソコンも操作できない時期が続き、当初の予定よりも刊行が遅れてしまい、谷口氏とのお約束の二巻本の一巻しか訳了していないが、生前お世話になった谷口氏の霊に本書を捧げたいと思う。最後に、出版に際し、大変お世話になった日本経済評論社社長柿﨑均氏と、編集を担当していただいた出版部の梶原千恵氏には、心からのお礼を申し上げたい。

スティール（Sir Richard Steele）　42
セネカ（Lucius Annaeus Seneca）　128

タ行

テンプル（William Temple）　158, 162
ディオゲネス（Diogenes）　132
デカルト（René Descartes）　152
ドライデン（John Dryden）　199
ドリオーニ（Giovanni Nicolò Doglioni）　84
ディディエ（Alexander Toussaint de Limojon de Saint-Dider）　84

ハ行

ピタゴラス（Pythagoras）　147
フェリペ二世（Felipe II）　155
ブルーノ（Giordano Bruno）　180
プルタルコス（Plutarchos）　205
ベール（Pierre Bayle）　84
ホメロス（Hómēros）　183
ホラティウス（Quintus Horatius Flaccus）　278

マ行

モンテーニュ（Michel Eyquem de Montaigne）　2, 140

ラ行

ラファエロ（Raffaello Santi）　269
リコー（Sir Paul Rycaut）　180
リュクルゴス（Lycurgus）　186
ルイ十一世（Louis XI）　163
ルター（Martin Luther）　81, 294
レオテュキダス一世（Leotychides）　187
ロシュフコー（La Rochefoucauld）　178
ロチェスター（John Wilmot, 2nd Earl of Rochester）　183

放埒　101, 138, 223
牧師　23, 110, 133–136, 212, 230, 234, 236, 243, 254–255

マ行

魔女キルケー　77
未開状態　35, 121, 172
未開人　39, 60, 91, 106
民主政治　9, 288
無神論（者）　180, 230, 305
無知　207, 240–241, 246, 249, 253, 259–260, 262, 264, 278
名声　44, 218, 220
名誉（心）　13, 42, 51–52, 64, 100, 118, 123, 137, 144, 165–166, 176–177, 182–185, 194, 203, 211, 214, 227, 257, 260, 275, 278–279
黙従の教義　194

ヤ行

野心　172, 180, 185, 259, 303–304
野蛮　62, 287
勇気　166–167, 170–171, 173–179, 182, 184, 213, 275–276
ユグノー　81
ユダヤ人　33, 40
四大　284, 303

ラ行

リヴァイアサン　150–151, 294
利己心　37, 64, 85, 213, 217, 231, 242
利己的　35, 193, 220, 267, 325
理性（的能力）　36–37, 63, 69, 98, 145, 153, 168, 173, 192, 219, 267, 306
立憲君主制　2
立法者　35, 175, 186
流行　108–109, 111, 144, 228, 271–272, 278, 283
良識　56, 58, 101, 118, 219, 230, 251, 322
良心（の呵責）　146, 159, 165, 217, 221, 225, 281
隣人愛　254
礼儀（作法）　60, 64–65, 69–70, 121, 129, 131, 155, 166, 184, 223, 290
憐憫　256
労苦　29, 79, 116, 142, 275, 296
労働（力）　10, 85, 162, 165, 200, 207, 209, 223–224, 227, 236, 238, 240, 246, 248, 261, 263, 297
労働者（階級）　107, 161–163, 237–238, 262
浪費　72, 87, 138, 143, 152, 159–160, 165, 187, 189, 207–209, 251, 294

人名索引

ア行

アギス三世（Agis III）　205
アレクサンダー（Alexander）　44,219
ヴァニーニ（Lucilio Vanini）　180
ウィリアム王（William III）　260
ヴェルラム卿（Baron Verulam）　263
エパミノンダス（Επαμεινώνδας）　186
エピクロス（Epicurus）　124–125
エラスムス（Desiderius Erasumusu Roterodamus）　125
エリザベス女王（Elizabeth I）　294

カ行

カエサル（Gaius Iulius Caesar）　277
カトー（Marcus Porcius Cato Censorius）　139, 276–277
カルヴァン（Jean Calvin）　80, 294
キケロ（Marcus Tullius Cicero）　276

サ行

サベドラ（Diego de Saavedra Fajardo）　163
シーザー（Gaius Iulius Caesar）　44
シャフツベリ（Third Earl of Shaftesbury）　195, 267–268

155, 187–189, 193, 220
政府の抑制　35
聖ペテロ　264
精励　203–204
世俗（的）　129, 131, 133, 136, 140, 191, 193, 195, 236, 254, 260, 294, 303
節倹令　193
節制（節約）　27, 29, 125, 139, 156, 158, 208, 220
善悪の概念　40
善行　211–212, 216
羨望　17, 70, 112–117, 123, 130, 136, 172, 216, 254, 304
創意工夫　304
相互扶助　39, 184

タ行

大衆　114, 126, 137–138, 151, 165, 193, 234–235, 240
怠惰（怠け者）　13, 23, 73, 77–78, 80, 154, 161, 164, 199–200, 203–204, 209, 214, 221–222, 224, 227, 236, 245–246, 253, 260, 274, 304
知識　249, 255–256, 258, 262, 322
恥辱　62, 122, 175–176, 179, 278–279
長老教会　228
貯蓄　153, 157, 161–162
賃金　162, 200, 250
追従　36, 41–43, 125, 148, 175–176, 204, 232, 274–275, 278
通商国家　89
慎み深さ　56–66
デカルト学徒　152
哲学者　36–37, 127, 132, 143, 209, 267, 274
同情（心）　117, 212–214, 216, 218
道徳家　35, 105, 122, 165, 213, 267, 286
道徳感覚　267

ナ行

人間本性　41–42, 45, 61–62, 65, 115, 120, 141, 146, 179–180, 191–192, 217, 259, 272–273

ハ行

繁栄（する社会）　3–5, 10, 33, 103, 141, 164, 191, 207, 268, 303, 304
東インド航路　159
美徳　2–3, 16, 33, 40–41, 44, 46, 55, 60–61, 66–67, 69, 71–72, 80, 85, 89, 100, 126–127, 129–131, 136–138, 152, 154–155, 159, 165, 182–183, 185, 191–193, 195–196, 205, 213, 216–217, 228, 233, 253, 267, 274, 282, 286, 290, 304, 322
美と正　268, 273, 283
平等な人間　287
貧困（者）　61, 129, 132, 204, 217–218, 222–223, 242, 244, 246
貧乏　89, 128, 132–135, 142, 207, 228, 234, 237, 247, 256
貧民　24, 75, 104, 108, 141–144, 162, 207, 211, 224, 229, 248, 253–255, 260–262
貧民の管理　257
貧民の雇用　302
貧民への敬意　256
不安　167–168, 171
侮辱　166, 184, 193
物々交換　93
富裕　3, 102–103, 153, 162, 164
プライド　17, 28, 30, 37–38, 41–42, 45–46, 48, 52, 55–56, 64–68, 72, 100, 103–106, 109–112, 116, 122–123, 126, 131, 136, 148–150, 154, 162, 164, 172, 175–181, 184–185, 187, 207, 213, 215–221, 227, 229, 254, 259, 275, 277, 279, 286, 304, 325
プロテスタント　305
文明化　101, 172–173
文明化（された）社会　121, 236, 259
貿易差額　93–94, 96
貿易の均衡　208
褒賞　44, 52, 115–116, 118, 177, 194
放蕩　6, 17, 73, 77, 85–89, 100, 102, 125, 186, 188, 208–209, 294

公共の利益（公益）　17, 35, 45, 72, 88, 112, 166, 174, 267, 306
交際への愛好　1, 277, 281, 283, 287, 303
功績　185, 231, 235, 276
強欲　13, 17, 35, 85–91, 107, 116, 129, 148, 154–155, 172, 181, 186, 194, 208–209, 259, 294, 303–304, 325
国教会　80, 228, 253–255
国民の富（国富）　237, 294
孤独への嫌悪　277, 281, 283
雇用　89, 104, 154, 161–162, 164
困窮（者）　78, 245, 322

サ行

最高善　124, 128
自愛心　44, 112–113, 117, 215, 274, 282–283, 322
自己愛　62, 192–193
思考習慣　122
思考様式　269
自国愛　213, 218
自己保存（本能）　45, 69–70, 120, 167, 169, 173, 284
自己抑制　36–39, 41, 45, 52, 60, 65, 114, 116, 129–131, 134–135, 137, 179, 186, 194, 213, 267, 273, 276, 305–306
慈善　6, 130, 211–212, 214, 216–218, 221, 229, 234–235
慈善学校　193, 222–224, 228–229, 233–236, 240–241, 245–247, 249, 252, 254–256
慈善学校の廃止　255
慈善行為　211–212, 214, 217–218
慈善心　214, 219, 228, 233
自然的衝動　40, 121
嫉妬　65, 119–120, 123
市民社会　1, 49, 120, 182, 209, 241, 246, 288
邪悪　66, 131, 134, 138, 193–194, 245–246
社会（的）動物　268, 281, 284, 306
社会の本質　283, 298
奢侈（品）　9, 17, 28, 30, 72, 91–92, 95–104, 136, 142, 144, 146, 150, 155, 159, 161, 186–187, 205, 207–208, 251, 286, 294–296, 322
奢侈禁止法　210
自由（精神）　25, 242, 255
習慣（的思考）　109, 146, 184, 215, 227, 273, 275, 278, 283
宗教（心）　41, 80, 121, 165, 180, 185, 196, 212, 214, 217–218, 220, 222, 227, 230, 234–236, 253, 263
宗教改革　80, 295
自由思想家（主義者）　231, 255
重税　157–158
充足感　199, 202, 204, 209
羞恥心　52–56, 59, 61, 176, 179, 194
修道会　130, 134
ジュピター　13, 20
商業（活動）　104–105, 224, 246, 322
称賛　12, 36, 41–44, 56, 58, 64–66, 69, 75, 90, 101, 107, 116, 118, 125, 127, 154, 175, 177, 179, 185, 202, 206, 216, 219–220, 227, 264, 269, 272, 322
正直　25, 29, 31, 186–187, 202, 224
情念の本質　322
商売　11, 18, 25, 47–48, 50, 231, 238, 246–248
商売の数の均衡　247
消費（需要）　161, 188–189, 301
尚武の精神　175–176, 205
上流階級（社会）　108, 121, 126–127, 165, 184, 208, 230
所得　156, 161, 203, 208
所有権　96, 154
ストア学派　127–128, 140, 276
生活必需品　92, 153, 188, 237, 246, 251, 258, 297
正義　6, 22, 25, 31, 96, 118, 138, 182, 208, 224
聖職（者）　10, 23, 80–81, 111, 131–134, 140, 185, 190, 193–194, 197–198, 230, 234–235, 242, 245, 253–254
贅沢（品）　132, 137–138, 142, 144, 152,

索引

事項索引

ア行

愛　119–122, 124, 167
愛着　119–120, 267
悪意　117–118, 130, 216
悪党　11, 49–50
悪徳　4, 16–19, 23, 31, 33, 40–41, 61, 67, 71–72, 81, 85–88, 90, 95, 97, 101, 104–105, 109, 113, 126, 131, 154–155, 159, 191–194, 196, 198, 209, 222, 230, 267–268, 275, 279, 282, 303
哀れみ　45, 69, 117, 180, 212–214, 216–217, 256
安楽　9, 18, 29–30, 102, 132
『イヴニング・ポスト』　319
怒り　45, 113, 116, 124, 168–175, 178, 213–214, 216
異教徒　44
畏怖　138–139, 184
栄誉（心，欲）　25, 44, 59, 70, 90, 134, 139, 176, 179, 185, 206, 213, 218, 227, 242, 264, 280, 294, 303
エピクロス主義者　125, 194, 196
黄金時代　3, 31, 105, 144, 286
オストラシズム　118
恐れ　45–46, 70, 98, 119, 128, 167–168, 172–177, 179, 182–184, 214, 275

カ行

海外市場　260
回教徒　272–273
快楽　18, 99, 115, 117, 124–128, 133, 136, 140, 143, 161–162, 165, 206, 232, 236, 251
カトリック　80–81, 240, 294
悲しみ　113, 116, 213–214
貨幣　93, 157, 161–162, 194
慣習（の力）　57, 60, 64–65, 123, 144, 272
完全雇用　297
気質　177–180, 200, 209, 238, 243, 269
義務（感）　63, 69, 211
キメラ　165
救貧院　221, 250
キュニコス派　132
教会分離論者　80
境遇　79, 107, 109, 114, 123, 132, 153, 162, 202, 204, 206, 222, 243, 247, 258
矯飾　138–139
競争（心）　102, 108–109, 111–112, 115–117, 154, 170–171, 227, 242
恐怖（心）　59, 62, 122, 178, 213, 215
虚栄（心）　6, 17, 55, 67, 70, 100, 107, 109–112, 126, 132, 139, 143, 154, 178–181, 189, 232, 241, 276, 291, 306, 325
キリスト教（徒）　33, 40, 46, 125, 140, 217, 234, 252–253, 264, 271–273, 302
勤勉　61, 156, 162, 164, 221, 223, 227, 238–239, 242, 245, 256–259, 275
禁欲　124, 129, 131, 133, 139, 195, 276
勤労　3, 17, 28, 48–49, 75, 108, 112, 142, 163, 199, 202–204, 208, 242
勤労の種子　303
顕示的　139
倹約　89, 92, 94–95, 126, 134, 152–153, 155–162, 165, 186–187, 191, 195, 205, 209, 212, 303
権力者　6, 88, 138, 140
交易　94, 155, 157, 164, 298–299
公共（的）精神　38, 112, 176, 218, 262
公共の福祉　80, 105, 126, 236, 252

訳者紹介

鈴木《すずき》信雄《のぶお》　経済学博士

千葉経済大学名誉教授

著書：『アダム・スミスの知識＝社会哲学』（名古屋大学出版会，1992年），『内田義彦論』（日本経済評論社，2010年），『経済学の古典的世界（1）　経済思想4』（編著，日本経済評論社，2005年），『日本の経済思想（2）　経済思想10』（同，2006年），その他．

訳書：A.O. ラヴジョイ『観念の歴史』（監訳，名古屋大学出版会，2003年），R. メイソン『顕示的消費の経済学』（監訳，名古屋大学出版会，2000年），K. ホーコンセン『立法者の科学』（共訳，ミネルヴァ書房，2001年），J. エントウィスル『ファッションと身体』（監訳，日本経済評論社，2005年），その他．

バーナード・マンデヴィル著

新訳 蜂の寓話――私悪は公益なり

2019年11月15日　第1刷発行
2024年11月20日　第2刷発行

訳　者　鈴　木　信　雄
発行者　柿　﨑　　　均

発行所　株式会社日本経済評論社
〒101-0062　東京都千代田区神田駿河台1-7-7
電話 03-5577-7286　FAX 03-5577-2803
URL：http://www.nikkeihyo.co.jp
組版・装幀＊閏月社／印刷＊精文堂印刷／製本＊誠製本

乱丁本・落丁本はお取替えいたします
定価はカバーに表示しています

Printed in Japan　ISBN 978-4-8188-2548-2

新訳 続・蜂の寓話――私悪は公益なり　B・マンデヴィル著／鈴木信雄訳　本体五五〇〇円

内田義彦論――ひとつの戦後思想史　鈴木信雄著　本体二八〇〇円

経済学の古典的世界（1）〈経済思想4〉　鈴木信雄編著　本体三二〇〇円

日本の経済思想（2）〈経済思想10〉　鈴木信雄編著　本体三二〇〇円

ルソーの経済哲学　B・フレーデン著／鈴木信雄・八幡清文・佐藤有史訳　本体三二〇〇円

オルテス 国民経済学　ジャンマリア・オルテス著／藤井盛夫訳　本体七五〇〇円

オルテス 人口論　ジャンマリア・オルテス著／藤井盛夫訳　本体三五〇〇円